Die Unternehmensplanung im Pflichtenkreis von Vorstand und Aufsichtsrat der Aktiengesellschaft

Europäische Hochschulschriften
Publications Universitaires Européennes
European University Studies

Reihe II
Rechtswissenschaft

Série II Series II
Droit
Law

Bd./Vol. 3541

PETER LANG
Frankfurt am Main · Berlin · Bern · Bruxelles · New York · Oxford · Wien

Michael Thielbeer

Die Unternehmensplanung im Pflichtenkreis von Vorstand und Aufsichtsrat der Aktiengesellschaft

Ein Beitrag zur Konkretisierung gesellschaftsrechtlicher Verantwortlichkeiten im Lichte der Aktienrechtsreformen 1998

PETER LANG
Europäischer Verlag der Wissenschaften

Die Deutsche Bibliothek - CIP-Einheitsaufnahme

Thielbeer, Michael:

Die Unternehmensplanung im Pflichtenkreis von Vorstand und Aufsichtsrat der Aktiengesellschaft : ein Beitrag zur Konkretisierung gesellschaftsrechtlicher Verantwortlichkeiten im Lichte der Aktienrechtsreformen 1998 / Michael Thielbeer. - Frankfurt am Main ; Berlin ; Bern ; Bruxelles ; New York ; Oxford ; Wien : Lang, 2002

(Europäische Hochschulschriften : Reihe 2, Rechtswissenschaft ; Bd. 3541)
Zugl.: Bonn, Univ., Diss., 2001
ISBN 3-631-39319-9

D 5
ISSN 0531-7312
ISBN 3-631-39319-9

www.peterlang.de

Vorwort

Die vielfältigen Fragen im Zusammenhang mit der Unternehmensplanung als Bestandteil ordnungsgemäßer Geschäftsführung in der Aktiengesellschaft waren bisher zuvorderst Gegenstand von Erörterungen in der Betriebswirtschaftslehre. Im Lichte der Aktienrechtsreform 1998 ist die Bedeutung der Unternehmensplanung auch in ihrer rechtlichen Dimension deutlicher zu Tage getreten. Der Vorstand ist seinem Unternehmen gegenüber – teilweise konkretisiert nunmehr durch § 91 AktG – dafür verantwortlich, dass er die Zukunft, soweit dies unter den Bedingungen des Wettbewerbs möglich ist, ordnungsgemäß plant und vorhersehbare Risiken vermeidet.

Im Rahmen der Diskussion um angemessene Grundsätze der corporate governance möchte diese Arbeit einen Beitrag leisten hinsichtlich der Konkretisierung der Verpflichtung des Vorstands zur Unternehmensplanung und zur Verpflichtung des Aufsichtsrats, sich näher mit der Konzeption der strategischen und auch operativen Unternehmensplanung zu beschäftigen und den Vorstand dabei sachgerecht zu beraten.

Diese Arbeit wurde im Dezember 2001 von der Rechtswissenschaftlichen Fakultät der Freien Universität Berlin als Dissertation angenommen. Rechtsprechung und Literatur sind soweit möglich noch bis April 2002 berücksichtigt.

Die Anregung zu dieser Arbeit verdanke ich Herrn Professor Dr. Dr. Dr. h.c. Franz Jürgen Säcker, dem ich auch für seine stetige und großzügige Förderung ganz herzlich danken möchte.

Außerdem danke ich Herrn Professor Dr. Joachim Schulze-Osterloh, der es übernommen hat, das Zweitgutachten zu erstellen.

Besonderer Dank gilt meiner Familie, die die Belastungen der Arbeit mitgetragen und damit ihr Entstehen ermöglicht hat. Schließlich möchte ich auch an dieser Stelle allen danken, deren aufmunternde Unterstützung und Langmut bei Diskussionen und Schreibarbeiten unentbehrlich war, um meine Überlegungen in der vorliegenden Form niederzulegen.

Düsseldorf, im Mai 2002

Michael Thielbeer

Inhaltsübersicht

Inhaltsverzeichnis

Literaturverzeichnis

Adam, Dietrich: Planung und Entscheidung / Modelle – Ziele – Methoden. 3. Aufl., Wiesbaden 1993.

Aghte, Klaus: Organisation der Unternehmensführung in Europa und in den USA. In: Organisation, hrsgg. v. Eberhard Seidel und Dieter Wagner. Wiesbaden 1989. S. 165 ff.

Albach, Horst: Strategische Unternehmensplanung und Aufsichtsrat. ZGR 1997, S. 32 ff.

— Werte und Unternehmensziele im Wandel der Zeit. Wiesbaden 1994.

Altmeppen, Holger: Münchener Kommentar zum Aktiengesetz, Band 8, 2. Aufl., München 2000.

Ansoff, H. Igor: Implanting Strategic Management, London 1991.

Assmann, Heinz-Dieter: Zur Reform des Vollmachtsstimmrechts der Banken nach dem Referentenentwurf eines Gesetzes zur Kontrolle und Transparenz im Unternehmensbereich (KonTraG-E). AG-Sonderheft „Die Aktienrechtsreform 1997", August 1997, S. 100 ff.

Bacon, J. / *Brown*, J. K.: The Board of Directors: Perspectives and Practices in Nine Countries. Research Report from the Conference Board. New York 1977.

Baltzer, Uwe: Krisenerkennung durch den Aufsichtsrat. Frankfurt a. M./ Bern/New York 1983.

Baums, Theodor: Stellungnahme zur Aktienrechtsreform 1997. AG-Sonderheft August 1997, S. 26 ff.

Bea, Franz Xaver / *Scheurer*, Steffen: Die Kontrollfunktion des Aufsichtsrats. DB 1994, S. 2145 ff.

Becker, Thomas: Informationsorientierte Überwachungskonzepte zur Kontrolle von Vorständen. Schriftenreihe der Wissenschaftlichen Hochschule für Unternehmensführung Koblenz / Forschung, Bd. 18. Stuttgart 1993.

Berrar, Carsten: Die zustimmungspflichtigen Geschäfte nach § 111 Abs.4 AktG im Lichte der Corporate Governance – Diskussion. DB 2001, S. 2181 ff.

Bircher, Bruno: Langfristige Unternehmensplanung. Bern/Stuttgart 1976.

Bleicher, Knut: Der Aufsichtsrat im Wandel – Eine repräsentative Studie über Aufsichtsräte in bundesdeutschen Aktiengesellschaften. Gütersloh 1987.

Bleicher, Knut / *Paul*, Herbert: Das amerikanische Board-Modell im Vergleich zur deutschen Vorstands-/Aufsichtsratsverfassung – Stand und Entwicklungstendenzen. Die Betriebswirtschaft 1986, S. 263 ff.

Bleicher, Knut / *Leberl*, Diethard / *Paul*, Herbert: Unternehmensverfassung und Spitzenorganisation – Führung und Überwachung von Aktiengesellschaften im internationalen Vergleich. Wiesbaden 1989.

Börsig, Clemens: Praxis der integrierten Unternehmensplanung – Planungsphilosophie und Planungssystem des Unternehmens Mannesmann. Zeitschrift für betriebswirtschaftliche Forschung 1979, S. 894 ff.

Boujong, Karlheinz: Rechtliche Mindestanforderungen an eine ordnungsgemäße Vorstandskontrolle und -beratung – Konsequenzen aus den Entscheidungen des Bundesgerichtshofs BGHZ 114, 127 und BGHZ 124, 111. AG 1995, S. 203 ff.

Buchmann, Peter: Organisation der Verwaltungsräte in 20 der größten Aktiengesellschaften der Schweiz. Bern/Stuttgart 1976.

Burger, Anton / *Buchhart*, Anton: Zur Berücksichtigung von Risiko in der strategischen Unternehmensführung. DB 2002, S. 593 ff.

Busse von Colbe, Walther: Was ist und was bedeutet Shareholder Value aus betriebswirtschaftlicher Sicht? ZGR 1997, S. 271 ff.

Chini, Leo W.: Aufsichtsrats-Informationssystem. Mit einem juristischen Teil von Manuel René Theisen und einem Vorwort von Knut Bleicher. Wiesbaden 1988.

Claussen, Carsten Peter: Aktienrechtsreform 1997. AG 1996, S. 481 ff.

— Anstöße für die nächste Aktienrechtsreform. AG-Sonderheft August 1997, S. 108 ff.

— Über die Vertraulichkeit im Aufsichtsrat. AG 1981, S. 57 ff.

— Wie ändert das KonTraG das Aktiengesetz? DB 1998, S. 177 ff.

Claussen, Carsten Peter / *Bröcker*, Norbert: Corporate – Governance – Grundsätze in Deutschland – Nützliche Orientierungshilfe oder regulatorisches Übermaß? AG 2000, S. 481 ff.

Deckert, Martina R.: Organschaftliche und vertragliche Beratungspflichten des Aufsichtsratsmitglieds. AG 1997, S. 109 ff.

Dettling, Heinz-Uwe: Die Entstehungsgeschichte des Konzernrechts im Aktiengesetz von 1965. Tübingen 1997.

Deutscher Anwaltverein e. V. (DAV): Stellungnahme des Handelsrechtsausschusses zum Entwurf eines Gesetzes zur Kontrolle und Transparenz im Unternehmensbereich (KonTraG), Stand: 20. Januar 1997. ZIP 1997, S. 163 ff.

Dörner, Dietrich: Zusammenarbeit von Aufsichtsrat und Wirtschaftsprüfer im Lichte des KonTraG – Schlüssel zur Verbesserung der Corporate Governance. DB 2000, S. 101 ff.

Dörner, Dietrich / *Oser*, Peter: Erfüllen Aufsichtsrat und Wirtschaftsprüfer ihre Aufgaben? – Zugleich ein Plädoyer für eine bessere Zusammenarbeit von Aufsichtsrat und Wirtschaftsprüfern. DB 1995, S. 1085 ff.

Dörner, Dietrich / *Schwegler*, Iren: Anstehende Änderungen der externen Rechnungslegung sowie deren Prüfung durch den Wirtschaftsprüfer. DB 1997, S. 285 ff.

Dreher, Meinrad: Das Ermessen des Aufsichtsrats – Der Aufsichtsrat in der Aktiengesellschaft zwischen Verbandsautonomie und Richterkontrolle. ZHR, Bd. 158 (1994), S. 614 ff.

Dreist, Michael: Die Überwachungsfunktion des Aufsichtsrats bei Aktiengesellschaften: Probleme und Reformüberlegungen aus betriebswirtschaftlicher Sicht. Düsseldorf 1980.

Dunst, Karl Heinz: Portfolio Management – Konzeption für die strategische Unternehmensplanung. 2. Aufl., Berlin/New York 1983.

Egger, Anton / *Winterheller*, Manfred: Kurzfristige Unternehmensplanung / Budgetierung. 2. Aufl., Wien 1983.

Escher-Weingart, Christina: Die gewandelte Rolle des Wirtschaftsprüfers als Partner des Aufsichtsrats nach den Vorschriften des KonTraG. NZG 1999, S. 909 ff.

Feddersen, Dieter: Neue gesetzliche Anforderungen an den Aufsichtsrat. AG 2000, S. 385 ff.

— Nochmals – Die Pflichten des Vorstands zur Unternehmensplanung. ZGR 1993, S. 114 ff.

Feddersen, Dieter / *Hommelhoff*, Peter / *Schneider*, Uwe H. (Hrsg.): Corporate Governance – Optimierung der Unternehmensführung und der Unternehmenskontrolle im deutschen und amerikanischen Aktienrecht. Köln 1996.

Forster, Karl-Heinz: MG, Schneider, Balsam und die Folgen – was können Aufsichtsräte und Abschlußprüfer gemeinsam tun?
AG 1995, S. 1.

— Zum Zusammenspiel von Aufsichtsrat und Abschlußprüfer nach dem KonTraG. AG 1999, S. 193 ff.

Fuchs, Andreas: Aktienoptionen für Führungskräfte und bedingte Kapitalerhöhung – Anmerkungen zur geplanten Neuregelung nach dem Referentenentwurf zur Änderung des Aktiengesetzes („KonTraG"). DB 1997, S. 661 ff.

Gadow, W. / *Heinichen*, E. / *Schmidt*, Eb. / *Schmidt*, W. / *Weipert*, O.: Aktiengesetz, Kommentar. Berlin 1939.

Gälweiler, Aloys: Strategische Unternehmensführung. Aufsatzsammlung, zusammengestellt, bearbeitet u. ergänzt von Markus Schwaninger. 2. Aufl., Frankfurt a. M. / New York 1990.

— Unternehmensplanung – Grundlagen und Praxis. Frankfurt a. M. 1974. Neuausgabe bearb. u. erg. v. Markus Schwaninger, Frankfurt a. M. / New York 1986.

Gelhausen, Friedrich: Reform der externen Rechnungslegung und ihrer Prüfung durch den Wirtschaftsprüfer. AG-Sonderheft „Die Aktienrechtsreform 1997", August 1997, S. 73 ff.

Geßler, Ernst / *Hefermehl*, Wolfgang / *Eckardt*, Ulrich / *Kropff*, Bruno: Aktiengesetz, Kommentar. Bd. 2 (§§ 76-147), München 1973/74.

Girgensohn, Thomas: Die Mitwirkung des Aufsichtsrats bei unternehmenspolitisch relevanten Entscheidungen. DB 1980, S. 337 ff.

v. Godin, Reinhard / *Wilhelmi*, Hans: Aktiengesetz, Kommentar. 4. Aufl., Berlin/New York 1971.

Götz, Heinrich: Die Pflicht des Aufsichtsrats zur Haftbarmachung von Vorstandsmitgliedern – Besprechung des ARAG-Urteils des BGH. NJW 1997, S. 3275 ff.

— Die Überwachung der Aktiengesellschaft im Lichte jüngerer Unternehmenskrisen. AG 1995, S. 337 ff.

— Organhaftpflichtprozesse in der Aktiengesellschaft – Eine Entgegnung auf Kallmeyer, AG 1997, 107 ff. – AG 1997, S. 219 ff.

— Zustimmungsvorbehalte des Aufsichtsrates einer Aktiengesellschaft. ZGR 1990, S. 633 ff.

Gottschalk, Hellmut, Die Lehren aus den Aktienskandalen der Nachkriegszeit, Frankfurt a. M. 1934.

Großkommentar zum Aktiengesetz, hrsg. Von Carl Hans Barz, Ulrich Klug u. a., Bd. 2, Hb. 2 (§§ 76 – 147). 3. Aufl., Berlin/New York 1973.

Großkommentar zum Aktiengesetz, hrsg. von Klaus J. Hopt und Herbert Wiedemann. 4. Aufl., 1. Lfg. (Einleitung A - D), Berlin/ New York 1992.

Günther, Thomas: Unternehmenswertorientiertes Controlling. München 1997.

Gutenberg, Erich: Grundlagen der Betriebswirtschaftslehre. Bd. 1: Die Produktion. 19. Aufl., Berlin/Heidelberg/New York 1972.

Hahn, Dietger / *Taylor*, Bernard (Hrsg.): Strategische Unternehmungsplanung – Strategische Unternehmungsführung – Stand und Entwicklungstendenzen. 6. Aufl., Heidelberg 1992.

Hammen, Horst: Das Vollmachtsstimmrecht der Banken in der Aktienrechtsreform. WM 1997, S. 1221 ff.

Hammer, Richard M.: Unternehmungsplanung – Lehrbuch der Planung und strategischen Unternehmungsführung. 6. Aufl., München/ Wien 1995.

Hax, Arnoldo C. / *Majluf*, Nicolas S.: Strategisches Management – Ein integratives Konzept aus dem MIT. Frankfurt a. M. / New York 1988.

Henn, Günter: Handbuch des Aktienrechts. 6. Aufl., Heidelberg 1998.

Henzler, Herbert: Das Führungsmodell der deutschen Aktiengesellschaften im Vergleich mit Konstruktion und Praxis des angloamerikanischen Board-Systems. In: Zeitgemäße Gestaltung der Führungsspitze von Unternehmen – Gedanken und Anregungen, hrsgg. v. d. Bertelsmann-Stiftung. Gütersloh 1983.

Herkenrath, K.: Die Leitungsorgane der amerikanischen Corporation und der deutschen Aktiengesellschaft. Darstellung und Vergleich in rechtlicher und organisatorischer Hinsicht. Diss. Köln 1960.

Hinterhuber, Hans H.: Strategische Unternehmungsführung.

- Bd. 1: Strategisches Denken. 6. Aufl., Berlin/New York 1996.
- Bd. 2: Strategisches Handeln. 6. Aufl., Berlin/New York 1997.

— Wettbewerbsstrategie. 2. Aufl., Berlin/New York 1990.

Hoffmann, Dietrich: Der Aufsichtsrat – Ein Handbuch für die Praxis. 3. Aufl., München 1994.

Hommelhoff, Peter: Abschlußprüfung und Abschlußberatung – Besprechung der Entscheidung BGH ZIP 1997, 1162 („Allweiler"). ZGR 1997, S. 550 ff.

— Grundsätze ordnungsgemäßer Kontrolle der Beteiligungsverwaltung des Konzernvorstands durch den Konzernaufsichtsrat – Ein Statement. AG 1995, S. 225 ff.

— Die Konzernleitungspflicht. Köln/Berlin/Bonn/ München 1982.

Hommelhoff, Peter / *Mattheus*, Daniela: Corporate Governance nach dem KonTraG. AG 1998, S. 249 ff.

Hommelhoff, Peter / *Schwab*, Martin: Zum Stellenwert betriebswirtschaftlicher Grundsätze ordnungsgemäßer Unternehmensleitung und –überwachung im Vorgang der Rechtserkenntnis. Zfbf Sonderheft 36/96, S.149 ff.

Hopt, Klaus J.: Die Haftung von Vorstand und Aufsichtsrat – Zugleich ein Beitrag zur corporate governance-Debatte. In: Festschrift für Ernst-Joachim Mestmäcker zum 70. Geburtstag, hrsgg. v. Ulrich Immenga, Wernhard Möschel u. Dieter Reuter, Baden-Baden 1996.

— Stellungnahme zur Aktienrechtsreform 1997. AG-Sonderheft August 1997, S. 42 ff.

Hopt, Klaus J. / *Wymeersch*, Eddy (Hrsg.): Comparative Corporate Governance – Essays and Materials. Berlin/New York 1997

Horber, Felix: Die Kompetenzdelegation beim Verwaltungsrat der AG und ihre Auswirkungen auf die aktienrechtliche Verantwortlichkeit. Zürich 1986.

Horn, Norbert: Die Haftung des Vorstands der AG nach § 93 AktG und die Pflichten des Aufsichtsrats. ZIP 1997, S. 1129 ff.

Hüffer, Uwe: Aktienbezugsrechte als Bestandteil der Vergütung von Vorstandsmitgliedern und Mitarbeitern – gesellschaftsrechtliche Analyse. ZHR, Bd. 161 (1997), S. 214 ff.

— Aktiengesetz, Kommentar. 4. Aufl., München 1999.

Hungenberg, Harald: Optimierung von operativen Planungssystemen. Zeitschrift für Planung (ZP) 1993, S. 233 ff.

Kallmeyer, Harald: Organhaftpflichtprozesse in der Aktiengesellschaft – Verteidigung der Neufassung des § 147 AktG gemäß Entwurf des BMJ vom 22.11.1996 eines Gesetzes zur Kontrolle und Transparenz im Unternehmensbereich (KonTraG). AG 1997, S. 107 ff.

— Pflichten des Vorstands der Aktiengesellschaft zur Unternehmensplanung. ZGR 1993, S. 104 ff.

Kammerer, Adrian W.: Die unübertragbaren und unentziehbaren Kompetenzen des Verwaltungsrates. Zürich 1997.

Kindler, Peter: Unternehmerisches Ermessen und Pflichtenbindung – Voraussetzungen und Geltendmachung der Vorstandshaftung in der Aktiengesellschaft. ZHR 162 (1998), S. 101 ff.

Kluth, Winfried: Abschaffung von Mehrstimmrechtsaktien verfassungswidrig? ZIP 1997, S. 1217 ff.

Kohler, Klaus: Stock Options für Führungskräfte aus der Sicht der Praxis. ZHR, Bd. 161 (1997), S. 246 ff.

Kölner Kommentar zum Aktiengesetz, hrsgg. von Wolfgang Zöllner. (Zitiert: „KK").

- Einleitungs-Band, Köln/Berlin/Bonn/München 1984.
- Bd. 2, 2. Aufl., 1. Lfg. (§§ 76-94), Köln/Berlin/Bonn/ München 1989.
- Bd. 2, 2. Aufl., 2. Lfg. (Anh. § 94, §§ 95-117, Anh. § 117), Köln/Berlin/Bonn/München 1996.

Kolvenbach, Walter: Die Fünfte EG-Richtlinie über die Struktur der Aktiengesellschaft (Strukturrichtlinie). DB 1983, S. 2235 ff.

Kreikebaum, Hartmut: Strategische Unternehmensplanung. 6. Aufl., Stuttgart/Berlin/Köln 1997.

Kropff, Bruno: Aktiengesetz. Textausgabe des Aktiengesetzes vom 6. September 1965 mit Begründung des Regierungsentwurfs und Bericht des Rechtsausschusses des Deutschen Bundestags. Düsseldorf 1965.

— Zur Konzernleitungspflicht. ZGR 1984, S. 112 ff.

Küting, Karlheinz / *Hütten*, Christoph: Die Lageberichterstattung über Risiken der künftigen Entwicklung – Annäherung an die geplante Änderung der §§ 289, 315 HGB durch das KonTraG. AG 1997, S. 250 ff.

Langenbucher, Günther / *Blaum*, Ulf: Audit Committees – Ein Weg zur Überwindung der Überwachungskrise? DB 1994, S. 2197 ff.

Lieser, Joachim / *Schoenbaum*, Thomas: Das Board-System als Mitbestimmungskonzept der Zukunft? DB 1973, S. 1981 ff.

Lück, Wolfgang: Audit Commitees – Prüfungsausschüsse zur Sicherung und Verbesserung der Unternehmensüberwachung in deutschen Unternehmen. DB 1999, S. 441 ff.

Lutter, Marcus: Aktienoptionen für Führungskräfte – de lege lata und de lege ferenda. ZIP 1997, S. 1 ff.

— Information und Vertraulichkeit im Aufsichtsrat. 2. Aufl., Köln/Berlin/ Bonn/München 1984.

— Stellungnahme zur Aktienrechtsreform 1997. AG-Sonderheft August 1997, S. 52 ff.

— Unternehmensplanung und Aufsichtsrat. AG 1991, S. 249 ff.

Lutter, Marcus / *Krieger*, Gerd: Rechte und Pflichten des Aufsichtsrats. 3. Aufl., Freiburg i. Br. 1993.

Malik, Fredmund: Planungsmanagement. In: Hofmann u. a. (Hrsg,), Funktionale Managementlehre. Berlin/New York 1988.

Martens, Klaus-Peter: Eigene Aktien und Stock-Options in der Reform. AG-Sonderheft „Die Aktienrechtsreform 1997", August 1997, S. 83 ff.

— Paritätische Mitbestimmung und Aufsichtsratssystem. BB 1973, S. 1118 ff.

Mertens, Hans-Joachim: Zur Berichtspflicht des Vorstands gegenüber dem Aufsichtsrat. AG 1980, S. 67 ff.

— Zur Verschwiegenheitspflicht der Aufsichtsratsmitglieder – Anmerkung zum Urteil des BGH zur Geschäftsordnung des Aufsichtsrats der Bayer AG. AG 1975, S. 235 ff.

Mintzberg, Henry: Mintzberg über Management. Aufsatzsammlung, Wiesbaden 1991.

— Of Strategies, Deliberale and Emergent. Strategic Management Journal 1985, S. 257 ff.

— The Rise and Fall of Strategic Management. New York 1994.

Mohn, Reinhard: Die Führungspraxis in deutschen Aktiengesellschaften – Ansatzpunkte für eine Weiterentwicklung der dualen Führungsspitze. In: Zeitgemäße Gestaltung der Führungsspitze von Unternehmen – Gedanken und Anregungen, hrsg. v. d. Bertelsmann-Stiftung. Gütersloh 1983.

Moxter, Adolf: Die Vorschriften zur Rechnungslegung und Abschlußprüfung im Referentenentwurf eines Gesetzes zur Kontrolle und Transparenz im Unternehmensbereich. BB 1997, S. 722 ff.

Mülbert, Peter O.: Shareholder Value aus rechtlicher Sicht. ZGR 1997, S. 129 ff.

Münchener Handbuch des Gesellschaftsrechts, Bd. 4: Aktiengesellschaft. Hrsg. v. Michael Hoffmann-Becking, München 1988.
Zitiert: „Münch. Hdb."

Mutter, Stefan: Unternehmerische Entscheidungen und Haftung des Aufsichtsrats der Aktiengesellschaft. Köln 1994.

Oesch, Klaus: Verwaltungsrat und Unternehmenskrisen. Bern 1984.

Passow, Richard: Die Aktiengesellschaft – Eine wirtschaftswissenschaftliche Studie. Jena 1922.

— Die Entstehung des Aufsichtsrats der Aktiengesellschaft. ZHR, Bd. 64 (1909), S. 27 ff.

Peltzer, Martin: Die Abschaffung von Mehrstimmrechten und Stimmrechtsbeschränkungen im KonTraG-Entwurf. AG-Sonderheft „Die Aktienrechtsreform 1997", August 1997, S. 90 ff.

— Die Haftung des Aufsichtsrats bei Verletzung der Überwachungspflicht. WM 1981, S. 346 ff.

— Die Krankheiten der MG. Börsen-Zeitung v. 28.01.1994, S. 8.

— Inwieweit geht der German Code of Corporate Governance über den Gesetzestext hinaus? in: German Code of Corporate Governance (GCCG) – Konzeption, Inhalt und Anwendung von Standards der Unternehmensführung, 2. Aufl., Stuttgart 2001.

Peltzer, Martin / *v. Werder*, Axel: Der „German Code of Corporate Governance (GCCG)" des Berliner Initiativkreises. AG 2001, S.1 ff.

Peus, Egon A.: Der Aufsichtsratsvorsitzende – Seine Rechtsstellung nach dem Aktiengesetz und dem Mitbestimmungsgesetz. Köln/Berlin/ Bonn/München 1983.

Pfeiffer, Werner / *Bischof*, Peter: Produktlebenszyklen – Instrument jeder strategischen Planung. In: Steinmann, Horst (Hrsg.), Planung und Konktrolle. München 1981.

Pfohl, Hans-Christian / *Stölzle*, Wolfgang: Planung und Kontrolle – Konzeption, Gestaltung, Implementierung. 2. Aufl., München 1997.

Pollanz, Manfred: Offene Fragen der Prüfung von Risikomanagmentsystemen nach KonTraG – Pradigmenwechsel im wirtschaftlichen Prüfungswesen oder vom risikoorientierten zum systemisch – evolutionären Prüfungsansatz? DB 2001, S. 1317 ff.

Porter, Michael E.: Diversifikation – Konzerne ohne Konzept. Harvard manager 4/1987, S. 30 ff.

— Globaler Wettbewerb – Strategien der neuen Internationalisierung. Wiesbaden 1989.

— Wettbewerbsstrategie (Competitive Strategy) – Methoden zur Analyse von Branchen und Konkurrenten. 7. Aufl., Frankfurt a. M./ New York 1992.

— Wettbewerbsvorteile (Competitive Advantage) – Spitzenleistungen erreichen und behaupten. 3. Aufl., Frankfurt a. M./New York 1992.

Potthoff, Erich / *Theisen*, Manuel R.: Organisationsrecht und Organisationswirklichkeit der Aktiengesellschaft. Festschrift „40 Jahre Der Betrieb“, Stuttgart 1988, S. 53 ff.

Potthoff, Erich / *Trescher*, Karl: Das Aufsichtsratsmitglied – Ein Handbuch für seine Aufgaben, Rechte und Pflichten. Stuttgart 1993.

Ranzinger, Christoph / *Blüs*, Peter: Audit Commitees im internationalen Kontext. AG 2001, S. 455 ff.

Rappaport, Alfred: Shareholder Value – Wertsteigerung als Maßstab für die Unternehmensführung. Stuttgart 1994.

v. Rechenberg, Wolf-Georg: Zustimmungsvorbehalte des Aufsichtsrats für die Unternehmensplanung. BB 1990, S. 1356 ff.

Rellermeyer, Klaus: Aufsichtsratsausschüsse. Köln/Berlin/Bonn/ München 1986.

Rürup, Lebrecht: Möglichkeiten verbesserter Kontrolle und Beratung der Geschäftsführung durch den Aufsichtsrat mit Hilfe des Wirtschaftsprüfers. AG 1995, 219 ff.

Säcker, Franz-Jürgen: Aktuelle Probleme der Verschwiegenheitspflicht der Aufsichtsratsmitglieder. NJW 1986, S. 803 ff.

— Aufsichtsratsausschüsse nach dem Mitbestimmungsgesetz 1976 – Einsetzung, Besetzung und Arbeitsweise. Schriftenreihe Der Betrieb, Heft 77, Düsseldorf/Frankfurt 1979.

— Vorkehrungen zum Schutz der gesetzlichen Verschwiegenheitspflicht und gesellschaftsrechtliche Treuepflicht der Aufsichtsratsmitglieder. Festschrift für Robert Fischer, Berlin/New York 1979, S. 635 ff.

Säcker, Franz-Jürgen / *Zander*, Ernst (Hrsg.): Mitbestimmung und Effizienz – Humanität und Rationalität der Produktionsstruktur im mitbestimmten Unternehmen. Stuttgart 1981.

Samuelsen, Paul A. / *Nordhaus*, William D.: Volkswirtschaftslehre. 15. Aufl., Wien/Frankfurt a. M. 1998.

Schilling, Wolfgang: Die Überwachungsaufgabe des Aufsichtsrats – Besprechung der gleichnamigen Schrift von Johannes Semler. AG 1981, S. 341 ff.

Schlegelberger, Franz / *Quassowski*, Leo / *Herbig*, Gustav / *Geßler*, Ernst / *Hefermehl*, Wolfgang: Aktiengesetz, Kommentar. 3. Aufl., Berlin 1939.

Schmidt, Karsten: Gesellschaftsrecht. 3. Aufl., Köln/Berlin/Bonn/ München 1997.

Schneider, Uwe H. / *Strenger*, Christian: Die „Corporate Governance – Grundsätze" der Grundsatzkommission Corporate Governance (German Panel on Corporate Governance). AG 2000, S.106 ff.

Schreyögg, Georg: Unternehmensstrategie – Grundfragen einer Theorie strategischer Unternehmensführung. Berlin/New York 1984.

Schubert, Werner / *Hommelhoff*, Peter: Hundert Jahre modernes Aktienrecht – Eine Sammlung von Texten und Quellen zur Aktienrechtsreform 1884 mit zwei Einführungen. ZGR-Sonderheft 4, Berlin/ New York 1985.

Schubert, Werner / *Schmiedel*, Burkhard / *Krampe*, Christoph: Quellen zum Handelsgesetzbuch von 1897. Bd. I: Gesetze und Entwürfe, Frankfurt am Main 1986.

Seibert, Ulrich: Kontrolle und Transparenz im Unternehmensbereich (KonTraG) – Der Referentenentwurf zur Aktienrechtsnovelle. WM 1997, S. 1 ff.

— Kontrolle und Transparenz im Unternehmensbereich – Die Aktienrechtsnovelle PRO und KonTraG. AG-Sonderheft „Die Aktienrechtsreform 1997", August 1997, S. 65 ff.

Semler, Johannes: Die Überwachungsaufgabe des Aufsichtsrats. Köln/ Berlin/Bonn/München 1980.

— Die Kompetenzen des Aufsichtsrats in: Arbeitshandbuch für Aufsichtsratsmitglieder, hrsgg. von Johannes Semler. München 1999.

— Die Unternehmensplanung in der Aktiengesellschaft – eine Betrachtung unter rechtlichen Aspekten. ZGR 1983, S. 1 ff.

— Leitung und Überwachung in der Aktiengesellschaft – Die Leitungsaufgabe des Vorstands und die Überwachungsaufgabe des Aufsichtsrats. 2. Aufl., Köln/Berlin/Bonn/München 1996.

Spencer Stuart Management Consultants: Verwaltungsräte in der Schweiz – Aufgaben und Anforderungen. Zürich/Genf 1985.

Spindler, Gerald: Deregulierung des Aktienrechts? AG 1998, S. 53 ff.

Steinmann, Horst (Hrsg.): Planung und Kontrolle – Probleme der strategischen Unternehmensführung. München 1981.

Steinmann, Horst / *Gerum*, Elmar: Unternehmenspolitik in der Mitbestimmten Unternehmung – Empirische Befunde zum Einfluß des Aufsichtsrates von Aktiengesellschaften. AG 1980, S. 1 ff.

Steinmann, Horst / *Klaus*, Hans: Zur Rolle des Aufsichtsrates als Kontrollorgan. AG 1987, S. 29 ff.

Sünner, Eckart: Effizienz von Unternehmensorganen als Grundsatz der Corporate Governance. AG 2000, S. 492 ff.

Theisen, Manuel René: Das Board-Modell: Lösungsansatz zur Überwindung der „Überwachungslücke" in deutschen Aktiengesellschaften? AG 1989, S. 161 ff.

— Grundsätze einer ordnungsmäßigen Informationsversorgung des Aufsichtsrates. Stuttgart 1991.

— Notwendigkeit, Chancen und Grenzen der Zusammenarbeit von Wirtschaftsprüfer und Aufsichtsrat. Die Wirtschaftsprüfung 1994, S. 809 ff.

Thümmel, Roderich C.: Manager- und Aufsichtsratshaftung nach dem Referentenentwurf zur Änderung des AktG und des HGB. DB 1997, S. 261 ff.

Wastl, Ulrich: Erwerb eigener Aktien nach dem Referentenentwurf zur Änderung des AktG und des HGB. DB 1997, S. 461 ff.

Weber, Jürgen / *Hamprecht*, Markus / *Goeldel*, Hanns: Integrierte Planung – nur ein Mythos? Harvard business manager 3/1997, S. 9 ff.

Weber, Jürgen / *Schäffer*, Utz / *Goeldel*, Hanns: Zur Gestaltung der strategischen und operativen Planung. Wissenschaftliche Hochschule für Unternehmensführung (WHU), Vallendar/Rhein, Forschungspapier Nr. 34 / April 1996.

v. Werder, Axel: Der Deutsche Corporate Governance Kodex – Grundlagen und Einzelbestimmungen. DB 2002, S.801 ff.

— Der German Code of Corporate Governance im Kontext der internationalen Governance – Debatte: Umfeld, Funktionen und inhaltliche Ausrichtung des GCCG in: German Code of Corporate Governance (GCCG) – Konzeption, Inhalt und Anwendung von Standards der Unternehmensführung. 2. Aufl., Stuttgart 2001

Wessing, Kurt / *Hölters*, Wolfgang: Die Verschwiegenheitspflicht von Aufsichtsratsmitgliedern nach dem Inkrafttreten des Mitbestimmungsgesetzes. DB 1976, S.1671 ff.

Wiedemann, Herbert: Organverantwortung und Gesellschafterklagen in der Aktiengesellschaft. Opladen 1989.

Wiese, Tobias: KonTraG: Erwerb eigener Aktien und Handel in eigenen Aktien. DB 1998, S. 609 ff.

— Verantwortlichkeit des Aufsichtsrats – Aktuelle Entwicklungen im Bereich des Corporate Governance. DB 2000, S. 1901 ff.

Wiethölter, Rudolf: Interessen und Organisation der Aktiengesellschaft im amerikanischen und deutschen Recht. Karlsruhe 1961.

Windbichler, Christine: Zur Trennung von Geschäftsführung und Kontrolle bei amerikanischen Großgesellschaften – Eine „neue“ Entwicklung und europäische Regelungen im Vergleich. ZGR 1985, S. 50 ff.

Zapp, Winfried: Analyse der deutschen Vorstands- und amerikanischen Boardverfassung aus konvergenztheoretischer Perspektive. München 1985.

Zerres, Michael P. / *Zerres*, Ingrid (Hrsg.): Unternehmensplanung – Erfahrungsberichte aus der Praxis. Frankfurt a. M. 1997.

Zöllner, Wolfgang / *Hanau*, Hans: Die verfassungsrechtlichen Grenzen der Beseitigung von Mehrstimmrechten bei Aktiengesellschaften. AG 1997, S. 206 ff.

Einleitung

Jede spektakuläre Unternehmenskrise führt dazu, daß Vorstand und Aufsichtsrat als Verwaltungsorgane der Aktiengesellschaft zum Gegenstand öffentlicher Diskussion werden. Immer wieder wird in diesem Zusammenhang die Frage gestellt, inwieweit die Krise vorhersehbar und möglicherweise auch abwendbar gewesen wäre. Gewiss sind Unternehmenskrisen und Insolvenzen zwangsläufige Begleiterscheinungen eines marktwirtschaftlichen Systems, aber es ist die Aufgabe jeder Unternehmensleitung und jedes Kontrollgremiums, alle in seiner Kompetenz stehenden Maßnahmen zu ergreifen, um das eigene Unternehmen vor solchem Schaden möglichst zu bewahren.

Eine Analyse der Ursachen von Unternehmenskrisen ergibt, daß in vielen Fällen sowohl eine Vorhersehbarkeit als auch die Möglichkeit zum rechtzeitigen Gegensteuern bestanden hätte. Vor diesem Hintergrund kommt der Unternehmensplanung als betriebswirtschaftlichem Führungsinstrument herausragende Bedeutung zu. In der internationalen Betriebswirtschaftslehre besteht Einigkeit darüber, daß nur ein Unternehmen, das den dynamischen Umfeldbedingungen einer grenzüberschreitenden Marktwirtschaft mit fortlaufenden und vorausschauenden Anpassungen Rechnung trägt, seine Wettbewerbsfähigkeit halten oder auch steigern kann. Zudem wird der Planung allgemein auch die Funktion des Risikomanagements durch Vermeidung unbewußter und Beherrschung bewußter Risiken zugeordnet. Dies alles setzt allerdings voraus, daß innerhalb des Unternehmens eine hinreichend präzise Vorstellung über Umfang und Möglichkeiten von Planungen und insbesondere auch von Planungsprozessen besteht.

Einer der geistigen Väter moderner Unternehmensplanung, Alois *Gälweiler*, definiert deren Notwendigkeit wie folgt:

> *"Führungskönnen besteht im Kern nicht im schnellen und entschlossenen Reagieren in ausweglosen Situationen, sondern darin, es durch ein weitsichtig angelegtes Handeln nicht zu solchen Situationen kommen zu lassen."* [1]

In der Praxis deutscher Aktiengesellschaften hat sich das Instrument der Unternehmensplanung als solches zwar weitgehend durchgesetzt.

---

1 *Gälweiler*, Unternehmensplanung, S. 21.

Jedoch bedeutet diese grundsätzliche Akzeptanz keineswegs, daß die Unternehmensplanung im Einzelfall kunstgerecht und mit entsprechendem wirtschaftlichen Erfolg betrieben wird. Starre, eindimensionale Planungsgerüste, mangelnde Berücksichtigung eines sich stetig ändernden Umfelds und unzureichende Kenntnis der eigenen Stärken und Schwächen stehen dem entgegen. Der auf unzureichender oder fehlerhafter Planung beruhende wirtschaftliche Schaden geht zu Lasten der Aktionäre, oft auch zu Lasten der Arbeitnehmer der Gesellschaft.

Angesichts dessen verwundert es, daß in der rechtswissenschaftlichen Diskussion die Problematik ordnungsgemäßer Unternehmensplanung –insbesondere im Hinblick auf den Pflichtenkreis von Vorstand und Aufsichtsrat – von einer erschöpfenden und praxisgerechten Klärung noch weit entfernt ist. Eine mögliche Ursache für diese mangelnde Aufmerksamkeit gegenüber der Unternehmensplanung könnte darin liegen, daß das juristische Denken noch immer weitgehend an der Tätigkeit des Richters orientiert ist, welcher regelmäßig über abgeschlossene Lebenssachverhalte befindet, die planende Gestaltung der Zukunft hingegen als eine Aufgabe anderer Disziplinen betrachtet.[2] Eine Ausnahme verkörpert insoweit – neben Marcus *Lutter* [3] – insbesondere Johannes *Semler*, der mit seinen bereits vor 15 Jahren veröffentlichten Gedanken zu den rechtlichen Aspekten der Unternehmensplanung[4] noch immer Maßstäbe setzt, die wertvolle Anregungen zu dieser Arbeit gegeben haben.

Bei dem vorliegenden Versuch, in die Grauzone zwischen der betriebswirtschaftlichen Bedeutung der Unternehmensplanung und ihrer juristischen Dimension weitere Aufhellung zu bringen, konnte der Verfasser sowohl auf seine Erfahrungen als Vorstandsassistent bei einer deutschen Großbank als auch auf die Praxis seiner derzeit ausgeübten Tätigkeit als Rechtsanwalt und Unternehmensberater zurückgreifen. Daneben enthalten die zur Zeit verstärkt geführten Diskussionen um eine allgemeine Effektivierung der Organverantwortlichkeiten, die in dem zum 1. Mai 1998 in Kraft getretenen Gesetz zur Kontrolle und Transparenz im Unterneh-

---

2 *Lutter*, AG 1991, 249.

3 A. a. O., S. 249 ff.

4 ZGR 1983, 1 ff.

mensbereich (KonTraG)[5] auch eine Reaktion des Gesetzgebers gefunden haben, wichtige Ansatzpunkte für einen juristischen Beitrag zur verbesserten Handhabung der Unternehmensplanung. Diese Überlegungen bilden deshalb eine Grundlage dieser Untersuchung.

Während die sachgerechte Durchführung von Unternehmensplanung primär den Pflichtenkreis des Vorstands betrifft, ist der Aufsichtsrat dafür zuständig, die ordnungsgemäße Erfüllung der Planungsverpflichtung zu überwachen. Auch hier bestehen umfangreiche tatsächliche Defizite. *„Die Hundehütte ist für den Hund, der Aufsichtsrat ist für die Katz.“* – So beurteilte Hermann Josef Abs einmal die Kontrollinstanz der deutschen Aktiengesellschaft. Die Öffentlichkeit – insbesondere aber die veröffentlichte Meinung – scheint dies ähnlich zu sehen. Immer wieder wird gefragt: Haben die für die Überwachung der Unternehmensführung Verantwortlichen versagt? Oder: Was nützt ein mit bekannten Führungspersönlichkeiten der Wirtschaft besetzter Aufsichtsrat, wenn er Krisen nicht rechtzeitig erkennt und somit auch nicht verhindert?

Angesichts der herausragenden Bedeutung der Unternehmensplanung für die Sicherung der Zukunft des Unternehmens bildet eine ordnungsgemäße zukunftsgerichtete Überwachung einen wichtigen Bestandteil effizienter Aufsichtsratskontrolle. Verbesserungen auf diesem Gebiet können dazu beitragen, Unternehmen in ihrer Entwicklung zu sichern und damit gleichzeitig das Image des Aufsichtsrats in der Öffentlichkeit, vor allem aber auch bei den Kapitalanlegern, durchgreifend zu verbessern.

Unter Berücksichtigung der vorstehend skizzierten Überlegungen wird die Darstellung wie folgt aufgebaut:

Im ersten Teil wird zum Zwecke der Positionsbestimmung die Entwicklung des rechtlichen Rahmens für die unternehmerische Gestaltung in der Aktiengesellschaft und deren Überwachung

5 BGBl 1998, Teil I, S. 786 ff.; vgl. insbes. auch zum Diskussionsstand: Peltzer/v. Werder, Der „German Code of Corporate Governance (GCCG)“ des Berliner Initiativkreises, AG 2001, 1 ff. m.w.N.; Schneider/Strenger, Die Corporate Governance – Grundsätze“ der Grundsatzkommission Corporate Governance (German Panel on Corporate Governance), AG 2000, 106 ff. m.w.N.; von Werder, Der Deutsche Corporate Governance Kodex – Grundlagen und Einzelbestimmungen, Der Betrieb 2002, 801 ff.; Zum Wortlaut: Deutscher Corporate Governance Kodex, AG 2002, 236 ff.

nachvollzogen. Diese Entwicklung, die mit dem KonTraG ihren vorläufigen Abschluß gefunden hat, ist von einer stetig fortschreitenden Erhöhung der gesetzlichen Regelungsdichte geprägt, hat aber gleichwohl gerade bei der Definition der Verantwortlichkeiten von Vorstand und Aufsichtsrat zahlreiche Fragen offen gelassen.

Hiernach wird die Bedeutung der Unternehmensplanung innerhalb dieses aktienrechtlichen Rahmens untersucht. Dabei stehen im zweiten Teil Bedeutung, Ziele und Inhalte der Unternehmensplanung in betriebswirtschaftlicher Hinsicht sowie Bestehen und Reichweite einer Planungsverpflichtung des Vorstands in aktienrechtlicher Hinsicht zur Erörterung.

Der dritte Teil ist den rechtlichen und rechtstatsächlichen Problemen einer ordnungsgemäßen Überwachung der Unternehmensplanung durch den Aufsichtsrat gewidmet. Dabei wird im Rahmen eines rechtsvergleichenden Exkurses auch auf grundsätzliche Alternativmodelle zum bestehenden System der Organkompetenzen in der deutschen Aktiengesellschaft eingegangen.

Teil 1 : Die Entwicklung des gesetzlichen Rahmens für die unternehmerische Gestaltung und ihre Kontrolle in der Aktiengesellschaft

I. Historischer Überblick

Die aktuelle Diskussion über Defizite bei der Leitung und Überwachung von Aktiengesellschaften, die in Gestalt des KonTraG jetzt auch eine Reaktion des Gesetzgebers gefunden hat, ist vor dem Hintergrund einer 150-jährigen Rechtsentwicklung zu betrachten, in deren Verlauf sich die heutigen Konturen der Organe in der deutschen Aktiengesellschaft (AG) herausbildeten. Auf diesem langen Weg führten rechtstatsächliche Erkenntnisse und die aus ihnen gezogenen rechtspolitischen Lehren immer wieder zur Modifikation und vor allem zur stetigen Erweiterung des gesetzlichen Regelwerks. Daher liefert der Rückblick oftmals eine wichtige Hilfestellung bei der Suche nach überzeugenden Antworten auf aktuelle – oder wieder aktuelle – Fragen des Aktienrechts. Dies gilt insbesondere auch für die Problematik der zukunfts- und krisenorientierten Verantwortlichkeiten von Vorstand und Aufsichtsrat. Nachfolgend soll deshalb – mit entsprechender Fokussierung – ein Überblick zur historischen Entwicklung vermittelt werden, der vom Preußischen Aktiengesetz des Jahres 1843 ausgeht und sich bis zum Aktiengesetz des Jahres 1937, dem unmittelbaren Vorläufer und in vielen Punkten auch Vorbild des heutigen deutschen Aktienrechts, erstreckt.

1. Preußisches Aktiengesetz von 1843

Die erste allgemeine Regelung des deutschen Aktienrechts findet sich im Preußischen Gesetz über die Aktiengesellschaften vom 9. November 1843 (nachfolgend zitiert als „Preuß. AktG"). [1] Dieses Gesetz schrieb – im Anschluß an eine bereits seit mehreren Jahrzehnten herrschende Praxis[2] – ein Konzessionssystem fest, wonach Aktiengesellschaften *„nur mit landesherrlicher Genehmigung"* errichtet

---

1 Gesetz über die Aktiengesellschaften vom 9. November 1843, Gesetz-Sammlung für die Königlichen Preußischen Staaten, Jg. 1843, Nr. 31, S. 341 ff.

2 Zur vorausgegangenen rechtlichen und rechtstatsächlichen Entwicklung sowie ihren wirtschaftlichen Hintergründen *Assmann* in: Großkomm. AktG, Einl., Rn. 13-52 m. w. N.; *Wiethölter*, Interessen und Organisation, S. 53 ff.

werden durften.[3] Die Konzession hatte hinsichtlich der Rechtsfähigkeit der Gesellschaft konstitutiven Charakter[4] und konnte vom Landesherrn *„aus überwiegenden Gründen des Gemeinwohls"* wieder entzogen werden, jedoch nur gegen Zahlung einer Entschädigung.[5] Ferner konnte die AG ihre Konzession auch ohne Entschädigung verlieren, wenn sie sich *„eines groben Mißbrauchs ihres Privilegiums schuldig"* machte.[6] Im letztgenannten Fall konnte der Entzug des Rechts allerdings nur durch die Entscheidung eines Gerichts erfolgen.[7]

Die positiven Voraussetzungen, unter denen mit der staatlichen Konzessionserteilung gerechnet werden konnte, waren dem Gesetz nicht zu entnehmen. In der Praxis wurde eine Konzession nur verliehen, wenn erstens mit der AG ein aus Sicht des Staates förderungswürdiger Zweck verfolgt wurde, und zweitens dieser Zweck durch das Zusammenwirken einer Vielzahl von Kapitalgebern eher erreichbar schien als durch Einzelunternehmungen.[8]

Zur inneren Organisation der AG enthielt das Preuß. AktG nur wenige Vorschriften. So wurde bestimmt, daß die Geschäfte der Gesellschaft durch einen mit umfassender Vertretungsbefugnis ausgestatteten Vorstand zu verwalten seien.[9] An konkreten Pflichten des Vorstands erwähnte das Gesetz lediglich die Führung der zur Vermögensübersicht erforderlichen Bücher, die Aufbewahrung derselben für 30 Jahre, die Erstellung einer Bilanz in den ersten drei Monaten eines jeden Geschäftsjahres sowie die Mitteilung dieser Bilanz an die Regierung.[10] Für den Fall, daß die Bilanz eine Verminderung des Grundkapitals der AG um die Hälfte oder mehr auswies, war der Vorstand überdies zur unverzüglichen öffentlichen Bekanntmachung dieses Umstands verpflichtet.[11] Bei einem solchen Kapitalschwund war außerdem die Regierung zur Kontrolle der Bücher verpflichtet und

---

3 § 1 Abs. 1 Preuß. AktG; zu den Motiven für die Konzessionspflicht *Assmann*, a. a. O., Rn. 60-62.
4 § 8 Preuß. AktG.
5 § 6 Abs. 1 Preuß. AktG.
6 § 7 Abs. 1 Preuß. AktG.
7 § 7 Abs. 2 Preuß. AktG.
8 *Assmann*, a. a. O., Rn. 55; *Potthoff/Theisen*, FS „40 Jahre Der Betrieb", S. 53 (55).
9 §§ 19 u. 21 Preuß. AktG.
10 §§ 24 u 27 Abs. 1 Preuß. AktG.
11 § 25 Abs. 1 Preuß. AktG.

nach Prüfung der Lage berechtigt, die Auflösung der AG zu verfügen.[12]

Alle weiteren Regelungen zur Organisation und internen Kompetenzverteilung, darunter auch nähere Bestimmungen zur Geschäftsführung, zur Vertretung und zur Bestellung des Vorstands, wurden dem Gesellschaftsvertrag – gesetzlich bezeichnet als *„Statut"* – vorbehalten.[13] Das Statut war von den Aktionären zu beschließen und sodann wiederum *„zur landesherrlichen Bestätigung vorzulegen"*.[14] Auch jede spätere Änderung des Statuts war genehmigungspflichtig.[15]

Der Vorstand, das heißt die in der damaligen Praxis meist als „Generaldirektoren"[16] oder „geschäftsführende Direktoren"[17] bezeichneten Personen, die mit der Führung der laufenden Geschäfte betraut wurden, waren hauptamtlich für die Gesellschaft tätig[18] und wurden nach der gesellschaftsvertraglichen Regelung meistens von einem sogenannten Verwaltungsrat gewählt.[19] Dieser wiederum wurde von den Aktionären gewählt und setzte sich hauptsächlich aus Großaktionären zusammen.[20] Dem Verwaltungsrat wurde durch den Gesellschaftsvertrag, entsprechend einer schon vor Inkrafttreten des Preuß. AktG gängigen Praxis, regelmäßig die Oberleitung der Gesellschaft übertragen.[21] Er erhielt in der Regel nicht nur das Recht, von allen Geschäften der AG Kenntnis zu nehmen, sondern vor allem das Recht, bei sämtlichen über das Tagesgeschäft hinausweisenden Maßnahmen (z.B. Kauf von Immobilien oder Maschinen) selbst zu entscheiden, und darüber hinaus sogar die Befugnis, die Gesellschaft nach außen zu vertreten. Der Verwaltungsrat war also weniger ein Überwachungsorgan als vielmehr ein zweites, dem Vorstand übergeordne-

---

12 § 25 Abs. 2 Preuß. AktG.

13 Vgl. §§ 2 u. 19 Preuß. AktG; näher *Assmann*, a. a. O., Rn. 65.

14 § 1 Abs. 2 Preuß. AktG.

15 § 4 Preuß. AktG.

16 Vgl. *Dreist*, Überwachungsfunktion, S. 17; *Passow*, Entstehung des Aufsichtsrats, S. 30 ff.

17 Vgl. *Bleicher/Leberl/Paul*, Unternehmensverfassung, S. 52.

18 *Dreist*, a. a. O., S. 17 f.; *Passow*, a. a. O., S. 30 ff.

19 *Bleicher/Leberl/Paul*, a. a. O., S. 52; *Passow*, a. a. O., S. 32; *Potthoff/Theisen*, a. a. O., S. 53 (55).

20 *Baltzer*, Krisenerkennung, S. 117 f.; *Bleicher/Leberl/Paul*, a. a. O., S. 52; *Dreist*, a. a. O., S. 16; *Passow*, a. a. O., S. 30.

21 Vgl. *Assmann*, a. a. O., Rn. 43.

tes Exekutivorgan, welches allerdings im Gegensatz zum Vorstand nicht die volle Arbeitskraft aller seiner Mitglieder in Anspruch nahm.

Einen Aufsichtsrat heutiger Prägung kannte das Preuß. AktG also noch nicht. Dem Bedürfnis nach externer, von der Geschäftsführung unabhängiger Überwachung der Geschäftstätigkeit sah der Gesetzgeber des Jahres 1843 dadurch genüge getan, daß er neben der Pflicht zur staatlichen Konzession hinsichtlich Gründung und Statut der AG die Pflicht des Vorstands zur jährlichen Bilanzmitteilung verankerte. So konnte der Überwachungsträger Staat etwaige unternehmerische Versäumnisse bei der von Vorstand und Verwaltungsrat gesteuerten Geschäftsführung anhand der Vermögensentwicklung der AG feststellen und gegebenenfalls einschreiten. Bei dieser Form der Überwachung handelte es sich allerdings um eine ausschließlich retrospektive und zudem rein monetär ausgerichtete Kontrolle.

2. ADHGB von 1861

Das Allgemeine Deutsche Handelsgesetzbuch von 1861 [22] (nachfolgend zitiert als „ADHGB 1861"), das in den meisten Mitgliedstaaten des Deutschen Bundes erlassen wurde und ab 1871 im ganzen Reich galt, löste mit einer darin integrierten Neuregelung des Aktienrechts das Preuß. AktG von 1843 ab.[23] Zur Sicherung der Kontrollrechte des Staates hielt der Gesetzgeber grundsätzlich am Konzessionssystem fest[24], eröffnete allerdings der Landesgesetzgebung die Möglichkeit, auf die Pflicht zur staatlichen Genehmigung zu verzichten.[25]

Im Vergleich zum Preuß. AktG von 1843 enthielt das ADHGB eingehendere Regelungen über die innere Organisation der AG, die vor dem Hintergrund einer raschen Veränderung der äußeren Anforderungen an die Geschäftsführung einer Aktiengesellschaft betrachtet werden müssen. Steigende Komplexität und zunehmende Dynamik

---

22 Einführungsgesetz zum Allgemeinen Deutschen Handelsgesetzbuch (EGADHGB) nebst Entwurf eines Allgemeinen Deutschen Handelsgesetzbuches vom 24. Juni 1861, Gesetz-Sammlung für die Königlichen Preußischen Staaten, Jg. 1861, Nr. 27, S. 449 ff.

23 Vgl. Art. 12 EGADHGB 1881.

24 Vgl. Art. 208 Abs. 1, 211 Abs. 1, 214 Abs. 1 ADHGB 1861 sowie Art. 12 EGADHGB 1861.

25 Vgl. Art. 249 ADHGB 1861.

der Märkte als Folge der fortschreitenden Industrialisierung im 19. Jahrhundert führten vielfach zu einer faktischen Überforderung der mit der Geschäftsführung befaßten Personen, unter denen sich viele Großaktionäre in der Funktion von Verwaltungsratsmitgliedern befanden, die einem Handwerksberuf entstammten. Es wurde deutlich, daß die erfolgreiche Geschäftsführung insbesondere einer größeren Gesellschaft besondere Befähigungen und Fertigkeiten voraussetzte, die durch die Eigentümerstellung nicht automatisch gegeben waren. Deshalb erschien eine Professionalisierung der Unternehmensführung und damit auf Dauer eine Trennung von Eigentum und Handlungsgewalt angezeigt.

So enthielt das ADHGB 1861 einen besonderen Abschnitt, der die Überschrift *„Rechte und Pflichten des Vorstandes"* trug.[26] Dort wurde allein der Vorstand und nicht etwa daneben der – häufig weiterhin bestehende – Verwaltungsrat zu demjenigen Vertretungsorgan der Aktiengesellschaft bestimmt, dessen Vertretungsmacht im Außenverhältnis unbeschränkbar war.[27] Außerdem wurde dem Vorstand die Zuständigkeit zur Einberufung der Hauptversammlung, im Gesetz als *„Generalversammlung"* bezeichnet, zugewiesen.[28] Entsprechend der bisherigen Rechtslage blieb der Vorstand weiterhin für die Buchführung sowie die Erstellung der jährlichen Bilanz verantwortlich.[29] Letztere hatte er jedoch nunmehr – insoweit abweichend vom Preuß. AktG – in den ersten sechs Monaten des folgenden Geschäftsjahres den Aktionären vorzulegen.[30] Eine Mitteilung an die staatliche Behörde hatte dagegen nur noch zu erfolgen, wenn sich aus der Bilanz eine Verminderung des Grundkapitals um mindestens die Hälfte ergab. In diesem Fall hatte die Behörde weiterhin das Recht, Einsicht in die Bücher zu nehmen und nach Prüfung der Umstände die Auflösung der Gesellschaft zu verfügen.[31] Für den Fall der Auflösung der Gesellschaft wurde der Vorstand zur Liquidation berufen.[32]

Ungeachtet dieser Ausweitung und Präzisierung seiner formellen Kompetenzen innerhalb der Gesellschaftsverfassung fanden sich hin-

26 Art. 227 - 241 ADHGB 1861.

27 Art. 227 Abs. 1, 230, 231 Abs. 2 ADHGB 1861; *Potthoff/Theisen*, a. a. O., S. 53 (57).

28 Art. 236 ADHGB 1861.

29 Art. 239 Abs. 1 ADHGB 1861.

30 A. a. O.

31 Art. 240 ADHGB 1861.

32 Art. 244 ADHGB 1861.

sichtlich der materiell-unternehmerischen Verantwortung des Vorstands auch im ADHGB 1861 keine besonderen Bestimmungen.

Erstmals mit gesetzlichen Mindestbefugnissen wurde die Generalversammlung der Aktionäre ausgestattet. Sie erhielt das Recht zur Bestellung des Vorstands[33], zum jederzeitigen Widerruf der Bestellung[34] sowie das Recht zur Bilanzprüfung.[35] Ferner konnte sie – freilich nur im Innenverhältnis - die Vertretungsbefugnis des Vorstands durch Beschlüsse oder entsprechende Bestimmungen im Gesellschaftsvertrag beschränken, indem sie etwa gewisse Arten von Geschäften ausklammerte oder einem Zustimmungsvorbehalt unterwarf.[36]

Die grundsätzliche Entscheidung für eine Delegation der Geschäftsführung und Vertretung an ein professionelles Management in Gestalt des Vorstands steigerte zugleich die Anforderungen an eine wirksame Überwachung desselben. Die Generalversammlung jedenfalls schien zumindest bei größeren Aktiengesellschaften mit dieser Aufgabe überfordert. Deshalb sah das ADHGB 1861 – als bedeutendstes gesetzliches Novum – die Möglichkeit zur Bestellung eines Aufsichtsrats vor.[37] Die insoweit zentrale Bestimmung des Art. 225 ADHGB 1861 wies dem *fakultativen Aufsichtsrat* folgende Aufgaben zu:

> *„Ist ein Aufsichtsrath bestellt, so überwacht derselbe die Geschäftsführung der Gesellschaft in allen Zweigen der Verwaltung; er kann sich von dem Gange der Angelegenheiten der Gesellschaft unterrichten, die Bücher und Schriften derselben jederzeit einsehen und den Bestand der Gesellschaftskasse untersuchen.*
>
> *Er hat die Jahresrechnungen, die Bilanzen und die Vorschläge zur Gewinnvertheilung zu prüfen und darüber alljährlich der Generalversammlung der Aktionaire Bericht zu erstatten.*
>
> *Er hat eine Generalversammlung zu berufen, wenn dies im Interesse der Gesellschaft erforderlich ist.“*[38]

---

33 Art. 209 Nr. 7 ADHGB 1861.
34 Art. 227 Abs. 3 ADHGB 1861.
35 Art. 224 Abs. 1, 239 Abs. 1 ADHGB 1861.
36 Art. 231 ADHGB 1861.
37 Vgl. Art. 225 Abs. 1 ADHGB 1861.
38 Art. 225 ADHGB 1861.

Der Aufsichtsrat war demnach konzipiert als *Organ zur Überwachung der Geschäftsführung*, und zwar in einem sehr weitreichenden Sinne, nämlich *„in allen Zweigen der Verwaltung".*[39] Er wurde mit umfassenden Unterrichtungs- und Prüfungskompetenzen ausgestattet und war lediglich der Generalversammlung gegenüber zur Rechenschaft verpflichtet. Darüber hinaus konnte dem Aufsichtsrat, ebenso wie der Generalversammlung, durch entsprechende Bestimmungen im Gesellschaftsvertrag das Recht eingeräumt werden, die Vertretungsbefugnis des Vorstandes im Innenverhältnis zu beschränken oder die Vertretung der AG durch den Vorstand intern von der Zustimmung des Aufsichtsrates abhängig zu machen.[40]

Der Grund für die zunächst nur fakultative Einführung eines Aufsichtsrats war in der fortdauernden staatlichen Oberaufsicht zu sehen.[41] Dementsprechend kam dem neuen Organ trotz der Schlüssigkeit der ihm zugrundeliegenden aktienrechtlichen Konzeption anfangs keine große praktische Bedeutung zu. Zwar tauften einige bereits existierende Aktiengesellschaften ihren Verwaltungsrat in einen Aufsichtsrat um, und einige der nach dem Inkrafttreten des ADHGB 1861 neu gegründeten Aktiengesellschaften sahen einen Aufsichtsrat in ihrem Gesellschaftsvertrag vor. Jedoch änderte sich in rechtstatsächlicher Hinsicht wenig. Insbesondere wurde der Aufsichtsrat in der Praxis nicht auf die ihm gesetzlich zugewiesene Überwachungsfunktion beschränkt, sondern meist – ähnlich wie ein Verwaltungsrat – mit weitreichenden Geschäftsführungsbefugnissen ausgestattet.[42] Dies wurde allerdings durch das ADHGB 1861 keineswegs verboten, sondern im Gegenteil noch begünstigt, wie die folgende, dort in Art. 234 enthaltene Bestimmung zeigt:

> *„Der Betrieb von Geschäften der Gesellschaft, sowie die Vertretung der Gesellschaft in Bezug auf diese Geschäftsführung kann auch sonstigen Bevollmächtigten oder Beamten der Gesellschaft zugewiesen werden."* [43]

---

39 Vgl. dagegen die weniger strenge Fassung des heutigen § 111 Abs. 1 AktG.

40 Vgl. Art. 231 Abs. 2 ADHGB 1861.

41 *Dreist*, Überwachungsfunktion, S. 19.

42 *Passow*, Die Aktiengesellschaft, S. 354; *Assmann* in: Großkomm. AktG, Einl., Rn. 75 a. E.; *Wiethölter*, Interessen und Organisation, S. 287.

43 Art. 234 Satz 1 ADHGB 1961.

Trotz dieser insgesamt noch nicht konsequenten Haltung des Gesetzgebers war mit der neuen gesetzlichen Regelung, insbesondere in Gestalt des oben im Wortlaut wiedergegebenen Art. 225 ADHGB 1861, die Idee vom Aufsichtsrat als primärem Überwachungsorgan der Aktiengesellschaft Gesetz geworden und damit der Grundstein zur Aufgabentrennung zwischen Vorstand und Aufsichtsrat gelegt.

3. Reform des ADHGB von 1870

Die anhaltende wirtschaftliche Prosperität und eine damit im Zusammenhang stehende wirtschaftsliberale Haltung bewirkten bereits im Jahre 1870 eine Reform des Aktienrechts im ADHGB (nachfolgend zitiert als „ADHGB 1870“).[44] Sie brachte drei wesentliche Neuerungen, deren wichtigste die Abschaffung des Konzessionssystems war.[45] Dieses System staatlicher Kontrolle hatte sich einerseits als Bremse bei der Entwicklung zukunftsträchtiger AG-Projekte erwiesen; andererseits suggerierte die staatliche Konzession dem Publikum eine tatsächlich nicht gegebene Sicherheit der Aktienkapitalanlage, durch die der Blick auf andere notwendige Sicherungsmaßnahmen verstellt wurde.[46] Anstelle des Konzessionssystems wurde deshalb ein *Normativsystem* eingeführt. Danach bestand ein Anspruch auf die für die Entstehung der AG notwendige Eintragung in das Handelsregister[47], sobald die im Gesetz festgelegten formellen Voraussetzungen erfüllt waren und ohne daß eine besondere staatliche Genehmigung erforderlich war.

Eine weitere, im gegebenen Zusammenhang aufschlußreiche Formulierung fand sich in Art. 239 ADHGB 1861, dessen Absätze 2 und 3 lauteten:
„Zur Entlastung des Vorstandes bei Legung der Rechnungen können Personen nicht bestellt werden, welche auf irgend eine Weise an der Geschäftsführung Theil nehmen.
Dieses Verbot bezieht sich nicht auf die Personen, welchen die Aufsicht über die Geschäftsführung zusteht.“

44 Gesetz, betreffend die Kommanditgesellschaften auf Aktien und die Aktiengesellschaften vom 11. Juni 1870, Bundes-Gesetzblatt des Norddeutschen Bundes, Jg. 1870, Nr. 21, S. 375 ff; vgl. hierzu *Dreist*, a. a. O., S. 20 ff.; *Zöllner* in: KK, AktG, Einl., Rn. 62; *Wiethölter*, a. a. O., S. 35.

45 Vgl. Art. 208, 211, 214, Art. 249 a § 2 ADHGB 1870.

46 *Assmann*, a. a. O., Rn. 68, 81; *Potthoff/Theisen*, FS "40 Jahre Der Betrieb", S. 53 (58).

47 Vgl. Art. 211 Abs. 1 ADHGB 1871.

Als Ersatz für die entfallende Staatsaufsicht wurde als zweite wesentliche Neuerung für alle Aktiengesellschaften der *Aufsichtsrat zwingend vorgeschrieben* und damit die dualistische Verwaltung der AG zu dem für das deutsche Aktienrecht bis heute charakteristischen Modell erhoben.[48] Der Aufsichtsrat mußte aus mindestens drei, von der Generalversammlung aus der Mitte der Aktionäre zu wählenden Mitgliedern bestehen[49] und mindestens alle fünf Jahre neu gewählt werden.[50] Für den Fall, daß *„mit ihrem Wissen und ohne ihr Einschreiten"* gegen bestimmte Kapitalerhaltungsvorschriften verstoßen würde, waren die Aufsichtsratsmitglieder nunmehr persönlich zum Schadensersatz verpflichtet.[51] Im übrigen entsprachen die Rechte und Pflichten des Aufsichtsrats denjenigen des fakultativen Aufsichtsrats nach bisheriger Rechtslage: Nicht die Teilnahme an der Geschäftsführung, sondern die *"Überwachung der Geschäftsführung in allen Zweigen der Verwaltung"* sollte die Hauptaufgabe dieses Gremiums sein.[52]

In der Praxis wurde diese Forderung jedoch weiterhin nur in verhältnismäßig geringem Umfang erfüllt. Zu den Aufgaben des Aufsichtsrats, der noch immer hauptsächlich aus Großaktionären bestand, gehörte nämlich meist weiterhin die Teilnahme an der Geschäftsführung.[53] Das Fortbestehen dieser Praxis beruhte vor allem darauf, daß nähere Vorschriften zur klaren Abgrenzung der Kompetenzen von Vorstand und Aufsichtsrat noch immer fehlten. Während etwa § 111 Abs. 4 AktG heute eindeutig bestimmt, daß dem Aufsichtsrat keine Geschäftsführungsmaßnahmen übertragen werden können, legte die durch die Reform von 1870 nicht berührte Bestimmung des Art. 234

---

48 Art. 209 Nr. 6, 210 a Nr. 3, 225 a ADHGB 1870; vgl. hierzu Entwurf eines Gesetzes, betreffend die Kommanditgesellschaften auf Aktien und die Aktiengesellschaften nebst Motiven, Stenographische Berichte über die Verhandlungen des Reichstages des Norddeutschen Bundes, I. Legislatur-Periode, Session 1870, Bd. 4, S. 646, 655.

49 Art. 209 Nr. 6, 210 a Nr. 3 ADHGB 1870; auch heute beträgt die Mindestgröße des Aufsichtsrats gemäß § 95 Satz 1 AktG drei Mitglieder.

50 Art. 225 i. V. m. Art 191 Abs. 1 ADHGB 1870.

51 Art. 225 b ADHGB 1870.

52 Vgl. Art. 225 a ADHGB 1870, der im wesentlichen Art. 225 ADHGB 1861 entsprach, vgl. oben 2.

53 *Passow*, Die Aktiengesellschaft, S. 402 ff.; *Wiethölter*, a. a. O., S. 286 f.

ADHGB 1861, die oben im Wortlaut wiedergegeben wurde[54], nach wie vor das Gegenteil nahe.[55]

Ein dritter Hauptpunkt der Aktienrechtsreform von 1870 war die Öffnung der Aktiengesellschaft als Rechtsform auch für solche Gesellschaften, die keine Handelsgesellschaften waren.[56] Mit diesem Schritt kam der Gesetzgeber vor allem den Banken entgegen, denen die Rechtsform der AG bislang verschlossen geblieben war.[57]

In der Folge der Aktienrechtsreform des Jahres 1870 führte die Aufhebung des Konzessionssystems nicht nur zu einer großen Zahl von Neugründungen, sondern auch zu zahlreichen Gründungsschwindeln und Unternehmenszusammenbrüchen.[58] Bereits im Jahre 1873 folgte dem Gründungsboom ein regelrechter „Gründungskrach".[59] Zunehmend kritisiert wurde neben den Gründungsvorschriften des ADHGB vor allem der Aufsichtsrat, der seiner Überwachungsaufgabe nicht gewachsen und eher oberstes Verwaltungsorgan als Kontrollorgan sei, das die Staatsaufsicht ersetzen und die Rechte der Aktionäre wahrnehmen könnte.[60]

4. Reform des ADHGB von 1884

Die vorgenannte Kritik löste eine erneute Reformdebatte aus, die zu einer weiteren umfangreichen Reform des Aktienrechts im Jahre 1884 führte. Durch die Novelle des ADHGB von 1884 [61] (nachfolgend zi-

---

54 Vgl. oben 2.

55 Beibehalten wurden auch die Bestimmungen des Art. 239 Abs. 2 und 3 ADHGB 1861, vgl. oben Fn. 43.

56 Art. 207 Abs. 1 und 208 Abs. 1 ADHGB 1870; vgl. demgegenüber noch Art. 207 Abs. 1 ADHGB 1861.

57 Vgl. *Assmann* in: a. a. O., Rn. 80.

58 Allgemeine Begründung zum Gesetz, betreffend die Kommanditgesellschaften auf Aktien und die Aktiengesellschaften von 1884, Stenographische Berichte über die Verhandlungen des Reichstages, 5. Legislaturperiode, IV. Session 1884, Bd. 3, S. 236, 237 ff.; *Bleicher/Leberl/Paul*, Unternehmensverfassung, S. 53; *K. Schmidt*, Gesellschaftsrecht, § 26 II 2 b; *Zöllner* in: KK, Einl., Rn. 63.

59 *Assmann*, a. a. O., Rn. 87, 90.

60 *Assmann*, a. a. O., Rn. 86; *Bleicher/Leberl/Paul*, a. a. O., S. 53; *Dreist*, a. a. O., S. 21; *Wiethölter*, a. a. O., S. 287 f.

61 Gesetz, betreffend die Kommanditgesellschaften auf Aktien und die Aktiengesellschaften vom 18. Juli 1884, RGBl 1884, Nr. 22, S. 123 ff.; hierzu eingehend *Schubert/Hommelhoff*, Hundert Jahre modernes Aktienrecht – Texte und Quellen zur Aktienrechtsreform 1884.

tiert als „ADHGB 1884") wurden die Gründungsbestimmungen weiter verschärft[62], die allgemeine Organhaftung für Sorgfaltspflichtverletzungen eingeführt sowie die Kompetenzabgrenzung zwischen Vorstand und Aufsichtsrat intensiviert und zugleich transparenter gestaltet.

Während die Zuständigkeiten des Vorstands als Geschäftsführungs- und Vertretungsorgan der AG im wesentlichen unverändert blieben, wurde die persönliche Haftung der Vorstandsmitglieder deutlich ausgeweitet: Waren diese nach bisherigem Recht lediglich bei bestimmten formellen Verstößen gegen Gesetz und Satzung schadensersatzpflichtig[63], so wurde jetzt zusätzlich ein allgemeiner Sorgfaltsmaßstab normiert, dessen Verletzung ebenfalls die persönliche Einstandspflicht begründete:

> *„Die Mitglieder des Vorstandes haben bei ihrer Geschäftsführung die Sorgfalt eines ordentlichen Geschäftsmanns anzuwenden.*
>
> *Mitglieder, welche ihre Obliegenheiten verletzen, haften der Gesellschaft solidarisch für den dadurch entstandenen Schaden. [. . .]"* [64]

Damit wurden die bis heute geltenden materiellen Grundlagen der Organhaftung zum Bestandteil des Aktienrechts.[65] Zugleich bildete die als Haftungsmaßstab formulierte *„Sorgfalt eines ordentlichen Geschäftsmanns"* einen ersten gesetzlichen Anhaltspunkt für die Definition materiell-unternehmerischer Pflichten des Vorstands durch Rechtsprechung und Lehre. Die Normierung dieses Sorgfaltsmaßstabs machte jedenfalls deutlich, daß der Vorstand mit der bloßen Erfüllung aller ihm durch Gesetz und Satzung auferlegten formellen Handlungspflichten, wie z. B. den Geboten der Buchführung, der jährlichen Bilanzvorlage, der rechtzeitigen Stellung des Konkursantrags oder der Beachtung interner Zustimmungsvorbehalte, noch nicht die Vorstellungen des Gesetzgebers von einer ordnungsmäßigen Geschäftsführung erfüllte. Vielmehr mußte die vom Vorstand wahrzunehmende unternehmerische Betätigung darüberhinaus „kunstge-

---

62 Hierzu näher *Assmann*, a. a. O., Rn. 94 ff.

63 Vgl. Art. 241 Abs. 2 ADHGB 1861.

64 Art. 241 Abs. 2 u. Abs. 3 Satz 1 ADHGB 1884.

65 Vgl. zum geltenden Recht § 93 Abs. 1 u. 2 AktG.

recht" im Sinne rationalen und vertretbaren wirtschaftlichen Handelns sein.

Der Aufsichtsrat wurde durch verschiedene Maßnahmen in seiner Rolle als unabhängiges Kontrollorgan gestärkt. Zunächst wurde das Recht zur Wahl der Aufsichtsratsmitglieder zwingend der Generalversammlung zugewiesen, wobei die zu bestellenden Personen nicht zwingend Aktionäre sein mußten.[66] Hierdurch wurde der Aufsichtsrat dem Gründereinfluß entzogen. Außerdem sollten persönliche Verflechtungen zwischen Aufsichtsrat und Vorstand beseitigt werden, um eine strikte personelle Trennung zwischen Führungs- und Überwachungsorgan zu realisieren. Zu diesem Zweck wurde erstmals – ähnlich wie heute in § 105 AktG – bestimmt:

> *„Die Mitglieder des Aufsichtsraths dürfen nicht zugleich Mitglieder des Vorstandes oder dauernd Stellvertreter derselben sein, auch nicht als Beamte die Geschäfte der Gesellschaft führen."*[67]

Weiterhin wurde die Bestellung von Prokuristen durch den Vorstand im Innenverhältnis von der Zustimmung des Aufsichtsrats abhängig gemacht.[68] Aus dem bisherigen Recht des Aufsichtsrats, sich vom Gang der Angelegenheiten der Gesellschaft zu unterrichten[69], wurde eine Pflicht[70]. Um dieser Unterrichtungspflicht besser nachkommen zu können, räumte das ADHGB 1884 dem Aufsichtsrat zusätzlich zur Einsichtsbefugnis das weitere Recht ein, *„jederzeit"* über den Gang der Angelegenheiten der Gesellschaft *„Berichterstattung von dem Vorstande verlangen"* zu können.[71]

Schließlich wurden auch die Mitglieder des Aufsichtsrats – ebenso wie die Vorstandsmitglieder hinsichtlich der Geschäftsführung[72] – verpflichtet, *„bei der Erfüllung der ihnen ... zugewiesenen Obliegenheiten die Sorgfalt eines ordentlichen Geschäftsmanns anzuwen-*

66 Art. 224 i. V. m. Art. 191 Abs. 1 ADHGB 1884.
67 Art. 225 a Abs. 1 Satz 1 ADHGB 1884.
68 Art. 234 ADHGB 1884.
69 Vgl. Art. 225 Abs. 1 ADHGB 1861 bzw. Art. 225 a ADHGB 1870.
70 Vgl. Art. 225 Abs. 1 Satz 1 ADHGB 1884.
71 Art. 225 Abs. 1 Satz 2 ADHGB 1884.
72 Art. 241 Abs. 2 ADHGB 1884.

den".[73] Der Pflichtenkreis des Aufsichtsrats innerhalb der Verfassung der AG näherte sich damit in wesentlichen Punkten dem heute geltenden Aktienrecht an.[74]

Auf den ersten Blick höchst verwunderlich erscheint angesichts dieses konsequent erscheinenden Bündels von Gesetzesänderungen, welche den Aufsichtsrat nunmehr endlich auf seine Kontrollfunktion zu verpflichten und zugleich zu beschränken schienen, der rechtstatsächliche Befund, daß in der Unternehmenspraxis dem Aufsichtsrat trotzdem weiterhin mitverwaltende Befugnisse im Innenverhältnis übertragen wurden.[75] Bei näherem Hinsehen verstieß diese Beharrlichkeit jedoch weder gegen den Wortlaut noch gegen den Geist des ADHGB 1884.[76] Denn zum einen konnte sich die Praxis auf eine weitere, ebenfalls neu eingeführte Vorschrift stützen, die bestimmte:

> *„Weitere Obliegenheiten des Aufsichtsraths werden durch den Gesellschaftsvertrag bestimmt."*[77]

Zum anderen wurde in der Begründung zur Aktienrechtsnovelle von 1884 offen dargelegt, daß dem Aufsichtsrat trotz aller erstrebenswerten Unabhängigkeit von der Geschäftsführung dennoch nicht jede Verwaltungstätigkeit verboten werden sollte:

> *„Um die Interessen der Gesellschaft und der Gesellschaftsgläubiger gegenüber dem Vorstande wirksam zu sichern, muß allerdings die Hauptaufgabe des Aufsichtsraths in die Beaufsichtigung der gesammten Geschäftsführung des Vorstandes gesetzt werden. Daraus folgt indessen keineswegs die Nothwendigkeit, dem Aufsichtsrathe jede Betheiligung an der Verwaltung zu untersagen. Dies würde mit Recht dem Vorwurf begegnen, daß einer doktrinären Ansicht zu Liebe die realen Verhältnisse des Lebens nicht genügende Berücksichtigung*

---

73 Art. 226 Abs. 1 ADHGB 1884. Die persönliche Schadensersatzpflicht der Aufsichtsratsmitglieder wurde jedoch – im Gegensatz zur Vorstandshaftung – nach wie vor an einen enumerativen Katalog von Gesetzesverstößen gebunden, vgl. Art. 226 Abs. 2 ADHGB 1884.

74 *Zöllner*, KK, AktG, Einl., Rn. 64, sieht überhaupt im ADHGB 1884 *„alle für die Gestalt des modernen Aktienrechts wesentlichen Regelungen mit Ausnahme des Konzernrechts zumindest im Ansatz enthalten"*.

75 *Assmann*, a. a. O., Rn. 117; *Bleicher/Leberl/Paul*, a. a. O., S. 54; *Dreist*, a. a. O., S. 23; *Passow*, a. a. O., S. 431 ff.

76 Vgl. *Assmann*, a. a. O., Rn. 98.

77 Art. 225 Abs. 3 ADHGB 1884.

fänden. Ein Organ, welches der Verwaltung und dem Geschäftsbetriebe völlig fern steht, kann in dieselben einen Einblick nur schwer gewinnen, und wird seine Aufsicht meist auf die formale Geschäftsführung, namentlich die Buchführung beschränken, deshalb aber kaum in der Lage sein, Mißgriffen oder betrüglichen Handlungen des Vorstandes rechtzeitig vorzubeugen. Leichter vermag dies ein Organ, welches selbst an der Verwaltung betheiligt ist und dadurch von den wesentlichen Vorgängen derselben beständig Kenntnis erlangt." [78]

Schließlich verbesserte die Aktienrechtsreform von 1884 die Überwachung der Geschäftsführung noch an einer anderen Stelle, indem sie der Generalversammlung das Recht einräumte, sich zur Prüfung der Bilanz nicht allein auf den Bericht des Aufsichtsrats zu verlassen, sondern besondere Revisoren zur Bilanzprüfung zu bestellen.[79]

5. HGB von 1897

Das Handelsgesetzbuch vom 10. Mai 1897 [80] (nachfolgend zitiert als „HGB 1897"), das zusammen mit dem Bürgerlichen Gesetzbuch am 1. Januar 1900 in Kraft trat[81] und das ADHGB ablöste, brachte zwar etliche Detailmodifikationen, aber keine grundlegenden materiellen Änderungen des Aktienrechts.[82] Dieses wurde vor allem redaktionell übersichtlicher gestaltet, indem der Aufbau der gesetzlichen Bestimmungen über die Kommanditgesellschaft auf Aktien (KGaA) und über die Aktiengesellschaft geändert wurde. Während im ADHGB das Recht der AG teilweise durch Verweisung auf das Recht der KGaA geregelt wurde, regelte das HGB 1897 das Recht der AG entsprechend der veränderten wirtschaftlichen Bedeutung jetzt an erster Stel-

---

78 Allgemeine Begründung zum Gesetz betreffend die Kommanditgesellschaften auf Aktien und die Aktiengesellschaften von 1884, Stenographische Berichte über die Verhandlugen des Reichstages. 5. Legislatur-Periode, IV. Session 1884, Bd. 3, S. 236.

79 Art. 239 a Abs. 1 ADHGB 1884.

80 Handelsgesetzbuch vom 10. Mai 1897, RGBl 1897, S. 219 ff.

81 Vgl. Art. 1 Abs. 1 des Einführungsgesetzes zum Handelsgesetzbuch (EGHGB) vom 10. Mai 1897, RGBl 1897, S. 437 ff.

82 Näher *Assmann* in: Großkomm. AktG, Einl., Rn. 119 f.; *Schubert* in: *Schubert/Schmiedel/Krampe* (Hrsg.), Quellen zum Handelsgesetzbuch von 1897, Bd. I, S. 66 ff.; *Zöllner*, a. a. O., Rn. 65.

le.[83] Außerdem wurden die Vorschriften über Vorstand und Aufsichtsrat innerhalb des Titels *„Verfassung und Geschäftsführung"* übersichtlicher zusammengefaßt.[84] Die wesentlichen Bestimmungen über die Rechte und Pflichten von Vorstand und Aufsichtsrat sowie das Verhältnis beider Organe zueinander blieben gegenüber dem ADHGB 1884 inhaltlich unverändert.[85]

6. Notverordnung von 1931

In den zwanziger Jahren sowie insbesondere in den Jahren 1930 und 1931 kam es erneut zu spektakulären Zusammenbrüchen zahlreicher Aktiengesellschaften, die verursacht wurden zum einen durch die Folgen des ersten Weltkriegs, Inflation und Weltwirtschaftskrise, zum anderen aber auch durch risikoreiche Vorstandsgeschäfte, die zu Verlusten geführt hatten und durch Bilanzfälschungen verschleiert worden waren[86]. Die Überwachung durch den Aufsichtsrat hatte sich dabei als weitgehend wirkungslos erwiesen.[87]

Diese Mißstände bildeten den Hintergrund für eine erneute Modifikation des Aktienrechts, die durch die zur Amtszeit des Brüningschen Präsidialkabinetts erlassene Notverordnung vom 19. September 1931 erfolgte.[88] Neben verschärften Bilanzierungs-, Bewertungs- und Gliederungsvorschriften für den Jahresabschluß[89] wurde als herausragende Neuerung die Pflichtprüfung des Jahresabschlusses durch sachverständige, von der Generalversammlung zu wählende Prüfer, *„die in der Buchführung ausreichend vorgebildet und erfahren sind"*, eingeführt.[90] Diese Prüfung, durch die der Berufsstand der Wirtschaftsprü-

83 Vgl. *Assmann*, a. a. O., Rn. 119; *Schubert*, a. a. O., S. 67.

84 §§ 231 - 273 HGB 1897.

85 Vgl. §§ 246 - 249 HGB 1897.

86 Eingehend *Gottschalk*, Die Lehren aus den Aktienskandalen, S. 11 ff., 35 ff.; *Assmann*, a. a. O., Rn. 136 f.; *Baltzer*, Krisenerkennung, S. 128; *Bleicher/Leberl/Paul*, a. a. O., S. 54; *Dreist*, Überwachungsfunktion, S. 27; *Wiethölter*, Interessen und Organisation, S. 44; *Zöllner*, a. a. O., Rn. 66.

87 *Gottschalk*, a. a. O., S. 27 ff., 45.

88 Verordnung des Reichspräsidenten über Aktienrecht, Bankenaufsicht und über eine Steueramnestie vom 19. September 1931, RGBl 1931, Teil I, S. 493 ff.

89 Art. V der Notverordnung.

90 Art. VI, §§ 262 a, 262 b Abs. 1, 262 c Abs. 1 der Notverordnung; näher *Theisen*, Die Wirtschaftsprüfung 1994, 809 (810 f.).

fer ins Leben gerufen wurde[91], war als sachverständige Ergänzung und Unterstützung der weiterhin erforderlichen Bilanzprüfung durch den Aufsichtsrat gedacht.[92]

Weil die Aufsichtsratsüberwachung bei den in jüngster Zeit zusammengebrochenen Aktiengesellschaften vor allem aufgrund eines mangelhaften Informationsstands der Aufsichtsräte über die Lage des Unternehmens versagt hatte, wurde folgende Vorschrift erlassen:

> *„Der Vorstand hat dem Aufsichtsrat in regelmäßigen, mindestens vierteljährlichen Zwischenräumen sowie bei wichtigem Anlaß über den Gang der Geschäfte und die Lage des Unternehmens mündlich oder schriftlich zu berichten."* [93]

Damit war erstmals eine Pflicht des Vorstands zur unaufgeforderten periodischen Berichterstattung an den Aufsichtsrat gesetzlich vorgeschrieben. Diese Bestimmung bildet den Ursprung der periodischen Berichtspflichten des heutigen § 90 AktG, welcher zwar eine mittlerweile weitaus aufwendigere und umfassendere Regelung beinhaltet, jedoch innerhalb seiner Absätze 1 und 2 die vergleichsweise schlichte Notverordnungsbestimmung von 1931 nahezu wörtlich übernimmt.[94]

Ebenfalls durch die Notverordnung eingeführt wurden erweiterte Bestimmungen zur Berichterstattung auf besonderes Verlangen des Aufsichtsrats, die sich heute in inhaltlich nahezu unveränderter Form in § 90 Abs. 3 AktG wiederfinden.[95]

---

91 *Forster*, AG 1995, 1.

92 Vgl. § 246 Abs. 1 Satz 3 HGB 1897, der genauso wie bereits Art. 225 Abs. 2 ADHGB 1861 vorsah, daß der Aufsichtsrat die Jahresrechnungen und die Bilanzen zu prüfen und darüber der Generalversammlung Bericht zu erstatten hatte.

93 Art. III, § 239 a Satz 1 der Notverordnung.

94 Vgl. § 90 Abs. 1 Satz 1 Nr. 3 u. Satz 2 Hs. 1 AktG sowie § 90 Abs. 2 Nr. 3 AktG.

95 Art. IV, § 246 Abs. 1 Satz 3 und 4 der Notverordnung:
„Auf Verlangen des Aufsichtsrats ist auch über die Beziehungen zu einer abhängigen Gesellschaft oder einer Konzerngesellschaft zu berichten. Das Recht auf Berichterstattung steht auch dem einzelnen Mitglied des Aufsichtsrats mit der Maßgabe zu, daß die Berichterstattung nur an den Aufsichtsrat als solchen und, wenn der Vorstand die Berichterstattung ablehnt, nur dann verlangt werden kann, wenn das Verlangen mindestens von einem anderen Mitglied und bei einem Aufsichtsrat von zwanzig oder mehr Mitgliedern mindestens von zwei anderen Mitgliedern des Aufsichtsrats unterstützt wird."
Vgl. demgegenüber § 246 Abs. 1 HGB 1897 bzw. Art. 225 Abs. 1 ADHGB 1884, wonach nur der gesamte Aufsichtsrat als Kollegialorgan ein Recht auf Berichterstattung gegenüber dem Vorstand geltend machen konnte.

Ferner stärkte die Verordnung von 1931 die Minderheitsrechte im Aufsichtsrat dadurch, daß sie jedem seiner Mitglieder das Recht einräumte, vom Aufsichtsratsvorsitzenden unter Angabe von Zweck und Gründen die unverzügliche Einberufung einer Aufsichtsratssitzung zu verlangen.[96] Für den Fall, daß einem derartigen, von mindestens zwei Aufsichtsratsmitgliedern geäußerten Verlangen nicht entsprochen werde, erhielten die betroffenen Aufsichtsräte selbst das Recht zur Einberufung einer Sitzung.[97]

Schließlich beschränkte die Notverordnung die Gesamtzahl der Aufsichtsratsmitglieder auf 30 und die Zahl der Aufsichtsratsmandate für eine Person auf maximal 20.[98]

Der Notverordnung vom 19. September 1931 folgten noch eine weitere Notverordnung sowie zahlreiche Durchführungsverordnungen, die das Aktienrecht im Detail modifizierten, jedoch keine im Rahmen dieser Untersuchung relevanten Neuerungen bewirkten.[99]

7. AktG von 1937

Die seit dem Jahre 1884 umfassendste Revision des Aktienrechts bewirkte die Verabschiedung des Aktiengesetzes von 1937 (nachfolgend zitiert als „AktG 1937“).[100] Damit wurden die Vorschriften über die AG und die KGaA aufgrund ihres mittlerweile erreichten Umfangs wieder in einem eigenen Gesetz außerhalb des HGB zusammengefaßt. Wichtige inhaltliche Änderungen gegenüber dem bisherigen Recht waren die Stärkung der rechtlichen Stellung von Vorstand und Aufsichtsrat zu Lasten der Hauptversammlung sowie die weitere Trennung der Aufgaben von Vorstand und Aufsichtsrat in die Geschäftsführungsfunktion einerseits und die Überwachungsfunktion andererseits.

---

96 Art. IV, § 244 a Abs. 1 der Notverordnung.

97 Art. IV, § 244 a Abs. 2 der Notverordnung.

98 Art. VIII Abs. 3 und 4 der Notverordnung.

99 Näher *Assmann*, a. a. O., Rn. 147; *Zöllner*, a. a. O., Rn. 66.

100 Gesetz über Aktiengesellschaften und Kommanditgesellschaften auf Aktien (Aktiengesetz) vom 30. Januar 1937, RGBl 1937, Teil I, S. 107 ff.

In seinem Abschnitt über den Vorstand[101] präzisierte das AktG 1937 die Kompetenzen dieses Organs, indem neben der Vertretungsbefugnis des Vorstands erstmals auch dessen Geschäftsführungsaufgabe gesetzlich definiert wurde. Mit der den Gesetzesabschnitt einleitenden Vorschrift des § 70 wurde dem Vorstand die alleinige Kompetenz zur *„Leitung der Aktiengesellschaft"* [102] eingeräumt:

> *„Der Vorstand hat unter eigener Verantwortung die Gesellschaft so zu leiten, wie das Wohl des Betriebs und seiner Gefolgschaft und der gemeine Nutzen von Volk und Reich es fordern."* [103]

Eine nähere Konkretisierung der Inhalte des neu eingeführten Begriffs *„Leitung"* nahm der Gesetzgeber allerdings nicht vor. Mit der Verpflichtung auf das Betriebswohl sowie auf den – nationalsozialistisch verstandenen – Gemeinnutzen wurden lediglich allgemeine, ermessensleitende Gesichtspunkte aufgeführt, die keinen Aufschluß über den gesetzlich geforderten Inhalt der Leitungsaufgabe liefern konnten. Die erforderliche Präzisierung blieb daher Rechtsprechung und Lehre überlassen.

Neben der Leitungskompetenz des Vorstands als Kollegialorgan wurde weiterhin festgelegt, daß bei Meinungsverschiedenheiten innerhalb des Gremiums der Vorstandsvorsitzende zu entscheiden habe, sofern ein solcher ernannt worden sei.[104] Diese Bestimmung wurde jedoch mit einem Vorbehalt zugunsten des Gesellschaftsvertrags – jetzt als *„Satzung"* bezeichnet – versehen.

Spiegelbildlich zur nunmehr zwingenden Eigenverantwortlichkeit des Vorstands wurde der Aufsichtsrat mit dem AktG 1937 endgültig und konsequent auf seine Überwachungsaufgabe beschränkt. Hierzu wurde die im ADHGB 1884 enthaltene und in das HGB 1897 übernommene Bestimmung, wonach durch den Gesellschaftsvertrag *„weitere Obliegenheiten des Aufsichtsraths"* bestimmt werden konnten[105],

---

101 §§ 70 - 85 AktG 1937.

102 Amtliche Überschrift des § 70 AktG 1937.

103 § 70 Abs. 1 AktG 1937; vgl. § 76 Abs. 1 AktG 1965.

104 § 70 Abs. 2 AktG 1937.

105 Art. 225 Abs. 3 ADHGB 1884 (vgl. oben 4.), hiermit wörtlich übereinstimmend § 246 Abs. 3 HGB 1897.

durch die folgende, klare und vom heute geltenden Aktienrecht nahezu wörtlich rezipierte Regelung ersetzt:

> *„Maßnahmen der Geschäftsführung können dem Aufsichtsrat nicht übertragen werden. Die Satzung oder der Aufsichtsrat kann jedoch bestimmen, daß bestimmte Arten von Geschäften nur mit seiner Zustimmung vorgenommen werden sollen."* [106]

Fortan konnte also der Aufsichtsrat einen direkten Einfluß auf die Geschäftsführung allein noch durch Zustimmungsvorbehalte ausüben, wobei eine Zustimmung des Aufsichtsrats den Vorstand nicht von seiner Eigenverantwortung entlastete.[107] Ob und in welchen Fällen der Vorstand berechtigt war, gegen eine Verweigerung der Zustimmung die Hauptversammlung anzurufen, war unter dem AktG 1937 mangels ausdrücklicher Regelung im Gesetz umstritten.[108]

Entsprechend seiner uneingeschränkten Verantwortung hatte der Vorstand – wie bereits in der Notverordnung von 1931 vorgesehen[109] – gegenüber dem Aufsichtsrat eine Pflicht zur unaufgeforderten Berichterstattung, die in § 81 AktG 1937 wie folgt formuliert wurde:

> *„Der Vorstand hat dem Aufsichtsrat regelmäßig, längstens vierteljährlich, über den Gang der Geschäfte und die Lage des Unternehmens sowie dem Vorsitzer des Aufsichtsrats oder seinem Stellvertreter bei wichtigem Anlaß mündlich oder schriftlich zu berichten. Der Bericht hat den Grundsätzen einer gewissenhaften und getreuen Rechenschaft zu entsprechen."*

Eine wichtige Änderung gegenüber der Notverordnungsbestimmung bestand darin, daß nach der neuen Regelung der Sonderbericht *„bei wichtigem Anlaß"* nicht mehr an den Aufsichtsrat insgesamt, sondern nur noch an dessen Vorsitzenden persönlich zu erstatten war. Der Aufsichtsratsvorsitzende hatte in solchen Fällen die nach pflichtgemäßem Ermessen zu treffende Wahl, entweder den gesamten Aufsichtsrat einzuweihen und diesem bestimmte Maßnahmen vorzu-

---

106 § 95 Abs. 5 AktG 1937; übernommen in § 111 Abs. 4 AktG 1965.

107 *Schlegelberger/Quassowski/Herbig/Geßler/Hefermehl*, AktG, § 70, Rn. 3.

108 Näher *Mertens* in: KK, AktG, § 111, Rn. 5; vgl. zum geltenden Recht § 111 Abs. 4 Satz 3 - 5 AktG 1965.

109 Vgl. oben 6.

schlagen oder aber hiervon Abstand zu nehmen.[110] Neu war außerdem die Verpflichtung des Vorstands auf die *„Grundsätze einer gewissenhaften und getreuen Rechenschaft"* als inhaltliche Konkretisierung der allgemeinen Sorgfaltspflicht im Hinblick auf die Berichterstattung an den Aufsichtsrat.

Vergleicht man die Berichtspflichtbestimmung des § 81 AktG 1937 mit der heutigen Regelung dieser Materie in § 90 AktG, so fällt auf, daß die im AktG 1937 aufgeführten Berichtsinhalte – Gang der Geschäfte, Lage der Gesellschaft und wichtiger Anlaß – einen überwiegend vergangenheits- oder allenfalls gegenwartsbezogenen Charakter aufwiesen. Daraus wird deutlich, daß das allgemeine Verständnis der Aufsichtsratsüberwachung noch recht einseitig auf eine *ex-post-Perspektive* ausgerichtet war. Die zukunftsbezogene Komponente des Vorstandshandelns und ein entsprechendes Überwachungsbedürfnis standen selbst im Jahre 1937 noch nicht im Blickfeld des Gesetzgebers.

Der gesetzliche Überwachungsauftrag des Aufsichtsrats erfuhr allerdings eine grundsätzliche Modifikation dadurch, daß die sehr weitgehende bisherige Vorgabe, wonach der Aufsichtsrat die Geschäftsführung *„in allen Zweigen der Verwaltung"* zu überwachen und sich *„zu dem Zwecke von dem Gange der Angelegenheiten der Gesellschaft zu unterrichten"* hatte[111], durch folgende Neufassung ersetzt wurde:

> *„Der Aufsichtsrat hat die Geschäftsführung zu überwachen."* [112]

Diese bereits mit dem heute geltenden Aktienrecht[113] übereinstimmende Formulierung sollte den Aufsichtsrat insbesondere mit Blick auf größere Unternehmen davon befreien, jede Maßnahme der Geschäftsführung überwachen und sich dazu über jede Einzelheit unterrichten zu müssen.[114] Zur Rationalisierung der Aufsichtsratsarbeit wurde außerdem die Möglichkeit geschaffen, daß der Aufsichtsrat

---

110 *Schlegelberger u. a.*, a. a. O., § 81, Rn. 8; *Schmidt* in: *Gadow/Heinichen/Eb. Schmidt/W. Schmidt/Weipert*, AktG, § 81, Anm. 7.

111 So zuletzt § 246 Abs. 1 HGB 1897; nahezu gleichlautend Art. 225 Abs. 1 ADHGB 1884.

112 § 95 Abs. 1 AktG 1937.

113 Vgl. § 111 Abs. 1 AktG 1965.

114 *Geßler* in: *Geßler/Hefermehl/Eckardt/Kropff*, § 111, Rn. 11, 14.

einzelne seiner Mitglieder oder besondere Sachverständige mit der Einsichtnahme und Prüfung der Bücher, Schriften und Vermögensgegenstände der Gesellschaft beauftragen durfte.[115] Ferner wurde die Bildung von Ausschüssen zugelassen, damit der Aufsichtsrat seine Verhandlungen und Beschlüsse besser vorbereiten und die Ausführung seiner Beschlüsse besser kontrollieren konnte.[116] Durch diese Maßnahmen sollte die Geschäftsführungskontrolle durch den Aufsichtsrat erleichtert und damit letztlich wirksamer gemacht werden.

Die Höchstzahl der Aufsichtsratsmitglieder wurde mit dem AktG 1937 von der Höhe des Grundkapitals der AG abhängig gemacht, wobei bei einem Grundkapital bis zu 3 Millionen RM sieben, bis zu 20 Millionen RM zwölf und bei über 20 Millionen RM zwanzig Mitglieder zulässig waren.[117] Die Gesamtzahl der Aufsichtsratsmandate für eine Person wurde auf maximal 10 begrenzt[118] und damit gegenüber der Notverordnung von 1931 nochmals halbiert. Allerdings konnte die gesetzlich festgelegte Höchstzahl sowohl der Aufsichtsratsmitglieder als auch der Aufsichtsratsmandate aufgrund ministerieller Ausnahmegenehmigung überschritten werden.[119]

Das mit der Aktienrechtsreform 1884 eingeführte System der Organhaftung wurde beibehalten. Die als Haftungsmaßstab dienende Sorgfaltspflicht von Vorstand und Aufsichtsrat wurde wiederum einheitlich definiert im Sinne einer *„ordentlichen und gewissenhaften"* Geschäftsleitung bzw. Überwachung.[120]

Die Versammlung der Aktionäre – jetzt als „Hauptversammlung" bezeichnet –, durfte nach dem AktG 1937 nur noch in den gesetzlich oder satzungsmäßig ausdrücklich bestimmten Fällen entscheiden, über Fragen der Geschäftsführung sogar nur, wenn der Vorstand es verlangte.[121] Zustimmungsvorbehalte zugunsten der Hauptversammlung waren selbst im Innenverhältnis nicht mehr vorgesehen.[122] Wei-

---

115 § 95 Abs. 3 AktG 1937; übernommen in § 111 Abs. 2 AktG 1965.
116 § 92 Abs. 4 AktG 1937.
117 § 86 Abs. 1 AktG 1937.
118 § 86 Abs. 2 Satz 2 AktG 1937.
119 § 86 Abs. 1 und 2 AktG 1937.
120 Vgl. § 84 Abs. 1 u. 2 AktG 1937 für den Vorstand und § 99 i. V. m. § 84 Abs. 1 u. 2 AktG 1937 für den Aufsichtsrat.
121 § 103 AktG 1937.
122 Vgl. noch Art. 231 Abs. 2 Satz 2 ADHGB 1861 und § 235 Abs. 2 Satz 2 HGB 1897, wonach die Zustimmung der Generalversammlung für einzelne Geschäfte des Vor-

terhin wurde der Hauptversammlung das Recht zur Bestellung des Vorstands und zum Widerruf der Bestellung zwingend entzogen und auf den Aufsichtsrat übertragen.[123] Gleichzeitig wurde festgelegt, daß daß der Vorstand auf höchstens fünf Jahre bestellt werden durfte[124], diese Bestellung aber nicht mehr wie bisher jederzeit, sondern nur noch aus *„wichtigem Grund"* widerrufen werden konnte.[125]

Die zunehmende Entmachtung der Hauptversammlung zugunsten von Vorstand und Aufsichtsrat hing weniger mit dem vom Gesetzgeber des Jahres 1937 gewiss mitverfolgten Ziel der Durchsetzung des sogenannten Führerprinzips im Wirtschaftsleben zusammen[126], sondern beruhte vor allem auf praktischen Erwägungen, welche jene gesetzgeberische Grundentscheidung bis heute als sachgerecht erscheinen lassen.[127] Sie wurde insbesondere durch die Entwicklung vieler Aktiengesellschaften zu börsennotierten Großunternehmen mit einer entsprechend hohen Zahl von Kleinaktionären vorgegeben. Das Interesse letzterer an der Mitwirkung bei der Geschäftsführung oder der Überwachung des Managements wurde infolge ihrer faktischen Einflußlosigkeit immer geringer. Überdies wurden die wirtschaftlichen Zusammenhänge zunehmend komplexer, so daß der Kleinaktionär kaum noch bereit und in der Lage war, daß erforderliche Maß an Zeit, Geld und Wissen zu investieren, um diese Zusammenhänge zu analysieren und zu verstehen. Durch diesen allmählichen Rückzug der Aktionäre wuchsen allerdings zugleich die Anforderungen an Kompetenz und Verantwortungsbewußtsein der Vorstände sowie an Effizienz und Unabhängigkeit der Aufsichtsratsüberwachung.

---

stands gefordert werden konnte, eine fehlende Zustimmung allerdings nicht die Wirksamkeit des Geschäfts im Außenverhältnis beeinträchtigte.

123 § 23 Abs. 2, § 75 Abs. 1 und 3 AktG 1937.

124 § 75 Abs. 1 AktG 1937.

125 § 75 Abs. 3 AktG 1937.

126 Vgl. *Schlegelberger u. a.*, a. a. O., § 70, Rn. 1. – Zu dem insgesamt geringen Einfluß nationalsozialistischen Gedankenguts auf das AktG 1937 und den Gründen hierfür vgl. *Assmann* in: Großkomm. AktG, Einl., a. a. O., Rn. 152 ff., 168 f.; ähnliche Bewertung bei *K. Schmidt*, GesR, § 26 II 2 e.

127 Im Ergebnis ebenso *Assmann*, a. a. O., Rn. 169; *Zöllner*, a. a. O., Rn. 68.

II. Geltendes Aktienrecht

1. AktG von 1965

Die jüngste durchgreifende Reform des deutschen Aktienrechts erfolgte mit dem im wesentlichen noch heute geltenden Aktiengesetz vom 6. September 1965 (nachfolgend zitiert als „AktG 1965“ oder „AktG“).[128] Weil das AktG 1937 sich in der Nachkriegszeit keineswegs rundum als Fehlschlag erwiesen hatte[129], stellt das AktG 1965 keine völlige Neuschöpfung dar, sondern hat zahlreiche bewährte Vorschriften des bisherigen Rechts übernommen. Insbesondere hat man an der im AktG 1937 bestimmten Verteilung der Aufgaben von Vorstand und Aufsichtsrat sowie an der starken Stellung beider Organe gegenüber der Hauptversammlung festgehalten. Im übrigen sind etliche Änderungen und Ergänzungen erfolgt, indem etwa die Vorschriften über die Rechnungslegung modifiziert, die Rechte von Minderheitsaktionären maßvoll gestärkt sowie eingehende Regelungen zum Konzernrecht[130] aufgenommen worden sind. Auch im Pflichtenkreis von Vorstand und Aufsichtsrat finden sich einige bedeutsame Weiterentwicklungen.

Die zentrale Aufgabe des Vorstands ist in enger Anlehnung an § 70 AktG 1937 formuliert, jedoch nicht mehr ausdrücklich an die Gesichtspunkte des Betriebs- und Gemeinwohls gebunden worden. § 76 Abs. 1 AktG 1965 hat daher die schlichte Fassung erhalten:

> *„Der Vorstand hat unter eigener Verantwortung die Gesellschaft zu leiten."*

Außerdem ist die durch das AktG 1937 eingeführte Letztentscheidungskompetenz des Vorstandsvorsitzenden bei Meinungsverschiedenheiten innerhalb des Vorstands wieder beseitigt worden.[131]

Unverändert geblieben ist die Beschreibung der Aufgabe des Aufsichtsrats in § 111 Abs. 1 AktG 1965: *„Der Aufsichtsrat hat die Geschäftsführung zu überwachen."* Der bisherigen Rechtslage entspricht

---

128 Aktiengesetz vom 6. September 1965, BGBl 1965, Teil I, S. 1089.

129 Näher *Assmann*, a. a. O., Rn. 175 f.

130 Drittes Buch des AktG 1965; hierzu eingehend *Dettling*, Entstehungsgeschichte des Konzernrechts (1997).

131 Vgl. § 77 Abs. 1 Satz 2 Hs. 2 AktG 1965.

auch die Regelung, daß ein Aufsichtsratsmitglied nicht zugleich Mitglied des Vorstands oder dauernd Stellvertreter eines Vorstandsmitglieds sein darf.[132] Neu eingeführt wurde jedoch, daß ein Aufsichtsratsmitglied auch nicht gesetzlicher Vertreter eines von der Gesellschaft abhängigen Unternehmens oder gesetzlicher Vertreter einer anderen Kapitalgesellschaft, deren Aufsichtsrat ein Vorstandsmitglied der Gesellschaft angehört, sein darf.[133]

Eine unmittelbare Konkretisierung der zentralen Organpflichten von Vorstand und Aufsichtsrat – Leitung und Überwachung – hat der Gesetzgeber des Jahres 1965 ebensowenig wie derjenige des Jahres 1937 für erforderlich gehalten. Als einziger Anhaltspunkt ist die im Zusammenhang mit der Organhaftung vorgenommene Definition des Sorgfaltsmaßstabs für das Vorstands- und Aufsichtsratshandeln aus dem AktG 1937 unverändert übernommen worden und seither in den §§ 93 und 116 AktG 1965 niedergelegt.

Die Bestimmungen zur Berichterstattung des Vorstands an den Aufsichtsrat allerdings sind gegenüber dem AktG 1937 nochmals deutlich ausgeweitet und zugleich differenzierter geregelt worden. Dahinter stand nicht nur das Anliegen, dem Aufsichtsrat die Erfüllung seiner Überwachungsaufgabe zu erleichtern, sondern auch das Bestreben, den Aufsichtsratsmitgliedern die Möglichkeit zu nehmen, sich gegenüber dem Vorwurf der Pflichtverletzung auf Unkenntnis zu berufen.[134] § 90 AktG 1965 hat in systematischer Hinsicht die Vorschriften des AktG 1937 über die periodische Berichterstattung des Vorstands und über die Berichterstattung auf Verlangen des Aufsichtsrats zusammengefaßt.[135]

Die neuen Bestimmungen zur periodischen Berichterstattung in § 90 Abs. 1 AktG 1965, insbesondere die Berichtspflichten über die beabsichtigte Geschäftspolitik gemäß Abs. 1 Nr. 1 und über potentiell bedeutsame Geschäfte gemäß Abs. 1 Nr. 4 zeigen, daß der Gesetzgeber des Jahres 1965 erstmals seinen Blick auch auf den zukunftsorientierten Aspekt der Geschäftsführung richtete. Auf diese Bestimmungen, die im Zuge der Aktienrechtsreform 1998 eine weitere Modifizierung

---

132 § 105 Abs. 1 AktG 1965; vgl. Art. 225 a ADHGB 1884; § 248 Abs. 1 HGB 1897; § 90 Abs. 1 AktG 1937.

133 § 100 Abs. 2 Nr. 2 und 3 AktG 1965.

134 *v. Godin/Wilhelmi*, AktG, § 90, Anm. 1.

135 Vgl. § 81 u. § 95 Abs. 2 AktG 1937.

erfahren haben[136], wird im Zusammenhang mit der Aufsichtsratsinformation über die Unternehmensplanung noch ausführlich einzugehen sein.[137]

Bei der Berichterstattung auf Verlangen findet sich ebenfalls eine Neuerung gegenüber dem AktG 1937: Während nach bisherigem Recht ein Berichtsverlangen einzelner Aufsichtsratsmitglieder nur bei einer Unterstützung durch den Aufsichtsratsvorsitzenden Erfolg haben konnte[138], kann gemäß § 90 Abs. 3 AktG 1965 nunmehr jedes Mitglied des Aufsichtsrats jederzeit eine Berichterstattung an den Aufsichtsrat fordern.[139] Stellt der Vorstand sich einem derartigen Begehren ablehnend gegenüber, so kann das betroffene Aufsichtsratsmitglied dieses notfalls klageweise durchsetzen, sofern zumindest ein weiteres Aufsichtsratsmitglied das Auskunftsbegehren unterstützt.[140]

Aus dem AktG 1937 übernommen wurde im übrigen die Verpflichtung des Vorstands auf die *„Grundsätze einer gewissenhaften und getreuen Rechenschaft"*[141], welche in Form des § 90 Abs. 4 AktG 1965 auf sämtliche Berichtsformen erstreckt wurde.

Eine weitere wichtige Änderung gegenüber dem AktG 1937 besteht darin, daß jetzt gemäß § 90 Abs. 5 Satz 1 jedem Aufsichtsratsmitglied ein Individualrecht auf Kenntnisnahme von allen Berichten des Vorstands eingeräumt wird.[142] In Konsequenz dieses Individualanspruchs wurde das vom AktG 1937 dem Aufsichtsratsvorsitzenden eingeräumte Ermessen hinsichtlich der Behandlung von Sonderberichten, die gemäß § 90 Abs. 1 Satz 2 AktG 1965 auch weiterhin an den Vorsitzenden zu erstatten sind[143], wesentlich eingeschränkt.[144] § 90 Abs. 5 Satz 3 AktG bestimmt jetzt hierzu:

> *„Der Vorsitzende des Aufsichtsrats hat die Aufsichtsratsmitglieder über die Berichte nach Absatz 1 Satz 2 spätestens in der nächsten Aufsichtsratssitzung zu unterrichten."*

---

136 Näher unten 3. b) aa).
137 Unten Teil 3, IV.
138 Vgl. § 95 Abs. 2 Satz 2 Hs. 2 AktG 1937.
139 § 90 Abs. 3 Satz 2 AktG 1965.
140 Zu den Gründen der Änderung *v. Godin/Wilhelmi*, AktG, § 90, Anm. 10.
141 Vgl. § 81 Satz 2 AktG 1937.
142 Hierzu BGHZ 106, 54 (62).
143 Ebenso § 81 AktG 1937, vgl. oben I. 7.
144 *v. Godin/Wilhelmi*, AktG, § 90, Anm. 6.

Nach geltendem Recht sind also keine Berichte an den Vorsitzenden des Aufsichtsrats denkbar, welche dieser dem Aufsichtsratsplenum gänzlich vorenthalten darf.[145] Durch diese Regelung ist zwar theoretisch die Überwachung der Geschäftsführung gegenüber dem AktG 1937 weiter verbessert worden, weil jetzt alle Aufsichtsratsmitglieder lückenlos zu informieren sind. Andererseits ist dadurch aber für den Vorstand die Hemmschwelle, in brisanten Situationen zumindest den Aufsichtsratsvorsitzenden, dem regelmäßig besonderes persönliches Vertrauen entgegengebracht wird, verzugslos zu konsultieren, deutlich erhöht worden.

Die Kompetenz des Aufsichtsrats, durch Festsetzung von Zustimmungsvorbehalten hinsichtlich bestimmter Arten von Geschäften unmittelbar auf die Geschäftsführung einzuwirken, hat das AktG 1965 in Form des § 111 Abs. 4 Satz 2 aus dem AktG 1937 übernommen. Für den Fall der Verweigerung der Zustimmung bestimmt das Gesetz allerdings nunmehr ausdrücklich, daß der Vorstand gegen diese Verweigerung einen Beschluß der Hauptversammlung herbeiführen kann; stimmt letztere mit einer Mehrheit von mindestens drei Vierteln der abgegebenen Stimmen der fraglichen Geschäftsführungsmaßnahme zu, so wird die Zustimmung des Aufsichtsrats durch den Hauptversammlungsbeschluß ersetzt.[146] Die Frage, in welchem Maße der Aufsichtsrat insbesondere mit Blick auf Maßnahmen der Unternehmensplanung von seiner gemäß § 111 Abs. 4 Satz 2 bestehenden Kompetenz zur Statuierung von Zustimmungsvorbehalten Gebrauch machen darf und sollte, wird noch näher zu erörtern sein.[147]

Zur Sitzungsfrequenz des Aufsichtsrats ist im AktG 1965 ferner bestimmt worden, daß der Aufsichtsrat in der Regel einmal im Kalendervierteljahr einberufen werden soll, mindestens aber einmal im Kalenderhalbjahr einberufen werden muß.[148] Außerdem ist die Bildung von Aufsichtsratsausschüssen detaillierter geregelt worden, insbesondere sind jetzt bestimmte Gegenstände der Beschlußfassung durch einen Ausschuß entzogen und damit zwingend dem Aufsichtsratsple-

---

145 *Meyer-Landrut*, a. a. O., Anm. 5 u. 12; *Peus*, Der Aufsichtsratsvorsitzende, S. 159 f. u. 161 ff.

146 § 111 Abs. 4 Satz 3 - 5 AktG 1965.

147 Vgl. unten Teil 3, V. 2.; ferner *Götz*, ZGR 1990, 633 ff.; ferner *Girgensohn*, DB 1980, 337 ff.

148 § 110 Abs. 3 AktG 1965.

num zugewiesen.[149] Dazu gehören beispielsweise die Wahl des Aufsichtsratsvorsitzenden oder seines Stellvertreters, die Bestellung und Abberufung von Vorstandsmitgliedern, die Prüfung des Jahresabschlusses, der Bericht über diese Prüfung an die Hauptversammlung sowie Beschlüsse zur Statuierung von Zustimmungsvorbehalten im Sinne des § 111 Abs. 4 Satz 2 AktG 1965.

Die Höchstzahlen der Aufsichtsratsmitglieder und der Aufsichtsratsmandate für eine Person sind durch das AktG 1965 abermals neu festgesetzt worden, wobei die bisherige Möglichkeit von Ausnahmegenehmigungen abgeschafft wurde. Die Maximalgröße des Aufsichtsrats beträgt nun bei einem Grundkapital der AG bis zu 3 Millionen DM 9, bis zu 20 Millionen DM 15 und bei darüberhinausgehendem Grundkapital 21 Mitglieder.[150] Die Aufsichtsratsmandate je Person sind wie im AktG 1937 auf maximal 10 beschränkt, wobei jedoch nun bis zu 5 Aufsichtsratssitze, die ein gesetzlicher Vertreter eines herrschenden Konzernunternehmens in Konzerngesellschaften innehat, nicht auf diese Höchstzahl angerechnet werden.[151]

Insgesamt betrachtet hat das AktG 1965 die personelle Trennung von Geschäftsführung und Überwachung in der Aktiengesellschaft noch strikter ausgebaut, die Rechte und Pflichten des einzelnen Aufsichtsratsmitglieds betont und vor allem durch die eingehende Regelung der Berichtspflichten des Vorstands in § 90 Abs. 1 AktG 1965 die Grundlagen einer effektiven Überwachung ausgebaut. Bei der inhaltlichen Definition der dem Vorstand zugewiesenen Leitungsaufgabe hat der Gesetzgeber jedoch weiterhin Zurückhaltung geübt. Als Maßstab bleibt insoweit allein die Sorgfalt eines ordentlichen und gewissenhaften Geschäftsleiters gemäß §§ 76 Abs. 1 und 93 Abs. 1 AktG. Gleiches gilt für die Eingrenzung der Überwachungsaufgabe nach den §§ 111 Abs. 1 und 116 AktG 1965.

2. Mitbestimmungsgesetze

Schon vor Inkrafttreten des AktG 1965 erfolgten durch die Mitbestimmungsgesetzgebung weitere Eingriffe in die aktienrechtliche Un-

---

149 § 107 Abs. 3 AktG 1965.

150 § 95 AktG 1965.

151 § 100 Abs. 2 Satz 1 Nr. 1 und Satz 2 AktG 1965.

ternehmensverfassung, und zwar im einzelnen durch das Montan-Mitbestimmungsgesetz vom 21. Mai 1951[152] (nachfolgend zitiert als „Montan-MitbestG“), das Gesetz zur Ergänzung des Montan-MitbestG 1951 vom 7. August 1956 (nachfolgend zitiert als „Mit-BestErgG“) und das Betriebsverfassungsgesetz vom 11. Oktober 1952[153] (nachfolgend zitiert als „BetrVG 1952“). Gesetzgeberisches Anliegen war hier jeweils die Gewährleistung eines Mitspracherechts der Arbeitnehmer. Die beiden erstgenannten Gesetze befinden sich bis heute in Kraft, während das BetrVG 1952 zwar durch das neue Betriebsverfassungsgesetz vom 15. Januar 1972[154] im wesentlichen außer Kraft gesetzt, jedoch hinsichtlich seiner für den Aufsichtsrat relevanten Bestimmungen für weiterhin anwendbar erklärt wurde.[155]

Das Montan-MitbestG schreibt vor, daß in Aktiengesellschaften des Montanbereichs – Bergbau, Eisen und Stahl – mit mehr als 1000 Beschäftigten der Aufsichtsrat jeweils zur einen Hälfte aus Vertretern der Anteilseigner, zur anderen Hälfte aus Vertretern der Arbeitnehmer und zusätzlich einem neutralen Mitglied bestehen muß.[156] Ferner bestimmt das Montan-MitbestG die Berufung eines sogenannten Arbeitsdirektors zum gleichberechtigten Mitglied des Vorstandes, welches gegen die Stimmen der Mehrheit der Arbeitnehmervertreter im Aufsichtsrat weder bestellt noch abberufen werden kann.[157]

Um die paritätische Mitbestimmung nach dem Montan-MitbestG auch auf solche Gesellschaften zu erstrecken, die zwar selbst nicht im Sinne des § 1 Montan-MitbestG dem Montanbereich zuzurechnen sind, jedoch einen Konzern beherrschen, dessen Unternehmenszweck durch Konzernunternehmen gekennzeichnet wird, die ihrerseits unter das

---

152 Gesetz über die Mitbestimmung der Arbeitnehmer in den Aufsichtsräten und Vorständen der Unternehmen des Bergbaus und der Eisen und Stahl erzeugenden Industrie vom 21. Mai 1951, BGBl, Teil I, S. 347.

153 Betriebsverfassungsgesetz vom 11. Oktober 1952, BGBl, Teil I, S. 681.

154 BGBl 1972, Teil I, S. 13; Neubekanntmachung am 23.12.1988, BGBl 1989, Teil I, S. 1; zuletzt geändert durch Gesetz v. 24.03.1997, BGBl 1997, Teil I, S. 594.

155 Vgl. § 129 Abs. 1 BetrVG.

156 Vgl. §§ 4, 8, 9 Montan-MitbestG 1951. Der Aufsichtsrat besteht nach dem Montan-MitbestG grundsätzlich aus 11 Mitgliedern (§ 4 Abs. 1). Bei Montangesellschaften mit einem Grundkapital von mehr als 20 Millionen DM kann durch die Satzung bestimmt werden, daß der Aufsichtsrat aus 15, bei mehr als 50 Millionen DM Nennkapital aus 21 Mitgliedern besteht (§ 9). Das Montan-MitbestG gibt also in Abweichung von § 95 Abs. 1 AktG nicht lediglich Obergrenzen für die Zahl der Aufsichtsratsmitglieder, sondern drei bestimmte Festgrößen für den Aufsichtsrat zwingend vor.

157 § 13 Abs. 1 Montan-MitbestG.

Montan-MitbestG fallen, ist im Jahre 1956 das MitbestErgG erlassen worden.[158]

Nach dem BetrVG 1952 schließlich muß der Aufsichtsrat bei allen Aktiengesellschaften mit mehr als 500 Beschäftigten zu einem Drittel aus Arbeitnehmervertretern bestehen.[159]

Die vorstehenden Regelungen haben im AktG 1965 Berücksichtigung gefunden, indem die §§ 95 und 96 AktG 1965 den Vorrang der Spezialregelungen des Montan-MitbestG, des MitBestErgG und des BetrVG 1952 hinsichtlich der Zahl der Aufsichtsratsmitglieder sowie der Zusammensetzung des Aufsichtsrats ausdrücklich bestätigen.[160]

Weitere Modifikationen für den Aufsichtsrat hat das Mitbestimmungsgesetz vom 4. Mai 1976 gebracht.[161] Hiernach muß in Aktiengesellschaften, die nicht dem Montan-MitbestG unterliegen, jedoch *„in der Regel mehr als 2000 Arbeitnehmer beschäftigen"* [162], die Hälfte der Aufsichtsratsmitglieder aus Arbeitnehmervertretern und die andere Hälfte aus Vertretern der Anteilseigner bestehen.[163] Trotz der hiernach vorgeschriebenen Parität ist für den Konfliktfall ein Übergewicht der Anteilseignerseite dadurch sichergestellt worden, daß der Aufsichtsratsvorsitzende, der mit einer Mehrheit von zwei Dritteln der Aufsichtsratsmitglieder zu wählen ist oder aber – sofern die erforderliche Mehrheit nicht erzielt wird – von den Anteilseignervertretern

---

158 Das MitbestErgG bestimmt, daß in solchen Konstellationen der Aufsichtsrat der Konzernmutter grundsätzlich aus 15 Mitgliedern, bei einem Grundkapital der Gesellschaft von mehr als 50 Millionen DM und entsprechender Satzungsbestimmung aus 21 Mitgliedern zu bestehen (§ 5 Abs. 1 Satz 1, § 12 Satz 1 MitbestErgG) und eine dem Modell des Montan-MitbestG entsprechende Zusammensetzung aufzuweisen hat (§ 5 Abs. 1 Satz 2, § 12 Satz 2 MitbestErgG).

159 § 76 Abs. 1 und 6 BetrVG 1952. Besondere Höchstgrenzen für die Zahl der Aufsichtsratsmitglieder werden durch dieses Gesetz nicht vorgegeben.

160 § 95 Satz 5, § 96 Abs. 1 AktG 1965.

161 Gesetz über die Mitbestimmung der Arbeitnehmer (Mitbestimmungsgesetz – MitbestG) vom 4. Mai 1976, BGBl 1976, Teil I, S. 1153.

162 § 1 Abs. 1 und 2 MitbestG 1976.

163 Wiederum werden nur drei Aufsichtsratsgrößen festgeschrieben: Bei einer Betriebsgröße von bis zu 10.000 Arbeitnehmern sind 12 Aufsichtsratsmitglieder, bei einer Größe von mehr als 10.000 bis zu 20.000 Arbeitnehmern 16, darüber hinaus 20 Aufsichtsratsmitglieder zu bestellen, wobei durch Satzung auch bei den kleineren Gesellschaften ein 16- oder 20-köpfiger Aufsichtsrat installiert werden darf (§ 7 Abs. 1 MitbestG 1976).

im Aufsichtsrat gewählt wird, bei Stimmengleichheit eine Doppelstimme besitzt.[164]

3. Weitere Änderungen

Abgesehen von der Mitbestimmungsgesetzgebung hat das AktG 1965 in den folgenden Jahrzehnten zahlreiche weitere Änderungen erfahren, die zu einem stetig wachsenden Anteil auch auf Maßnahmen der Rechtsangleichung im Rahmen der EG bzw. EU zurückzuführen sind.[165] Mehrere EG-Richtlinien zur Vereinheitlichung des Gesellschaftsrechts, die auf der gemäß Art. 54 Abs. 3 lit. g / Art. 189 Abs. 3 EGV bestehenden Richtlinienkompetenz basieren, wurden in das deutsche Aktienrecht transformiert.[166]

Von diesen Transformationsgesetzen ist hier vor allem das Bilanzrichtlinien-Gesetz von 1985[167] zu erwähnen. Aufgrund dieses Gesetzes sind nahezu sämtliche Vorschriften über die Rechnungslegung aus dem AktG herausgenommen worden. Stattdessen wird das Bilanzrecht nunmehr rechtsformübergreifend im HGB durch dessen neu eingefügtes Drittes Buch geregelt[168], welches zahlreiche ergänzende Vorschriften speziell für Kapitalgesellschaften enthält.[169] Mit dem neuen Bilanzrecht ist eine Unterscheidung der Kapitalgesellschaften

---

164 § 29 Abs. 2 MitbestG 1976; zum Wahlverfahren für den Aufsichtsratsvorsitz vgl. § 27 MitbestG 1976.

165 Überblick bei *Assmann*, a. a. O., Rn. 210-230.

166 Vgl. hierzu (a) Gesetz zur Durchführung der Ersten Richtlinie des Rates der Europäischen Gemeinschaften zur Koordinierung des Gesellschaftsrechts (Publizitäts-Gesetz) vom 15.8.1969, BGBl 1969, Teil I, S. 1146, das zusätzliche Pflichten zur Bekanntmachung und Registereintragung begründete; (b) Gesetz zur Durchführung der Zweiten Richtlinie des Rates der Europäischen Gemeinschaften zur Koordinierung des Gesellschaftsrechts (Kapitalschutzrichtlinie-Gesetz) vom 13.12.1978, BGBl 1978, Teil I, S. 1959, das die Vorschriften über Sacheinlagen bei Gründung und Kapitalerhöhung verschärfte und die Möglichkeiten zum Erwerb eigener Aktien einschränkte; (c) Gesetz zur Durchführung der Dritten Richtlinie des Rates der Europäischen Gemeinschaften zur Koordinierung des Gesellschaftsrechts (Verschmelzungsrichtlinie-Gesetz) vom 25.10.1982, BGBl 1982, Teil I, S. 1425, welches das Verschmelzungsrecht änderte und (d) Gesetz zur Durchführung der Vierten, Siebenten und Achten Richtlinie des Rates der Europäischen Gemeinschaften zur Koordinierung des Gesellschaftsrechts („Bilanzrichtlinien-Gesetz") vom 19.12.1985, BGBl 1985, Teil I, S. 2355, das die Rechnungslegung im Einzelabschluß und im Konzernabschluß sowie die Befähigung zur Abschlußprüfung betrifft.

167 Vgl. vorhergehende Fn.

168 §§ 238 - 342 HGB.

169 §§ 264 - 335 HGB.

nach Größenklassen eingeführt worden: Das Gesetz differenziert zwischen kleinen, mittelgroßen und großen Kapitalgesellschaften, wobei die Einstufung abhängig ist von Bilanzsumme, Umsatz, Arbeitnehmerzahl und etwaiger Börsennotierung.[170] Mit Hilfe dieser Unterscheidung wurden den kleinen Kapitalgesellschaften Erleichterungen bei der Erstellung der Bilanz eingeräumt[171], und vor allem wurden diese von der Pflichtprüfung des Jahresabschlusses und des Lageberichtes durch einen Abschlußprüfer entbunden.[172] Die Prüfung des Jahresabschlusses einer kleinen Aktiengesellschaft liegt deshalb allein in der Verantwortung des Aufsichtsrats.[173]

Hervorzuheben ist ferner der zuletzt am 20.11.1991 geänderte Vorschlag einer Fünften gesellschaftsrechtlichen EG-Richtlinie betreffend die Struktur der Aktiengesellschaft sowie die Befugnisse und Verpflichtungen ihrer Organe – sog. Strukturrichtlinie[174] –, die nach ihrer Verabschiedung ebenfalls in nationales Recht umgesetzt werden muß. Mit dieser Richtlinie soll eine Angleichung der Binnenstruktur der Aktiengesellschaften in den Mitgliedstaaten erreicht werden. In seiner ursprünglichen Fassung legte der Vorschlag ausschließlich das dualistische Strukturmodell des deutschen Aktienrechts, also die Trennung von Leitungs- und Kontrollorgan, zugrunde. Nachdem dieses Modell jedoch auf den entschiedenen Widerstand mehrerer europäischer Staaten – allen voran Großbritanniens – gestoßen war[175], deren Aktiengesellschaften[176] eine monistische Verfassung in Form eines Board-Systems haben[177], sah bereits die erste Neufassung des Richtlinienvorschlags im Jahre 1983 eine Wahlmöglichkeit zwischen dualistischem und monistischem System vor.[178] Damit würde den Staaten mit monistischer Verfassung eine völlige Revision ihres ge-

---

170 Vgl. § 267 HGB.

171 §§ 266, 276 HGB.

172 § 316 Abs. 1 HGB.

173 § 171 Abs. 1 Satz 1 AktG.

174 ABlEG v. 11.01.1991 C 7/4; ursprüngl. Fassung v. 09.10.1972, ABlEG v. 13.12.1972 C 131/49; geändert 12.08.1983, ABlEG v. 09.09.1983 C 240/2, ABlEG v. 12.12 1991 C 321

175 Vgl. *Hopt*, Mestmäcker-Festschrift, S. 909 (912).

176 *„Public Company"* nach englischem bzw. irischem Recht; *„Société Anonyme"* nach französischem, belgischem bzw. luxemburgischem Recht; *„Sozietà per Azioni"* nach italienischem Recht.

177 Hierzu eingehend unten Teil 3, III.

178 Zur Neufassung des Richtlinienvorschlags vom 28.07.1983 eingehend *Kolvenbach*, DB 1983, 2235 (2235 f.).

sellschaftsrechtlichen Systems erspart. Weiterhin umstritten ist allerdings die in der Strukturrichtlinie unabhängig vom gewählten System zwingend vorgesehene Mitbestimmung der Arbeitnehmer bei Gesellschaften mit durchschnittlich mehr als 1000 Beschäftigten, da in einigen EU-Mitgliedstaaten bis heute nicht einmal Ansätze von Arbeitnehmermitbestimmung vorhanden sind, so daß von diesen Staaten entsprechender Widerstand ausgeht.[179]

4. Aktienrechtsreform 1998 durch das Gesetz zur Kontrolle und Transparenz im Unternehmensbereich (KonTraG)

Eine weitere umfangreiche Reform des Aktienrechts hat das Gesetz zur Kontrolle und Transparenz im Unternehmensbereich (KonTraG) bewirkt, das am 1. Mai 1998 in Kraft getreten ist.[180] Auch dieses Reformwerk fand seinen Ausgangspunkt in spektakulären Unternehmenskrisen, zuletzt etwa bei der Metallgesellschaft, bei KHD, Schneider und Balsam. Wieder waren es Management- und Aufsichtsversagen, aber auch Mängel der Abschlußprüfung[181], die als Ursachen der Krisen öffentlich diagnostiziert wurden und deren Wiederholung es durch geeignete rechtliche Vorkehrungen entgegenzuwirken galt. Zugleich bildet das KonTraG aber auch einen integralen Bestandteil einer längerfristig angelegten kapitalmarktrechtlichen Strategie des deutschen Gesetzgebers, die darauf abzielt, das deutsche Aktienrecht auf die Bedürfnisse der internationalen Kapitalmärkte auszurichten, indem sowohl Transparenz und Publizität als auch das Wertsteigerungsinteresse der Anteilseigner stärker berücksichtigt werden.[182]

Das KonTraG läßt die im AktG 1965 niedergelegte Verfassung der Aktiengesellschaft und die zugehörige Kompetenzabgrenzung zwischen Vorstand, Aufsichtsrat und Hauptversammlung im Grundsatz unangetastet. Es werden jedoch eine Reihe von Detailänderungen vorgenommen, welche dem durch die Bezeichnung des Gesetzent-

---

179 *Kolvenbach*, a. a. O.

180 BGBl. 1998, Teil I, S. 786 ff.; Überblick bei *Claussen*, DB 1998, 177 ff.

181 Zu der seit den 80er Jahren zunehmenden Kritik am Berufsstand der Wirtschaftsprüfer *Dörner/Oser*, DB 1995, 1085 (1088 f.); *Forster*, AG 1995, 1 (1 f.); *Rürup*, AG 1995, 219; *Theisen*, Die Wirtschaftsprüfung 1994, 809.

182 Vgl. "Allgemeine Begründung" des Referentenentwurfs zum KonTraG, abgedr. in: ZIP 1996, 2129; *Claussen*, a. a. O., S. 177.

wurfs angezeigten Zweck – Kontrolle und Transparenz – förderlich sein sollen. Diese Änderungen lassen sich wie folgt gruppieren:

(1) Konkretisierung der materiell-unternehmerischen Handlungspflichten des Vorstands in bezug auf Maßnahmen des Risikomanagements und der Krisenfrüherkennung (hierzu nachfolgend a)

(2) Effizienzsteigerung der Aufsichtsratsüberwachung (hierzu nachfolgend b)

(3) Vertiefung der Kooperation zwischen Aufsichtsrat und Abschlußprüfer (hierzu nachfolgend c)

(4) Verschärfung der Anforderungen an den Lagebericht und die Erweiterung der Abschlußprüfung (hierzu nachfolgend d)

(5) Stärkung der Minderheitsrechte bei Organhaftungsklagen (hierzu nachfolgend e)

(6) Verbesserung von Transparenz und Kontrolle beim Vollmachtsstimmrecht der Banken sowie dessen gesteigerte Absicherung gegen den Einfluß von Eigeninteressen aus anderen Geschäftsbereichen des Kreditinstituts[183]

(7) Durchsetzung des Grundsatzes „one share – one vote“ durch ersatzlose Abschaffung des Mehrstimmrechts[184] sowie Abschaffung des Höchststimmrechts für börsennotierte Gesellschaften[185]

(8) Erleichterung des Erwerbs eigener Aktien[186]

(9) Erweiterung der Möglichkeiten bedingter Kapitalerhöhung zur Erleichterung der Gewährung von Aktienoptionen an Vorstandsmitglieder und leitende Angestellte[187]

---

[183] § 125 Abs. 1 Satz 2, § 128 Abs. 2 Satz 2 u. 6, § 135 Abs. 1 Satz 3 u. Abs. 2 Satz 6 AktG, jeweils i. d. F. des KonTraG; Regierungsbegründung, ZIP 1997, 2059 (2062 ff.); näher u. teilw. krit. *Assmann*, AG-Sonderheft August 1997, 100 ff.; *Claussen*, a. a. O., S. 183 ff.; *Hammen*, WM 1997, 1221 ff.

[184] § 12 Abs. 2 Satz 2 AktG wurde aufgehoben; Begründung vgl. Referentenentwurf, ZIP 1996, 2129 (2130); Regierungsbegründung, a. a. O., S. 2059; näher *Claussen*, a. a. O., S. 178 f.; rechtsvergleichend *Peltzer*, AG-Sonderheft August 1997, 90 ff.; zur verfassungsrechtlichen Problematik (Art. 14 GG) vgl. *Zöllner/H. Hanau*, AG 1997, 206 ff.; *Kluth*, ZIP 1997, 1217 ff.

[185] Vgl. § 134 Abs. 1 Satz 2 AktG i. d. F. des KonTraG; Regierungsbegründung, a. a. O., S. 2064 f.; rechtsvergleichend *Peltzer*, a. a. O.

[186] § 71 Abs. 1 Nr. 8 AktG i. d. F. des KonTraG; Regierungsbegründung, a. a. O., S. 2059 f.; näher u. teilw. krit. *Claussen*, a. a. O., S. 179 f.; *Martens*, AG-Sonderheft August 1997, 83 ff.; *Wastl*, DB 1997, 461 ff.; *Wiese*, DB 1998, 609.

(10) Definition des Begriffs der „börsennotierten Gesellschaft“.[188]

Während auf die vorstehend zu (6) bis (10) genannten Aspekte im Rahmen der vorliegenden Abhandlung nicht näher einzugehen ist, sind die zu (1) bis (5) aufgelisteten Reformansätze für den Pflichtenkreis von Vorstand und Aufsichtsrat im Rahmen der Unternehmensplanung unmittelbar oder mittelbar relevant.

a) Krisenfrüherkennungssystem als Pflicht des Vorstands

Die organisatorischen Rechtspflichten des Vorstands sind mit dem KonTraG um eine Vorschrift zur Krisenfrüherkennung erweitert worden, die sich nunmehr als Absatz 2 an die in § 91 AktG enthaltene Vorschrift über die Buchführungsverpflichtung des Vorstands anschließt und folgenden Wortlaut hat:

> *„Der Vorstand hat geeignete Maßnahmen zu treffen, insbesondere ein Überwachungssystem einzurichten, damit den Fortbestand der Gesellschaft gefährdende Entwicklungen früh erkannt werden.“*

Mit dieser Vorschrift ist nicht etwa intendiert, daß der Vorstand ein zusätzliches, mit der Aufsichtsratsüberwachung konkurrierendes System der allgemeinen Geschäftsführungsüberwachung zu installieren hat. Vielmehr soll, so die Regierungsbegründung[189], die Verpflichtung des Vorstands hervorgehoben werden, *„für ein angemessenes Risikomanagement und eine angemessene interne Revision zu sorgen.“* Hinsichtlich der konkreten Ausformung dieser Pflicht werden keine näheren Vorgaben gemacht; diese soll entsprechend der Be-

---

187 Vgl. § 192 Abs. 2 Nr. 3 u. § 193 Abs. 2 Nr. 4 AktG i. d. F. des KonTraG; Regierungsbegründung, a. a. O., S. 2067 f. – Optionsgewährungen an Führungskräfte als Element der Vergütung werden von der h. M. grundsätzlich positiv beurteilt, weil sie die Ausrichtung des Managements auf die Steigerung des Unternehmenswerts sowie die Position des Unternehmens im internationalen Wettbewerb um qualifizierte Führungskräfte fördern, vgl. LG Frankfurt, AG 1997, 185 (186); LG Stuttgart, AG 1998, 41 (42); *Hüffer*, ZHR 161 (1997), 214 (215 f.); *Kohler*, ZHR 161 (1997), 246 (254 ff.); *Lutter*, ZIP 1997, 1 (3 f.). Zur Diskussion um die KonTraG-Novellierung *Fuchs*, DB 1997, 661 ff.; *Hüffer*, a. a. O., S. 237 ff.; *Kohler*, a. a. O., S. 264 ff.; *Lutter*, a. a. O., S. 7 ff.

188 Vgl. § 3 Abs. 2 AktG i. d. F. des KonTraG; Regierungsbegründung, a. a. O., S. 2059; näher *Claussen*, a. a. O., S. 177 f.

189 A. a. O., S. 2061.

gründung *„von der Größe, Branche, Struktur, dem Kapitalmarktzugang usw. des jeweiligen Unternehmens abhängig"* sein.[190] Als Beispiele für existenzgefährdende Entwicklungen im Sinne des § 91 Abs. 2 AktG nennt die Regierungsbegründung *„risikobehaftete Geschäfte, Unrichtigkeiten der Rechnungslegung und Verstöße gegen gesetzliche Vorschriften, die sich auf die Vermögens-, Finanz- und Ertragslage der Gesellschaft oder des Konzerns wesentlich auswirken."*[191]

b) Effizienzsteigerung der Aufsichtsratsüberwachung

aa) Berichtspflicht des Vorstands über Unternehmensplanung

Die Bestimmung des § 90 Abs. 1 Nr. 1 AktG über die zukunftsorientierte Berichterstattung des Vorstands an den Aufsichtsrat ist weiter ausgebaut worden und hat nunmehr folgenden Wortlaut erhalten:

> *„(1) Der Vorstand hat dem Aufsichtsrat zu berichten über*
>
> *1. die beabsichtigte Geschäftspolitik und andere grundsätzliche Fragen der Unternehmensplanung (insbesondere die Finanz-, Investitions- und Personalplanung);*
>
> *[...]"*[192]

Der Begriff der *„künftigen Geschäftsführung"* ist also ersetzt worden durch den modernen, aus der Betriebswirtschaftslehre bekannten Begriff *„Unternehmensplanung"*. Zusätzlich werden drei spezielle Planungsbereiche als Gegenstände der Berichterstattung hervorgehoben. Inwieweit damit eine inhaltliche Veränderung der Berichtspflicht oder aber lediglich eine terminologische Präzisierung verbunden ist, wird nicht einheitlich beurteilt und kann erst nach der im folgenden Teil 2 vorzunehmenden Erörterung der neu verwendeten Begriffe – insbesondere des Oberbegriffs „Unternehmensplanung" – geklärt werden. Schon jetzt kann allerdings die Feststellung getroffen wer-

---

190 A. a. O.

191 A. a. O.; vgl. zum aktuellen Stand: Pollanz, DB 2001, 1317 ff.

192 Der neu gefaßte Teil ist unterstrichen. Vgl. demgegenüber die bisherige Fassung: *„. . . die beabsichtigte Geschäftspolitik und andere grundsätzliche Fragen der künftigen Geschäftsführung;"*.

den, daß der Reformgesetzgeber mit einem Ausbau gerade dieser Ziffer des § 90 Abs. 1 AktG zum Ausdruck gebracht hat, daß speziell dem Bereich der zukunftsgerichteten Überwachung der Geschäftstätigkeit künftig verstärkte Aufmerksamkeit gewidmet werden soll.

bb) Begrenzung der Aufsichtsratsmandate und Erhöhung der Sitzungsfrequenz

Das KonTraG läßt die in § 100 Abs. 2 Satz 1 Nr. 1 AktG festgelegte Höchstzahl von 10 Aufsichtsratsmandaten für eine Person – entgegen weitergehenden Forderungen[193] – im Grundsatz unangetastet. Jedoch ist eine zusätzliche Restriktion dadurch vorgenommen worden, daß auf diese Höchstzahl künftig Mandate als Aufsichtsratsvorsitzender doppelt angerechnet werden.[194]

Außerdem wurde die gesetzliche Mindestfrequenz der Aufsichtsratssitzungen für börsennotierte Aktiengesellschaften verdoppelt, indem dort der Aufsichtsrat jetzt mindestens zweimal im Kalenderhalbjahr einzuberufen ist.[195] Für nicht börsennotierte Aktiengesellschaften bleibt die bisherige Regelung des § 110 Abs. 3 AktG – mindestens eine Sitzung im Kalenderhalbjahr – inhaltlich unverändert in Kraft.

Letztlich gescheitert ist die im Entwurf zum KonTraG ursprünglich weiterhin vorgesehene Verkleinerung der Aufsichtsräte, deren Mitgliederzahl jedenfalls bei großen Aktiengesellschaften nahezu einhellig als effizienzmindernd hoch betrachtet wird.[196] Die Vorschrift des § 7 MitbestG, die für Unternehmen mit regelmäßig 10.000 bis 20.000 Arbeitnehmern und für Unternehmen mit regelmäßig über 20.000 Arbeitnehmern Aufsichtsräte mit 16 bzw. 20 Mitgliedern vorschreibt, sollte nach dem Referentenentwurf zum KonTraG dahingehend geändert werden, daß für alle Gesellschaften eine Besetzung mit 12 Mitgliedern die gesetzliche Regelgröße dargestellt hätte.[197] Auf-

---

193 Für eine generelle Begrenzung auf 5 Mandate z. B. *Wiedemann*, Organverantwortung, S. 30; vgl. ferner *Claussen*, a. a. O., S. 181; *Seibert*, AG-Sonderheft August 1997, 65 (66).

194 § 100 Abs. 2 Satz 3 AktG i. d. F. des KonTraG.

195 § 110 Abs. 3 AktG i. d. F. des KonTraG.

196 Vgl. statt aller *Claussen*, AG 1996, 481 (485 f.) m. w. N.

197 Vgl. Art. 5 des Referentenentwurfs zum KonTraG (Stand: 22.11.1996), abgedr. in: ZIP 1996, 2193 (2197); hierzu positive Stellungnahme des DAV, ZIP 1997, 163.

grund politischer Widerstände im Hinblick auf die Änderung des Mitbestimmungsgesetzes, die vor allem von seiten der Gewerkschaften ausgingen[198], wurde dieses Reformvorhaben jedoch aufgegeben.[199]

cc) Personelle Transparenz und Entflechtung

Zur Steigerung der personalpolitischen Transparenz ergänzt das KonTraG die Bestimmungen der §§ 124 Abs. 3 Satz 3, 125 Abs. 1 und 127 AktG dahingehend, daß künftig in den Wahlvorschlägen für Aufsichtsratsmitglieder der aktuell ausgeübte Beruf sowie bei börsennotierten Gesellschaften darüberhinaus sämtliche Mitgliedschaften der Kandidaten in Aufsichtsräten anderer Gesellschaften anzugeben sind, soweit diese Gesellschaften gesetzlich einen Aufsichtsrat zu bilden haben. Ferner sollen auch Mitgliedschaften in anderen, dem Aufsichtsrat vergleichbaren Kontrollgremien in- und ausländischer Unternehmen angegeben werden.[200] Von einer darüber hinausgehenden Inkompatibilitätsregelung etwa in dem Sinne, daß Doppelmandate in Unternehmen derselben Branche gänzlich untersagt wären, hat der Gesetzgeber abgesehen.[201]

Eine weitere, der personellen Entflechtung dienende Änderung betrifft wechselseitig beteiligte Unternehmen im Sinne des § 19 Abs. 1 AktG. Im Falle einer derartigen Unternehmensverbindung kann jetzt das eine Unternehmen in der Hauptversammlung des anderen Unternehmens bei der Wahl von Aufsichtsratsmitgliedern seine Stimmrechte nicht mehr ausüben, sofern es börsennotiert ist.[202]

dd) Erweiterte Berichtspflicht des Aufsichtsrats gegenüber der Hauptversammlung

Neben der personellen Transparenz wurde auch die sachliche Transparenz der Aufsichtsratsarbeit verbessert: Die Berichtspflicht des Aufsichtsrats gegenüber der Hauptversammlung über Art und Um-

---

198 *Seibert*, a. a. O., S. 66 f.
199 Vgl. Regierungsentwurf, ZIP 1997, 2100; ferner *Claussen*, DB 1998, 177 (182 f.).
200 Vgl. die genannten Bestimmungen i. d. F. des KonTraG.
201 Für eine derartige Regelung mit beachtlichen Gründen *Wiedemann*, a. a. O., S. 26 f., 30.
202 § 328 Abs. 3 AktG i. d. F. des KonTraG.

fang seiner Überwachungstätigkeit gemäß § 171 Abs. 2 Satz 2 AktG wurde durch das KonTraG dahingehend ergänzt, daß bei börsennotierten Gesellschaften anzugeben ist, welche Ausschüsse der Aufsichtsrat gebildet hat und wie viele Sitzungen in diesen Ausschüssen sowie im Plenum stattgefunden haben.[203]

c) Verbesserte Kooperation zwischen Aufsichtsrat und Abschlußprüfer

Ein weiterer Komplex der durch das KonTraG umgesetzten Aktienrechtsreform betrifft die Intensivierung der Zusammenarbeit von Aufsichtsrat und Abschlußprüfer. [204] Damit wird das Ziel verfolgt, die Unabhängigkeit der Abschlußprüfung vom Vorstand zu stärken und gleichzeitig ihre Unterstützungsfunktion gegenüber dem Aufsichtsrat stärker zu betonen. Letzterer hat unabhängig vom Wirtschaftsprüfer nach wie vor die – seit Inkrafttreten des ADHGB 1861 dem Aufsichtsrat obliegende[205] – Pflicht zur eigenständigen Abschlußprüfung, die sich jetzt zwingend auch auf den Konzernabschluß einschließlich des Konzernlageberichts zu erstrecken hat. [206] Diese Prüfung ist inhaltlich umfassender als die durch den Wirtschaftsprüfer vorzunehmende Prüfung, da der Aufsichtsrat nicht nur die Einhaltung der handelsrechtlichen Bilanzierungsvorschriften, sondern darüberhinaus auch die Zweckmäßigkeit der bilanzpolitischen Maßnahmen des Vorstands zu prüfen hat.[207] Sowohl zum Ergebnis seiner eigenen Prüfung als auch zum Prüfungsergebnis des Abschlußprüfers hat der Aufsichtsrat gegenüber der Hauptversammlung schriftlich Stellung zu nehmen.[208] Voraussetzung für die ordnungsgemäße Erfüllung dieser Pflichten ist eine solide und fachlich qualifizierte Informationsversorgung des Aufsichtsrats über die bilanzielle Lage der Gesellschaft.

---

203 Zur bislang in der Praxis regelmäßig geringen Aussagekraft der Berichte gemäß § 171 Abs. 2 AktG zutreffend *Forster*, AG 1995, 1 (6).

204 Zur Kooperation von Aufsichtsrat und Abschlußprüfer im Rahmen der Unternehmenskontrolle eingehend *Dörner/Oser*, DB 1995, 1085 ff.; *Forster*, AG 1995, 1 ff.; *Gelhausen*, AG-Sonderheft August 1997, 73 (77 ff.); *Rürup*, AG 1995, 219 ff.; *Theisen*, Die Wirtschaftsprüfung 1994, 809 ff.

205 § 225 Abs. 2 ADHGB 1861, vgl. oben I. 2.

206 § 171 Abs. 1 AktG i. d. F. des KonTraG.

207 *Dörner/Oser*, a. a. O., S. 1086; *Hüffer*, AktG, § 171, Rn. 6 ff.

208 § 171 Abs. 2 AktG.

Im Zentrum der diesbezüglichen Novellierungen steht deshalb eine Änderung des AktG und des HGB dahingehend, daß nunmehr der Prüfungsauftrag an den Abschlußprüfer sowohl für den Jahres- als auch für den Konzernabschluß nicht mehr – wie nach bislang geltendem Recht[209] – vom Vorstand, sondern vom Aufsichtsrat erteilt wird.[210] Diese Neuregelung erlangt vor allem dadurch praktische Bedeutung, daß mit der Auftragserteilung auch die Vereinbarung des Prüfungshonorars verbunden ist.[211] Außerdem erhält der Aufsichtsrat die Möglichkeit, im Rahmen der Auftragserteilung eigene Prüfungsschwerpunkte mit dem Prüfer festzulegen.[212]

Zudem hat fortan jedes einzelne Mitglied des Aufsichtsrats oder bei Bildung eines Bilanzprüfungsausschusses jedes Mitglied dieses Ausschusses einen Rechtsanspruch auf Aushändigung der Prüfungsberichte.[213] Letztere sind künftig in einer „aufsichtsratsgerechten" Form abzufassen[214], da der Abschlußprüfer nunmehr gesetzlich verpflichtet ist, *„mit der gebotenen Klarheit"* zu berichten, um auch nicht sachverständigen Aufsichtsratsmitgliedern ein umfassendes Verständnis zu ermöglichen.[215]

Ferner wird die Zusammenarbeit von Wirtschaftsprüfer und Aufsichtsrat dadurch intensiviert, daß künftig der Wirtschaftsprüfer nicht mehr nur auf besonderes Verlangen des Aufsichtsrats[216], sondern zwingend an der Bilanzsitzung des Aufsichtsrats teilzunehmen hat.[217] Damit wird dem bisherigen Mißstand begegnet, daß häufig kein per-

---

209 § 318 Abs. 1 Satz 4 HGB a. F.

210 Vgl. § 111 Abs. 2 AktG und § 318 Abs. 1 Satz 4 HGB i. d. F. des KonTraG.

211 Vgl. Regierungsbegründung, ZIP 1997, 2059 (2062).

212 Regierungsbegründung, a. a. O., nennt als Beispiel den Handel mit Derivaten.

213 Vgl. § 170 Abs. 3 i. d. F. des KonTraG; zur häufig abweichenden bisherigen Praxis und ihren Hintergründen *Dörner/Oser*, a. a. O.; *Forster*, a. a. O., S. 3.

214 Zur Problematik der häufig mangelnden Verständlichkeit von Prüfungsberichten für fachfremde Aufsichtsratsmitglieder *Forster*, a. a. O.

215 Vgl. § 321 Abs. 1 Satz 1 AktG i. d. F. des KonTraG; hierzu Regierungsbegründung, ZIP 1997, 2100 (2102).

216 Vgl. § 171 Abs. 1 Satz 2 AktG a. F.; von dieser Möglichkeit wurde in der Praxis nur selten Gebrauch gemacht, vgl. *Dörner/Oser*, a. a. O., *Forster*, a. a. O., S. 5; *Rürup*, a. a. O., S. 222.

217 § 171 Abs. 1 Satz 2 AktG i. d. F. des KonTraG; zu den genannten Änderungen betreffend das Verhältnis Aufsichtsrat und Abschlußprüfer näher *Dörner/Schwegler*, DB 1997, 285 (289).

sönlicher Kontakt zwischen Aufsichtsrat und Abschlußprüfer stattgefunden hat.[218]

d) Gesteigerte Anforderungen an den Lagebericht und Erweiterung der Abschlußprüfung

Neben einer Vertiefung der Kooperation mit dem Aufsichtsrat ist mit dem KonTraG auch eine Effektivierung der externen Rechnungslegung sowie der Abschlußprüfung intendiert. Im Mittelpunkt dieser Änderungen stehen eine gesteigerte Aussagekraft der Lageberichterstattung sowie eine sachliche Ausweitung des Prüfungsauftrags des Wirtschaftsprüfers.[219] Damit soll vor allem den faktisch bestehenden Erwartungshaltungen der Öffentlichkeit und der Kapitalanleger in bezug auf den Aussagegehalt eines uneingeschränkten Testats teilweise entgegengekommen werden.[220] Insbesondere wurde vom überwiegenden Teil der Öffentlichkeit mangels Gesetzeskenntnis nicht realisiert, daß der Abschlußprüfer lediglich die Gesetzmäßigkeit und Ordnungsmäßigkeit der Bilanzierung, nicht jedoch die wirtschaftliche Stabilität des Unternehmens feststellte.[221] Selbst eine Überschuldung oder drohende Zahlungsunfähigkeit waren aus seinem Testat oft nicht ersichtlich, da von der Möglichkeit der Ergänzung des Prüfervermerks gemäß § 322 Abs. 2 AktG a. F. nur sehr selten Gebrauch gemacht worden ist.[222]

Künftig ist im Lagebericht des Vorstands gemäß § 289 HGB sowie im Konzernlagebericht gemäß § 315 HGB zwingend *„auch auf die Risiken der künftigen Entwicklung einzugehen"*.[223] Damit wird die verbreitete Praxis, im Rahmen des Prognoseberichts über *„die voraussichtliche Entwicklung"* gemäß den Soll-Bestimmungen der §§ 289 Abs. 2 Nr. 2 und 315 Abs. 2 Nr. 2 AktG stillschweigend ein ebenso optimales wie unrealistisches Szenario zugrundezulegen, unzuläs-

---

218 Vgl. *Forster*, a. a. O., S. 2; *Theisen*, a. a. O., S. 812 f.

219 Zu diesem Reformkomplex eingehend *Dörner/Schwegler*, DB 1997, 285 ff.; *Gelhausen*, AG-Sonderheft August 1997, 73 ff.; *Moxter*, BB 1997, 722 ff.; speziell zur Lageberichterstattung *Küting/Hütten*, AG 1997, 250 ff.

220 *Dörner/Schwegler*, a. a. O., S. 286 ff.

221 *Dörner/Oser*, a. a. O., S. 1089; *Theisen*, a. a. O., S. 811.

222 *Dörner/Oser*, a. a. O., S. 1091.

223 § 289 Abs. 1 und § 315 Abs. 1 HGB i. d. F. des KonTraG.

sig.[224] Indem neben den Chancen auch die Unwägbarkeiten darzustellen sind, soll dem Kapitalanleger ein realistischeres Bild über die Situation der Gesellschaft vermittelt und damit eine bessere Bewertung seines Anlagerisikos ermöglicht werden.[225]

Mit dieser Verschärfung der Anforderungen an den Lagebericht korrespondiert eine entsprechende Ausweitung der Abschlußprüfung über die bislang im Mittelpunkt stehende Feststellung der Gesetz- und Satzungsmäßigkeit hinaus zu einer auch materiell-wirtschaftliche Aspekte erfassenden Beurteilung. Gemäß dem durch das KonTraG vollständig neugefaßten § 317 HGB ist der Wirtschaftsprüfer unter anderem verpflichtet, den Lagebericht bzw. Konzernlagebericht dahingehend zu überprüfen, ob dieser *„eine zutreffende Vorstellung von der Lage des Unternehmens und der Konzernlagebericht insgesamt eine zutreffende Vorstellung von der Lage des Konzerns vermittelt."*[226] Insbesondere hat er auch zu prüfen, *„ob die Risiken der künftigen Entwicklung zutreffend dargestellt sind."*[227]

Bei börsennotierten Aktiengesellschaften hat die Abschlußprüfung außerdem eine Beurteilung zu enthalten, *„ob der Vorstand die ihm nach § 91 Abs. 2 des Aktiengesetzes obliegenden Maßnahmen in einer geeigneten Form getroffen hat und ob das danach einzurichtende Überwachungssystem seine Aufgaben erfüllen kann."*[228] Durch diese Bewertung des Risiko- und Krisenmanagements entsprechend der neuen Bestimmung des § 91 Abs. 2 AktG[229] soll der Aufsichtsrat eine kompetente Information erhalten, die als Grundlage seiner Überwachungstätigkeit gemäß § 111 Abs. 1 AktG, welche ebenfalls die Kontrolle der Maßnahmen gemäß § 91 Abs. 2 AktG zu umfassen hat, herangezogen werden kann.[230]

---

224 Auf den engen Zusammenhang der in §§ 289 Abs. 1 / 315 Abs. 1 HGB eingefügten Erweiterung mit den jeweils in Abs. 2 Nr. 2 vorgeschriebenen Prognoseberichten verweisen mit Recht *Küting/Hütten*, a. a. O., S. 254.

225 Zu den aus der Neufassung resultierenden Anforderungen eingehend *Küting/Hütten*, a. a. O., S. 251 ff.; insgesamt kritisch *Moxter*, a. a. O., S. 722 f, der mit dieser Änderung die Gefahr verbunden sieht, daß die Aussagekraft des Lageberichts in der Öffentlichkeit überschätzt wird.

226 § 317 Abs. 2 Satz 1 HGB i. d. F. des KonTraG.

227 § 317 Abs. 2 Satz 2 HGB i. d. F. des KonTraG.

228 § 317 Abs. 4 HGB i. d. F. des KonTraG.

229 Vgl. oben a).

230 Vgl. Begründung zum Referentenentwurf, ZIP 1996, 2193 (2194); *Dörner/Schwegler*, a. a. O., S. 287.

Die Anforderungen an den Prüfungsbericht sind im Rahmen der Neufassung des § 321 HGB erhöht worden. Insbesondere sind auch hier die Inhalte von einer vormals eher formellen und retrospektiven Ausrichtung hin zu einer mehr materiellen und zukunftsgerichteten Perspektive verschoben worden. In dem Bericht ist dementsprechend *„zu der Beurteilung der Lage des Unternehmens oder Konzerns durch die gesetzlichen Vertreter Stellung zu nehmen, wobei insbesondere auf die Beurteilung des Fortbestandes und der künftigen Entwicklung des Unternehmens unter Berücksichtigung des Lageberichts und bei der Prüfung des Konzernabschlusses von Mutterunternehmen auch des Konzerns unter Berücksichtigung des Konzernlageberichts einzugehen ist, soweit die geprüften Unterlagen und der Lagebericht oder der Konzernlagebericht eine solche Beurteilung erlauben."*[231] In einem besonderen Teil des Prüfungsberichts ist die Beurteilung des Risikomanagements gemäß §§ 91 Abs. 2, 317 Abs. 4 AktG darzustellen.[232]

In konsequenter Fortführung dieses Reformansatzes sind auch die Anforderungen an das Testat gemäß § 322 modifiziert worden. Das sogenannte Formeltestat des bisherigen § 322 Abs. 1, mit dem man sich in der Praxis meist begnügte, wurde abgeschafft.[233] Stattdessen hat der Prüfervermerk *„neben einer Beschreibung von Gegenstand, Art und Umfang der Prüfung auch eine Beurteilung des Prüfungsergebnisses zu enthalten."*[234] Diese Beurteilung muß *„allgemeinverständlich und problemorientiert"* sein und die Klarstellung beinhalten, *„daß die gesetzlichen Vertreter den Abschluß zu verantworten haben."*[235] Darüberhinaus ist gegebenenfalls auch hier gesondert auf Risiken einzugehen, die den Fortbestand der Aktiengesellschaft gefährden[236] sowie darauf, ob der Lage- oder Konzernlagebericht nach

---

[231] § 321 Abs. 1 Satz 2 HGB i. d. F. des KonTraG. Mit dem letzten Halbsatz wird klargestellt, daß es nicht Aufgabe des Prüfers ist, anstelle des Vorstandes eigene Prognosen vorzunehmen, vgl. *Dörner/Schwegler*, a. a. O.

[232] § 321 Abs. 4 HGB i. d. F. des KonTraG.

[233] Vgl. Regierungsbegründung, ZIP 1997, 2100 (2103) und Begründung Referentenentwurf, a. a. O., S. 2196 f.

[234] § 322 Abs. 1 Satz 2 HGB i. d. F. des KonTraG.

[235] § 322 Abs. 2 Satz 1 HGB i. d. F. des KonTraG.

[236] § 322 Abs. 2 Satz 2 HGB i. d. F. des KonTraG.

Auffassung des Abschlußprüfers eine zutreffende Vorstellung von der Lage des Unternehmens oder Konzerns liefert.[237]

Als flankierende Maßnahmen zur Qualitätssicherung bei der Abschlußprüfung hat das KonTraG ferner das maximale Umsatzquorum pro Mandat von 50 % auf 30 % reduziert[238], einen obligatorischen Prüferwechsel nach mehr als sechs durch denselben Wirtschaftsprüfer gezeichneten Testaten innerhalb von 10 Jahren vorgeschrieben[239] sowie den Höchstbetrag für die Haftung des Abschlußprüfers von 500.000 DM auf 2 Millionen DM erhöht.[240]

e) Erweiterte Klagemöglichkeiten bei der Organhaftung

Weiterhin kommt das KonTraG vielfach erhobenen Forderungen nach einer Erhöhung der praktischen Wirksamkeit der Organhaftung von Vorstand und Aufsichtsrat nach[241], indem statt bislang 10 % des Grundkapitals nurmehr 5 % oder ein Nennbetrag von mindestens 1 Million DM des Grundkapitals die Geltendmachung von Ersatzansprüchen bewirken können.[242] Jedoch soll dies, solange nicht 10 % des Grundkapitals erreicht sind, gemäß dem neu eingefügten § 147 Abs. 3 AktG nur über die Zwischenschaltung eines gerichtlich zu bestellenden besonderen Vertreters möglich sein, der die Klage nach pflichtgemäßer Prüfung der Erfolgsaussichten zu erheben hat und somit eine gewisse Filterfunktion gegenüber willkürlichen Aktionärsklagen und mißbräuchlichen Klageandrohungen erfüllen soll.[243] Eine weitere Einschränkung ergibt sich daraus, daß das Gericht zur Bestel-

---

237 § 322 Abs. 3 HGB i. d. F. des KonTraG. Zu den Änderungen des § 322 HGB kritisch *Moxter*, a. a. O., S. 728 f.

238 § 319 Abs. 2 Nr. 8 HGB i. d. F. des KonTraG. Diese Bestimmung, mit deren Modifikation eine Annäherung an international übliche Standards bewirkt wird, gewinnt besondere Bedeutung durch den dort vorausgesetzten und vom BGH in seiner "Allweiler"-Entscheidung (Urteil v. 21.04.1997 – II ZR 317/95) in weitem Umfang als zulässig bestätigten Dualismus von Prüfung und laufender Beratung durch denselben Wirtschaftsprüfer, vgl. BGH ZIP 1997, 1162 (1163) m. Anm. *Hommelhoff*, ZGR 1997, 550 ff.

239 § 319 Abs. 3 Nr. 6 HGB i. d. F. des KonTraG; kritisch zur Pflichtrotation der Prüfer *Dörner/Schwegler*, a. a. O., S. 288; *Forster*, a. a. O., S. 2 f.

240 § 323 Abs. 2 Satz 1 HGB i. d. F. des KonTraG.

241 *Claussen*, AG 1996, 481 (485); *Götz*, AG 1995, 337 (352); *Wiedemann*, Organverantwortung, S. 40 ff.

242 Vgl. § 147 Abs. 3 AktG nach KonTraG.

243 *Claussen*, DB 1998, 177 (182).

lung eines solchen Klagevertreters nur verpflichtet sein soll, *„wenn Tatsachen vorliegen, die den dringenden Verdacht rechtfertigen, daß der Gesellschaft durch Unredlichkeiten oder grobe Verletzungen des Gesetzes oder der Satzung Schaden zugefügt wurde."* [244]

Die materiellen Voraussetzungen der Organhaftung sind nicht verändert worden, so daß die Generalklausel des § 93 Abs. 1 Satz 1 AktG der zentrale Maßstab bleibt. Konkretisierungen bleiben somit weiterhin Rechtsprechung und Rechtslehre überlassen.[245]

III. Zusammenfassung

Die Entwicklung des aktienrechtlichen Rahmens für die Aufgaben von Vorstand und Aufsichtsrat ging von einem Verwaltungsratssystem mit Staatskontrolle aus, dessen individuelle Ausgestaltung weitestgehend dispositiv war und das eine Normierung materieller Geschäftsführungspflichten ebensowenig kannte wie die Bestimmung interner Überwachungsfunktionen. Die Kontrolle durch den Staat, die sich im wesentlichen auf eine Satzungskontrolle sowie eine jährliche Prüfung der Bilanz beschränkte, aber auch die Überwachung durch den Verwaltungsrat, der meist von Gründern und Großaktionären dominiert wurde, erwies sich in der zweiten Hälfte des 19. Jahrhunderts angesichts der rasch steigenden Komplexität und Dynamik der wirtschaftlichen Rahmenbedingungen als unzureichend.

Aufgrund dieser Erkenntnis tendierte das Aktienrecht kontinuierlich zum Ausbau der internen Unternehmenskontrolle. Diese sollte nach dem weiterentwickelten gesetzlichen Modell in erster Linie durch einen Aufsichtsrat erfolgen, der die Geschäftsführung *„in allen Zweigen der Verwaltung"* zu überwachen hatte, und daneben durch die Hauptversammlung, die mit erweiterten Rechten, insbesondere dem Recht zur Bestellung und Abberufung des Vorstands, ausgestattet wurde.

Mit der Aktienrechtsreform 1884 wurde zusätzlich eine strenge Organhaftung eingeführt und hierzu der Haftungsmaßstab der *„Sorgfalt eines ordentlichen Geschäftsmanns"* statuiert. Gleichzeitig wurde die

---

244 § 147 Abs. 3 Satz 1 AktG nach KonTraG.

245 Zu dieser Zurückhaltung des Gesetzgebers kritisch *Thümmel*, DB 1997, 261 (262).

Trennung zwischen Vorstand und Aufsichtsrat fortentwickelt, zunächst jedoch nur hinsichtlich der personellen Inkompatibilität. Zunächst nicht erfaßt war hingegen die funktionale Seite, denn der Gesetzgeber ermöglichte dem Aufsichtsrat weiterhin eine Teilnahme an der Geschäftsführung und rechtfertigte dies mit dem Erfordernis präventiver Kontrolle im Hinblick auf ein etwaiges Vorstandsversagen.

Erst das AktG 1937 vollzog dann auch die sachliche Trennung der Vorstands- und Aufsichtsratskompetenzen, indem der Vorstand zur eigenverantwortlichen Leitung der Gesellschaft berufen, die Beteiligung des Aufsichtsrats an der Geschäftsführung hingegen auf den Erlaß von Zustimmungsvorbehalten für *„bestimmte Arten von Geschäften"* reduziert wurde. Die dem Aufsichtsrat verbleibende Überwachungsaufgabe wurde zudem erleichtert, indem von nun an die Geschäftsführung nicht mehr *„in allen Zweigen der Verwaltung"* zu überwachen war. Der Einfluß der Hauptversammlung wurde wieder zurückgedrängt und derjenige des Aufsichtsrats gestärkt, indem die Personalkompetenz gegenüber dem Vorstand in seine Hände gelegt wurde.

Das AktG 1965 hat dieses Modell im wesentlichen beibehalten. Die periodische Berichtsplicht des Vorstands gegenüber dem Aufsichtsrat, die bereits mit der aktienrechtlichen Notverordnung des Reichspräsidenten im Jahre 1931 eingeführt worden war, wurde zu einem umfangreichen und differenzierten Berichterstattungssystem ausgebaut. Im Zuge der Verfeinerung des aktienrechtlichen Regelwerks hat die zukunftsgerichtete Komponente der Leitung einer Aktiengesellschaft erhöhte Aufmerksamkeit erhalten. Während bis hin zum AktG 1937 hauptsächlich der vergangenheitsbezogene Aspekt im Blickfeld des Gesetzgebers stand, wendete dieser sich mit den im AktG 1965 neu formulierten Berichtspflichten explizit auch der *„beabsichtigten Geschäftspolitik"* zu.[246]

Durch die Aktienrechtsreform des Jahres 1998 in Gestalt des KonTraG schließlich wurde der Aspekt der Unternehmenszukunft noch weitaus stärker akzentuiert, indem die Vorstandspflichten um die zwingende Einrichtung eines Krisenfrüherkennungssystems erweitert, die Aufsichtsratsinformation ausdrücklich auf die Unternehmensplanung erstreckt und die Lageberichterstattung sowie deren

---

246 § 90 Abs. 1 Satz 1 Nr. 1 AktG 1965.

Prüfung durch Aufsichtsrat und Abschlußprüfer auf etwaige Risiken der künftigen Entwicklung ausgedehnt wurde. Ergänzt worden sind diese Neuerungen durch flankierende Maßnahmen zur Förderung der allgemeinen Effizienz und Transparenz der Aufsichtsratsüberwachung sowie durch eine prozedurale Verschärfung der Organhaftung.

Auslösend für praktisch alle Reformen des Aktienrechts waren immer wieder Häufungen spektakulärer Unternehmenskrisen, die einen Reformdruck auf den Gesetzgeber hinsichtlich des Ausbaus geeigneter Sicherungsinstrumente ausgelöst haben. Die Regelungsdichte hat dabei im Lauf der Zeit einen Umfang angenommen, der das Aktienrecht von anderen gesellschaftsrechtlichen Kodifikationen deutlich abhebt. Auch das KonTraG hat den Umfang des geschriebenen Aktienrechts wiederum vergrößert.

Ungeachtet dessen hat der Gesetzgeber eine unmittelbare Konkretisierung der beiden grundlegenden Kompetenzzuweisungen *„Leitung"* und *„Überwachung"* unterlassen und damit zur Aufgabe der Rechtswissenschaft gemacht. Zur Erfüllung dieser Aufgabe soll in den nachfolgenden Teilen 2 und 3 ein Beitrag geleistet werden.

Teil 2 : Die Unternehmensplanung als Bestandteil ordnungsgemäßer Geschäftsführung

Nachdem die in Teil 1 erfolgte aktienrechtliche Bestandsaufnahme zum einen eine kontinuierliche Tendenz zur Trennung von Geschäftsführungs- und Überwachungsaufgabe, zum anderen ein stetiges, zuletzt in Form des KonTraG zum Ausdruck gebrachtes Bestreben nach Steigerung der praktischen Effizienz des Überwachungsorgans Aufsichtsrat ergeben hat[1], wendet sich die vorliegende Untersuchung nunmehr in den Teilen 2 und 3 der Frage zu, welche Bedeutung die Unternehmensplanung („beabsichtigte Geschäftspolitik" im Sinne von § 90 Abs. 1 Akt. 6) innerhalb dieses aktienrechtlichen Rahmens gewinnt.

Teil 2 widmet sich der Unternehmensplanung als Bestandteil der Geschäftsführung in der Aktiengesellschaft. Um den aus der Betriebswirtschaftslehre stammenden, mit dem KonTraG nunmehr auch in das Aktiengesetz eingeführten Begriff der Unternehmensplanung inhaltlich näher bestimmen zu können und damit erst juristisch handhabbar zu machen, ist es erforderlich, zunächst den wirtschaftswissenschaftlichen Erkenntnisstand auf diesem Gebiet auszuleuchten. Hierzu werden Bedeutung, Ziele und Inhalte von Unternehmensplanung sowie der entsprechende „Stand der Technik" aus betriebswirtschaftlicher Sicht untersucht (nachfolgend Kap. I). Aufbauend auf den so gewonnenen Erkenntnissen stellen sich sodann aus aktienrechtlicher Sicht die Fragen nach der Planungsverpflichtung des Vorstands als Geschäftsführungsorgan sowie nach der Reichweite dieser Planungsverpflichtung (Kap. II). Ergänzend ist in diesem Zusammenhang auf rechtliche Besonderheiten im Konzern sowie auf die Organhaftung des Vorstands einzugehen.

---

1 Fortgesetzt werden die Bestrebungen durch das Transparenz- und Publizitätsgesetz (TransPuG), das Mitte 2002 verabschiedet werden soll. Dieses Gesetz,vorgeschlagen durch die Regierungskommission „Corporate Governance", soll ein freiwilliges Regelwerk für börsennotierte Aktiengesellschaften einführen. Zudem sollen die Vorschriften des Aktiengesetzes dahingehend geändert werden, daß künftig der Erlaß eines Katalogs zustimmungspflichtiger Geschäfte durch die Satzung oder den Aufsichtsrat vorgeschrieben ist.

I. Bedeutung und Inhalte des Begriffs „Unternehmensplanung" aus betriebswirtschaftlicher Sicht

1. Begriffsdefinition

Jede Planung hat ihre Ursache in einem Problem, also einer Differenz zwischen einem Istzustand und einem angestrebten Sollzustand.[2] Zur Erreichung des Sollzustandes bestehen zumeist mehrere Alternativen, die im Hinblick auf die jeweils einzusetzenden Ressourcen verschiedene Vor- und Nachteile aufweisen. Eine rationale Entscheidung für eine Alternative setzt voraus, daß ein von der konkreten Problemstellung unabhängiges, übergeordnetes Auswahlkriterium – eine Zielsetzung – existiert.[3] Vor diesem Hintergrund läßt sich Planung verstehen als Gesamtheit aller Überlegungen und Maßnahmen, die es ermöglichen, aus einer Anzahl von Alternativen zur Lösung eines Problems die im Hinblick auf ein bestimmtes Ziel günstigste Alternative herauszufinden.[4]

Planung im Unternehmen bedeutet demgemäß eine systematische Gestaltung der Unternehmenszukunft durch die Formulierung und Fortentwicklung von Unternehmenszielen, das Erarbeiten zielgerichteter Maßnahmen und Verfahren, die Bewertung dieser Aktionen, das Erfassen und Begrenzen von Risiken, die Dokumentation von Absicht und Wirkung sowie die Kontrolle der Zielerreichung.[5]

2. Stellenwert der Unternehmensplanung

Eine bewußt und sytematisch durchgeführte Unternehmensplanung bietet gegenüber der Zukunftsgestaltung durch bloße unternehmerische Intuition – so unverzichtbar diese auch sein mag – einen vergleichsweise großen Schutz vor wirtschaftlichem Mißerfolg. Hohe Anforderungen sind dabei vor allem an die für Richtung, Ausmaß und Struktur der Unternehmensentwicklung maßgebliche strategische Planung zu stellen; dies gilt insbesondere in Zeiten industriellen Strukturwandels, rasch voranschreitender Globalisierung, entsprechend veränderter und risikoreicher Verhältnisse auf den Absatz-, Beschaffungs- und Kapitalmärkten, steigendem internationalen Preis-

---

2 *Adam*, Planung und Entscheidung, S. 1.

3 A. a. O., S. 2.

4 A. a. O., S. 3.

5 Vgl. *Hammer*, Unternehmungsplanung, S. 13; *Semler*, ZGR 1983, 1 (2).

druck vor allem durch Konkurrenz aus industriellen Schwellenländern, veränderter Wertvorstellungen der Bevölkerung in den Industriestaaten und vor allem einer rasanten Entwicklung zentraler Technologien – allen voran der Informationstechnik.[6] Nur wenn es der Unternehmensführung gelingt, eine Planung zu entwickeln und durchzusetzen, die diesen Rahmenbedingungen und ihrer Dynamik Rechnung trägt und damit eine langfristig solide Wettbewerbsposition gewährleistet, wird die Überlebensfähigkeit des Unternehmens gesichert sein. Diese herausragende Bedeutung der Unternehmensplanung für die Zukunftssicherung eines Unternehmens ist in der internationalen Wirtschaftswissenschaft seit langem anerkannt.[7]

3. Konzepte zur Ausgestaltung der Unternehmensplanung

Besteht einerseits in der wirtschaftswissenschaftlichen Literatur ein weitgehender Konsens über Begriff und Stellenwert der Unternehmensplanung als Bestandteil unternehmerischer Tätigkeit, so wurde andererseits zur konkreten inhaltlichen Ausgestaltung dieser unternehmerischen Aufgabe eine Vielzahl von Planungs- bzw. Strategiemodellen entwickelt.[8] Unter diesen Modellen läßt sich eine grobe Einteilung in eher praxisorientierte und eher theoretisch-analytische Ansätze vornehmen. Letztere stehen den Erstgenannten in ihrer Bedeutung nicht nach, denn sie erschließen oft erst die gedanklich-konzeptionellen Grundlagen der unmittelbar an die Praxis gerichteten Planungskonzepte. Um jedoch den Rahmen einer rechtswissenschaftlichen Abhandlung nicht zu verlassen, soll die Betrachtung auf eine exemplarische Darstellung solcher Planungsmodelle konzentriert werden, welche für die vorliegende, auf die Gewinnung klarer Handlungsmaximen ausgerichtete aktienrechtliche Untersuchung wegweisend sein können.

---

6 Vgl. *Hahn*, Stand und Entwicklungstendenzen der strategischen Planung, in: *Hahn/ Taylor*, Strategische Unternehmensplanung, S. 3 (4).

7 Vgl. etwa *Gälweiler*, Unternehmensplanung, S. 31 f., 37 ff.; *Hammer*, a. a. O., S. 24; *Kreikebaum*, Strategische Unternehmensplanung, S. 15 ff.

8 Vgl. auch Burger/Buchhart, DB 2002, 593 ff. mit einem kurzen Abriß zu Konzepten der strategischen Unternehmensführung hinführend zu der Frage des Risikomanagments in der strategischen Unternehmensführung.

a) Hax/Majluf

Das von *Arnoldo Hax*[9] und *Nicolas Majluf*[10] entwickelte Modell der Unternehmensplanung[11] ist vorrangig auf die regelmäßig stark diversifizierte Struktur von Großunternehmen ausgerichtet. Dieses Modell zielt darauf ab, sowohl das Unternehmen als Ganzes als auch die Individualität einzelner Geschäftsbereiche zu berücksichtigen. Dies soll durch einen kontinuierlichen, hierarchieübergreifenden Planungsprozeß erreicht werden, mit dessen Hilfe die strategischen Vorstellungen des einzelnen Geschäftsbereichs auf diejenigen der anderen Bereiche sowie des Gesamtunternehmens abgestimmt werden können.

Ausgangspunkt des insgesamt 12 Stufen umfassenden Planungsprozesses nach *Hax/Majluf* ist die von der Konzernleitung formulierte Vision des Unternehmens, unter der die Autoren vor allem den Unternehmenszweck in bezug auf Produkte, Märkte, Regionen, Art der Führerschaft im Wettbewerb, Unternehmensphilosophie sowie die Segmentierung in strategische Geschäftseinheiten und deren Zusammenwirken hinsichtlich gemeinsamer Ressourcen und Interessen verstehen.[12] Die Vision soll zur Inspiration und Motivation der Mitarbeiter auf allen Ebenen der Hierarchie sowie als Mittel zur Kommunikation der Ideale und Werte des Unternehmens dienen.

Als nächste Schritte der Planung folgen nach *Hax/Majluf* die Erfassung der strategischen Lage des Unternehmens durch Analyse des externen Umfelds und interne Prüfung sowie die hieraus folgende Entwicklung der strategischen Grundhaltung.[13] Die Analyse des externen Umfelds soll wirtschaftliche, politische, soziale und legislative Einflüsse erfassen, wobei unter Zuhilfenahme verschiedener Szenarien die zukünftigen Chancen und Risiken eruiert werden. Bei der internen Analyse sind die personellen, finanziellen und technologischen Ressourcen zu erfassen und hieraus die Stärken des Unternehmens, auf denen künftige Strategien fußen könnten, zu identifizieren. Aufbauend auf dieser Lagebestimmung wird die strategische Grundhal-

---

9 *Arnoldo C. Hax* ist Professor für strategisches Management an der Sloan School (M.I.T.) in Cambridge, USA, und daneben als Unternehmensberater tätig.

10 *Nicolas S. Majluf* ist Professor für strategische Unternehmensführung an der Escuela de Ingeniera Universität in Santiago, Chile.

11 Grundlegend *Hax/Majluf*, Strategisches Management.

12 *Hax/Majluf*, a. a. O., S. 63 ff., 305 ff.

13 A. a. O., S. 68 ff., 313 ff.

tung des Unternehmens formuliert, die dann als Rahmen für die Strategiefindung auf Geschäftsfeldebene dient.[14]

Für jedes Geschäftsfeld werden Trends und Marktmöglichkeiten sondiert und anhand der internen Analyse mögliche Potentiale für eine Wettbewerbsführerschaft identifiziert. Für die konkrete Strategieerstellung empfehlen *Hax/Majluf* eine Kombination unterschiedlicher Instrumente der sogenannten Portfoliotechnik.[15] Anschließend werden die erarbeiteten Geschäftsfeldstrategien unter Einbindung aller beteiligten Führungskräfte sowohl untereinander als auch mit der Unternehmensstrategie abgestimmt.[16]

In der sich anschließenden operativen Planung werden auf Geschäftsfeldebene sowie auf den darunterliegenden Funktionsebenen spezifische Aktionsprogramme ausgearbeitet, deren Beschreibung aus Gründen der Vergleichbarkeit zu standardisieren ist.[17] Nachdem diese Aktionsprogramme einer Bewertung durch die Geschäftsleitung unterzogen worden sind, wird von dieser eine Ressourcenallokation vorgenommen. Zugleich werden kurz- und langfristige Leistungsmaßstäbe für die Ergebniskontrolle definiert und eine Budgetierung vorgenommen.[18]

---

14 A. a. O., S. 76 ff.

15 A. a. O., S. 77 f.
Das sog. Portfolio-Konzept geht zurück auf die Portfolio Selection Theory, welche der Ermittlung der optimalen Zusammensetzung eines Wertpapierportefeuilles unter Ertrags- und Risikoaspekten dient. Analog hierzu wird bei der strategischen Portfolio-Methode das Unternehmen als Gesamtheit verschiedener Anlagemöglichkeiten angesehen, die als „strategische Geschäftseinheiten" bzw. „strategische Geschäftsfelder" bezeichnet werden. Eine strategische Geschäftseinheit besteht aus isolierbaren Aktivitäten eines Unternehmens, die mit bestimmten Ertragsaussichten, Chancen und Gefahren in Zusammenhang stehen, unter spezifischen Wettbewerbsbedingungen ablaufen und eigenständige Strategien erfordern und ermöglichen. Ziel des Portfolio-Managements ist die langfristige Stärkung der Ertragskraft des Unternehmens durch eine Ausgewogenheit zwischen aktuell ertragskräftigen strategischen Geschäftseinheiten und solchen mit Investitionsbedarf. Näher *Kreikebaum*, a. a. O., S. 74 ff.

16 *Hax/Majluf*, a. a. O., S. 79 ff., 356 ff.

17 Die Beschreibung soll folgende Punkte umfassen: Verbale Definition, Zuordnung von Prioritäten, Schätzung von Kosten und Erlösen, Schätzung des Personalbedarfs, Zeitplan, Bezeichnung der für die Implementierung verantwortlichen Personen, Verfahren der Ergebniskontrolle (a. a. O., S. 83 ff., 367 ff.).

18 A. a. O., S. 85 ff., 370 ff.

b) Hinterhuber

Ähnlich wie bei *Hax/Majluf* steht auch bei *Hans Hinterhuber* [19] am Anfang aller strategischen Überlegungen[20] die Vision des Unternehmens.[21] Deren Umsetzung soll sich in der sogenannten Unternehmenspolitik wiederfinden, die als *„weltanschauliche Grundlage der strategischen Führung"* die Funktion hat, jedem Mitarbeiter des Unternehmens das *„Gefühl zu vermitteln, an einer sinnvollen Aufgabe mitzuarbeiten, auch wenn man an untergeordneter Stelle tätig ist"*.[22] Die Unternehmenspolitik wird von *Hinterhuber* definiert als eine Gesamtheit von Unternehmensgrundsätzen, die teils schriftlich in einem Leitbild fixiert, teils mündlich im Unternehmensalltag vermittelt werden und *„Ausdruck der ethischen, moralischen und psychologischen Werthaltungen des Unternehmers und/oder der obersten Führungskräfte"* sind.[23] Dieses System von Unternehmensgrundsätzen – auch als „mission" bezeichnet – definiert Zweck und Tätigkeitsbereich des Unternehmens, die Verantwortung desselben gegenüber den verschiedenen Interessengruppen, die Haltung zu strategischen Allianzen sowie die Grundsätze der Gewinnverwendung.[24]

Zur Beurteilung der Qualität eines Unternehmensleitbildes hat *Hinterhuber* folgende Kontrollfragen formuliert:[25]

Ist das Leitbild

- innerhalb des Unternehmens von dessen Führungsteam selbst erarbeitet worden?
- bestimmend für das Verhalten der Führungskräfte?
- von den Mitarbeitern akzeptiert?
- hinreichend konkret und realisierbar?
- allgemein gültig?
- auf einen langen Zeithorizont ausgerichtet?
- an interne und externe Veränderungen anpaßbar?

---

19 *Hans Hinterhuber* ist Vorstand des Instituts für Unternehmungsführung der Universität Innsbruck und Professor für internationales Management an der Wirtschaftsuniversität Bocconi in Mailand.

20 Grundlegend *Hinterhuber*, Strategische Unternehmungsführung, 2 Bde.

21 *Hinterhuber*, a. a. O., Bd. 1, S. 83 ff.

22 A. a. O., S. 97 f.

23 A. a. O., S. 99.

24 A. a. O., S. 99 f.

25 A. a. O., S. 107 f.; *Hinterhuber*, Wettbewerbsstrategie, S. 211 ff.

– hinsichtlich seiner Einhaltung überprüfbar?

– den argumentativen Diskurs im Unternehmen fördernd?

Nach der Festlegung der Unternehmenspolitik folgt als nächster Schritt der Planung die Strategieformulierung, deren Ziel die Erfüllung der von der Unternehmenspolitik gesetzten Aufgaben unter möglichst effizienter Nutzung der verfügbaren Ressourcen bildet.[26] Hierzu ist – ähnlich dem Konzept von *Hax/Majluf* – zunächst eine Analyse der strategischen Ausgangsposition in Form der Umfeld- und Unternehmensanalyse erforderlich.[27] Hiernach sind geschäftsfeldspezifische Strategien zu entwickeln, die auf die strategische Gesamtlinie des Unternehmens abgestimmt sein müssen.[28] Ziel ist ein Portfolio, das sowohl hinsichtlich des durch die strategischen Geschäftsfelder generierten Cash-flow als auch bezüglich des Ausgleichs zwischen Risiko und Gewinnerwartungen eine ausgewogene Struktur aufweist. Aus dem strategischen Ziel-Portfolio des Gesamtunternehmens wird der strategische Unternehmensplan entwickelt, der die Märkte, Marktsegmente und Marktnischen festlegt, in denen das Unternehmen tätig sein will.[29]

Dem folgt im *Hinterhuber'*schen Modell die Überleitung der Strategie in die operative Führung und in konkrete Aktionen mit Hilfe sogenannter Direktiven, die einen Rahmen für die spezifische Maßnahmenplanung durch die leitenden Mitarbeiter der einzelnen Funktionsbereiche vorgeben.[30] Außerdem ist die Organisationsstruktur des Unternehmens an die Strategie anzupassen.[31] Wichtigste Eckpfeiler der Umsetzung der Strategie sind die kurz-, mittel- und langfristige Durchführungsplanung[32], ein System zur Motivation der Mitarbeiter – z. B. durch Förderung des Arbeitsklimas, Schaffung von Leistungsanreizen etc. –[33], sowie die laufende Überwachung und Revision der Strategien und Aktionsprogramme.[34]

---

26 *Hinterhuber*, Wettbewerbsstrategie, S. 206.

27 *Hinterhuber*, Stretegische Unternehmungsführung, Bd. 1, S. 113 ff.

28 A. a. O., S. 174 ff.

29 A. a. O., S. 208 ff.

30 A. a. O., Bd. 2, S. 3 ff.; *Hinterhuber*, Wettbewerbsstrategie, S. 241 ff.;

31 *Hinterhuber*, Strategische Unternehmungsführung, Bd. 2, S. 109 ff.

32 A. a. O., S. 203 ff.

33 A. a. O., S. 214 ff.

34 A. a. O., S. 221 ff.

Ein für *Hinterhubers* Modell charakteristisches Element der strategischen Unternehmensführung bildet schließlich die sogenannte Unternehmenskultur, die als integratives Element auf allen Ebenen der Unternehmensplanung in Erscheinung tritt und mit der Strategie in Einklang zu bringen ist. [35] In engem Zusammenhang mit der Unternehmenskultur steht das tatsächliche Erscheinungsbild des Unternehmens in der Außenwelt, die sogenannte Corporate Identity.[36]

c) Porter

Zu den international bedeutendsten Strategieforschern zählt *Michael E. Porter* [37], dessen Strategiekonzept vorrangig auf die Wettbewerbssituation des Unternehmens und die damit verbundenen unternehmensexternen Einflüsse abstellt.[38]

Die erste Phase der Strategieentwicklung besteht nach *Porter* in der Erstellung einer Branchenstrukturanalyse anhand des von ihm entwickelten sogenannten *Five-Forces-Modells.*[39] Danach sind zu ermitteln:

(1) Die Bedrohung durch potentielle Konkurrenten[40]

(2) Der Grad der Rivalität unter den bestehenden Wettbewerbern[41]

(3) Die Bedrohung durch Substitute[42]

---

35 A. a. O., S. 235 ff.

36 A. a. O., S. 246 ff.

37 *Michael E. Porter* ist Professor für Wettbewerbsstrategie an der Harvard Business School, USA.

38 Grundlegend *Porter*, Wettbewerbsstrategie; *ders.*; Wettbewerbsvorteile.

39 *Porter*, Wettbewerbsstrategie, S. 25 ff.

40 Das Maß dieser Bedrohung beurteilt sich nach den Barrieren, die dem Neueintretenden entgegenstehen, wie z. B. dem Investitionsbedarf, der Existenz gewerblicher Schutzrechte oder dem Erfordernis eines neuen Vertriebsnetzes. Je höher diese Barrieren sind, umso geringer ist die Chance eines erfolgreichen Markteintritts. Näher *Porter*, a. a. O., S. 29 ff.

41 Die in der Branche tätigen Unternehmen befinden sich in einer wechselseitigen Abhängigkeit als Folge von einander bedingenden Reaktionsmustern. Dabei ist der Grad der Rivalität nach der Anzahl der Wettbewerber, der Geschwindigkeit des Branchenwachstums, dem Fix- und Lagerkostenanteil und dem Differenzierungsgrad der Branche zu beurteilen. Näher a. a. O., S. 42 ff.

42 Selbst ein erfolgreiches Produkt kann in seiner Marktposition existentiell bedroht sein, wenn ein anderes, nicht direkt konkurrierendes Produkt von seiner Beschaffenheit und seinem Preis-Leistungs-Verhältnis her geeignet ist, das ursprüngliche Produkt zu ersetzen. Beispiele sind die Verdrängung der Schreibmaschine durch den Personal-Computer oder die Bedrohung des klassischen Terminkalenders durch den portablen Kleincomputer. Näher a. a. O., S. 49 f.

(4) Die Verhandlungsmacht der Lieferanten[43]

(5) Die Verhandlungsmacht der Abnehmer[44]

Nach der Branchenstrukturanalyse ist eine möglichst tiefgreifende und präzise Analyse der vorhandenen Konkurrenten vorzunehmen, denn *"die Wettbewerbsstrategie verlangt, ein Unternehmen so zu plazieren, daß es den Wert der Fähigkeiten maximiert, die es den Konkurrenten voraus hat."* [45] Dazu sind bei jedem Konkurrenten folgende Faktoren zu ermitteln:[46]

- seine Ziele für das Gesamtunternehmen und die einzelnen Geschäftseinheiten
- seine Annahmen über sich selbst sowie über Branche und Konkurrenzunternehmen
- seine bisherigen Aktivitäten, Erfolge und Mißerfolge im jeweiligen Geschäftsbereich als Anhaltspunkt für seine Ziele und Annahmen
- die persönlichen Lebensläufe, Erfolge und Mißerfolge seiner Spitzenmanager als weiterer Anhaltspunkt für künftiges Verhalten
- seine gegenwärtige Strategie
- sein strategisches Potential als Ergebnis einer Stärken/Schwächen-Analyse.

Weiterhin ist eine interne Unternehmensanalyse erforderlich, die nach *Porter* mittels einer Untersuchung der sogenannten Wertkette des Unternehmens vorzunehmen ist.[47] Dabei unterscheidet *Porter* zwischen

---

43 Wenn die Lieferanten die Macht haben, die zu entrichtenden Preise in ihrem Sinne zu beeinflussen, sinkt die Rentabilität des Unternehmens. Diese Macht kann sich gründen z. B. auf einen hohen Konzentrationsgrad hinsichtlich benötigter Vorprodukte bzw. Rohstoffe oder auf die glaubwürdige Drohung des Lieferanten mit einem Selbsteintritt in den Markt durch sogenannte *Vorwärtsintegration*. Sie muß in der Strategie Berücksichtigung finden, indem etwa durch gesteigerte Produktdifferenzierung die Abhängigkeit von einzelnen Lieferanten gemindert wird und gegenüber deren Selbsteintritt in den Markt eine erhöhte Eintrittsbarriere entgegengestellt wird. Näher a. a. O., S. 54 f.

44 Eine starke Verhandlungsposition auf Abnehmerseits kann sich gründen z. B. auf den hohen Anteil einzelner Kunden an den Gesamtumsätzen des Unternehmens oder auf deren glaubhafte Drohung mit einem Selbsteintritt in den Markt durch sogenannte *Rückwärtsintegration*. Näher a. a. O., S. 50 ff.

45 A. a. O., S. 78.

46 A. a. O., S. 81 ff.

47 *Porter*, Wettbewerbsvorteile, S. 59 ff. – Der Begriff "Wertkette" oder "Wertschöpfungskette" findet sich vielfach in der wirtschaftswissenschaftlichen Literatur, jedoch

primären Wertaktivitäten, zu denen Eingangslogistik, interne Operationen, Ausgangslogistik, Marketing und Kundendienst zählen, sowie unterstützenden Wertaktivitäten wie Beschaffung, Technologieentwicklung, Personalwirtschaft und Unternehmensinfrastruktur.[48] Diese einzelnen Elemente sind nicht isoliert zu betrachten, sondern in ihrer wechselseitigen Verknüpfung. Darüberhinaus können durch vertikale Verknüpfung mit den Wertketten der Lieferanten und Abnehmer neue Potentiale freigesetzt werden.[49] Bei diversifizierten und/oder global operierenden Unternehmen kann ferner die horizontale Verflechtung der Wertketten einzelner Unternehmenseinheiten zu Synergieeffekten führen.[50]

Nach Abschluß der Analysephase ist die Unternehmensstrategie zu bestimmen, wobei nach *Porter* eine Auswahl unter drei grundlegenden Strategietypen zu treffen ist:[51]

(1) *Kostenführerschaft* (Kostenvorsprung gegenüber der Konkurrenz bei unverminderter Produktqualität)[52]

(2) *Differenzierung* (Schaffung eines zusätzlichen Werts der eigenen Produkte gegenüber Konkurrenzprodukten, der die Durchsetzung eines höheren Preises erlaubt)[53]

(3) *Schwerpunktbildung* (Konzentration auf die speziellen Bedürfnisse eines bestimmten Abnehmersegments oder regionalen Markts innerhalb der Branche aus der Position des Kostenführers oder Anbieters eines differenzierten Produkts heraus).[54]

Im diversifizierten Konzern ist darüberhinaus eine sogenannte Corporate Strategy auf Konzernebene zu entwickeln, mit welcher die grundlegenden Entscheidungen über das anzustrebende Maß an Diversifikation sowie über die Führung der einzelnen Geschäftsbereiche zu treffen sind.[55] Zur Sicherstellung einer rentablen Diversifikation gilt

---

ist es *Porter* gelungen, den Wertkettenansatz in eine allgemeinverständlichere Form zu gießen.

48 A. a. O., S. 66 ff.

49 A. a. O., S. 76 ff.

50 A. a. O., S. 413 ff.

51 A. a. O., S. 31 ff., 93 ff.; *ders.*, Wettbewerbsstrategie, S. 62 ff.

52 *Porter*, Wettbewerbsvorteile, S. 32 ff., 93 ff.

53 A. a. O., S. 34 f., 164 ff.

54 A. a. O., S. 35 ff.; *ders.*, Wettbewerbsstrategie, S. 67 f.; *ders.*, Globaler Wettbewerb, S. 51 ff.

55 *Porter*, Diversifikation, S. 30 ff.

es, die Attraktivität der einzelnen Branchen, die Kosten des Markteintritts in das jeweilige Geschäftsfeld sowie die Synergiepotentiale zwischen den unterschiedlichen Geschäftsbereichen angemessen zu berücksichtigen.

d) Gälweiler

Zu den Pionieren auf dem Gebiet der strategischen Unternehmensplanung zählt im deutschsprachigen Raum vor allem *Aloys Gälweiler.*[56] Ausgehend von Problemenstellungen der geschäftspolitischen Führung von Industrieunternehmen, hat *Gälweiler* ein bewußt allgemein gehaltenes und damit auch auf andersartige strategische Führungsaufgaben individuell assimilierbares Konzept der Unternehmensplanung entwickelt[57], dessen Grundgedanken auch von anderen Autoren und nicht zuletzt in der Praxis weitgehend akzeptiert werden. *Gälweiler* betrachtet Unternehmensplanung vorrangig als kreativen Prozeß, dem sich die Verordnung bestimmter Rezepte, Instrumente, Formulare oder Schemata in jedem Falle unterzuordnen habe.[58]

Sein Modell verzichtet auf die verbreitete Dreiteilung der Unternehmensplanung in kurz-, mittel- und langfristige Planung und unterteilt stattdessen die im Rahmen der Unternehmensführung zu treffenden Entscheidungen streng nach

- *strategischen Entscheidungen* (Festlegung der Produkte und Märkte)

  und

- *operativen Entscheidungen* (Umsetzung der strategischen Entscheidungen).

Strategische und operative Entscheidungen bedürften danach einer getrennten Planung, weil jeweils unterschiedliche Einflußgrößen zu beachten seien. Die operative Führung habe auf die unmittelbare Er-

---

56 *Aloys Gälweiler* (1922-1984) war bis zu seinem Tode Generalbevollmächtigter und Direktor des Zentralbereichs Unternehmensplanung der Brown, Boveri & Cie. in Mannheim. Daneben engagierte er sich in Forschung und Lehre, u. a. als Honorarprofessor für Unternehmensstrategie an der Universität Köln, als Honorarprofessor für Unternehmensplanung an der Fachhochschule Ludwigshafen sowie als Dozent an mehreren weiteren Universitäten, darunter an der Hochschule St. Gallen und am Management Zentrum St. Gallen.

57 Grundlegend *Gälweiler*, Unternehmensplanung; *ders.*, Strategische Unternehmensführung.

58 Vgl. *Gälweiler*, Unternehmensplanung, S. 20 f.

folgserzielung ausgerichtet zu sein. Zur Erfolgserzielung werde die operative Führung jedoch nur dann gelangen, wenn es ihr gelinge, vorhandene Erfolgspotentiale des Unternehmens zu realisieren. Die *Erfolgspotentiale* [59] seien daher als Steuerungsgröße anzusehen.

Genau an dieser Stelle habe die strategische Führung des Unternehmens anzusetzen, deren Aufgabe *„die Suche, der Aufbau und die Erhaltung hinreichend hoher und sicherer Erfolgspotentiale unter Berücksichtigung der damit verbundenen langfristigen Liquiditätswirkungen"* [60] sein soll. *Gälweiler* definiert „Erfolgspotential" als *„das gesamte Gefüge aller jeweils produkt- und marktspezifischen erfolgsrelevanten Voraussetzungen, die spätestens dann bestehen müssen, wenn es um die Erfolgsrealisierung geht."* [61] Zu diesen Voraussetzungen zählt er den Marktanteil, die Erfahrungskurve, das Anwender- und Kundenproblem, Innovationen sowie die sogenannte Substitutionszeitkurve.[62] Insbesondere durch die umfassende Berücksichtigung von *Kundenproblemen* werden nach *Gälweiler* neue Erfolgspotentiale geschaffen, denn die unabhängig von existierenden Lösungen erfolgende Formulierung eines Kundenproblems schafft neue technische Lösungen. Diese wiederum beeinflussen Substitutionskurve, Erfahrungskurve und Marktposition positiv.[63]

Den Planungsprozeß gliedert *Gälweiler* in vier Grundphasen, die durch die nachstehenden Fragestellungen verdeutlicht werden:[64]

(1) Wo stehen wir? (externe und interne Analyse) [65]

(2) Wo wollen wir hin? (konkrete Formulierung der strategischen Ziele)

(3) Wie gelangen wir grundsätzlich dorthin? (Strategiebestimmung)

---

59 A. a. O., S. 152.

60 *Gälweiler*, Strategische Unternehmensführung, S. 28.

61 A. a. O., S. 26.

62 A. a. O., S. 37 ff.

63 A. a. O., S. 46 ff.

64 *Gälweiler*, Unternehmensplanung, S. 186 ff.

65 Die externen Analyse-Felder gliedern sich wie folgt: gesamtwirtschaftliche Entwicklung, Konjunktur, Branche, Technologie, Konkurrenz, Markt, Gesetzgebung, Gesellschaftstrends, Personalmarkt, Beschaffungsmarkt, Kapitalmarkt (vgl. a. a. O., S. 350 ff.).
Die internen Analyse-Felder gliedern sich in: langfristige Geschäftsentwicklung, Ergebnis und Kosten, Finanzstruktur, Personalstruktur, Anlagenstruktur, Material- u. Arbeitsfluß, Informationsfluß, Produkte, Produktprogramm-Struktur, Qualifikationsprofil der Mitarbeiter (a. a. O., S. 384 ff.).

(4) Wie gelangen wir im einzelnen dorthin? (operative Planung)[66]

Gälweiler betont, daß die Qualität des Planungsprozesses mit Qualität und Quantität des Informationsflusses innerhalb des Unternehmens korrespondiert.[67] Außerdem weist er darauf hin, daß die Dynamik des Prozesses der Unternehmensplanung sich grundlegend von dem – oft zum Vergleich herangezogenen – naturwissenschaftlichen Evolutionsprozeß unterscheide: Für letzteren sei nämlich die unbewußte, ex post erfolgende Anpassung an bereits eingetretene Veränderungen charakteristisch, während die strategische Unternehmensplanung gerade eine bewußt gestaltende, ex ante orientierte Aktivität sei, die noch nicht eingetretene, aber erwartete Umfeldeinflüsse antizipieren. *„Unternehmerischer Mut, Entscheidungsfreudigkeit und Risikobereitschaft bestehen nicht im Angehen gegen die Natur der Dinge, sondern in ihrer besseren Kenntnis und in ihrem einsichtigeren Gebrauch."*[68] Deshalb sei es notwendig, sich stets alle Faktoren und Wechselbeziehungen zu vergegenwärtigen, die die Ziele beeinflussen können und fortlaufend zu überprüfen, ob die für die Planung maßgebenden Bedingungen noch zutreffen.

Als wesentliches Element des Planungsprozesses stellt *Gälweiler* die *strategische Kontrolle* heraus, die alle unternehmensexternen und -internen Sachverhalte abdecken müsse, die für die Erfüllung der strategischen Planungsaufgabe und für das Erreichen der strategischen Ziele wesentlich seien oder von denen eventuelle Gefährdungen ausgehen könnten.[69] Ihre Notwendigkeit begründet er mit der empirisch belegbaren Erkenntnis, daß Fehler und Versäumnisse in der strategischen Planung normalerweise nicht mehr auf wirtschaftlich vertretbare Weise korrigiert oder nachgeholt werden können, sobald erste negative Wirkungen bereits im operativen Geschäft spürbar werden. Deshalb hält er auch das übliche Kontrollverfahren des Soll-Ist-Vergleichs für eine Kontrolle der strategischen Planung für untauglich, denn der Soll-Ist-Vergleich liefere lediglich nachträgliche Er-

---

66 *Gälweiler*, a. a. O., S. 320 ff., empfiehlt, die Jahresplanung, welche regelmäßig den Kern der operativen Planung bildet, anhand des Verfahrens der sogenannten Ergebnislücke darzustellen. Mit der "Ergebnislücke" wird aufgezeigt, um wieviel das Ergebnis verbessert werden muß, um bei den erwarteten Einflüssen (z. B. Personalkostenerhöhung, Faktorpreiserhöhung, Kapazitätsauslastung, Verkaufspreisänderung) ein bestimmtes Ergebnis zu sichern.

67 *Gälweiler*, Strategische Unternehmensführung, S. 321.

68 *Gälweiler*, Unternehmensplanung, S. 20.

69 *Gälweiler*, Strategische Unternehmensführung, S. 204 ff.

kenntnisse darüber, wie man vorher hätte entscheiden müssen.[70] Ausgehend von dieser Aufgabenstellung gliedert sich die strategische Kontrolle nach *Gälweiler* in folgende Teilaufgaben:[71]

- Kontrolle strategischer Pläne auf Vollständigkeit und Konsistenz
- laufende Überwachung der „kritischen“ internen und externen Planungsprämissen
- terminliche Überprüfung der Strategieentwicklung und -umsetzung (Meilensteine)
- laufende Beurteilung der Auswirkungen operativer Verhaltensweisen in bezug auf mögliche strategische Rückwirkungen
- regelmäßige Überprüfung der strategischen Geschäftssituation durch eine eigenständige und eingehende strategische Analyse
- periodische Überprüfung der Abgrenzung der strategischen Geschäftseinheiten
- periodische Kontrolle der für strategische Entscheidungen maßgeblichen geschäftspolitischen Verhaltensgrundsätze.

e) Mintzberg

Überwiegend von der empirischen Seite nähert sich *Henry Mintzberg*[72] dem Problem der Unternehmensplanung. Ähnlich wie *Gälweiler* lehnt er eine Schematisierung und Formalisierung strategischer Planungsprozesse ab und bietet stattdessen ein allgemein gehaltenes strategisches Denkmodell.[73] Er geht jedoch noch einen Schritt weiter, indem er auf jegliche konkrete Prozeßvorgabe verzichtet.

Mintzberg hat sich mit den bisherigen Konzepten der Strategieforschung eingehend auseinandergesetzt und hiernach festgestellt, daß diese zwar überwiegend logisch und analytisch richtig seien, jedoch die Unternehmenspraxis nur unzureichend berücksichtigten.[74] So bewirke die prozessuale Formalisierung im Sinne der herkömmlichen,

---

70 A. a. O., S. 204 f.

71 A. a. O., S. 207 ff.

72 *Henry Mintzberg* ist Professor an der Universität Montreal und war von 1988 bis 1991 Präsident der Strategic Management Society.

73 Grundlegend *Mintzberg*, The Rise and Fall of Strategic Management; *ders.*, Management.

74 *Mintzberg*, Rise an Fall, S. 159 ff.

konstruktivistischen Strategiemodelle insbesondere eine willkürliche Trennung von strategischem und operativem Management, die zu Akzeptanz-, Durchsetzungs- und Motivationsproblemen und damit letztlich zu einer konservativen und inflexiblen Grundhaltung im Unternehmen führe. Kreativität Individualität und Unternehmertum würden so weitgehend verhindert.

Dem stellt *Mintzberg* die Erkenntnis gegenüber, daß Unternehmensstrategien in der Realität nur selten Ausdruck eines bewußten oder gar formalisierten Planungsprozesses seien, sondern vielmehr überraschend aus dem unternehmerischen Tagesgeschäft entstünden. Diese sogenannten *„aufgetauchten Strategien"* dürften weder ignoriert werden, noch dürfe ihnen entgegengewirkt werden. Vielmehr gelte es, deren Vorteile in den Rahmen bewußt gesteuerter Strategieentwicklung zu integrieren. *Mintzberg* fordert daher, daß die Unternehmensführung sich nicht auf die bloße Strategiesteuerung beschränken dürfe, sondern ein umfassendes *„Strategiemanagement"* sicherzustellen habe.[75] Hierzu müsse die Unternehmensführung:

– intensive praktische Kenntnis über und intuitives Gespür für die Branche besitzen
– die bereits im Unternehmen – unbewußt – entstandenen Strategien in Gestalt bestimmter Handlungsmuster des nachgeordneten Managements sensibel analysieren und diese in ihre eigenen strategischen Überlegungen einbeziehen
– die Umsetzung strategischer Entscheidungen dadurch fördern, daß sie ein Mindestmaß an Stabilität und Kontinuität wahrt, anstatt durch ständige Neuformulierung von Strategien einen Zustand der Unruhe und Unsicherheit zu perpetuieren
– in der Lage sein, subtile Diskontinuitäten, die eine Strategieanpassung erfordern, frühzeitig zu erkennen.

Zusammenfassend ausgedrückt wendet sich *Mintzberg* also gegen die in der Praxis oftmals anzutreffende, stark formalistische „top down"-Planung, die den nachgeordneten Führungsebenen strategische Vorgaben auferlegt, die – im besten Falle – nach bestimmten wissenschaftlichen Standards erarbeitet worden sind, jedoch die unternehmensinternen Ideen, welche nur durch einen „bottom up"-Prozeß zu erfassen sind, vernachlässigt. Nachdrücklicher und pointierter als an-

75 *Mintzberg*, Management, S. 51 ff.

dere Autoren tritt *Mintzberg* deshalb für einen dynamischen Planungsprozeß mit möglichst umfangreichen Anstößen „von unten" wie auch aus dem Unternehmensumfeld ein.

Weiterhin setzt sich *Mintzberg*, obwohl jedwede Schematisierung eines Planungsprozesses ausdrücklich ablehnend, mit verschiedenen Strategiealternativen auseinander, deren gemeinsamer Nenner das sogenannte *„Kerngeschäft"* des Unternehmens ist.[76] Die *Mintzberg'*schen Strategievarianten bieten sich dem Unternehmen allerdings nicht zur jederzeit freien Auswahl dar, sondern stehen in einem Stufenverhältnis zueinander, wobei anhand einer Positionsbestimmung zu ermitteln ist, auf welcher Stufe sich das Unternehmen zum Zeitpunkt der Strategieauswahl befindet.

Die erste Strategiestufe bildet die Ortung des Kerngeschäfts, welches durch Bestimmung der Branche sowie – ausgehend wiederum von einer Wertkettenanalyse[77] – Festlegung der Verarbeitungsstufe innerhalb des Wertschöpfungssystems geschieht.

Die zweite Strategiestufe besteht in der Positionierung des Kerngeschäfts. Hier baut *Mintzberg* inhaltlich auf den drei grundlegenden Strategietypen *Porters* – Kostenführerschaft, Differenzierung und Schwerpunktbildung[78] – auf, verwendet jedoch ausschließlich den Begriff der Differenzierung und gelangt hier zu sechs verschiedenen Formen:

- Preisdifferenzierung
- Imagedifferenzierung
- Servicedifferenzierung
- Qualitätsdifferenzierung
- Designdifferenzierung
- Nichtdifferenzierung[79].

---

76 Vgl. *Mintzberg*, Strategic Management Journal 1985, 70 ff.

77 Vgl. zum Begriff „Wertkette" bereits die Ausführungen zum Strategiekonzept von *Porter*, oben c).

78 Vgl. oben c).

79 Unter „Nichtdifferenzierung" wird eine Nachahmerstrategie verstanden, die jedoch nicht zwingend mit einer Preisdifferenzierung verbunden sein muß.

Die vorstehenden Differenzierungstypen ergänzt *Mintzberg*, wiederum in Anlehnung an *Porter*, durch die Unterscheidung von vier verschiedenen Formen der Marktbearbeitung:

- unsegmentiert
- segmentiert
- Nische
- individuelle Kundenspezifizierung.

Auf der dritten Strategiestufe folgt die Strategie zur Entwicklung des Kerngeschäfts und auf der vierten die Strategie zu dessen Ausweitung durch vertikale Integration[80] oder horizontale Diversifikation.[81]

Die Strategie der fünften und letzten Stufe besteht in der Konsolidierung der Geschäfte durch eine kritische Durchforstung des Produktportfolios, deren Ergebnis schließlich eine Neuortung des Kerngeschäfts ermöglicht. Hierin zeigt sich, daß das *Mintzberg'*sche System der Strategiestufen auch als ein geschlossener Kreis von Strategien begriffen werden kann, der vom Unternehmen im Laufe seiner Entwicklung wiederholt durchlaufen wird.

f) Ansoff

Der vorliegende Überblick soll abgerundet werden durch einen Blick auf die seit Jahrzehnten einflußreiche Strategielehre von *Igor Ansoff*.[82] Zwar entwickelt *Ansoff*[83] ebensowenig wie *Mintzberg* ein vollständiges System der strategischen Unternehmensplanung und wartet auch nicht mit konkreten Handlungsanweisungen auf, liefert jedoch wichtige Denkanstöße zur Bewältigung einer entscheidenden Schwachstelle herkömmlicher Unternehmensplanung: der regelmäßig mangelnden Flexibilität der Unternehmensführung bei planerisch nicht vorhersehbaren Umfeldveränderungen.

---

80 Möglich sind Vorwärts- und Rückwärtsintegration, vgl. zu diesen Begriffen oben c), Fn. 41 u. 42.

81 Diversifikation erfolgt durch den Einstieg in eine völlig neue Wertkette, vgl. oben c).

82 *Igor Ansoff* war bis 1963 als Vice President und General Manager für Planung bei der Lockheed Electronics Company tätig und wurde danach Professor für strategisches Management an der Uniteed States International University of San Diego und am European Institute for Advanced Studies in Management.

83 Grundlegend *Ansoff*, Implanting Strategic Management.

Ansoff erhebt in diesem Zusammenhang die Forderung nach einem revidierten Verständnis strategischer Planung angesichts des zunehmend komplexer werdenden Unternehmensumfelds. Die strategische Planung basiere regelmäßig auf Daten der Gegenwart, die zum Zeitpunkt der Planausführung bereits überholt seien. Deshalb müsse der Dynamik moderner Märkte dadurch Rechnung getragen werden, daß die Existenz unvorhersehbarer Überraschungen akzeptiert werde.[84]

Dazu müßten vor allem Möglichkeiten zur Früherkennung sogenannter schwacher Signale in Form eines *„Weak Signal Management"* im Unternehmen institutionalisiert werden.[85] Unter schwachen Signalen versteht *Ansoff* Informationen aus dem Unternehmensumfeld, die eine Chance oder Bedrohung anzeigen, jedoch noch höchst unbestimmt und unzuverlässig sind und deshalb noch nicht zur Grundlage einer bestimmten Reaktion gemacht werden können. Sie vermittelten lediglich ein Gefühl für eine bevorstehende Diskontinuität. Schwache Signale, so *Ansoff*, konkretisierten sich jedoch im Laufe der Zeit, weshalb ihre sensible Beobachtung Raum für eine frühzeitige Prognose möglicher Auswirkungen des durch das Signal angekündigten Ereignisses auf den Unternehmenserfolg sowie für eine Analyse verschiedener Reaktionsmöglichkeiten schaffe.

Auf dieser Basis könnten vorbereitende Maßnahmen getroffen werden, durch welche wiederum die Reaktionszeit, die das Unternehmen im Falle des Eintritts des Ereignisses benötige, entscheidend verkürzt werde. Die Verantwortung für dieses auf schnelle Reaktionsfähigkeit ausgerichtete *„Strategic Issue Management"* ist nach *Ansoff* auf eine mit weitreichenden Kompetenzen auszustattende *„Senior Management Group"* zu übertragen.[86]

Für den Fall, daß trotz dieser Vorkehrungen Diskontinuitäten übersehen werden und somit keine Zeit mehr für eine Reaktion mit Maßnahmen der Unternehmensplanung bleibt, ist zusätzlich ein Krisenmanagement –„Strategic Surprise Management" – zu institutionalisieren.[87] Hierzu schlägt Ansoff vor, das Topmanagement in drei Gruppen aufzugliedern, von denen eine für die Weiterführung des täglichen Geschäfts, die zweite für die Erarbeitung und Umsetzung

---

[84] Vgl. *Ansoff*, a. a. O., S. 21 ff.

[85] A. a. O., S. 20 u. 383 ff.; vgl. auch *Ansoff*, Die Bewältigung von Überraschungen und Diskontinuitäten durch die Unternehmensführung – Strategische Reaktionen auf schwache Signale, in: *Steinmann*, Planung und Kontrolle, S. 233 ff.

[86] *Ansoff*, Implanting Strategic Management, S. 369 ff.

[87] A. a. O., S. 21 ff. u. 357 ff.

der Reaktion auf das überraschende Ereignis und die dritte für die Aufrechterhaltung der Moral im Unternehmen oder den von der Krise betroffenen Geschäftseinheiten zuständig sein soll.[88]

4. „Stand der Technik" bei der Unternehmensplanung

Die vorstehend skizzierten Konzepte zur Unternehmensplanung zeigen, daß es eine allgemein verbindliche Standardisierung des von dem Begriff „Unternehmensplanung“ erfaßten Handlungsablaufs nicht gibt. Vielmehr hat sich herausgestellt, daß man sich diesem Begriff auf sehr unterschiedliche Weise und mit ganz individuell gesetzten Schwerpunkten nähern kann, je nachdem, welcher Aspekt in das Zentrum der zukunftsgestaltenden Überlegungen gestellt wird. Zudem reicht die Spannweite der theoretischen Erörterungen zum Planungsbegriff von weitgehend abstrakt gehaltenen Denkmodellen bis hin zu konkreten und formalisierten Prozeßvorgaben. Sämtliche genannten Autoren verfügen aber auch über umfangreiche empirische Erfahrungen durch eigene Führungs- oder Beratertätigkeit, die in die dargestellten Konzepte eingeflossen sind. Die Vielfalt der Konzepte scheint daher mit der Vielfalt der planerischen Problemstellungen zu korrespondieren.

Andererseits fällt bei näherer Betrachtung auf, daß sich die Ansätze nicht etwa ausschließen, sondern – bei aller terminologischen Unübersichtlichkeit – durchaus weitreichende Gemeinsamkeiten aufweisen und sich auch einander ergänzen. Diese Kohärenzen lassen einen roten Faden erkennen, mit dessen Hilfe sich im Wege der Abstraktion gewissermaßen ein wirtschaftswissenschaftlicher „Stand der Technik“ im Gebrauch des Instruments Unternehmensplanung ermitteln läßt.

Im folgenden soll – gestützt allerdings nicht allein auf theoretische Konzepte, sondern auch auf deren tatsächliche Implementierung in die Unternehmenspraxis – der Versuch unternommen werden, die an eine zeitgemäße Unternehmensplanung lege artis zu stellenden Anforderungen zu beschreiben. Zunächst wird ein inhaltliches und prozessuales Grundmuster der Unternehmensplanung entwickelt. Im Anschluß hieran wird auf verschiedene, für die praktische Ausgestaltung wesentliche Gesichtspunkte näher eingegangen.

---

88 A. a. O., S. 22 f.

a) Grundmuster der Unternehmensplanung

Unabhängig von den gesetzten Schwerpunkten des jeweiligen Autors und unabhängig von dessen individueller Haltung zur Intensität der Prozeßschematisierung läßt sich eine grundsätzliche Systematik identifizieren, nach welcher eine bewußt steuernde Unternehmensplanung die folgenden Komplexe umfaßt:

- die Unternehmenskonzeption
- die externe Analyse
- die interne Analyse
- die Strategiefindung und strategische Planung
- die operative Planung
- die Ergebnis- und Finanzplanung
- die operative und strategische Kontrolle.

Die vorstehende Aufteilung kann hinsichtlich der Anzahl der Planungskomplexe nahezu beliebig verfeinert und umgekehrt auch vergröbert werden. Auch sind die vorstehend gewählten Begriffe nicht zwingend. Im Prinzip jedoch liegt allen dargestellten Theorien wie auch der Praxis erfolgreicher Unternehmensplanung die vorstehende Systematik zugrunde. Diese soll deshalb als Ausgangspunkt und Orientierungsgrundlage für eine nähere Betrachtung dienen.

aa) Unternehmenskonzeption

Ausgangspunkt jeder Unternehmensplanung ist die grundlegende Zielbestimmung – oder auch Leitbild – des Unternehmens. Sie wird festgelegt durch die Formulierung des Unternehmenszwecks in bezug auf Branchen und Expansionsziele[89] sowie durch die Bestimmung der Corporate Philosophy, also der geschäftspolitischen und gesellschaftlichen Verhaltensgrundsätze und der Unternehmenskultur.[90]

---

89 Formulierungsbeispiel: „Wir verstehen uns als ein weltweit agierender Mobilitätskonzern, der sich mit allen Arten der Fortbewegung zu Lande, zu Wasser und in der Luft befaßt."

90 Vgl. *Albach*, ZGR 1997, 32 (37); *Hinterhuber*, Strategische Unternehmungsführung, Bd. 2, S. 236. Der Begriff „Unternehmenskultur" umfaßt die zur Förderung der Identifikation mit dem Unternehmen geeigneten Maßnahmen und Verhaltensweisen (z. B. Mitarbeiterorientierung, Teamgeist, Bereitstellung umfassender Sozialeinrichtungen, Förderung von Sport und Freizeitgestaltung, Kunst am Arbeitsplatz etc.).

Hax/Majluf bzw. *Hinterhuber* sprechen in diesem Zusammenhang treffend von der „Vision" des Unternehmens.[91] Inhaltlich nahezu deckungsgleich, jedoch von manchen Autoren nur auf die Geschäftsfeldebene bezogen, ist der Begriff der „Mission".[92]

Die Unternehmenskonzeptionen der Aktiengesellschaften unterliegen einem zeitbedingten Wandel. Seit langem wird eine Debatte darüber geführt, ob die Unternehmensziele allein an den Interessen der Aktionäre augerichtet werden sollen oder aber den Interessen aller im weitesten Sinne Beteiligten, wie zum Beispiel Gläubigern, Mitarbeitern, Abnehmern oder der Allgemeinheit, gerecht zu werden haben. In der Praxis werden jedenfalls in den letzten Jahrzehnten zunehmend auch Aspekte wie die Verantwortung für Gesellschaft und Umwelt oder ein kulturelles Engagement herausgestellt. [93] In jüngster Zeit wird allerdings der Gedanke der Unternehmenswertsteigerung im Aktionärsinteresse, der sogenannte Shareholder-Value-Ansatz, in den Vordergrund gerückt.[94] Dieser Ansatz schließt einen Interessenausgleich nicht aus, denn er ist nur zu realisieren, wenn das Unternehmen die Loyalität auch der anderen Anspruchsgruppen zu gewinnen vermag. Letzteres ist aber nicht eigenes Ziel, sondern lediglich notwendige Voraussetzung einer erfolgreichen Shareholder Value Konzeption.[95]

bb) Externe Analyse

Am Beginn jeder sinnvollen Planung muß, orientiert am Unternehmensleitbild, eine Analyse des Unternehmensumfelds sowie des Unternehmens selbst stehen. Grundsätzlich ist dazu eine Umfeldanalyse vorzunehmen, die im Falle der Existenz mehrerer strategischer Geschäftseinheiten für jede Einheit gesondert durchzuführen ist. Diese externe Analyse läßt sich in drei Komponenten unterteilen, welche inzwischen – in unterschiedlicher Gewichtung – zum Bestandteil jedes Planungskonzeptes geworden sind: Die Analyse von Markt und

---

91 Vgl. oben I. 3. a) u. b).

92 *Hax/Majluf*, Strategisches Management, S. 76, 329 f.; vgl. auch *Albach*, ZGR 1997, 32 (37).

93 Zur empirischen Seite eingehend *Albach*, Werte und Unternehmensziele im Wandel der Zeit.

94 Grundlegend *Rappaport*, Shareholder Value.

95 Näher *Busse von Colbe*, ZGR 1997, 271 ff.; vgl. ferner aus juristischer Perspektive *Mülbert*, ZGR 1997, 129 ff.

Branche, die Analyse der wichtigsten Wettbewerber und die Analyse der sonstigen Umwelteinflüsse.[96]

(1) Markt und Branche

Für die Feststellung der grundlegenden Wettbewerbsverhältnisse, der sogenannten Branchenstrukturanalyse, stellt *Porter* mit seinem Five Forces Model[97] ein allgemein anwendbares und weitgehend anerkanntes Analysemodell zur Verfügung. Danach sind, wie bereits dargestellt[98], die Bedrohung durch Konkurrenten und Substitute, der Rivalitätsgrad im Wettbewerb sowie die Verhandlungsmacht der Lieferanten und Abnehmer festzustellen. Nach der Durchdringung der Branchenstruktur sind die vorhandenen Marktpotentiale, differenziert nach Kundengruppen und Vertriebswegen, zu ermitteln. Dabei sollte den Kundenbedürfnissen als wichtigstem strategischen Erfolgsfaktor besondere Aufmerksamkeit gewidmet werden. So ist etwa im Anlagengeschäft ein genaues Verständnis der ökonomischen Problemstellungen des Kunden erforderlich, die es durch geeignete neue Produkte und gegebenenfalls auch innovative Finanzierungsmodelle zu lösen gilt. Im Konsumgüterbereich müssen dagegen eher die persönlichen Merkmale und Bedürfnisse verschiedener Zielgruppen einschließlich der nicht rationalen Aspekte ihres Marktverhaltens berücksichtigt werden. Anhaltende strukturelle Krisen, hohe Marktsättigung, neue psychographische Strömungen und eine Veränderung der Zeitressourcen führen derzeit zur Auflösung traditioneller Zielgruppen, aber auch zur Entstehung neuer Zielmärkte. Eine falsche Markteinschätzung führt damit weitaus schneller und irreversibler als früher ins wirtschaftliche Abseits. Nur Unternehmen, die die Wünsche ihrer Kunden kennen und – noch besser – voraussehen können, haben eine Chance. Angesichts der zunehmenden Komplexität des Verbraucherverhaltens kann hier die Marktforschung eine wichtige Hilfe bieten.

(2) Wettbewerber

Eine Analyse der Stärken und Schwächen der wichtigsten Wettbewerber ermöglicht es, potentielle Gefahren durch Wettbewerbsvortei-

---

96 Vgl. etwa *Hinterhuber*, Strategische Unternehmungsführung, Bd. 2, S. 116 ff.; *Kreikebaum*, Strategische Unternehmensplanung, S. 117 ff.; *Schreyögg*, Unternehmensstrategie, S. 100 ff.

97 Vgl. oben 3. c).

98 Vgl. oben 3. c).

le der Konkurrenz rechtzeitig zu erkennen, eigene Chancen durch erkannte Schwächen des Wettbewerbers zu nutzen und aus Erfolgen oder Mißerfolgen der Konkurrenz zu lernen; ferner bietet sie eine Grundlage der Auswahl von Partnern für mögliche Kooperationen. Eine aussagekräftige Wettbewerberanalyse sollte zumindest folgende Informationen umfassen:

- Produktprogramm
- Kapazitäten und Auslastung
- Organisation und Vertriebsstruktur
- Kostenposition und Preispolitik
- Finanzsituation
- Strategie und strategisches Potential
- Management und Unternehmenskultur.

Natürlich ist die Aufarbeitung eines derartigen Kataloges von Informationsforderungen eine Idealvorstellung, die insbesondere mittlere und kleinere Unternehmen vor erhebliche Kapazitätsprobleme stellt. Dennoch sollte eine Stichwortliste wie vorstehend skizziert zumindest als Richtschnur dienen, um die vorhandenen Informationen über die Wettbewerber zu strukturieren und zu systematisieren. Auch hier gilt, daß das Bewußtsein der Unkenntnis immer noch besser ist als bloße – bewußt oder unbewußt erfolgende – Unterstellungen oder sonstige unsubstantiierte Annahmen. Ein erkannter „weißer Fleck" in der Analyse kann nämlich in der späteren strategischen Planung berücksichtigt werden, etwa durch den Einbau flexibler Planungselemente.

Im übrigen ist das Problem der Informationsbeschaffung überwiegend mit vertretbarem Aufwand lösbar, denn die meisten Informationsquellen sind offen. So sind beispielsweise von gemeinsamen Kunden über den eigenen Vertrieb wichtige Informationen über die Produkte, die Kapazitäten, die Preispolitik, das Vertriebssystem und häufig sogar über Zukunftspläne des Konkurrenten zu erlangen. Gemeinsame Lieferanten können über den eigenen Einkauf Erkenntnisse über die Kostensituation, die Kapazitäten und die Kapazitätsauslastung der Konkurrenz liefern, woraus sich wiederum Rückschlüsse auf strategische Erfordernisse auf seiten des Konkurrenten ziehen lassen. Weitere wichtige Informationsquellen sind Messen, Tagungen, Geschäftsberichte, Wirtschaftspresse, Personalannoncen und nicht zuletzt die Konkurrenzprodukte selbst. Schließlich lassen sich natürlich auch aus der Verknüpfung von Beobachtungen mit eigenen Erfahrungen Erkenntnisse über Probleme oder Vorteile des Konkurrenten gewinnen. Entscheidend ist allerdings eine planmäßige und zielorientierte Auswertung aller verfügbaren Informationsquellen.

(3) Sonstige Umwelteinflüsse

Ergänzend zur Branchen- und Konkurrentenanalyse sind weitere Umwelteinflüsse wie etwa gesamtwirtschaftliche Entwicklung, Kapitalmarktentwicklung, Kaufkraftentwicklung, Inflation, Politik, Gesetzgebung, Tarifverhandlungen, gesellschaftliche Werte- und Verhaltensänderungen und allgemeine Trends zu beachten. Bei exportorientierten oder global tätigen Unternehmen können weitere Einflußfaktoren wie Wechselkursentwicklung, Protektionismus, Handelsrestriktionen und politische Risiken hinzukommen.

Die Gewichtung dieser Einflußfaktoren ist naturgemäß sehr unterschiedlich. So wird ein überwiegend exportorientiertes Unternehmen der Kaufkraft im Inland weniger Beachtung schenken als beispielsweise der Tarifpolitik. Ein Unternehmen, dessen Tätigkeit sich in einem politisch sensiblen Bereich entfaltet, wie etwa auf den Gebieten der Nuklear- oder der Gentechnik, wird der Entwicklung von Politik und Gesetzgebung höchste Aufmerksamkeit widmen müssen.

Die entscheidende Grundanforderung lautet, daß die Einflußfaktoren des weiteren externen Unternehmensumfelds in die Überlegungen miteinbezogen und auf ihre Relevanz für die Strategieentwicklung des Unternehmens geprüft werden. In diesem Zusammenhang wird auch die von *Ansoff* erhobene Forderung aktuell, daß dem Erkennen und weiteren Verfolgen von *schwachen Signalen*, die auf mögliche einschneidende Änderungen im Unternehmensumfeld hindeuten, besondere Aufmerksamkeit zu widmen ist.[99]

cc) Interne Analyse

Bei der internen Analyse stehen die Ermittlung der für Erfolge und Mißerfolge maßgeblichen Faktoren sowie die vorhandenen personellen, finanziellen und technologischen Ressourcen des Unternehmens im Mittelpunkt. Ziel müssen die Erkenntnis und Transparenz der stra-

---

99 Vgl. oben 3. f).

tegierelevanten Stärken und Schwächen des eigenen Unternehmens sowie eine genaue Ressourcenallokation sein.

Die vielfältigen betriebswirtschaftlichen Instrumente für eine systematische Analyse sämtlicher Ergebnisfaktoren können und sollen an dieser Stelle nur auszugsweise und grob schematisiert dargestellt werden. Auch hier sind bestimmte Analysemethoden nicht als conditio sine qua non für eine verwertbare Analyse zu verstehen, sondern erfüllen die Funktion von Strukturhilfen.

(1) Ergebnisanalyse

Eine wichtige Grundlage für planerische Einwirkungen auf das Geschäftsergebnis liefert eine systematische Ergebnisanalyse. Hierzu ist einerseits der Ertrag des Unternehmens in die einzelnen Ertragskomponenten wie zum Beispiel Produkte und Beteiligungen aufzugliedern; andererseits sind die Kosten in ihre einzelnen Komponenten wie etwa Personal-, Sachkosten und Abschreibungen aufzuschlüsseln. Insbesondere läßt sich durch die planspielhafte Veränderung einzelner Positionen der Analyse aufzeigen, welchen Einfluß einzelne Kosten- bzw. Umsatzelemente auf die jeweilige Zielgröße haben. So kann sich beispielsweise herausstellen, daß eine Veränderung von nur 10 % bei den Gemeinkosten den Gewinn um 3 Prozentpunkte verbessert. Andererseits kann die Ergebnisanalyse belegen, daß etwa eine Verdoppelung der Absatzmenge bei einem bestimmten Produkt sich nur unwesentlich auf den Gesamtertrag auswirken würde. Somit lassen sich mit Hilfe dieses Analyseinstruments die quantitativen Auswirkungen bestimmter Maßnahmen beurteilen, womit eine wichtige Voraussetzung für wettbewerbsgerechte strategische und operative Entscheidungen geschaffen wird.

(2) Kostenanalyse

In einer detaillierten Kostenanalyse, welche die Kostenseite der Ergebnisanalyse ergänzt und vertieft, sind die Entwicklung der Kosten sämtlicher Funktionsbereiche sowie die für diese Entwicklung jeweils maßgeblichen Faktoren darzustellen. Im Gegensatz zur gängigen, controlling-orientierten Kostenanalyse geht es hier darum, die verursachenden Faktoren für Kostensteigerungen oder -senkungen mit dem Ziel aufzuzeigen, eine strategische Entscheidungshilfe zu gewinnen.

Oftmals besteht keine hinreichende Transparenz hinsichtlich der Auswirkungen zu treffender Entscheidungen auf die Kostenentwicklung. So können Maßnahmen, die bei oberflächlicher Betrachtung einen Wettbewerbsvorteil versprechen, letztendlich das Ergebnis durch überproportional erhöhte Kosten verschlechtern. Ein in der Praxis von Produktionsunternehmen häufig anzutreffender Fall ist die übermäßige Verbreiterung des Produktsortiments zulasten der durchschnittlichen Partiegröße mit der Konsequenz einer drastischen Erhöhung der Stückkosten.

(3) Leistungsanalyse

Ein weiteres bewährtes Instrument ist die allgemeine Stärken/Schwächen-Analyse der entscheidenden Wettbewerbskriterien wie vor allem Leistungsprogramm, Marketing und Leistungspotential.

Das Leistungsprogramm erfaßt die tatsächliche Marktleistung des Unternehmens, die bestimmt wird durch die Qualität der Produkte, die Breite der Produktpalette, die Konformität mit den Kundenbedürfnissen, das Leistungsniveau bei Service und Beratung, das Qualitätsimage und das Markenimage.

Die Marketingleistung des Unternehmens wird bestimmt durch Preispolitik und Konditionen, Werbekonzept und Werbeinvestitionen, Bekanntheitsgrad und Öffentlichkeitsarbeit sowie Vertriebsintensität, Kundenbetreuung und gegebenenfalls Exportorganisation.

Das Leistungspotential des Unternehmens wird bestimmt durch:

- personelle Ressourcen (Anzahl, Ausbildungsstand und Leistungsfähigkeit der Mitarbeiter, Motivation, Unternehmenskultur)
- finanzielle Ressourcen (Kapitalvolumen und -struktur, Liquidität, Finanzierungspotential)
- Leistungsfähigkeit und Effizienz der Organisation
- technologischen Ressourcen (Leistungs- und Innovationsfähigkeit der Produktentwicklung, Patente, Lizenzen, Know How)
- Anlagenstruktur (vorhandene und potentielle Produktions- oder Verarbeitungskapazitäten).

Damit sind nur einige Ansätze der Unternehmensanalyse aufgezeigt, deren Anwendung dazu beitragen kann, die interne Situation transparent zu machen. Daneben können zahlreiche weitere Instrumente zur Anwendung kommen, sofern sie sich im Einzelfall als geeignet erweisen. So können beispielsweise durch eine ABC-Analyse der einzelnen Kunden bzw. Aufträge die profitablen von den verlustträchtigen Geschäftsverbindungen geschieden werden.[100]

Die Analysephase kommt zum Abschluß mit einer Verknüpfung der externen und der internen Analyse. Aus der Gegenüberstellung von Chancen und Risiken der Umwelt mit den internen Stärken und Schwächen ist die eigene Wettbewerbsposition festzustellen und sind mögliche strategische Stoßrichtungen zu identifizieren. Dabei ist das *Clausewitz'*sche Prinzip der bestmöglichen „Ökonomie der Kräfte" zugrundezulegen. Diese militärische Grundregel läßt sich ohne Schwierigkeiten auf die Verhältnisse des wirtschaftlichen Wettbewerbs übertragen und bedeutet in diesem Fall, die eigenen starken Ressourcen auf die erkannten Schwächen des Gegners hin zu optimieren und die eigenen Verteidigungspositionen so aufzubauen, daß sie mit geringeren Mitteln als denen des Angreifers zu halten sind.

dd) Strategische Planung

Basierend auf den grundlegenden Unternehmenszielen sowie den Ergebnissen der externen und internen Analyse müssen im nächsten Schritt nun konkrete Strategieaussagen entwickelt und formuliert werden, die zur langfristigen Sicherung der Wettbewerbs- und damit Überlebensfähigkeit des Unternehmens geeignet sind. In diesem Zusammenhang sind insbesondere neue Möglichkeiten am Markt, sogenannte Erfolgspotentiale, auszuloten und hiernach entweder quantifiziert begründet in die Strategie einzuarbeiten oder aber ebenso begründet abzulehnen.

Im Falle der Existenz mehrerer strategischer Geschäftseinheiten ist zunächst auf der Ebene des Gesamtunternehmens aus einer geschäftsfeldübergreifenden Bewertung der Analyseergebnisse eine über die allgemeine Unternehmenszielbestimmung hinausgehende strategische Grundhaltung des Unternehmens zu präzisieren, um der Strategiefindung auf Geschäftsfeldebene frühzeitig Ausrichtungseckpunkte zu

---

100 Vgl. *Gälweiler*, Unternehmensplanung, S. 389.

geben.[101] Damit wird eine Fehlleitung planerischer Kreativität und planerischen Aufwands vermieden.

Bei der sich hieran anschließenden Strategieerstellung auf Geschäftsfeldebene darf nicht verkannt werden, daß kein enumerativer Katalog von Normstrategien existiert, aus dem lediglich die passende Variante auszuwählen wäre. Jedoch liefern gewisse Grundtypen der Strategie, wie sie vor allem durch *Porter* und *Mintzberg* [102] beschrieben werden, eine wichtige Orientierungsgrundlage. Zusammengefaßt kann danach eine grundsätzliche Unterscheidung und auch Ausrichtung vorgenommen werden nach

- *Volumenstrategie* (Kostenführerschaft, zum Beispiel durch Standardisierung oder Massenproduktion, ermöglicht Preisdifferenzierung und damit schnelle Ausweitung des Marktanteils) und
- *Differenzierungsstrategie* (auch als Segmentierungsstrategie bezeichnet; Mehrwert des eigenen Produkts gegenüber Konkurrenzprodukten hinsichtlich spezifischer Kundenproblemorientierung, Qualität, Service, Design oder Image ermöglicht Durchsetzung eines höheren Preises bei vergleichsweise kleineren Stückzahlen).

Daneben bestehen für diversifizierte Unternehmen stets die weiteren Grundoptionen der

- *Abschöpfungsstrategie* (Abschöpfung des Cash-flows aus einem stagnierenden, derzeit aber noch hohe Gewinne erzielenden strategischen Geschäftsfeld) sowie der
- *Desinvestitionsstrategie* (bewußter Ausstieg aus einem strategischen Geschäftsfeld).

Orientiert an diesen strategischen Grundtypen ist unter Berücksichtigung der individuellen Besonderheiten der konkreten Unternehmung die jeweils maßgeschneiderte Strategie zu entwickeln. Empirisch bewiesene Sachverhalte wie etwa die Erfahrungskurve[103], die Produkt-

---

101 Ein instruktives Beispiel für eine solche strategische Grundhaltung gibt etwa folgende, auf die Daimler-Benz AG bezogene Aussage: *„Unser Hauptziel ist es, Mobilität nachhaltig zu machen und alle unsere Kräfte, all unser Wissen einzusetzen, daß uns und unseren Kindern die Mobilität erhalten bleibt ... und daß die Versorgung mit Gütern gesichert bleibt."* (so Vorstandsmitglied *Klaus-Dieter Vöhringer*, Die Welt v. 27.07.1998, S. 9).

102 Vgl. oben 3. c) u. e).

103 Das Gesetz der Erfahrungskurve besagt, daß mit jeder Verdoppelung der kumulierten Produktmenge die Stückkosten um einen konstanten Prozentsatz, z. B. 20-30 %,

lebenszykluskurve[104], die Substitutionszeitkurve[105] oder auch Tatbestände wie die fortschreitende Internationalisierung sollten in den Überlegungen berücksichtigt werden. Zudem stehen zur Komplexitätsbewältigung eine Reihe bekannter Simulations- und Analysetechniken zur Verfügung.[106] Insbesondere in größeren Unternehmen mit breiter Produktpalette sind hier rechnergestützte Simulationen der Kosten- und Ergebnisentwicklung als Ergänzungen zu der – freilich weiterhin notwendigen – unternehmerischen Intuition angebracht. Mit Hilfe dieser Techniken ist es möglich, die Gewinnmöglichkeiten und Risiken verschiedener Strategiealternativen, deren Konsequenzen für sämtliche Funktionsbereiche sowie die voraussichtlichen bilanziellen Auswirkungen zu quantifizieren und vergleichbar zu machen. So hat eine geplante Qualitätsdifferenzierung Auswirkungen auf den Investitionsbedarf in den Bereichen Entwicklung und Produktion, eine Imagedifferenzierung erfordert langfristig intensivierten Vertriebsaufwand, und eine dauerhafte Serviceoptimierung bedingt eine hierauf abgestimmte Personalentwicklung.

Abgesehen von den genannten Hilfsmitteln darf es sich aber bei der Strategiefindung nicht um eine bloße Aneinanderreihung von Computersimulationen und Planspielen handeln. Vielmehr ist für die Ermittlung einer erfolgreichen Strategie nach aller Erfahrung entscheidend, daß sie in einem kreativen, möglichst wenig zu formalisierenden und alle Führungsebenen und Funktionsbereiche einbeziehenden Prozeß erfolgt. In diesem Prozeß sollten sämtliche Beteiligten in eine konstruktive, durchaus auch kontrovers zu führende Diskussion eintreten, die in Planungskonferenzen oder -ausschüssen geführt werden kann. Die hierarchische Permeabilität der Strategiefindung hat zum einen den Vorteil, daß das Erfahrungspotential jedes Funktionsbereichs und jeder Abteilung möglichst weitgehend einfließt, zum anderen bewirkt

---

zurückgehen; näher *Kreikebaum*, Unternehmensplanung, S. 98 ff.

104 Der Lebenszyklus des Produkts kann in fünf Phasen unterteilt werden: 1. Einführung (geringe Wachstumsrate); 2. Wachstum (hohe Wachstumsrate); 3. Reife (Abflachen der Wachstumskurve); 4. Sättigung (Übergang vom Wachstum zum Rückgang); 5. Degeneration (Rückgang). Näher *Kreikebaum*, Unternehmensplanung, S. 109 ff.; *Pfeiffer/Bischof* in: Steinmann, Planung, S. 133 ff.

105 Die Substitutionszeitkurve ist Ausfluß der empirischen Erkenntnis, daß die Ersetzung bisheriger Technologien bzw. Produkte durch neue technologische Lösungen bzw. andere, denselben Zweck erfüllende Produkte einer bestimmten Verlaufskurve (Marktanteil/Zeit) folgen, vgl. *Samuelson/Nordhaus*, Volkswirtschaftslehre, S. 121.

106 So z. B. die Produkt-Markt-Matrix oder diverse Portfoliotechniken (Marktanteil/Marktwachstum/Marktattraktivität/Wettbewerbsvorteil etc.); weitere Ansätze der neueren Betriebswirtschaftslehre bei *Lewandowski* in: *Zerres/Zerres*, Unternehmensplanung, S. 23 ff., sowie *Becker/List*, ebenda, S. 35 ff.

sie, daß die späteren Pläne auf weitgehende Akzeptanz und Motivation stoßen und damit leichter umgesetzt werden können.

Ferner ist bei der Strategieentwicklung darauf zu achten, daß nahezu jede Strategie auf bestimmten *Prämissen* aufbaut und aufbauen muß, indem sie in Ermangelung gegenteiliger Anhaltspunkte feste Annahmen über bestimmte externe Faktoren wie etwa Technologieentwicklung, Währungsentwicklung, politische Entwicklung oder gesellschaftliche Trends zugrundelegt.[107] Derartige Prämissen sollten bei der strategischen Planung allerdings explizit berücksichtigt werden, weil diesbezügliche Änderungen unter Umständen eine Revision der Strategie erfordern.

Als Zwischenergebnis des Strategiefindungsprozesses sollten seitens der einzelnen Geschäftseinheiten nach Möglichkeit jeweils mehrere Strategiealternativen vorgelegt werden. Im Anschluß hieran ist eine Konsolidierung der einzelnen Geschäftsfeldstrategien auf der Ebene des Gesamtunternehmens notwendig, wobei mögliche Synergiepotentiale und vor allem die Ausgeglichenheit des Portfolios im Hinblick auf die langfristige Überlebensfähigkeit des Konzerns zu beachten sind. Letzteres kann etwa bedeuten, daß auf einem stagnierenden, zur Zeit aber noch hohe Gewinne erzielenden Geschäftsfeld eine Abschöpfungsstrategie betrieben wird, um damit auf anderen Geschäftsfeldern Innovationen zu fördern oder auch Produkte zu finanzieren, die noch am Anfang ihres Lebenszyklus in einem Wachstumsmarkt stehen, somit kurz- und mittelfristig zu Anlaufverlusten führen, jedoch dem Unternehmen langfristige Erfolgspotentiale erschließen.

Der Prozeß der Strategiefindung kommt zum Abschluß mit der verantwortlichen unternehmerischen Entscheidung darüber, welches Risiko zur Erzielung welches Erfolges eingegangen werden soll. Sie besteht in der Festlegung der Unternehmensstrategie sowie sämtlicher, hierauf abzugleichender Geschäftsfeldstrategien durch die Unternehmensführung. Auf dieser Grundlage wird die strategische Planung formuliert, welche die wesentlichen Eckdaten der Unternehmenszukunft festlegt:

- die strategischen Geschäftsfelder, Produktprogramme und Märkte
- die sich hieraus ergebende Investitions- und Desinvestitionsplanung und

[107] Beispiele: weitgehende Stabilität von DM/EURO, Trend zur allgemeinen Verkürzung der Arbeitszeit und mehr Ausgaben für Freizeitgestaltung.

- die organisatorischen und personalpolitischen Grundentscheidungen (Standortstruktur, Führungsstruktur, Rechtsformfragen, Vertriebsorganisation, Personalentwicklung auf Führungsebene)
- die angestrebten wirtschaftlichen Ziele.

In welcher Form die strategische Planung niedergelegt wird[108], ist von sekundärer Bedeutung, solange die gewählte Form konsequent und methodisch korrekt angewandt wird. Von zentraler Bedeutung ist lediglich, daß die Darstellung für alle betroffenen Mitarbeiter des Unternehmens verständlich und geeignet ist, diese auf die gemeinsame Unternehmensstrategie einzuschwören.[109]

Hinsichtlich der Detaillierung der strategischen Planung muß jedoch beachtet werden, daß strategische Pläne Zukunftskonzepte darstellen, die wegen ihres regelmäßig langen Zeithorizontes und der damit zwangsläufig verbundenen hohen Wissensdefizite noch nicht in jeder Hinsicht vollständig zu quantifizieren sind.[110] Das Konkretisieren kann nur schrittweise erlolgen, und zwar im Laufe der Um- und Durchsetzungsphase der strategischen Planung durch ständige Rückkopplung der operativ Verantwortlichen mit der strategischen Führung.[111] Diese Rückkopplung ermöglicht die *strategische Kontrolle* [112], welche die Fortschritte und Probleme bei der Umsetzung registriert und so das Zukunftsbild auch hinsichtlich der Zahlen auf eine realistische und zuverlässige Grundlage zu stellen vermag.

ee) Operative Planung

Die systematische und konkretisierte Umsetzung der strategischen Planung erfolgt durch die operative Planung. Sie legt für einen jeweils definierten Planungszeitraum die Ziele und Maßnahmen fest, die zur schrittweisen Realisierung der strategischen Vorgaben erforderlich sind, und beinhaltet eine auf jeden einzelnen Funktionsbereich bezogene Projekt- und Ablaufplanung.[113] Dabei hat sie zunächst eine eigenständige Analyse des Ist-Zustandes sämtlicher Einzelplanungsbe-

---

108 Zu den Methoden der Strategieformulierung *Kreikebaum*, Unternehmensplanung, S. 70 ff.

109 So zutreffend *Albach*, ZGR 1997, 32 (35).

110 *Weber/Schäffer/Goeldel*, Zur Gestaltung der strategischen und operativen Planung, S. 5 f.

111 A. a. O., S. 9 ff.

112 Hierzu näher unten hh).

113 *Egger/Winterheller*, Kurzfristige Unternehmensplanung, S. 20 ff.

reiche vorzunehmen, deren Art und Anzahl sich nach Struktur und Branche des Unternehmens richtet. So läßt sich etwa die operative Planung in einem Unternehmen der industriellen Fertigung etwa wie folgt unterteilen:

- Entwicklungsplanung
- Projektplanung
- Absatzplanung
- Anlagenplanung
- Produktionsplanung
- Beschaffungsplanung
- Vertriebsplanung
- Verwaltungsplanung
- Personalplanung.

Hilfreich ist dabei, das Unternehmen anhand der Wertschöpfungskette zu betrachten, wobei die zu treffenden Maßnahmen konsistent für die gesamte Wertschöpfungskette sein müssen und in Form von konkreten Zielen innerhalb der einzelnen Funktionsbereiche festgelegt werden. Dabei muß die Richtigkeit der zeitlichen Abfolge gewährleistet sein und der Fragestellung nachgegangen werden, welche Voraussetzungen zu welchem Zeitpunkt bestehen müssen, um das gesetzte Ziel erreichen zu können.

So muß beispielsweise die strategische Planvorstellung „Entwicklung eines neuen Industrieprodukts" dadurch operativ umgesetzt werden, daß zunächst ein entsprechendes Projekt des Entwicklungsbereichs vorgesehen wird (Entwicklungsplanung) und die für dieses Projekt erforderlichen finanziellen und personellen Ressourcen kurzfristig bereitgestellt werden (Finanzplanung und Personalplanung). Weiterhin muß die operative Planung dafür Sorge tragen, daß im Anschluß an die – unter Umständen mehrere Jahre dauernde – Entwicklungsphase die zur Produktion erforderlichen Anlagen rechtzeitig und mit der durch die Produktentwicklung genau vorgegebenen Spezifizierung zur Verfügung stehen (Beschaffungsplanung und Produktionsplanung).[114] Gleichzeitig müssen Marketing und Vertrieb auf das neue Produkt und dessen schnelle Positionierung am Markt eingestellt

---

[114] Vgl. *Albach*, ZGR 1997, 32 (35).

werden (Vertriebsplanung). Auch diese Maßnahmen müssen wiederum seitens der Finanz- und Personalplanung berücksichtigt werden. An diesem Beispiel wird deutlich, daß strategische Entscheidungen oft eine mehrere Jahre umfassende und zudem vernetzte operative Einzelplanung bedingen, daß mithin operative Planung keineswegs zwingend kurzfristig ausgerichtet ist. Richtig ist allerdings, daß die kurzfristige Planung in der Regel operativen Charakter hat.

ff) Ergebnis- und Finanzplanung / Budgetierung

Die Ergebnis- und Finanzplanung, in ihrer kurzfristig orientierten Ausprägung auch als Budgetierung bezeichnet[115], ist monetäres Abbild sowohl der strategischen als auch der operativen Planung und sollte als mehrperiodige Planungsrechnung aufgebaut werden, in der sich die langfristigen Wertziele und die monetären Wirkungen von strategischen und operativen Maßnahmen darstellen lassen und in der die Bilanzpolitik sowie die Außenfinanzierung geplant werden.[116]

Die Finanzplanung hat zunächst zum Ziel, die Liquidität des Unternehmens jederzeit sicherzustellen, indem sie einerseits Finanzüberschüsse nach Höhe, Zeitpunkt und Dauer vorausberechnet und damit deren gewinnbringende Disposition erleichtert, andererseits zukünftigen Kapitalbedarf rechtzeitig signalisiert, so daß notwendige Mittel rechtzeitig und zinsgünstig beschafft werden können.

Weiterhin soll sie die Rentabilität des Unternehmens gewährleisten, indem sie die Entwicklung der Kosten-/Erlösstruktur aufzeigt und so bei finanziellen Fehlentwicklungen, die unter Umständen ein existenzgefährdendes Ausmaß annehmen können, ein rechtzeitiges Gegensteuern mittels strategischer oder operativer Maßnahmen ermöglicht. Damit sichert die Finanz- und Ergebnisplanung letztlich die Stabilität der Finanzlage des Unternehmens und erhält damit Börsenwert und Kreditwürdigkeit.

Die Finanzplanung läßt sich somit nicht als gesonderte Planungsphase in den Planungsprozeß einordnen, vielmehr flankiert sie denselben. Dadurch, daß sich in ihr sämtliche Planungsaktivitäten widerspiegeln, stellt die Finanz- und Ergebnisplanung auch eine Form der Zusammenfassung aller Einzelpläne dar.

---

115 Eingehend *Egger/Winterheller*, Kurzfristige Unternehmensplanung, S. 57 ff.

116 Vgl. *Hahn* in: *Hahn/Taylor* (Hrsg.), Strategische Unternehmungsplanung, S. 3 (6), S. 221 (240).

Ein problematischer Aspekt der Finanzplanung liegt in ihrer regelmäßig hohen Komplexität und mangelnden Durchsichtigkeit für die meisten Mitarbeiter außerhalb des Rechnungswesens. Um dennoch die planerische Grundanforderung der funktionsbereichsübergreifenden Transparenz für alle am Planungsprozeß Beteiligten zu erfüllen, muß hier besonderer Wert auf allgemeinverständliche, zusammenfassende Darstellungen gelegt werden. Diese Aufgabe ist vergleichbar mit der Verpflichtung eines beratend tätigen Juristen, die von ihm analysierte Rechtslage sowie etwaige Handlungsempfehlungen so darzustellen, daß der Beratene hiermit die Grundlage für eine eigenverantwortliche Entscheidung erhält. Wird diese Verpflichtung nicht erfüllt, indem fachspezifisches Wissen nur in Form einer „Geheimsprache" dargestellt wird, so wächst dem Finanzplaner zwangsläufig die Rolle des heimlichen Entscheidungsträgers zu. Der Finanzplaner würde nicht mehr eine Unterstützungsleistung erbringen, sondern gleichsam zum obersten Strategen avancieren. Derartiges liefe aber der Aufgabenverteilung in der Führung eines Unternehmens zuwider und würde die Unternehmensplanung als solche diskreditieren. Deshalb muß jeder, der in den Planungsprozeß eingebunden ist, in die Lage versetzt werden, die finanziellen Auswirkungen der strategischen Vorschläge zu beurteilen. Diese müssen somit durch eine konsistente Finanzplanung auf verschiedenen Aggregationsstufen transparent gemacht werden. Hiermit wird letztlich auch der Unternehmensleitung erst eine kompetente Entscheidung ermöglicht.

gg) Operative Kontrolle

Die durch die operative Planung vorgegebenen Ziele und Maßnahmen sind fortlaufend mit dem erreichten Ist-Zustand zu vergleichen. Dies ist Aufgabe der operativen Kontrolle, die in der Regel monatlich oder quartalsweise durchzuführen ist. Das konkrete Zeitintervall ist jedoch von den individuellen Anforderungen des jeweiligen Unternehmens abhängig.

Eine wichtige Voraussetzung für ein effizientes Kontrollsystem bildet ein an aussagekräftigen Kennzahlen orientiertes und auf einem leistungsfähigen Rechnungswesen aufbauendes Management-Informationssystem, das die Grundlage für notwendige Plankorrekturen so zeitnah wie möglich liefern muß. Neben Art und Maß der Planabweichung sind vor allem deren Ursachen systematisch zu analysieren.[117] Dabei muß die Erkenntnis leitend sein, daß die Planerfüllung an sich kein Beweis für gute Planung ist, denn sie kann auf Zufall beruhen. Eine „Planübererfüllung" kann sogar ein Indiz schlechter und realitätsferner Planung sein. Umgekehrt ist eine Verfehlung des Planziels noch kein Beweis für einen Planungsfehler. Von entscheidender Bedeutung ist deshalb die sorgfältige Untersuchung des Kausalzusammenhangs mit Blick auf alle möglichen externen und internen Ursachen. Weil man diese aber oftmals unterläßt, wird häufig eine gute Konjunktur oder erfolgreiche Branchenentwicklung zum Deckmantel für Planungsfehler. Aufgabe einer guten Planung ist es, entsprechend den Konjunkturzyklen der Branche das jeweils bestmögliche Ergebnis zu erreichen.

Nach der präzisen Feststellung der Ursachen der Planabweichung sind mögliche Korrekturmaßnahmen daraufhin zu prüfen, ob mit ihrer Hilfe das operative Planziel im Gesamtzeitraum der operativen Planung noch erreicht werden kann oder ob das Planziel revidiert werden muß.[118] Wird letzters bejaht, so muß eine Rückkopplung des operativen Planungsprozesses mit der strategischen Planung erfolgen. Diesen Rückkopplungsbedarf erfüllt, wie im folgenden Abschnitt zu zeigen sein wird, die Planungsfunktion der strategischen Kontrolle.

hh) Strategische Kontrolle

Die strategische Kontrolle ist ein alle Planungskomplexe begleitendes, von vielen Autoren vernachlässigtes, aber nirgends ausgeklammertes Element sachgerechter Unternehmensplanung.[119] Wie vor allem *Gälweiler* überzeugend aufgezeigt hat, können Fehler der strategischen Planung, wenn diese sich bereits durch Einbrüche im operativen Geschäft bemerkbar machen, in der Regel nicht mehr auf wirtschaftlich vertretbare Weise behoben werden und gefährden unter Umständen ein Unternehmen nachhaltig in seiner Substanz.[120] Eine strategische Kontrolle gibt dem Vorstand und – wie später noch dezidiert zu zeigen sein wird – insbesondere auch dem Aufsichtsrat die Möglichkeit, die strategische Planung an die zum Planungszeitpunkt nicht erkennbaren Umstände oder nicht vorhergesehenen Entwick-

---

117 Vgl. *Egger/Winterheller*, Kurzfristige Unternehmensplanung, S. 189 f.

118 A. a. O.

119 Vgl. etwa *Hinterhuber*, Strategische Unternehmungsführung, Bd. 2, S. 263 ff.; *Kreikebaum*, Unternehmensplanung, S. 91 ff.; *Schreyögg*, Unternehmensstrategie, S. 131 f.; eingehend *Gälweiler*, Strategische Unternehmensführung, S. 204 ff.

120 *Gälweiler*, a. a. O.

lungen anzupassen. Das setzt allerdings eine generelle Anpassungsfähigkeit sowohl der strategischen Planung als auch der übergeordneten Unternehmenspolitik voraus, welche in den entsprechenden Planungskomplexen bereits strukturell angelegt sein muß.

Hinsichtlich der einzelnen Teilaufgaben der strategischen Kontrolle hat sich in Wissenschaft und Praxis die folgende begriffliche Dreiteilung eingebürgert:

- strategische Überwachung als Globalbegriff sowie
- strategische Prämissenkontrolle und
- strategische Durchführungskontrolle als Spezialfunktionen.[121]

Im Rahmen der *strategischen Überwachung* ist zunächst eine laufende Kontrolle der Unternehmenspolitik als Konkretisierung der unternehmerischen Vision im Hinblick auf Klarheit, Zeitgemäßheit, Wirksamkeit und Akzeptanz sicherzustellen.[122] Hierzu bietet der von *Hinterhuber* formulierte Fragenkatalog zum Unternehmensleitbild[123] eine wertvolle und in der Praxis anerkannte Hilfe. Daneben sind alle strategisch relevanten externen und internen Ereignisse und Entwicklungen systematisch zu registrieren und zu bewerten. Ein Ereignis ist dann strategisch relevant, wenn es geeignet ist, die bestehende strategische Planung in Frage zu stellen oder gar ihre Änderung zu erzwingen.[124] Fällt zum Beispiel eine von mehreren Produktionsstätten durch einen Brand zeitweilig aus, so ist das zwar unangenehm und zwingt auch zur Anpassung weiter Bereiche der operativen Planung – im Beispielsfall sind etwa Produktion, Absatz, Beschaffung und Finanzen betroffen – stürzt aber das Unternehmen nicht zwangsläufig in eine strategische Krise. Andererseits kann etwa die Abwerbung weniger Führungskräfte in bestimmten Schlüsselpositionen durch ein Konkurrenzunternehmen das eigene Unternehmen zur Revision der strategischen Planung zwingen, wenn mit der Preisgabe strategisch bedeutsamer Geschäftsgeheimnisse zu rechnen ist.

Im Rahmen der externen strategischen Überwachung ist der systematischen Analyse schwacher Signale aus dem Unternehmensumfeld, welche die strategischen Ziele oder gar den Bestand des Unterneh-

---

121 Vgl. etwa *Kreikebaum*, Unternehmensplanung, S. 92, m. w. N.

122 *Hinterhuber*, Strategische Unternehmungsführung, Bd. 2, S. 268.

123 Vgl. oben I. 3. b).

124 *Schreyögg*, Unternehmensstrategie, S. 132.

mens gefährden könnten, besondere Aufmerksamkeit zu widmen.[125] Hierzu ist eine permanente, möglichst wenig zweckgerichtete Beobachtung des Unternehmensumfeldes erforderlich.[126] Außerdem ist für den Fall, daß trotz eines effizienten weak signal managements unvorhergesehene Existenzgefährdungen eintreten, zusätzlich ein Krisenmanagement[127] zu institutionalisieren, welches zur verzugslosen Bewältigung derartiger Situationen durch äußerste Abkürzung der hierzu erforderlichen Informations-, Kommunikations- und Entscheidungsprozesse im Unternehmen befähigt ist.

Die *strategische Prämissenkontrolle* bezieht sich auf die Überprüfung, inwieweit die der strategischen Planung zugrundegelegten Prämissen, etwa in bezug auf Technologie-, Bevölkerungs- oder Kapitalmarktentwicklung, weiterhin gültig sind. Mit der Änderung strategierelevanter Prämissen kann sich die gesamte Strategie als revisionsbedürftig erweisen. Die Prämissenkontrolle wird erleichtert, wenn bereits in der strategischen Planung die zugrundegelegten Planannahmen explizit formuliert und erforderlichenfalls quantifiziert werden. In der Planung nicht explizit niedergelegte Planannahmen, sogenannte stillschweigende Unterstellungen, bilden nämlich eine erhebliche Gefahrenquelle, weil die Auswirkungen diesbezüglicher Änderungen in der Regel erst bei einem Einfluß auf das operative Geschäft offenbar werden. Weil sich stillschweigende Unterstellungen niemals völlig ausmerzen lassen, hat die Prämissenkontrolle gerade auch nach solchen zu fahnden und sie auf ihre Fortgeltung zu überprüfen.

Die *strategische Durchführungskontrolle* bildet die Schnittstelle zur operativen Kontrolle als primär am Soll/Ist-Kriterium orientierter Überwachung der operativen Maßnahmen. Die strategische Durchführungskontrolle soll Aufschluß darüber geben, inwieweit Probleme bei der Umsetzung der Strategie, also bei einem Zurückbleiben der operativen Zwischenergebnisse hinter der operativen Planung, zugleich die strategische Planung in Frage stellen.

Wird im Rahmen der operativen Kontrolle die Notwendigkeit von operativen Zielkorrekturen bejaht[128], so ist anhand einer weitergehenden Ursachenanalyse zu ermitteln, ob die damit feststehende Verfehlung eines operativen Planziels auf kurzfristigen negativen Einflüssen

125 Sog. Weak Signal Management im Sinne *Ansoffs*, vgl. oben III. f).
126 So zutreffend *Kreikebaum*, a. a. O.
127 Sog. Response Management im Sinne *Ansoffs*, vgl. oben a. a. O.
128 Vgl. oben gg).

beruht, die mit entsprechenden Anstrengungen in der Folgezeit wieder ausgeglichen werden können, oder ob derartige Zielverfehlungen sich in den Folgejahren mutmaßlich summieren werden. Im ersten Fall handelt es sich lediglich um operative Störungen, die zur Korrektur der operativen Planung für die Folgejahre führen müssen, die strategischen Vorgaben jedoch nicht in Frage stellen. Im letztgenannten Fall dagegen hat die strategische Planung durch Präzisierung oder Veränderung der Planungsvorgaben zu reagieren, um ihren Realitätsbezug nicht zu verlieren. Auf diese Weise erfolgt eine Rückkopplung zwischen operativer und strategischer Planung.

Die fortlaufende Planungskontrolle und Planungsanpassung schließt den Planungskreislauf. Sie ist zum einen eine wichtige Grundlage für die kontinuierliche Verbesserung der Planung, durch die Treffsicherheit und Realitätsnähe aufsetzender Planungen erhöht werden, zum anderen schützt sie das Unternehmen vor möglichen existenzgefährdenden Auswirkungen unvorhergesehener Entwicklungen.

b) Universalität des Planungsgrundmusters

Das durch die vorstehend aufgeführten Bestandteile[129] beschriebene Planungssystem ist nicht von der konkreten Unternehmensorganisation und -größe, der Branche oder der regionalen, nationalen oder internationalen geographischen Ausrichtung des Engagements abhängig. Diese wie auch weitere, unternehmensspezifische Faktoren haben lediglich Einfluß auf die Gewichtung einzelner Planungskomplexe sowie deren Umfang und Ausgestaltung.

So können auch kleinere Aktiengesellschaften es sich regelmäßig nicht leisten, auf einzelne Komplexe des Planungssystems gänzlich zu verzichten, denn ohne etwa eine Unternehmenszielbestimmung, eine genaue Marktanalyse, eine Kenntnis der Stärken und Schwächen der Wettbewerber oder ohne eine Formulierung strategischer Grundaussagen wird jede Planung einen stark zufälligen Charakter haben. Außerdem müssen nicht nur Produktionsunternehmen, die im Schrifttum zur Unternehmensplanung oftmals – zum Teil auch unausgesprochen – in den Mittelpunkt der Überlegungen gestellt werden, sondern auch Handels- und Dienstleistungsgesellschaften strategisch planen.

---

129 Oben aa) (1) bis (7).

Handelsunternehmen werden etwa gegenwärtig immer stärker damit konfrontiert, daß die Industrie sich direkt an den Kunden wendet. Hinzu kommt, daß der Kunde immer weniger traditionelle Betriebsformen wie beispielsweise Kaufhäuser in Innenstadtlage oder kleinflächige Supermärkte annimmt und sich stattdessen mehr und mehr großflächigen Verbrauchermärkten zuwendet. Für den Handel bedeutet dies, daß eine Neuorientierung oder klarere Positionierung im Wettbewerb erfolgen muß, um langfristig bestehen zu können. Beispielhaft sei hier nur der Begriff „Efficient Consumer Response" genannt, womit die Schaffung von Instrumenten gemeint ist, durch die Händler und Hersteller in die Lage versetzt werden, gemeinsam den Nutzen ihrer Produkte oder Dienstleistungen für den Kunden zu steigern und damit im Wettbewerb zu bestehen. Dienstleistungsunternehmen wiederum müssen sich mit Konzentrationsansätzen von Wettbewerbern auseinandersetzen, die zunehmend ihren Kunden möglichst viele Dienstleistungen aus einer Hand anbieten, um damit „cross selling" – Effekte zu erzielen. Auch hier muß ein Um-, zumindest aber ein Nachdenken einsetzen. Gewiss mag es Gründe geben, sich gegen diese hier nur beispielhaft genannten und ganz grob skizzierten Strategien zu entscheiden, allerdings muß jedes Unternehmen die Frage beantworten, wie man sich in 5 oder 10 Jahren positionieren will, wenn Wettbewerber diese Ansätze verfolgen.

Bei alledem ist freilich zu beachten, daß die oben aufgezeigte Unterteilung der Unternehmensplanung in sieben Grundkomplexe keineswegs zwingend ist, sondern lediglich der Übersicht über die notwendigen Elemente jeder sachgerechten Planung dient. In Theorie und Praxis findet sich oft auch eine Vier-, Drei- oder gar nur Zweiteilung des Planungssystems, ohne daß wesentliche inhaltliche Abweichungen festzustellen sind.[130]

In den zuvor dargestellten Planungsmodellen einzelner Autoren sind die einzelnen Planungskomplexe schon deshalb nicht immer deutlich erkennbar, weil nicht alle Autoren einen ganzheitlichen Ansatz wählen, sondern manche sich lediglich einzelnen Aspekten der Planung widmen. So legt etwa *Mintzberg* das Schwergewicht seiner Erwägungen auf die Frage der Strategiefindung, vernachlässigt aber sowohl den stets vorausgehenden Analysekomplex als auch die Phasen der Operationalisierung und der Kontrolle. Auf die beiden letztgenannten Komplexe geht auch *Porter* nicht näher ein, entwickelt dafür aber ein sehr umfassendes Modell der externen und internen Analyse sowie

130 Vgl. *Semler*, ZGR 1983, 1 (3); *Hahn*, a. a. O., S. 240.

der Strategieentwicklung. *Ansoff* schließlich stellt die Umfeldanalyse und hierbei insbesondere die Notwendigkeit des Erkennens von schwachen Signalen in den Mittelpunkt.

Ferner darf nicht übersehen werden, daß die einzelnen Planungskomplexe nicht immer chronologisch hintereinander ablaufen, sondern oft zeitlich konvergent durchzuführen sind. So ist beispielsweise die Analyse des Umfelds nicht nur im Vorfeld der Strategiefindung, sondern vielmehr fortlaufend durchzuführen, so daß etwaige Änderungen wichtiger Planungsprämissen unverzüglich durch entsprechende Modifikation der operativen oder möglicherweise auch der strategischen Planung berücksichtigt werden können. Erkenntnisse der Analysephase können sogar zu einer Revision des – normalerweise vorher festzulegenden – Unternehmensleitbildes führen.

Schließlich sind die Begriffe „strategisch" und „operativ" nicht ohne weiteres mit der hergebrachten Unterteilung in „kurzfristig", „mittelfristig" und „langfristig" in Einklang zu bringen. Strategische Entscheidungen, das heißt Entscheidungen, mit denen für die Wettbewerbsposition des Unternehmens substantiell entscheidende Weichenstellungen vorgenommen werden, können durchaus auch kurzfristig veranlaßt sein und sich ebenso kurzfristig auf das operative Geschäft auswirken. Als Beispiel sei der Ad-hoc-Ausstieg aus einem strategischen Geschäftsfeld aufgrund einer unvorhersehbaren Marktentwicklung genannt.[131] Andererseits können operative Planungen, also Planungen, die lediglich der Operationalisierung der strategischen Planung dienen, auf einen Zeitraum von mehreren Jahren angelegt sein.[132] Zumindest in der Regel aber wird die strategische Planung eher mittel- bis langfristig, die operative Planung hingegen eher kurzfristig ausgerichtet sein.

c) Horizontale und vertikale Vernetzung der Planung

In nahezu allen Planungskonzepten wird deutlich, daß die Planung, wenn von ihr ein sinnvoller Beitrag zu einer erfolgreichen Unternehmensführung ausgehen soll, alle Bereiche des Unternehmens und de-

---

131 Z. B. bei der IBM Corp. die mit Desinvestition verbundene Ausgliederung des Geschäftsfelds Schreibmaschinen Ende der 80er Jahre wegen der selbst herbeigeführten, aber in völlig unerwartetem Tempo erfolgenden Substitution durch den Personalcomputer.

132 Insoweit ungenau *Albach*, ZGR 1997, 32 (33), der die Begriffe „Jahresplanung" und „operative Planung" gleichsetzt.

ren Beziehungen zueinander abdecken und koordinieren muß. Planung erfordert ein vernetztes, ganzheitliches Denken.[133] Sie ist ein kontinuierlicher, interaktiver Prozeß zwischen der Unternehmensleitung und den ihr nachgeordneten operativen Führungsebenen, in welchem die unternehmerischen Vorstellungen von beiden Seiten iterativ erarbeitet werden.[134] In diesem Zusammenhang wird unter anderem mit Recht die Forderung an die Unternehmensführung gerichtet, das Erfahrungspotential der Mitarbeiter und vorhandene gemeinsame Ordnungsmuster im Unternehmen, die sich in Form sogenannter „aufgetauchter Strategien" äußern, stärker in die Strategiefindung einzubinden.[135] Wird ein solcher offener Gedankenaustausch im Dickicht einer Hierarchie erstickt, so geht das oftmals große Potential vorhandener strategischer Kreativität auf seiten der Mitarbeiter für das Unternehmen unwiderbringlich verloren, von dem hierdurch bewirkten allgemeinen Verlust an Motivation einmal ganz abgesehen.

Allerdings ergibt ein reiner „Bottom up"-Ansatz durch schlichte Zusammenstellung der in den unteren Führungsebenen erarbeiteten Vorschläge zu einer Gesamtplanung ebensowenig eine taugliche Unternehmensplanung wie ein reiner „Top down"-Ansatz durch die Geschäftsleitung ohne Mitwirkung der nachgeordneten Führungsebenen.[136] Jede Unternehmensstrategie kann letztlich nur dann erfolgreich umgesetzt werden, wenn ein inneres Einvernehmen *sämtlicher* Beteiligten über den gemeinsam einzuschlagenden Weg hergestellt wird.

d) Komplexität der Planung

Hinsichtlich ihres Komplexitätsgrads steht jede Planung vor einem Zielkonflikt: Einerseits sollte das Planungsmodell alle relevanten Wirkungen und Zusammenhänge abbilden, um realitätsnah zu sein, andererseits muß es aber auch noch zu handhaben sein. Ein gewisses Maß an Komplexität ergibt sich in größeren Unternehmen und insbesondere Konzernen schon daraus, daß sich hier die Unternehmensplanung stets aus einer Summe von Teil- und Einzelplänen ergibt.

---

133 vgl. *Adam*, Planung und Entscheidung, S. 3

134 *Gälweiler*, Unternehmensplanung, S. 69 ff.; *Dunst*, Portfolio Management, S. 41.

135 So insbesondere *Ansoff*, vgl. oben 3. f).

136 vgl. *Semler*, a. a. O., S. 2; *Ax/Börsig*, ZfbF 1979, 894 (897).

Die strategische und operative Planung umfaßt in Gestalt von zeitlich aufeinander aufbauenden *Teilplänen* im allgemeinen einen Gesamtzeitraum von 10-15 Jahren, wobei allerdings die Planungszeiträume je nach Branche und Besonderheiten der einzelnen Unternehmen variieren können. So müssen beispielsweise die strategischen Planungshorizonte eines Produktionsunternehmens weitaus langfristiger angelegt sein als die Planungshorizonte von Handels- oder Dienstleistungsunternehmen. Auch innerhalb der Gruppe der Produktionsunternehmen bestehen sehr unterschiedliche, produktabhängige Anforderungen, was sofort deutlich wird, wenn man beispielsweise den Zeitrahmen, der für die Entwicklung eines neuen Verkehrsflugzeugs bis zur Serienproduktion erforderlich ist, mit dem Zeitbedarf vergleicht, den ein neuer Schokoladenriegel von seiner Kreation bis zur Markteinführung benötigt. Allgemein läßt sich der Planungshorizont danach bestimmen, wieviel Zeit für eine etwaige Neukonzeption einer Produkt/Markt-Strategie und deren Realisierung nötig ist.[137]

Die Teilpläne gliedern sich wiederum jeweils in Einzelpläne, welche die verschiedenen strategischen Geschäftseinheiten oder die einzelnen Funktionsbereiche wie Entwicklung, Beschaffung, Produktion oder Personal betreffen.

Für das individuell zu bestimmende Maß der Untergliederung in Teil- und Einzelpläne geht die in der Betriebswirtschaftslehre entwickelte Systemtheorie von der zu bewältigenden Komplexität aus: Wenig komplexe Systeme, also überschaubare und einfach strukturierte Unternehmen, benötigen weit weniger Planungsstufen als solche mit hoher Varietät wie beispielsweise Konzernunternehmen mit einer verzweigten, auf die Konzernzielsetzungen abgestimmten Geschäftsfeldplanung.[138]

Ebenso wie die Komplexität der Gesamtplanung aus Gründen der Handhabbarkeit auf das erforderliche Maß zu beschränken ist, sollte auch die Detaillierung der operativen Einzelpläne nicht zu perfektionistisch betrieben werden. Eine bis ins kleinste Detail gehende Operationsplanung läßt nämlich den Mitarbeitern keinen Raum mehr für eine eigenverantwortliche Wahl der Mittel, mit denen ein gesetztes Ziel zu erreichen ist. Diese Form der Planung läuft modernen Konzepten der mitarbeiterorientierten Unternehmensführung diametral zuwider. Deshalb ist die operative Unternehmensplanung auf eine

---

137 *Bircher*, Unternehmensplanung, S. 58 ff. u. 127 ff.

138 vgl. *Bircher*, a. a. O., S. 53 ff.

Rahmenplanung zu beschränken, wo immer dies im Hinblick auf die Gleichwertigkeit verschiedener Lösungswege vertretbar erscheint.

e) Flexibilität der Planung

Von seiten der empirisch geleiteten Strategieforschung wird mit Recht zu bedenken gegeben, daß jede Planungssteuerung stets der Gefahr ausgesetzt ist, sich der Illusion der totalen Steuer- und Kontrollierbarkeit komplexer Systeme sowie der umfassenden Vorhersagbarkeit der Zukunft hinzugeben. Zwar ist es Aufgabe der Planung, ein möglichst realistisches Bild von der Zukunft zu geben, jedoch ist es prinzipiell unmöglich, bereits im Zeitpunkt der Planung alle künftigen Rahmendaten wie etwa Absatzmöglichkeiten, Preisentwicklungen oder auch gesellschaftliche und politische Entwicklungen mit Sicherheit zu prognostizieren. Vor allem die die Eckpunkte einer Planung bestimmenden externen Parameter lassen sich nicht in starre Planungssysteme integrieren, da ihre Zuverlässigkeit bezogen auf mittel- und langfristige Planungshorizonte stark eingeschränkt ist. Zu große Komplexität und mangelnde Flexibilität haben letztendlich auch zum Scheitern der planwirtschaftlichen Systeme geführt, bei denen Ressourcen an den Marktanforderungen vorbei nicht richtig zugeordnet wurden und aufgrund statischer Planung auch nicht mehr zugeordnet werden konnten.

Ein sinnvolles Planungssystem muß daher nicht nur die Pläne permanent auf ihren Realitätsbezug überprüfen und gegebenenfalls anpassen bzw. fortschreiben, sondern aus der faktischen Unsicherheit der Datenentwicklung bereits bei der Planerstellung die Konsequenz ziehen, daß die Planungsüberlegungen nicht allein auf die zu diesem Zeitpunkt wahrscheinlichste künftige Datensituation fokussiert werden, sondern sich auf die gesamte Bandbreite der möglichen Konstellationen stützen. Nur wenn eine Entscheidung im Lichte differenter Szenarien gestellt wird, ist eine Aussage über die Anpassungsfähigkeit einer Strategie an sich ändernde Marktgegebenheiten sowie über die damit verbunden Auswirkungen möglich.[139] Gefordert sind Planungen, die sich elastisch an eintretende Gegebenheiten – ohne zu starke Zieleinbußen – anpassen lassen.[140]

139 vgl. *Adam*, a. a. O., S. 6.
140 vgl. auch *Adam*, a. a. O.

Derartige Elastizitätsüberlegungen müssen bei der Planung insbesondere dann eine dominierende Rolle spielen, wenn der Markt sehr volatil ist und sich die eintretenden Ereignisse nur schlecht voraussagen lassen. In diesem Fall muß sorgfältig abgewogen werden, welches Ausmaß an Planungselastizität notwendig ist, um die Anpassungsfähigkeit des Unternehmens an die sich ändernden Marktsituationen und damit seine langfristige Überlebensfähigkeit zu sichern.

Größere Planungselastizität kann dadurch gewährleistet werden, daß zunächst nur eine Rahmenplanung erstellt wird, von vornherein die Möglichkeit von Plankorrekturen vorgesehen wird oder auch Alternativpläne ausgearbeitet werden. Die Beschränkung der Planung auf einen relativ weiten Rahmen verhindert eine übermäßige Starrheit, so daß die Planung im Falle vieler Unwägbarkeiten erst nach Vorliegen hinreichend zuverlässiger Prognosedaten zur Detailplanung ausgebaut werden kann. Korrekturen der Pläne kommen in Betracht, wenn die Ergebniskontrolle zeitliche Verschiebungen oder andere quantitative Abweichungen von den Planvorgaben ergibt und somit eine Anpassung der Planung erfordert. Auf Alternativpläne muß hingegen zurückgegriffen werden, wenn sich eine grundlegende Änderung der Rahmenbedingungen abzeichnet, die ein Festhalten am ursprünglich gefaßten Plan unrealistisch erscheinen lassen.

Anschauliche Beispiele für das Erfordernis alternativer Planung hat der Prozeß der deutschen Wiedervereinigung, verbunden mit dem Ende der europäischen Machtblöcke, geliefert: So hatte ein westdeutscher Technologiekonzern noch in den späten 80er-Jahren umfangreiche Investitionen in ein Unternehmen der Rüstungstechnik geplant, welches die Entwicklung und Produktion von Kampfpanzern zum Gegenstand hatte. Für den Fall einer sich verschlechternden Haushaltslage und daraus resultierender Verzögerungen bei der militärischen Beschaffung waren eine Verringerung sowie eine zeitliche Streckung der Investitionen als Korrekturmöglichkeiten eingeplant. Nicht vorgesehen worden war hingegen die – bei verständiger politischer Analyse zu diesem Zeitpunkt ebenfalls im Bereich des Möglichen liegende – völlige Veränderung der sicherheitspolitischen Lage Westeuropas und in der Folge der drastisch geminderten militärischen Bedeutung von Kampfpanzern in der Bundeswehr. Für diesen Fall hätte ein Alternativszenario in Eckpunkten bereits ausgearbeitet sein müssen, um geplante Investitionen in andere oder neue Geschäftsfelder zu lenken, die durch den Wegfall des eisernen Vorhangs und der damit verbundenen Restriktionen voraussichtlich profitieren würden.

Durch die sachwidrige Festlegung der Planung auf nur eine strategische Variante ging wertvolle Zeit verloren, die anderen flexibler planenden Unternehmen einen entscheidenden strategischen Vorteil und eine erhebliche Steigerung ihrer Marktanteile einbrachte.

Als weiterer Fall sei die Mitte der 80er Jahre erfolgte, oft diskutierte Verlagerung der strategischen Ausrichtung der Daimler-Benz AG vom Automobil- hin zum Technologiekonzern genannt. Die zu diesem Zeitpunkt möglicherweise richtige, zumindest aber nachvollziehbare Entscheidung basierte auf Faktoren, die durch den Wegfall des Warschauer Paktes konterkariert wurden, indem eine maßgebliche Komponente, die zur Begründung der Neuausrichtung herangezogen wurde – Rüstung – erheblich in Frage gestellt wurde. Auch hier wäre meines Erachtens eine Strategieanpassung weitaus früher als jetzt – nach nahezu 10 Jahren – geschehen notwendig gewesen. Dies hätte jedoch vorausgesetzt, daß zu einem früheren Zeitpunkt bereits ausgearbeitete Planungsalternativen verfügbar gewesen wären.

f) Organisation der Planung

Selbst ein nahezu perfektes System der Unternehmensplanung kann keine Wirksamkeit entfalten, wenn seine Implementierung in den Unternehmensalltag nicht gesichert ist. Deshalb stellt sich insbesondere auch die Frage nach einer sachgerechten Planungsorganisation. Zwar ist die konkrete Organisation der Unternehmensplanung weitgehend von individuellen Faktoren wie Unternehmensgröße, Organisationsstruktur und Produktspektrum abhängig. Jedoch folgen aus den dargelegten Anforderungen an eine effektive Planung gewisse Grundprinzipien der Planungsorganisation, die sich durch praktische Erfahrungen ebenso wie durch die äußerst praxistauglichen Vorschläge von *Gälweiler* [141] untermauern lassen.

aa) Personelle Organisation

Bei der personellen Organisation sollte die Erkenntnis leitend sein, daß die Unternehmensplanung wegen ihrer elementaren Bedeutung für den erfolgreichen Fortbestand des Unternehmens grundsätzlich dem Verantwortungsbereich der obersten Führungsebene zuzuordnen

141 *Gälweiler*, a. a. O., S. 398 ff.

ist.[142] Uneingeschränkt gilt dies für die Bestimmung der Unternehmenskonzeption und der Unternehmensstrategie; es gilt aber auch für die teilweise delegierten Komplexe des Planungsprozesses, wie beispielsweise die interne Analyse und die operative Planung.

In der Praxis besteht oftmals das Problem, daß die Unternehmensführung sich durch das unternehmerische Tagesgeschäft und den diesem innewohnenden Zeitdruck derart in Anspruch nehmen läßt, daß die längerfristigen Aufgaben nicht ihrem Stellenwert entsprechend wahrgenommen werden. Von daher bietet es sich an, der Unternehmensführung eine zentrale Planungsstelle auf der höchsten, funktionsbereichsübergreifenden Ebene beizuordnen, die den Planungsprozeß koordiniert und aufbereitet.[143]

Entsprechend dem oben beschriebenen Modell ganzheitlicher Planung kann es nicht Aufgabe der Planungsstelle sein, sämtliche Planung an sich zu ziehen, denn hierduch käme es zu der unerwünschten „Top down"-Planung, die unter Umständen auf mangelnde Akzeptanz im Unternehmen stößt und dementsprechend in ihrer Umsetzung nicht von den Mitarbeitern gelebt würde. Vielmehr ist die zentrale Planungsstelle, abgesehen von zweckmäßigerweise zentral durchzuführenden Planungsaufgaben wie der Analyse des wirtschaftlichen, rechtlichen und politischen Umfeldes oder der gesellschaftlichen Entwicklung, in erster Linie zur *Koordination* der von jedem Funktionsbereich *dezentral* durchzuführenden Planungsmaßnahmen berufen.[144]

Übersichtsmäßig sollte die zentrale Planungsstelle folgende Aufgaben erfüllen, sich zugleich aber auch hierauf beschränken:

- Unterstützung der Führung bei der Entwicklung der grundlegenden Unternehmenskonzeption und der Strategieentwicklung
- Durchführung externer Analyse auf Gebieten, die nicht funktionsbereichsspezifisch sind (Politik, Gesellschaft, Währungsentwicklung etc.)
- Unterstützung der Funktionsbereiche bei der Entwicklung bzw. Anpassung ihrer Einzelplanung

142 Zur Planungszuständigkeit *Pfohl/Stölzle*, Planung und Kontrolle, S. 191 ff.

143 *Gälweiler*, a. a. O., S. 410 ff.

144 Vgl. *Gälweiler*, a. a. O., S. 410, der die Planungstelle als „Planungsgewissen des Unternehmens" bezeichnet.

- Koordination der Einzelplanung und Zusammenführung zur Gesamtplanung / Organisation von Planungskonferenzen
- Erstellung eines einheitlichen Planungssystems (Organisation, Formulare, Zeitablauf etc.) für alle Funktionsbereiche.[145]

bb) Formalisierungsgrad

Ungeachtet des oben dargelegten Grundmusters der Unternehmensplanung, welches gleichsam das systematische Rückgrat jeder sinnvollen Planung bildet, besteht das Problem, daß jede tiefergehende Schematisierung bzw. Formalisierung des Planungsablaufs die Gefahr des Erstarrens der Planung in formalen und bürokratischen Prozessen in sich birgt, dadurch insbesondere der Forderung nach Flexibilität[146] zuwiderläuft und deshalb mit Vorsicht zu handhaben ist. Die Gefahr kreativitätsmindernder Bürokratisierung ist etwa beim Gesamtkonzept von *Hax/Majluf*, das eine umfassende Standardisierung der Planung in einem 12-stufigen detaillierten Schema beinhaltet, nicht von der Hand zu weisen. Verwirklicht sich diese Gefahr, so wird eine der wichtigsten qualitativen Anforderungen an die Unternehmensplanung nicht mehr erfüllt: der offene, kreative und vor allem funktionsbereichsübergreifende Austausch aller Beteiligten.

Formalisierung kommt daher nicht als Inhalt der Planung, sondern lediglich als deren Hilfsmittel in Betracht. So verstanden kann sie durchaus nützlich sein, etwa um potentielle Strategieausrichtungen hinsichtlich Investitionsbedarf, erwarteter Rendite und anderer quantitativer Faktoren bewerten und vergleichen zu können. Hilfreich sind dabei insbesondere für alle Funktionsbereiche einheitlich definierte Begriffe. Eine wertvolle Unterstützung leisten zudem Checklisten, die für jeden Komplex des Planungsprozesses zu erstellen und entsprechend dem wissenschaftlichen Erkenntnisstand sowie den bisherigen Planungserfahrungen im Unternehmen fortzuschreiben sind.[147] Durch die Checklisten wird sichergestellt, daß kein wesentlicher Punkt unberücksichtigt bleibt, weil sie ein – bewußtes oder unbewußtes – Ignorieren oder auch Verdrängen bestimmter Fakten von vornherein verhindern. Damit dienen sie auch der Zeitersparnis, weil die bei jeder planerischen Maßnahme

---

145 Nähere Ausdifferenzierung dieser Aufgaben bei *Gälweiler*, a. a. O., S. 412.
146 Oben e).
147 Näher *Gälweiler*, a. a. O., S. 398 f.

planerischen Maßnahme vorzunehmende Prüfung, ob die zugrundeliegenden Erwägungen vollständig sind, vereinfacht wird.

Auch das Ergebnis der Planung, welches aus konkreten Zahlen, Maßnahmen, Terminen und Verantwortlichkeiten besteht, kann in einer zweckmäßigen Formularform dargestellt werden. Dabei ist jedoch stets –bei aller notwendigen Genauigkeit - die Übersichtlichkeit und Allgemeinverständlichkeit zu wahren, was vor allem eine Beschränkung auf wirklich aussagefähige Planungsgrößen voraussetzt.

cc) Zeitliche Organisation

Wie bereits dargelegt, bildet der Planungsprozeß keinen durchgängig chronologischen Ablauf, sondern weist erhebliche zeitliche Koinzidenzen auf. So erfolgt das Beschaffen und Verarbeiten von Informationen aus dem Unternehmensumfeld im Rahmen eines permanenten Prozesses, um eine schnelle Reaktion auf mögliche äußere Veränderungen im Vergleich zu angenommenen Planungsprämissen zu ermöglichen. Ebenso fortlaufend hat die Analyse der internen Situation zu erfolgen. Ergänzend zu systematischen Bestandsaufnahmen durch die in den Planungsprozeß involvierten Funktionsbereiche und Abteilungen gilt es hier, die bei diesem Prozeß von einzelnen Mitarbeitern festgestellten Defizite, Risiken, aber auch Chancen oder Verbesserungsmöglichkeiten einzubringen und diese Informationen für den Planungsprozeß so schnell wie möglich verfügbar zu machen.

Bei der operativen Planung richtet sich die zeitliche Organisation nach den Gegebenheiten von Markt und Branche. Im Extremfall bedarf die operative Planung einer täglichen Überprüfung und erforderlichenfalls Anpassung, so zum Beispiel bei Finanzdienstleistungen oder beim Handel mit Frischprodukten in der Lebensmittel-Branche. Dies setzt voraus, daß die der operativen Planung zugrundeliegenden Prämissen die Volatilität antizipieren und dem täglichen Geschäft ein annehmbares Gerüst bieten.

Für die strategische Planung und die hieran auszurichtenden operativen Zielbestimmungen hingegen hat sich eine jährliche Revision als praktikabel erwiesen.[148] Dies darf allerdings nicht ausschließen, daß auf unvorhergesehene Entwicklungen, welche die bestehende Strategie in Frage stellen, mit einer außerplanmäßigen, möglichst kurzfris-

148 *Gälweiler*, a. a. O., S. 401.

tigen Korrektur der strategischen Planung reagiert wird. Derartige ad-hoc-Maßnahmen bergen jedoch die Gefahr, daß nahezu irreversible Fehler, bezogen auf Geld und Zeit, in die Überlegungen zur Strategieausrichtung einfließen. Strategieanpassungen dürfen deshalb nicht überstürzt werden im Sinne einer Außerachtlassung sämtlicher Grundsätze sorgfältiger Unternehmensplanung. Vielmehr ist im Prinzip nach dem oben dargestellten Prozeß der strategischen Entscheidungsfindung vorzugehen, nur ist dieser Prozeß unter Einsatz sämtlicher Beteiligten und höchster sachlicher Priorität zu beschleunigen, um nicht wertvolle Zeit gegenüber Markt und Wettbewerb zu verlieren.

5. Zusammenfassende Bewertung

Die Untersuchung von Bedeutung und Inhalten der Unternehmensplanung aus betriebswirtschaftlicher Perspektive hat gezeigt, daß hinter dem Begriff ein zentrales, von der internationalen Wirtschaftswissenschaft inzwischen hochentwickeltes Instrument des unternehmerischen Handelns steht. Für die erfolgreiche Anwendung dieses Instruments lassen sich gewisse – vorstehend im einzelnen dargelegte – Leitlinien identifizieren, die mit betriebswirtschaftlichen, volkswirtschaftlichen und sozialwissenschaftlichen Erkenntnissen weitgehend belegt und zudem in der Unternehmenspraxis bestätigt werden. Über die Beachtung dieser Leitlinien hinaus fällt allerdings jeder Unternehmensführung die Aufgabe zu, die Unternehmensplanung den individuellen Verhältnissen, insbesondere hinsichtlich Unternehmensstruktur, Unternehmensgröße, Branche und Wettbewerbssituation, anzupassen und ihre Implementierung in den Unternehmensalltag sicherzustellen. Damit ist einerseits eine erhebliche unternehmerische Gestaltungsfreiheit, andererseits aber auch ein Höchstmaß an Verantwortung verbunden, denn die Qualität der Planung bestimmt maßgeblich den erfolgreichen Fortbestand des Unternehmens.

II. Unternehmensplanung als Rechtspflicht des Vorstands der AG

Nachdem nun die betriebswirtschaftliche Tragweite des Begriffs Unternehmensplanung näher umrissen wurde, stellt sich die Frage, inwieweit das deutsche Aktienrecht diese Erkenntnisse rezipiert.[149] An erster Stelle kommt für eine solche Rezeption der gesetzliche Pflichtenkreis des Vorstands als Führungsorgan der Aktiengesellschaft in Betracht. Nachfolgend ist daher zunächst auf die möglichen Rechtsgrundlagen einzugehen, die zur Begründung unternehmerischer Vorstandspflichten geeignet sind. Sodann wird zur Bedeutung der durch das KonTraG neu eingeführten speziellen Organisationspflicht gemäß § 91 Abs. 2 AktG, die in engem Zusammenhang mit der Unternehmensplanung steht, Stellung genommen. Im Anschluß hieran sind – unter jeweils kritischer Auseinandersetzung mit dem einschlägigen rechtswissenschaftlichen Schrifttum – Begründung und Reichweite einer Rechtspflicht zur Unternehmensplanung zu ermitteln, ergänzt durch einige Bemerkungen zum konzernrechtlichen Aspekt planerischer Vorstandspflichten. Abgerundet wird dieses Kapitel durch eine Betrachtung der Organhaftung des Vorstands im Hinblick auf mögliche Versäumnisse bei der Unternehmensplanung.

1. Rechtsgrundlagen zur Begründung unternehmerischer Vorstandspflichten

Wie bereits in Teil 1 eingehend dargelegt wurde, enthält das Aktienrecht trotz seines in den letzten 150 Jahren kontinuierlich vergrößerten Umfangs nach wie vor nur sehr wenige und zudem allgemein gehaltene Bestimmungen über die konkreten unternehmerischen Pflichten, die der Vorstand im Rahmen seiner Geschäftsführungsfunktion wahrzunehmen hat. So legt § 76 Abs. 1 AktG lediglich fest, daß der Vorstand die Aufgabe hat, die Gesellschaft unter eigener Verantwortung zu leiten. Weiterhin fordert § 93 Abs. 1 Satz 1 AktG, daß die Vorstandsmitglieder *„bei ihrer Geschäftsführung die Sorgfalt eines ordentlichen und gewissenhaften Geschäftsleiters anzuwenden“* haben.[150]

---

[149] Vgl. dazu auch Hommelhoff/Schwab, zfbf Sonderheft 36/96, 149 (161f.)

[150] Die Generalklausel des § 93 Abs. 1 Satz 1 AktG erfüllt nach ganz h. M. eine Doppelfunktion als Quelle von Verhaltenspflichten und als Verschuldensmaßstab, vgl. *Mertens* in: KK, AktG, § 93, Rn. 6; *Hefermehl* in: *Geßler/Hefermehl/Eckardt/Kropff*,

Abgesehen von den beiden vorgenannten zentralen Bestimmungen werden in einer Reihe weiterer Vorschriften, wie zum Beispiel den §§ 83, 90, 91, 92, 110 Abs. 1, 118 Abs. 2, 170 und 245 Nr. 4 AktG, neben diversen Rechten auch spezielle Handlungspflichten des Vorstands normiert. Diese betreffen allerdings überwiegend formelle Aspekte der Geschäftsführung und des Zusammenwirkens der Organe, wie etwa die Buchführung, die Vorlage des Jahresabschlusses, die Eröffnung des Insolvenzverfahrens oder die Vorbereitung von Beschlüssen der Hauptversammlung. Eine gewisse Sonderstellung unter diesen Spezialvorschriften beanspruchen jedoch zum einen die in § 90 Abs. 1 AktG normierten Berichterstattungspflichten des Vorstands gegenüber dem Aufsichtsrat[151], zum anderen die mit dem KonTraG neu in das Gesetz aufgenommene organisatorische Verpflichtung zur Errichtung eines Krisenfrüherkennungssystems gemäß § 91 Abs. 2 AktG.[152]

Die gegenständlich spezifizierten Berichtspflichten gemäß § 90 Abs. 1 AktG lassen Rückschlüsse auch auf materiell-unternehmerische Pflichten des Vorstands zu. Da sie jedoch nach Wortlaut und Systematik des Gesetzes solche Pflichten nicht zu begründen vermögen, sondern diese voraussetzen und sie somit allenfalls bestätigen können, soll auf die Berichtspflichten erst im Zusammenhang mit der Aufsichtsratsüberwachung näher eingegangen werden.[153]

Die neue Bestimmung zur Krisenfrüherkennung – § 91 Abs. 2 AktG – greift hingegen direkt und in einer für das Aktiengesetz ungewöhnlich spezifizierten Weise in die organisatorische Verantwortung des Vorstands ein. Da diese Vorschrift zudem eine zukunftsorientierte Tendenz aufweist, bedarf die Frage, ob und inwieweit sich hieraus eine Verpflichtung des Vorstands zur Unternehmensplanung ergibt, sogleich näherer Untersuchung.

AktG, § 93, Rn. 9; *Thümmel*, DB 1997, 261.

151 Vgl. bereits oben Teil 1, II. 1 u. II. 4. b) aa).

152 BGBl 1998, Teil I, 786 (787); vgl. oben Teil 1, II. 4. a).

153 Unten Teil 3, IV.

2. Bedeutung des durch KonTraG eingefügten § 91 Abs. 2 AktG

Nach dem Referentenentwurf zum KonTraG[154] sollte die jetzt in § 91 AktG als Absatz 2 aufgenommene Bestimmung ursprünglich in einer noch weitaus detaillierteren Form als Satz 2 hinter § 93 Abs. 1 Satz 1 AktG eingefügt, also als Ergänzung zur Generalklausel über die allgemeine Sorgfaltspflicht des Vorstands formuliert werden.[155] Während des Gesetzgebungsverfahrens wurde hiergegen eingewandt, daß damit lediglich eine einzige der zahllosen Ausprägungen der in § 93 Abs. 1 Satz 1 AktG umschriebenen unternehmerischen Sorgfaltspflicht explizit normiert worden wäre. Es wurden Bedenken dahingehend geäußert, daß hiermit die Forderung nach Aufnahme zahlreicher weiterer betriebswirtschaftlich vernünftiger Aspekte in das Aktiengesetz ausgelöst werden könne.[156] Um einer solchen, sowohl dem erstrebenswerten Ziel der Deregulierung[157] als auch einer lebendigen und flexiblen Fortbildung des Aktienrechts zuwiderlaufenden Entwicklung vorzubeugen, wurde der Verzicht auf die im Referentenentwurf empfohlene Vorschrift gefordert.[158] Andere forderten zumindest eine formulierungstechnische Entrümpelung.[159]

Als Kompromiß wurde daraufhin die vorgeschlagene Bestimmung zur Krisenfrüherkennung zum einen deutlich gestrafft[160] und zum anderen aus dem Zusammenhang des § 93 AktG herausgenommen. Ihre Zuordnung zur Buchführungspflicht in § 91 AktG läßt die Vorschrift nunmehr als weitere organisatorisch-formelle Verpflichtung des Vor-

---

154 Abgedr. in: ZIP 1996, 2129 ff.

155 Ursprünglich vorgesehener Wortlaut:
„Sie haben insbesondere unter Berücksichtigung der Art und Größe ihrer Gesellschaft und bei Mutterunternehmen im Sinne des § 290 des HGB ihres Konzerns geeignete Maßnahmen zu treffen, um zu gewährleisten, daß den Fortbestand der Gesellschaft gefährdende Entwicklungen, insbesondere risikobehaftete Geschäfte, Unrichtigkeiten der Rechnungslegung und Verstöße gegen gesetzliche Vorschriften, die sich auf die Vermögens-, Finanz- und Ertragslage der Gesellschaft oder des Konzerns wesentlich auswirken, früh erkannt werden. Dazu gehört auch die Einrichtung eines Überwachungssystems mit der Aufgabe, die Einhaltung der nach Satz 2 zu treffenden Maßnahmen zu überwachen." (a. a. O., S. 2131).

156 So die Stellungnahme des Deutschen Anwaltvereins (DAV), abgedr. in: ZIP 1997, 163 (165); kritisch auch die Stellungnahme mehrerer Wirtschaftsverbände, abgedr. in: WM 1997, 490 (492 f.); ferner *Baums*, AG-Sonderheft August 1997, 26 (28). Dagegen zustimmend *Hopf*, AG-Sonderheft August 1997, 42 (44); *Horn*, ZIP 1997, 1129 (1130).

157 Hierzu näher *Spindler*, AG 1998, 53 ff.; *Claussen*, AG-Sonderheft August 1997, 108 (109 f.).

158 Vgl. die genannten Stellungnahmen.

159 Vgl. *Lutter*, AG-Sonderheft August 1997, 52 (54): *„Die Kunst der Gesetzgebung besteht in sprachlicher Verdichtung, nicht in der Kommentierung."*

160 Vgl. zu dieser Reaktion auf die Kritik *Seibert*, AG-Sonderheft August 1997, 65 (66).

stands und weniger als gesetzliche Konkretisierung des allgemeinen unternehmerischen Handlungsmaßstabs erscheinen.

Ausweislich der Begründung soll mit der Bestimmung des § 91 Abs. 2 AktG, die offensichtlich unter dem Eindruck der jüngsten Unternehmenskrisen entstanden ist, die Verpflichtung des Vorstands verdeutlicht werden, für ein angemessenes Risikomanagement und eine angemessene interne Revision zu sorgen.[161] Damit wurden betriebswirtschaftlich wichtige Teilaspekte der strategischen und operativen Kontrolle, die ihrerseits tragende Elemente jeder sachgerechten Unternehmensplanung darstellen[162], in die Form einer der wenigen gesetzlich konkretisierten Handlungspflichten des Vorstands gegossen.

Durch diese Maßnahme des Gesetzgebers kann zwar einerseits bezüglich der hiervon betroffenen Aspekte der Unternehmensplanung jegliche Diskussion über das Bestehen einer aktienrechtlichen Verpflichtung des Vorstands als erledigt betrachtet werden. Andererseits wird von § 91 Abs. 2 AktG aus betriebswirtschaftlicher Sicht nur ein kleiner Teil einer lege artis betriebenen Unternehmensplanung erfaßt, so daß insgesamt die Diskussion eher durch neuen Zündstoff als durch Lösungen bereichert wird. Folgende Anmerkungen erscheinen deshalb an dieser Stelle angezeigt:

Möglicherweise sind aufgrund des Umstandes, daß der Gesetzgeber durch § 91 Abs. 2 AktG einen ebenso schmalen wie wichtigen Teilbereich der Unternehmensplanung (strategische Kontrolle) explizit zur Rechtspflicht des Vorstands erklärt hat, alle übrigen Komplexe der Unternehmensplanung in den außerrechtlichen Bereich zu verweisen und als bloße betriebswirtschaftliche Empfehlungen zu behandeln.

Gegen diese Annahme spricht aber bereits, daß dem Gesetzgeber offenbar nicht recht bewußt war, daß er mit § 91 Abs. 2 AktG einen Gegenstand normierte, der betriebswirtschaftlich dem Bereich der Unternehmensplanung zuzuordnen ist. Vielmehr scheint er, wie sowohl die Begründung[163] als auch die systematische Zuordnung zur Buchführung zeigen, Risikomanagement und Revision lediglich in finanztechnischem Zusammenhang betrachtet zu haben. Dies ergibt sich aus den in der Fassung des Referentenentwurfs noch ausdrücklich im Ge-

---

161 Vgl. Regierungsbegründung zum KonTraG, ZIP 1997, 2059 (2061).

162 Vgl. oben I. 4. a) gg) u. hh).

163 A. a. O.

setzestext erwähnten und nunmehr in die Gesetzesbegründung übernommenen Beispielen, die vor allem auf die umfangreiche Beteiligung am Handel mit Derivaten, wie sie bei der Metallgesellschaft zur Krise führte, und auf ähnliche risikoreiche Kapitalmarktoperationen abzielen. Hierzu paßt auch, daß die Konkretisierung des Pflichtenrahmens gemäß § 91 Abs. 2 AktG als Grundlage für die korrespondierende Erweiterung der Abschlußprüfung gemäß dem ebenfalls durch das KonTraG neugefaßten § 317 HGB dienen soll.[164] Ein Bezug zur Unternehmensplanung findet sich in der Begründung hingegen nicht. Da aber gleichzeitig an anderer Stelle des Aktiengesetzes, und zwar bei der Berichtspflicht des Vorstands gemäß § 90 Abs. 1 Satz 1 AktG, ebenfalls mit dem KonTraG der Terminus „Unternehmensplanung“ eingeführt wurde[165], wäre für den Fall einer bewußten Eingrenzung einer zwingenden Planungsverpflichtung auf die in § 91 Abs. 2 AktG beschriebenen Inhalte eine entsprechende Klarstellung des Gesetzgebers zu erwarten gewesen. Folglich liegt nahe, daß letzterer nicht bestimmte Teilbereiche der Unternehmensplanung, sondern lediglich eigenständige finanztechnische Kontrollmechanismen spezialgesetzlich sicherstellen wollte.

Im übrigen hat der Gesetzgeber durch die kurz vor Verabschiedung erfolgte Herausnahme der Bestimmung aus dem Zusammenhang des § 93 Abs. 1 AktG zu erkennen gegeben, daß er die Generalklauseln gerade nicht durch mißverständliche Konkretisierungen belasten wollte. Jedenfalls sind keine Anhaltspunkte dafür ersichtlich, daß deren Anwendungsbereich zugunsten spezieller Normierungen fortan eingeschränkt werden sollte.

Dennoch zeigt der Umstand, daß der Gesetzgeber hier einen kleinen Ausschnitt einer betriebswirtschaftlich umfassend definierten unternehmerischen Handlungsoption spezialgesetzlich konkretisierte, offenbar ohne sich der Tragweite dieses Vorgehens und der möglichen, hiermit hervorzurufenden Mißverständnisse bewußt zu sein, die Risiken eines solchen Vorgehens. Dadurch werden sich die Kritiker im Gesetzgebungsverfahren, die den gänzlichen Verzicht auf gesetzliche Konkretisierungen der unternehmerischen Vorstandspflichten gefordert haben, letztlich bestätigt sehen.

Zu bedenken bleibt hiernach, daß die Generalklauseln der §§ 76 Abs. 1 und 93 Abs. 1 AktG gegenüber speziellen Regelungen flexib-

---

164 Vgl. oben Teil 1, II. 4. d).

165 Vgl. oben Teil 1, II. 4. b) aa).

ler und offener scheinen, weil sie die Möglichkeit anpassungsfähiger Auslegung bieten. Jede spezielle Normierung von Handlungspflichten, die gleichzeitig von den Generalklauseln abgedeckt werden können, kann eine Verengung des juristischen Blickwinkels und eine Vernachlässigung der – oftmals ebenso bedeutsamen – nicht ausdrücklich normierten Pflichten bewirken. Der Versuch, sämtliche im Rahmen einer gewissenhaften Geschäftsleitung opportunen Maßnahmen spezialgesetzlich zu erfassen, ist ohnehin problematisch, ebenso wie eine Normierung sämtlicher von der Rechtsprechung zu § 242 BGB ermittelten Handlungs- und Unterlassungspflichten kaum gelingen dürfte.

Als Zwischenergebnis bleibt festzuhalten, daß sich eine allgemeine Planungsverpflichtung nach wie vor aus § 76 Abs. 1 und § 93 Abs. 1 AktG ergeben kann.

3. Begründung der Planungsverpflichtung aus § 76 Abs. 1 AktG

Von einer aktienrechtlichen Pflicht des Vorstands zur Unternehmensplanung könnte ausgegangen werden, wenn die Planungstätigkeit zwingender Bestandteil der Geschäftsleitungsfunktion des Vorstands im Sinne des § 76 Abs. 1 AktG wäre.

a) Meinungsstand

Die Aussagen der gesellschaftsrechtlichen Literatur zur unternehmerischen Planungsverpflichtung des Vorstands sind – abgesehen von den Beiträgen *Lutters*[166], *Semlers*[167], und *Kallmeyers*[168] – sehr rar und wenig umfassend, weisen aber mehrheitlich eine Tendenz dahingehend auf, die Unternehmensplanung grundsätzlich als rechtliche Verpflichtung innerhalb eines unmittelbaren, nicht delegierbaren Zuständigkeitsbereichs des Vorstands einzuordnen.[169] Um diese Einordnung nachzuvollziehen, sind die vom Gesetz zur Beschreibung der grund-

---

166 *Lutter*, AG 1991, 249 (250 f.); ferner *ders.*, Information und Vertraulichkeit, S. 11 f.; *Lutter/Krieger*, Aufsichtsrat, Rn. 24.

167 *Semler*, ZGR 1983, 1 ff.; ferner *ders.*, Leitung und Überwachung, Rn. 16.

168 *Kallmeyer*, ZGR 1993, 104 ff.

169 *Lutter*, AG 1991, 249 (251); *Lutter/Krieger*, Aufsichtsrat, Rn. 24; *Mertens* in: KK, AktG, § 76, Rn. 4 f. sowie § 93, Rn. 45; *Meyer-Landrut* in: Großkomm. AktG, § 76, Anm. 2; *Semler*, Leitung und Überwachung, Rn. 11 u. 16; *ders.*, ZGR 1983, 1 (11 ff.); *Wiesner*, Münch. Hdb., Bd. 4, § 19, Rn. 10; a. A. *Kallmeyer*, a. a. O., S. 107 f.

legenden Vorstandskompetenzen verwendeten Begriffe „*Leitung*" im Sinne des § 76 Abs. 1 AktG, „*Geschäftsführung*" im Sinne des § 77 sowie „*Vertretung*" im Sinne des § 78 AktG gegeneinander abzugrenzen.

Unter „*Vertretung*" ist das nach außen wirkende Recht des Vorstands zu verstehen, rechtsgeschäftlich und vor Gericht im Namen der Gesellschaft zu handeln und diese zu verpflichten.[170] Die Unternehmensplanung stellt eine unternehmensinterne Maßnahme dar, welche die Rechtsbeziehungen der Aktiengesellschaft im Außenverhältnis nicht unmittelbar berührt. Sie hat daher keinen rechtsgeschäftlichen Charakter und wird somit vom Begriff der Vertretung nicht erfaßt.[171]

Als „*Geschäftsführung*" wird im allgemeinen jedes tatsächliche oder rechtsgeschäftliche Handeln für die Gesellschaft bezeichnet[172], wobei *Semler* enger auf die Innenwirkung des tatsächlichen oder rechtsgeschäftlichen Handelns abstellt.[173] Hiernach können alle Tätigkeiten im Planungsprozeß als Teil der Geschäftsführung im Sinne des § 77 AktG angesehen werden, da die Planung ohne weiteres dem Bereich des tatsächlichen Handelns mit interner Wirkung zugeordnet werden kann.

Die Abgrenzung der „*Geschäftsführung*" vom Begriff der „*Leitung*" wird nicht einheitlich vorgenommen. Manche betrachten die Leitung gemäß § 76 Abs. 1 AktG schlicht als Oberbegriff, der sämtliche als Geschäftsführung oder Vertretung sich darstellenden Handlungen des Vorstands abdeckt.[174] Einen ähnlichen Standpunkt nimmt *Semler* ein, indem er den Leitungsbegriff jedenfalls für den Bereich der Innenwirkung des rechtsgeschäftlichen oder tatsächlichen Handelns als inhaltlich deckungsgleich mit dem Geschäftsführungsbegriff ansieht.[175] Nach beiden Varianten wäre die Unternehmensplanung als Teil der Geschäftsführung automatisch auch Teil der Leitungsaufgabe[176] – womit allerdings noch nicht geklärt ist, ob sie allein hierdurch zur Rechtspflicht wird.

---

170 *Hüffer*, AktG, § 78, Rn. 3; *Semler*, Leitung und Überwachung, Rn. 4.

171 Zutreffend *Semler*, ZGR 1983, 1 (11).

172 *Hüffer*, AktG, § 76, Rn. 7.

173 *Semler*, a. a. O.

174 *Henn*, Aktienrecht, Rn. 572; ähnlich *Hefermehl* in: *Geßler/Hefermehl/Eckardt/Kropff*, AktG, § 76, Rn. 10.

175 *Semler*, Leitung und Überwachung, Rn. 5.

176 So ausdrücklich *Semler*, ZGR 1983, 1 (12).

Andere hingegen – allen voran *Mertens* – nehmen an, daß der Begriff der Leitung einen herausgehobenen Ausschnitt der allgemeinen Geschäftsführungstätigkeit beschreibe, in dem die *„grundlegenden Führungsentscheidungen"* als unverzichtbarer Kern der Vorstandsfunktion zusammengefaßt seien.[177] Diese seien als zwingende Rechtspflichten des Vorstands gemäß § 76 AktG unmittelbar von diesem selbst wahrzunehmen, dürften also weder auf unternehmensexterne Dritte noch auf eine nachgeordnete Führungsebene verlagert werden.[178]

Im Ergebnis kommt es jedoch zu einer Annäherung der beiden Auffassungen insoweit, als auch *Semler* aus der Gesamtheit der Geschäftsführungstätigkeit, die er mit der Leitungstätigkeit gleichsetzt, einen Kreis von *„originären Führungsfunktionen"* des Vorstands abgrenzt.[179] Bei der Eingrenzung der *„grundlegenden Führungsentscheidungen"* im Sinne *Mertens'* bzw. der *„originären Führungsfunktionen"* im Sinne *Semlers* verweisen beide Auffassungen auf die entsprechenden Erkenntnisse der Betriebswirtschaftslehre und nennen hiernach sinngemäß folgende Inhalte:

- Mittel- und langfristige Unternehmensplanung, insbesondere Bestimmung der Unternehmensziele einschließlich Unternehmenskultur sowie der strategischen Grundhaltung
- Organisation, Koordinierung und Überwachung delegierter Geschäftsführungsaufgaben
- Unternehmenskontrolle, insbesondere unverzügliche Analyse von Planabweichungen und Einleitung von Reaktionen
- Besetzung leitender Positionen im Unternehmen.[180]

Demzufolge wird die Unternehmensplanung, insbesondere in ihrer strategischen Dimension, zu den originären Führungsaufgaben gezählt, die – unabhängig von Größe, Branche und Struktur des Unternehmens – dem Vorstand zwingend obliegen und von diesem einschließlich der zu ihrer ordnungsgemäßen Erfüllung notwendigen

177 *Mertens*, a. a. O., Rn. 4 f.; *Hüffer*, a. a. O., Rn. 7 u. § 77, Rn. 3; ähnlich auch *Wiesner*, a. a. O., § 19, Rn. 10, § 22, Rn. 1.

178 *Mertens*, a. a. O.

179 *Semler*, Leitung und Überwachung, Rn. 10 f.

180 *Semler*, a. a. O., Rn. 11 ff.; *ders.*, ZGR 1983, 1 (12 ff.); *Mertens*, a. a. O., Rn. 5; zust. *Hüffer*, a. a. O., Rn. 8; *Lutter*, AG 1991, 249 (251); *Wiesner*, a. a. O., Rn. 10; aus betriebswirtschaftlicher Sicht grundlegend *Gutenberg*, Grundlagen der Betriebswirtschaftslehre, Bd. 1, S. 140; ferner *Hahn* in: *Hahn/Taylor*, Strategische Unternehmungsplanung, S. 3 (36).

Mindestzuständigkeiten selbst wahrgenommen werden müssen.[181] Gleiches gilt für den Aufgabenkomplex der Unternehmenskontrolle, welcher sich mit dem Prozeß der Unternehmensplanung überschneidet, soweit es um die Analyse von Planabweichungen und die Entwicklung der hieran anknüpfenden Reaktionen geht.[182] Dem Bereich der Unternehmenskontrolle ist ferner die Einrichtung von Krisenfrüherkennungs- und Krisenmanagementsystemen zuzuordnen[183], so daß diese mit der neuen Bestimmung des § 91 Abs. 2 AktG geregelte Materie bereits von der Leitungspflicht des Vorstands gemäß § 76 Abs. 1 AktG umfaßt wäre.

Grundsätzlich gegen derartige Überlegungen wendet sich *Kallmeyer* [184], der hierin eine *„zwanghafte Verrechtlichung von tatsächlichen Verhältnissen"* zu erkennen glaubt, welche er für methodisch bedenklich hält. Er stellt die Frage, *„ob Regeln der Betriebswirtschaftslehre ohne weitere rechtliche Begründung in Rechtsregeln transformiert werden dürfen".*[185] Unter Hinweis auf die Rechtsgeltung der Grundsätze ordnungsgemäßer Buchführung und Bilanzierung fordert *Kallmeyer* für die entsprechende Formulierung möglicher rechtsverbindlicher Grundsätze ordnungsgemäßer Unternehmensführung, daß es zur Ableitung von Rechtspflichten aus Erkenntnissen der Betriebswirtschaftslehre *„weitergehender rechtlicher Begründungen"* bedürfe. Bei Anwendung dieses Maßstabs könne das *„Ob und Wie einer Unternehmensplanung"* durchaus in den außerrechtlichen Bereich fallen. [186] Diese These verfolgt *Kallmeyer* allerdings nicht konsequent, weil er sich zwar gegen eine rechtliche Determinierung der *Ausgestaltung* der Planung wendet, letztlich aber grundlegende planerische Pflichten dennoch konstatiert, indem er etwa die Festlegung der Unternehmenspolitik sowie eine kurz- und mittelfristige Absatzplanung ausdrücklich und ohne weitere Begründung als Rechtspflichten des Vorstands bezeichnet.[187] Ein vollständiger Verzicht auf Planung kann somit auch unter Zugrundelegung der *Kallmeyer'*schen Thesen nicht als ordnungsgemäße Erfüllung der Leitungsaufgabe angesehen werden.

---

181 Vgl. *Semler*, Leitung und Überwachung, Rn. 2; *ders.*, ZGR 1983, 1 (12 f.).

182 Vgl. zur operativen und strategischen Planabweichungskontrolle oben I. 4. a) gg) u. hh).

183 Vgl. oben I. 4. a) hh).

184 ZGR 1993, 104 ff.

185 A. a. O., S. 106 f.

186 A. a. O., S. 107.

187 A. a. O., S. 109 ff.; näher unten 4. a) cc).

b) Stellungnahme

Im Ergebnis besteht somit jedenfalls hinsichtlich des „Ob" einer rechtlichen Verpflichtung des Vorstands zum Betreiben einer – wie auch immer strukturierten – Unternehmensplanung ein Konsens im einschlägigen Schrifttum. Eine mittelbare gesetzliche Bestätigung findet dieses Ergebnis durch die in § 90 Abs. 1 Satz 1 Nr. 1 AktG speziell normierte Handlungspflicht des Vorstands zur unaufgeforderten Berichterstattung an den Aufsichtsrat, welche seit Inkrafttreten des KonTraG nunmehr explizit auch die Unternehmensplanung zum Gegenstand hat.[188]

Unter den Begründungsansätzen ist in rechtsdogmatischer Hinsicht die insbesondere von *Mertens* vertretene Identifikation der originären Führungskompetenzen mit dem Begriff der Leitung gemäß § 76 Abs. 1 AktG [189] gegenüber der von anderen Autoren vertretenen Gleichsetzung von Leitung und Geschäftsführung vorzugswürdig. Denn diese Auslegung des Aktiengesetzes nimmt darauf Rücksicht, daß § 76 Abs. 1 AktG seinem Wortlaut nach (*„hat . . . zu leiten"*) ein ausdrückliches *Gebot zur Leitung* beinhaltet, während in § 77 AktG die Geschäftsführung lediglich als eine dem Vorstand zustehende *Befugnis* vorausgesetzt wird. Es liegt somit nahe, diese vom Gesetzgeber vorgenommene Abstufung im Sinne des rechtstatsächlichen Befundes auszulegen, daß dem Vorstand die Gesamtheit denkbarer Geschäftsführungsmaßnahmen unmöglich als nicht delegierbare Rechtspflicht auferlegt werden kann.[190] Letzteres kann vielmehr nur für einen begrenzten, aus der spezifischen organschaftlichen Funktion des Vorstands herleitbaren Kreis von Geschäftsführungsmaßnahmen gelten. § 76 Abs. 1 AktG legt die organschaftliche Funktion dahingehend fest, daß der Vorstand eigenverantwortlich an der Spitze des Managements in der Aktiengesellschaft steht. Diese Aufgabe kann sich nur auf die *Führung* des Unternehmens im engeren Sinne konzentrieren. Da aber die Rechtswissenschaft für die inhaltliche Beschreibung des Begriffs Unternehmensführung keine eigenen Erkenntnisse zur Verfügung stellt, kommen für deren Ausfüllung allein die betriebswirt-

---

188 Hierzu eingehend unten Teil 3, IV. 3.

189 *Lutter*, a. a. O., schreibt diese Identifikation irrtümlich *Semler* zu, der jedoch den Begriff der "Leitung" allgemein mit dem Begriff der „Geschäftsführung" gleichsetzt, ihn somit eben nicht auf die originären Führungsaufgaben beschränkt (vgl. *Semler*, Leitung und Überwachung, Rn. 5 f.).

190 Insoweit nicht überzeugend *Semler*, ZGR 1983, 1 (12): *„Grundsätzlich ist der Vorstand das zur Geschäftsführung der Aktiengesellschaft berufene Organ, er ist dazu berechtigt (§ 77 AktG) und er ist dazu verpflichtet (§ 76 Abs. 1 AktG)."*

schaftlich zu bestimmenden, originären Führungsfunktionen in Betracht.

Die vorstehende Eingrenzung des § 76 Abs. 1 AktG wird bestätigt durch die Rechtslage bei der Vertretung der Aktiengesellschaft: Letztere darf vom Vorstand in weitem Umfang auf Prokuristen und Handlungsbevollmächtigte verlagert werden[191] und muß dies aus Praktikabilitätsgründen auch, obwohl sie gemäß § 78 AktG dem Vorstand zugeordnet ist. Insofern normiert auch die als Feststellung formulierte Vorschrift des § 78 AktG (*„Der Vorstand vertritt . . .“*) lediglich eine zwingende Befugnis, nicht aber eine allgemeine Rechtspflicht des Vorstands zur selbständigen Vornahme jeglicher Vertretungshandlung.

Die Gleichsetzung von *„Leitung“* im Sinne des § 76 Abs. 1 AktG mit der Ausübung originärer Führungsverantwortung ermöglicht eine dogmatisch saubere Implementierung der einschlägigen Betriebswirtschaftslehre und schafft damit eine wichtige Voraussetzung für die Erzielung praxisgerechter Ergebnisse bei der Beurteilung der Ordnungsmäßigkeit des Vorstandshandelns. Die Sorgfalt einer ordentlichen und gewissenhaften Geschäftsleitung kann nämlich nicht nur auf die Beachtung spezieller aktienrechtlicher Gebots- und Verbotsnormen, sondern vor allem auch auf die Einhaltung der sich aus § 76 Abs. 1 AktG ergebenden Inhalte gestützt werden.[192] Der Vorstand verletzt somit ohne weiteres seine Sorgfaltspflicht gemäß § 93 Abs. 1 Satz 1 AktG, wenn er eine originäre unternehmerische Führungsfunktion nicht wahrnimmt.

Als weiteres Zwischenergebnis kann nach alledem festgehalten werden, daß die ordnungsgemäße Leitung der Aktiengesellschaft durch den Vorstand gemäß § 76 Abs. 1 AktG grundsätzlich auch die Planung der Unternehmenstätigkeit, und zwar vor allem in ihrer strategischen und somit tendenziell mittel- und langfristigen Perspektive, als eine der betriebswirtschaftlich höchstrangigen Führungsaufgaben umfaßt. Mit Recht beantwortet daher *Lutter* die Frage nach der Planungsverpflichtung in der Aktiengesellschaft dahingehend, *„daß diese nicht der business judgement rule, also demjenigen Bereich, in dem der Vorstand unternehmerische Fehlentscheidungen ohne rechtliche Folgen treffen darf, unterliegt, sondern der Verzicht auf Planung im Zweifel per se pflichtwidrig ist, es sei denn, der Vorstand*

---

191 *Hüffer*, AktG, § 78, Rn. 10.

192 Vgl. *Hüffer*, AktG, § 93, Rn. 4.

könne zur Überzeugung der Fachleute eine Ausnahmesituation im konkreten Unternehmen dartun."[193]

4. Reichweite der Planungsverpflichtung gemäß § 76 Abs. 1 i. V. m. § 93 Abs. 1 Satz 1 AktG

Nachdem nun feststeht, daß die in § 76 Abs. 1 AktG festgelegte und mit Hilfe der Betriebswirtschaftslehre ausgelegte Leitungsaufgabe des Vorstands eine rechtlich bindende Verpflichtung zur Unternehmensplanung begründet, erhebt sich die weitere Frage, welche Anforderungen im einzelnen an den Vorstand im Hinblick auf seine Planungstätigkeit zu stellen sind, wenn diese der Sorgfalt eines ordentlichen und gewissenhaften Geschäftsleiters im Sinne des § 93 Abs. 1 AktG entsprechen soll.

Ein schlichter Generalverweis auf alle betriebswirtschaftlichen Erkenntnisse zur Unternehmensplanung würde allenfalls auf den ersten Blick eine befriedigende Antwort liefern. Denn eine vollständige und undifferenzierte Umwandlung sämtlicher Details der umfangreichen betriebswirtschaftlichen Planungsgrundsätze in zwingendes Aktienrecht würde – ungeachtet der im vorhergehenden Abschnitt festgestellten Bedeutung der Betriebswirtschaftslehre für die Auslegung des Aktienrechts – zu Recht auf methodische Bedenken stoßen, wie sie etwa von *Kallmeyer* geltend gemacht wurden. Kaum angemessen erscheint jedoch andererseits auch die gegenteilige Lösung, wonach für die aktienrechtliche Beurteilung eines Planungsgeschehens keine betriebswirtschaftlichen Erkenntnisse relevant wären, die Art und Weise der Planung vielmehr insgesamt dem Bereich des nicht justitiablen unternehmerischen Ermessens des Vorstands zuzuschlagen wäre. Denn an der hohen Bedeutung einer betriebswirtschaftlich einwandfreien Handhabung des Planungsinstruments für die Bestandssicherung eines Unternehmens kann das Aktienrecht bei der Bestimmung von Organpflichten nicht vorübergehen.

---

[193] *Lutter*, a. a. O., S. 251, mit Verweis auf Auerbach v. Bennett, 47 New York 2d 619 (1979). Zur US-amerikanischen „Business Judgement Rule" *Semler*, Leitung und Überwachung, Rn. 82 ff.; allgemein zum Ermessungsspielraum des Vorstands bei unternehmerischen Entscheidungen *Mertens*, a. a. O., Rn. 10 ff.

a) Meinungsstand

Innerhalb des – nochmals reduzierten – Kreises von Autoren, die außer zu der grundsätzlichen Frage nach dem Bestehen einer aktienrechtlichen Planungsverpflichtung auch zu dem weiterführenden Problem der rechtlich geforderten Ausgestaltung der Unternehmensplanung Stellung genommen haben, geht die Mehrzahl davon aus, daß insoweit eine Heranziehung betriebswirtschaftlicher Kriterien grundsätzlich zulässig und notwendig ist.[194]

aa) Lutter

Lutter leitet aus der – von ihm nachdrücklich befürworteten – Gleichsetzung des Begriffs der Leitung gemäß § 76 Abs. 1 AktG mit der Wahrnehmung der originären betriebswirtschaftlichen Führungsaufgaben zunächst die Konsequenz ab, daß *„Unternehmensplanung – und zwar Unternehmensplanung nach den Regeln der hierfür fachzuständigen Betriebswirtschaftslehre – Rechtspflicht des Vorstands ist.“* [195] Im Anschluß hieran relativiert er aber diese Erkenntnis, indem er betont, mit dieser Aussage werde *„nicht eingegriffen in die Entscheidung des Vorstands, wie er die Planung anlegen und aufbauen will.“* [196] Die Art und Weise der Planung sei von der konkreten Struktur und der jeweiligen Situation des Unternehmens abhängig.[197] *Lutter* verweist in diesem Zusammenhang auf ein Spektrum, das vom mittelgroßen Ein-Produkt-Unternehmen bis hin zum Großunternehmen mit mehreren strategischen Schwerpunkten und mehr als 1000 Produkten reicht.[198] Allerdings erfährt auch dieser Leitgedanke wiederum eine Modifikation, indem *Lutter* dennoch gewisse Mindestanforderungen an die Ausgestaltung der Unternehmensplanung stellt:

In jedem Falle müsse der Vorstand die von seinem Unternehmen zu erreichenden Ziele zumindest kurz- und mittelfristig – *Lutter* bezieht dies auf einen Zeitraum von 4 bis 5 Jahren – vorgeben und sei damit gezwungen, eine Produkt-, Absatz-, Finanz- und Liquiditätsplanung sowie eine Investitions- und Ertragsplanung rational und nachvoll-

---

194 *Feddersen*, ZGR 1993, 114 ff.; *Lutter*, AG 1991, 249 (251); *ders.*, Information und Vertraulichkeit, S. 11 ff.; *Semler*, ZGR 1983, 1 ff.; a. A. *Kallmeyer*, ZGR 1993, 104 (107 ff.).

195 *Lutter*, a. a. O.

196 A. a. O.; Hervorhebungen im Original kursiv.

197 *Lutter*, Information und Vertraulichkeit, S. 12.

198 *Lutter*, a. a. O., mit Verweis auf *Semler*, ZGR 1983, 1 ff.

ziehbar darzutun.[199] Weiterhin müsse der Vorstand belegen, daß die in den genannten Einzelplanungen verkörperten Ziele unter Berücksichtigung von Lage und Potentialen der Gesellschaft bei Aufrechterhaltung angemessener Erträge und Vermeidung übermäßiger Risiken erreichbar seien.[200] Ferner bedeute sorgfältige Planung *„nach dem heutigen Stande der Betriebswirtschaftslehre die Zusammenfassung der Teil- und Gesamtziele sowie ihre Darstellung in der Form von Planrechnungen.“* [201] Letzteres gelte zumindest für die Produkt-, Absatz-, Finanz- und Investitionsplanung.

bb) Semler

Semler hat die betriebswirtschaftlichen Grundsätze der Unternehmensplanung systematisch zu erfassen versucht, um hieraus Folgerungen für die Pflichten von Vorstand und Aufsichtsrat abzuleiten.[202] Dabei hebt auch er zunächst das individuelle Element der Planung hervor, welches der statischen Verrechtlichung eines bestimmten Planungsmodells entgegenstehe:

> *„Unternehmensplanungen werden in den verschiedenen Unternehmen unterschiedlich gehandhabt. Das ist nicht nur unschädlich, sondern nötig. Im Planungsverfahren schlagen sich die Besonderheiten des Unternehmens ebenso wie die verschiedenen Eigenschaften der Vorstände unterschiedlich nieder.“* [203]

Hiernach stellt *Semler* allerdings Eckpunkte eines Planungssystems zusammen, welches unabhängig von individuellen Besonderheiten eines Unternehmens Geltung beanspruchen kann. Diese Systematik orientiert sich an den anerkannten betriebswirtschaftlichen Planungsmodellen.[204] Hervorzuheben ist, daß *Semler* besonderen Wert legt auf

---

199 *Lutter*, AG 1991, a. a. O.; ähnlich *Lutter/Krieger*, Aufsichtsrat, Rn. 24.

200 *Lutter*, a. a. O.

201 *Lutter*, Information und Vertraulichkeit, S. 13.

202 Grundlegend *Semler*, ZGR 1983, 1 ff.

203 A. a. O., S. 1 f.

204 Das von *Semler* zugrundegelegte Planungssystem gliedert sich in Unternehmenskonzept, Situationsanalyse (beinhaltet externe und interne Analyse), Zielsetzung, Zielrangfolge, Planungsprämissen, Planungsvorhaben (beinhalten strategische und operative Planung) und Planungsergebnis, vgl. a. a. O., S. 5 ff.; der Prozeßschritt der Planungskontrolle wird der eigenständigen Führungsfunktion „Unternehmenskontrolle" zugeordnet, a. a. O., S. 14. – *Semler* selbst räumt ein, daß der Planungsprozeß unterschiedlich gegliedert wird und nimmt dabei auf mehrere wirtschaftswissenschaftliche Veröffentlichungen Bezug, vgl. a. a. O., Fn. 15.

eine auch langfristige, also insgesamt 10 bis 15 Jahre umfassende Planungsperspektive, auf die Interaktion zwischen leitenden und ausführenden Stellen, auf eine klare Hierarchie der strategischen Ziele, auf deren genaue Definition und größenmäßige Festlegung[205] sowie auf die Verdeutlichung von Planungsprämissen und von möglichen Auswirkungen diesbezüglicher Änderungen. Ferner ist nach *Semler* zumindest für das folgende Geschäftsjahr auch eine eingehend bezifferte Planungsrechnung aufzustellen[206], wobei er jedoch hervorhebt, daß Planzahlen lediglich Reflex und Bewertung der Planung, nicht aber Planungsinhalt seien.[207]

Undeutlich bleibt zunächst, inwieweit *Semler* diese Grundanforderungen an eine sachgerechte Unternehmensplanung zugleich als konkrete aktienrechtliche Verpflichtungen des Vorstands begreift. Im Rahmen seiner hieran anschließenden, später noch vertieft zu behandelnden Überlegungen betreffend die Überwachung der Unternehmensplanung durch den Aufsichtsrat stellt *Semler* jedoch schließlich klar, daß ordnungsgemäße Planung *„in jedem Unternehmen"* voraussetze, daß das *„Grundgerüst einer Planung erarbeitet"* werde, welche *„nach betriebswirtschaftlich vertretbaren Grundsätzen entwickelt"* werden müsse.[208] Wenngleich die Ausgestaltung und Komplexität sich nach den Bedürfnissen des jeweiligen Unternehmens zu richten habe, handele es sich hier um eine Minimalanforderung, die insbesondere auch in kleineren Unternehmen zu beachten sei. Derartige Abstufungen bis hinunter zu bestimmten Mindestanforderungen für kleine Gesellschaften fänden sich auch in anderem Zusammenhang als ausdrückliche Regelungen im Aktienrecht, so etwa bei der Zahl der Vorstandsmitglieder, der Größe des Aufsichtsrats oder der Gewinn- und Verlustrechnung.[209]

Aus diesen Ausführungen und ihrem Zusammenhang mit den von *Semler* zuvor formulierten Kriterien sachgemäßer Planung ergibt sich, daß *Semler* diese – von ihm absolut formulierten – Eckpunkte einer Unternehmensplanung als konkrete Rechtspflichten jedes Vorstands einer Aktiengesellschaft gemäß §§ 76 Abs. 1 und 93 Abs. 1 AktG erachtet.

---

205 Es genüge nicht, einen „angemessenen Marktanteil" oder einen „ausreichenden Erfolg" anzusteuern, vgl. a. a. O., S. 7

206 *Semler*, Leitung und Überwachung, Rn. 16.

207 *Semler*, ZGR 1983, 1 (2).

208 A. a. O., S. 19.

209 A. a. O., S. 19.

cc) Kallmeyer

Ausgangspunkt der Überlegungen *Kallmeyers*[210] hinsichtlich möglicher Rechtspflichten des Vorstands bei der Ausgestaltung der Unternehmensplanung ist seine oben bereits dargestellte grundsätzliche Kritik an einer Übernahme betriebswirtschaftlicher Erkenntnisse in die aktienrechtliche Beurteilung[211], aus der er die Mahnung ableitet, die Betriebswirtschaftslehre spiele *„für den Rechtswissenschaftler nur eine unterstützende Rolle."*[212] Von diesem Standpunkt aus stellt *Kallmeyer* gegenüber *Semler* und *Lutter* das unternehmerische Ermessen des Vorstands in den Vordergrund.[213] Dabei verweist er unter anderem auf die *„Business Judgement Rule"* des US-amerikanischen Rechts, wonach es einen Bereich, in dem der Vorstand unternehmerische Fehlentscheidungen ohne rechtliche Folgen treffen dürfe, zu beachten gelte.[214] Derartige Grundsätze bestätigten, daß die Verrechtlichung der Unternehmensführung auf Grenzen stoße, die sich aus *„der Natur der Sache"* ergäben. So sei die erforderliche Sorgfalt des Vorstands je nach Art, Größe und Situation der Gesellschaft unterschiedlich zu bestimmen, weshalb es nahe liege, *„eine Rechtspflicht zur schulmäßigen Unternehmensplanung nicht kraft Gesetzes anzunehmen, sondern ihre Konstituierung unternehmensspezifisch der Satzung und der Geschäftsordnung zu überlassen."*[215] Die Betonung liegt dabei allerdings auf dem Wort *„schulmäßig"*, denn auch *Kallmeyer* geht – wie bereits festgestellt wurde[216] – letztlich nicht so weit, einen vollständigen Verzicht auf Planung als ermessensfehlerfreies Vorstandshandeln hinzustellen. Vielmehr erkennt er eine Planungspflicht im Grundsatz sogar ausdrücklich an, indem er die Feststellung trifft:

> *„Das Unternehmen kann nicht in den Tag hineinleben. Es muß sich Ziele setzen und muß überlegen, welche Maßnahmen es ergreifen will, um diese Ziele zu erreichen."*[217]

---

210 *Kallmeyer*, ZGR 1993, 104 ff.
211 Vgl. oben 3.a).
212 *Kallmeyer*, a. a. O., S. 107.
213 *Kallmeyer*, a. a. O., unter Verweis auf *Mertens*, a. a. O., Rn. 10 ff.
214 *Kallmeyer*, a. a. O.; zum amerikanischen Recht näher unten Teil 3, III. 1.
215 *Kallmeyer*, a. a. O., S. 108.
216 Vgl. oben 3. a).
217 *Kallmeyer*, a. a. O., S. 108.

Hiernach setzt *Kallmeyer* sich mit einigen Bereichen der Unternehmensplanung auseinander und gelangt zu folgenden Ergebnissen:

- Die *„Festlegung der Unternehmenspolitik"* sei *„ureigenste Aufgabe des Vorstands und seine Rechtspflicht."*[218] Jedoch sei zu dieser Festlegung die Verabschiedung von Planzahlen nicht unerläßlich, weil diese lediglich das Ergebnis der einzelnen Planungsvorhaben widerspiegelten.[219] Deshalb könne eine Rechtspflicht des Vorstands, die verschiedenen Bereiche der Unternehmenstätigkeit quantifiziert zu beplanen, nicht bestehen. Es genüge vielmehr, *„wenn der Vorstand die wichtigsten Ziele des Unternehmens benennt und in irgendeiner Form dokumentiert."*, wobei auch eine reine Verbalumschreibung *„in jedem Fall gut geeignet und daher ausreichend"* sei.[220] Dies gelte insbesondere vor dem Hintergrund, daß der Schwerpunkt der Vorstandstätigkeit im Rahmen der Unternehmensplanung auf der Mittel- und Langfristplanung, nicht jedoch auf der Kurzfristplanung liege. Letztere gehöre vielmehr zum laufenden Geschäft, welches durchweg nicht in den Bereich der Leitung falle.[221]

- Die *„Absatz-(=Mengen)planung"* spiele in Industrieunternehmen eine wichtige Rolle für die Planung von Produktions- und Lagerkapazitäten, da deren kurzfristige Anpassung meist nicht möglich sei.[222] Deshalb sei *„eine kurz- und auch mittelfristige Absatzplanung unerläßlich"*, wobei die Kurzfristplanung für das folgende Geschäftsjahr auch beziffert werden müsse. Unter diesem Gesichtspunkt gehöre mithin *„eine sorgfältige Absatzplanung zu den Pflichten eines ordentlichen und gewissenhaften Geschäftsleiters."*[223]

- Eine *„Umsatz- und Ergebnisplanung"* schließlich sei in vollständig ausgebauter, beziffert Form *„möglicherweise im Großunternehmen de lege artis geboten"*. In mittelständischen Unternehmen verhalte es sich dagegen anders. Hier könne es *„durchaus mit der Sorgfalt des ordentlichen und gewissenhaften Geschäfts-*

---

218 A. a. O., S. 109.

219 A. a. O. – Allerdings, so *Kallmeyer*, seien die Planzahlen durchaus ein geeignetes Mittel, die Unternehmenspolitik in den beplanten Unternehmensbereichen festzulegen.

220 A. a. O.

221 A. a. O., S. 109 f. mit Hinweis auf *Mertens*, a. a. O., Rn. 5.

222 *Kallmeyer*, a. a. O., S. 110.

223 A. a. O., S. 111.

leiters vereinbar sein, auf einen betriebswirtschaftlichen Apparat zu verzichten und statt dessen sich mit einer mehr unbestimmten Vorausschau zu begnügen.“ [224] Im Ergebnis reduziere sich deshalb das unternehmerische Ermessen des Vorstands *„nur in besonders gelagerten Fällen“* auf die Rechtspflicht zur Erstellung einer bezifferten Umsatz- und Ergebnisplanung.[225]

Zusammenfassend bewertet *Kallmeyer* seine Erkenntnisse wie folgt:

> *„Eine Rechtspflicht des Vorstands einer Aktiengesellschaft zur Herbeiführung einer vollständig ausgebauten Unternehmensplanung, insbesondere der bezifferten Umsatz- und Ergebnisplanung, besteht daher in aller Regel nicht.“* [226]

dd) Feddersen

Eine weitere Stellungnahme zu der vorliegenden Problematik hat *Feddersen* in Form einer Entgegnung auf die soeben dargestellten Thesen *Kallmeyers* abgegeben.[227] *Feddersen* tritt hiermit der Position *Lutters* und *Semlers* bei, indem er die von jenen postulierte Rechtspflicht zur bezifferten Unternehmensplanung verteidigt.

Ausgangspunkt der Überlegungen zur Reichweite der Planungspflicht müsse die für das Unternehmen zwingende Aufgabe sein, Gewinn zu erwirtschaften. Hieraus folge für den Vorstand einer Aktiengesellschaft die Pflicht, die Kostenstruktur des Unternehmens so zu gestalten, daß die aus dem Absatz erwirtschafteten Deckungsbeiträge zur Abdeckung des Kostenaufwands ausreichten. Daraus resultiere wiederum eine Rechtspflicht zur Kosten- und Absatzplanung. Dabei sei *„nicht nachzuvollziehen, wie eine solche Planung ohne Ausarbeitung eines entsprechenden Zahlenwerks erfolgen soll.“* [228] Weiterhin seien weder Aufwand noch Absatz sinnvoll planbar, ohne daß überdies gleichzeitig eine Produktions-, Finanz-, Liquiditäts- und Investitionsplanung erstellt werde. Diese Zusammenhänge faßt *Feddersen* in der Aussage zusammen:

---

224 A. a. O., S. 111.
225 A. a. O.
226 A. a. O., S. 112.
227 *Feddersen*, ZGR 1993, 114 ff.
228 A. a. O., S. 116.

„Auch ohne den Einsatz des neuesten Standes der Betriebswirtschaft kann daher aus zwingenden Anforderungen bei der Führung des Unternehmens allein aus § 76 AktG hergeleitet werden, daß eine in Zahlen ausgearbeitete Planung unverzichtbar ist.“ [229]

Allerdings seien – was auch *Lutter* und *Semler* betonen – Tiefe und Fristigkeit der Unternehmensplanung nicht schematisch zu definieren, sondern von der unternehmerischen Detailkonstellation abhängig zu machen. So sei etwa bei Unternehmen mit geringer Wertschöpfungstiefe die Anpassung an Absatzschwankungen weitaus problemloser zu bewerkstelligen als bei einer hohen Wertschöpfungstiefe, so daß hier auch die Anforderungen an den Planungsaufwand geringer ausfielen. Mit einem derart flexiblen Verständnis der Planungspflicht, so *Feddersen*, sei den grundsätzlichen Bedenken *Kallmeyers* hinsichtlich einer zu starren Verrechtlichung des Vorstandshandelns genüge getan. Eine „Verbalumschreibung“ strategischer Ziele reiche aber entgegen *Kallmeyer* in keinem Fall aus.

Hinsichtlich der grundsätzlichen dogmatischen Kritik *Kallmeyers* an einer Transformation betriebswirtschaftlicher Erkenntnisse in rechtliche Verpflichtungen führt *Feddersen* aus, daß *Kallmeyer* sowohl *Lutter* als auch *Semler* überinterpretiere. Auch diese plädierten nämlich nicht für eine schrankenlose Transmission betriebswirtschaftlicher Begriffe in Rechtsbegriffe, sondern forderten lediglich, daß § 76 Abs. 1 AktG mit Hilfe der Betriebswirtschaftslehre auszulegen sei. Sie benutzten dabei lediglich *„für die Unternehmensführung als unstreitige Kernsätze entwickelte betriebswirtschaftliche Eckpunkte zur Interpretation eines aus sich selbst heraus auslegungsfähigen juristischen Terminus“*. Die Subsumtion erfolge somit unter den Rechtsbegriff der Leitung.[230] Damit aber hätten *Semler* und *Lutter* genau das getan, was auch *Kallmeyer* zugestehe, nämlich betriebswirtschaftlichen Erkenntnissen eine unterstützende Rolle bei der Interpretation von Rechtsbegriffen einzuräumen. Die Kritik *„an der sklavischen Übernahme von Inhalten einer fremden Disziplin in die Rechtswissenschaft“*, so *Feddersen*, *„geht daher ins Leere.“* [231]

229 A. a. O.

230 A. a. O., S. 115.

231 A. a. O.

b) Stellungnahme

aa) Interdisziplinäre Vorüberlegungen

Unstreitig ist, daß dem Vorstand im Rahmen seiner Leitungsaufgabe gemäß § 76 Abs. 1 AktG ein breites unternehmerisches Ermessen zusteht, welches im Rahmen des Sorgfaltsmaßstabes gemäß § 93 Abs. 1 AktG berücksichtigt werden muß. Ohne einen derartigen Handlungsspielraum ist, wie der *Bundesgerichtshof* in der „*ARAG/Garmenbeck*"-Entscheidung des Jahres 1997 [232] klargestellt hat, „*eine unternehmerische Tätigkeit schlechterdings nicht denkbar*". Dazu gehöre, so der *BGH*, „*neben dem bewußten Eingehen geschäftlicher Risiken grundsätzlich auch die Gefahr von Fehlbeurteilungen und Fehleinschätzungen, der jeder Unternehmensleiter, mag er auch noch so verantwortungsbewußt handeln, ausgesetzt ist.*" [233]

Andererseits ist das Vorstandsermessen auch nicht schrankenlos, sondern ist begrenzt durch besondere gesetzliche sowie vertragliche, gegebenenfalls auch konzernvertragliche Verpflichtungen, die Gesellschaftssatzung sowie rechtmäßige Entscheidungen der Hauptversammlung und des Aufsichtsrats.[234] Darüberhinaus sind im Rahmen der Ermessensausübung eine Reihe von Interessen zu berücksichtigen, nämlich die Interessen der Aktionäre, der Arbeitnehmer des Unternehmens sowie das Interesse an Akzeptanz durch die Öffentlichkeit dahingehend, daß sich das Unternehmen in die staatlich verfaßte nationale und internationale Gesellschaftsordnung einfügt.[235] Das Gesetz legt nicht fest, wie diese Interessen zueinander zu gewichten sind und welche Entscheidungspriorität der Vorstand bei einem Interessenwiderstreit zugrundezulegen hat.[236]

Eine weitere, absolute Schranke findet die Ermessensausübung aber in der Pflicht des Vorstands, für eine *dauerhafte Rentabilität des Unternehmens* Sorge zu tragen.[237] Diese Pflicht muß als gesetzliche

---

232 BGHZ 135, 244 ff. (253)

233 BGHZ, a. a. O., 253

234 *Mertens*, a. a. O., Rn. 10.

235 *Mertens*, a. a. O., Rn. 16; *Hüffer*, AktG, § 76, Rn. 12. Eine besondere Gemeinwohlbindung ohne Bezug zum Unternehmensinteresse besteht dagegen nach h. M. nicht, vgl. *Mertens*, a. a. O., Rn. 32, sowie *Semler*, Leitung und Überwachung, Rn. 54.

236 *Hüffer*, a. a. O.

237 OLG Hamm AG 1995, 512 (514); *Mertens*, a. a. O., Rn. 17 u. 22; *Hüffer*, a. a. O., Rn. 13; *Wiedemann*, Organverantwortung, S. 31 ff. – Dauerhafte Rentabilität ist dabei zu unterscheiden von kurzfristiger Gewinnmaximierung, welche der Vorstand

Kernpflicht des Vorstands angesehen werden, weil der Bestand der in der Rechtsform Aktiengesellschaft verfaßten Wirtschaftseinheit nur dann gewährleistet ist, wenn sie rentabel arbeitet[238], und nicht angenommen werden kann, daß das Aktiengesetz dem Vorstand eine den Bestand der Gesellschaft gefährdende Geschäftsleitung im Rahmen der §§ 76 Abs. 1 und 93 Abs. 1 anheimstellt. Eine solche Annahme würde auf einen Wertungswiderspruch hinauslaufen, der für eine gesellschaftsrechtliche Kodifizierung, welche die optimale Funktion der durch sie typisierten Gesellschaft sicherstellen will, unerträglich wäre. Deshalb erachtet auch die Rechtsprechung ein Vorstandsverhalten, welches das als justitiable Handlungsmaxime zu begreifende Rentabilitätsziel nachhaltig gefährdet, als rechtswidrig.[239] Folglich ist dem grundlegenden Interesse an der erfolgreichen Behauptung des Unternehmens in allen Zweifelsfällen bei der Interessenabwägung ein Vorrang einzuräumen.[240] Darüber hinaus kann dem Vorstand bereits dann eine fehlerhafte Ermessensausübung vorgeworfen werden, wenn er das Interesse am Unternehmenserfolg in unvertretbarer Weise gegenüber anderen Zielen zürücktreten läßt.[241]

Mit der Verpflichtung zur Sicherstellung einer dauerhaften Rentabilität ist wiederum eine Schnittstelle zur Betriebswirtschaftslehre erreicht. Denn der Vorstand handelt in Erfüllung dieser Verpflichtung als Unternehmer, und unternehmerisches Handeln läßt sich in erster Linie wirtschaftswissenschaftlich und weniger rechtswissenschaftlich begreifen. Es handelt sich somit um einen Sachverhalt, auf den sich Gesellschaftsrecht ohne den Rückgriff auf wirtschaftswissenschaftliche Erkenntnisse nicht sinnvoll anwenden läßt.

Mit Recht wird deshalb die vorrangige Rentabilitätsverpflichtung dahingehend präzisiert, daß die Geschäftsführung des Vorstands auf die Erzielung eines der Konjunktur und Branchenentwicklung angemessenen, zur substantiellen Erhaltung von Kapital- und Ertragskraft ausreichenden Gewinns gerichtet sein muß.[242] Derartiges ist aber unter den dynamischen Bedingungen einer modernen Volkswirtschaft ohne Planung nicht zu bewerkstelligen, weshalb der gänzliche Verzicht auf Planung, wie bereits gezeigt, sorgfaltswidrig wäre.

---

durchaus zugunsten anderer Ziele, wie etwa sozialer Leistungen, im Rahmen seines Ermessens zurücktreten lassen darf, vgl *Hüffer*, a. a. O., Rn. 14.

238 *Mertens*, a. a. O., Rn. 22.

239 Vgl. BGHZ 64, 325 (329); *Mertens*, a. a. O., Rn. 17 u. 22 f.; *Hüffer*, a. a. O., Rn. 13.

240 *Mertens*, a. a. O., Rn. 14; *Wiedemann*, a. a. O., S. 31 ff.

241 *Mertens*, a. a. O., Rn. 17.

242 *Mertens*, a. a. O., Rn. 22; *Semler*, a. a. O., Rn. 40 ff.

Wenn die hiernach bestehende Rechtspflicht des Vorstands zur Unternehmensplanung nicht näher konkretisiert würde, so könnte diese Pflicht durch jede beliebige Maßnahme, die sich rein äußerlich unter den Planungsbegriff subsumieren läßt, erfüllt werden. Der Vorstand einer Aktiengesellschaft würde bereits sorgfaltsgemäß handeln, wenn er seine Unternehmensplanung zum Beispiel auf die Formulierung strategischer Allgemeinplätze wie „weitere Expansion", „Ausweitung der Produktpalette", „deutliche Steigerung von Umsatz und Gewinn", „Erlangung eines Qualitätsimages" oder „Stärkung des Exports" beschränken würde. Andererseits könnte die Planung zulässigerweise auch als reine Kurzfristplanung, bestehend nur aus wenigen Eckdaten für das jeweils folgende Geschäftsjahr und unter Verzicht auf jegliche strategischen Überlegungen, gestaltet werden. Schließlich könnte es als sorgfaltsgemäß angesehen werden, lediglich eine aus willkürlichen Festlegungen bestehende Ergebnis- und Finanzplanung zu erstellen, mit deren Vorgaben jeder Unternehmensbereich eigenständige operative Maßnahmen zu erarbeiten hätte.

Schon diese wenigen – zugegebenermaßen extremen – Beispiele zeigen, daß es wenig sinnvoll wäre, eine Unternehmensplanung zwar als rechtliche Verpflichtung zu betrachten, diese Verpflichtung aber selbst dann als erfüllt anzusehen, wenn erkennbar unzureichende Planungsmaßnahmen ergriffen worden sind.[243] Also müßte – weil die Statuierung sinnloser Rechtspflichten schon aus verfassungsrechtlichen Gesichtspunkten unzulässig ist – die Unternehmensplanung als gesellschaftsrechtliche Vorstandspflicht entweder völlig aufgegeben werden oder aber in einem umfassenderen Sinne ausgelegt werden als im Sinne der bloßen Existenz einer Planung. Die erstgenannte Alternative ist angesichts der bisher getroffenen Feststellungen nicht weiter zu verfolgen und wird im übrigen – soweit ersichtlich – nicht vertreten. Wird im Sinnne der zweiten Alternative verfahren, so ist freilich bei der Ableitung konkretisierter Rechtspflichten aus dem Begriff der Unternehmensplanung das allgemeine Gebot zu beachten, daß solche Pflichten auch justitiabel sein müssen, wenn sie nicht in der Rechtswirklichkeit leerlaufen sollen.

Die hierfür zu definierenden Maßstäbe, an denen Erstellung und Inhalte der Unternehmensplanung zu messen sind, können wiederum allein durch einen weiteren Rückgriff auf die Betriebswirtschaftslehre gewonnen werden, in welcher Methoden, Prozesse und Inhalte von effizienter Unternehmensplanung in den vergangenen Jahrzehnten

---

[243] Vgl. dazu auch Hommelhoff/Schwab, a.a.O., 170 f.

eine kontinuierliche Weiterentwicklung erfahren haben. Dieser Rückgriff scheint daher sachlich geboten und läßt sich, wie bereits die Überlegungen zur Auslegung des Begriffs „Leitung" im Sinne des § 76 Abs. 1 AktG gezeigt haben, ohne größere rechtsdogmatische Schwierigkeiten vornehmen. Die ineinandergreifende Anwendung sowohl der Rechtswissenschaft als auch der Betriebswirtschaftslehre ist auch hier die zur Durchsetzung gesellschaftsrechtlicher Anliegen geeignete Methode.[244]

Durch eine solche Präzisierung der Sorgfaltspflicht bezüglich der Unternehmensplanung wird das nunmehr auch vom Bundesgerichtshof ausdrücklich anerkannte unternehmerische Ermessen des Vorstands nicht unangemessen eingeengt. Denn zum einen läßt sich diese Präzisierung – wie soeben dargelegt – zwanglos aus der anerkanntermaßen ermessensbeschränkenden Rentabilitätsverpflichtung des Vorstands ableiten. Zum anderen bezieht sich die gesamte Diskussion über das unternehmerische Vorstandsermessen, so auch die *„ARAG/Garmenbeck"*-Entscheidung des BGH, relativ einseitig auf das vertretbare Maß an bewußt eingegangenem Risiko und hier insbesondere auf Finanz- und Anlagetransaktionen. Die hier erörterte Problematik ist damit jedoch nicht direkt vergleichbar: Hier geht es nicht um ein bestimmtes Risiko, welches bis zu einer bestimmten, möglicherweise sogar recht genau quantifizierbaren Grenze als vom Ermessen noch gedeckt angesehen werden darf, weil ihm andererseits auch entsprechende Gewinnaussichten gegenüberstehen. Vielmehr erhöht ein grundlegendes planerisches Versagen *in jedem Falle* das Risiko künftiger Verluste, ohne daß hierdurch irgendeine zusätzliche Gewinnchance eröffnet wird. Derartige betriebswirtschaftliche Führungsdefizite können daher nicht mit den Maßstäben für Risikoentscheidungen beurteilt werden, sondern müssen stets im Sinne des BGH als *„unverantwortlich"* angesehen werden.

Die grundsätzlichen Bedenken *Kallmeyers* gegen die Heranziehung betriebswirtschaftlicher Kriterien im Rahmen der Planungsverpflichtung[245] sind gegenüber alledem nicht schlüssig, denn auch *Kallmeyer*

---

244 Insoweit zutreffend *Semler*, ZGR 1983, 1 (13): *„Wenn festgestellt wird, sei es durch die Rechtswissenschaft, sei es durch die Betriebswirtschaftslehre, daß ein bestimmtes (im Gesetz nicht ausdrücklich definiertes) unternehmerisches Verhalten allgemein notwendig ist, um den Vorteil des Unternehmens zu wahren und Schaden von ihm abzuwenden, dann bedeutet Vernachlässigung eines solchen Verhaltens eine Verletzung der Sorgfaltspflicht im Sinne des § 93 Abs. 1 AktG."*

245 *Kallmeyer*, a. a. O., S. 106 f.

räumt – wie erwähnt[246] – gewisse planerische Grundpflichten des Vorstands aus juristischer Sicht ein. Hierzu zählt er etwa die Absatz- und Mengenplanung und begründet dies damit, daß die damit im Zusammenhang stehenden Produktions- und Lagerkapazitäten nur unter großem zeitlichen Vorlauf anzupassen seien. Zu derartigen Einsichten kann aber auch *Kallmeyer* nur durch die Berücksichtigung von Erkenntnissen der Betriebswirtschaftslehre gelangt sein, welcher er im übrigen explizit immerhin *„eine unterstützende Rolle"* für die Rechtswissenschaft zubilligt.[247] Inwieweit sich die nur unterstützende Rolle im Sinne *Kallmeyers* von den vorstehend dargelegten Grundsätzen dogmatisch unterscheidet, bleibt offen. Tatsächlich begibt sich auch *Kallmeyer*, indem er die Verpflichtung des Vorstands zur Festlegung der Unternehmenspolitik und zur Absatzplanung begründet[248], auf betriebswirtschaftliches Gebiet.

Klarzustellen bleibt allerdings in diesem Zusammenhang – wie *Feddersen* zutreffend anmerkt[249] –, daß die juristische Subsumtion allein unter den gesetzlichen Begriff der Leitung gemäß § 76 Abs. 1 AktG zu erfolgen hat und lediglich zu dessen Auslegung betriebswirtschaftliche Erkenntnisse herangezogen werden können.

bb) Anerkannte betriebswirtschaftliche Essentialia als Maßstab

Steht somit fest, daß das Aktienrecht nicht nur hinsichtlich des „Ob", sondern auch des „Wie" der Unternehmensplanung das einschlägige Instrumentarium der Betriebswirtschaftslehre heranzuziehen hat, stellt sich die weitere Frage, welche dieser Instrumente und Prinzipien in concreto als zwingende Bestandteile ordnungsgemäßer Planung und damit ordnungsgemäßer Leitung des Unternehmens anzusehen sind.

Zunächst ist unter dem Gesichtspunkt der Rechtssicherheit ein hohes Maß an Festigung der betreffenden Erkenntnisse innerhalb der Nachbardisziplin zu fordern. Würden nämlich etwa bloße Empfehlungen oder Theorien der Betriebswirtschaftslehre, die hinsichtlich ihrer Wirksamkeit noch nicht empirisch überprüft oder fachwissenschaftlich umstritten sind, in rechtliche Kategorien übertragen, so würde die

[246] Vgl. oben 4.a) cc).
[247] *Kallmeyer*, a. a. O., S. 107.
[248] Vgl. a. a. O., S. 109 ff.
[249] *Feddersen*, a. a. O., S. 115; näher oben a) dd).

Grundanforderung der Justitiabilität nicht erfüllt. Woran sollte sich ein Richter, der über die Sorgfalt eines Vorstandsmitglieds bei der Leitung der AG zu befinden hat, orientieren, wenn die zugrundeliegende Problematik verschiedenen, wirtschaftswissenschaftlich kontrovers diskutierten Lösungen zugänglich ist? Den besonderen Vorzug der Rechtswissenschaft, daß im Falle einer umstrittenen fachspezifischen Problematik im Zweifel die Position der Rechtsprechung als ein in jedem Fall gut vertretbarer Lösungsweg herangezogen werden kann, bietet die Betriebswirtschaftslehre nicht. Eine der Rechtsprechung vergleichbare Autorität fehlt hier. Der Richter wäre also genötigt, eine Stellungnahme zu einer fremdwissenschaftlichen Streitfrage abzugeben und in die Form eines – in Rechtskraft erwachsenden – Urteils zu kleiden. Damit aber würde er seinen richterlichen Kompetenzbereich verlassen.

Hieraus ergibt sich, daß nur die wirtschaftswissenschaftlich unumstrittenen und empirisch gesicherten Instrumente und Prinzipien sachgerechter Unternehmensplanung für die Konkretisierung der aktienrechtlichen Planungsverpflichtung des Vorstands herangezogen werden können.[250] Insoweit unterliegt die Implementierung der Betriebswirtschaftslehre einer deutlichen Einschränkung.

Der vorstehende Leitgedanke bedeutet aber andererseits nicht, daß allein diejenigen Grundsätze als Rechtspflichten in Betracht kommen, die unabhängig von jeder individuellen Besonderheit eines Unternehmens Geltung beanspruchen können, also auf jede denkbare Aktiengesellschaft zutreffen. Damit bliebe nämlich die grundlegende Erkenntnis unberücksichtigt, daß gerade in einer auf die individuellen Verhältnisse des Unternehmens zugeschnittenen Anwendung der Planungsinstrumente der Schlüssel zur Wirksamkeit einer Unternehmensplanung liegt. Deshalb kann und muß nicht nur die Beachtung allgemein anerkannter Planungsgrundsätze, sondern auch deren unternehmensadäquate Anwendung überprüft werden. So muß zum Beispiel jede strategische und operative Planung auf einer externen und internen Situationsanalyse aufbauen; fehlt diese, handelt der Vorstand evident sorgfaltswidrig und damit rechtswidrig. Die Analyse ist aber außerdem auf die Bedürfnisse der Gesellschaft zuzuschneiden, was die Vernachlässigung wenig relevanter Analysefelder zuläßt, gleich-

250 In eine ähnliche Richtung zielt *Thümmel*, DB 1997, 261 (263), indem er vorschlägt, die gesetzlichen Sorgfaltsanforderungen durch Erwähnung der *allgemein anerkannten* betriebswirtschaftlichen Regeln sowie des unternehmerischen Gestaltungsspielraums zu konkretisieren.

zeitig aber die besondere Aufmerksamkeit auf lebenswichtigen Feldern bedingt. So wird zum Beispiel eine Gesellschaft, die sich mit der Herstellung von Rüstungsgütern befaßt, auf die Analyse der Entwicklung von Politik und Gesetzgebung höchste Priorität legen, während eine Herstellerin von Süßwaren diese Priorität auf die Feststellung von Konsumtrends in der Bevölkerung zu legen hat. In beiden Fällen ist die eingehende Situationsanalyse auf dem jeweils genannten Analysefeld entscheidend für die Konsistenz der gesamten Planung und damit im Rahmen der Ordnungsmäßigkeit rechtlich zu fordern.

Bei der Bewertung des unternehmensadäquaten Zuschnitts der Planung darf freilich aus juristischer Sicht auch nicht zu sehr ins Detail gegangen werden. Nur grundlegende Fehler oder Unterlassungen bei der Ausgestaltung einzelner Planungskomplexe können unter Berücksichtigung der Rechtsprechung des Bundesgerichtshofs, die dem Vorstand ein breites unternehmerisches Ermessen einräumt[251], als aktienrechtliche Sorgfaltspflichtverletzung behandelt werden. Vor allem muß bei der Bewertung des Vorstandshandelns auch der Kreativität bei der Entwicklung neuer, besserer oder zumindest gleichwertiger Planungsinstrumente Raum gegeben werden. Damit wird berücksichtigt, daß hier der Grenzbereich zum rechtlich nicht mehr determinierten unternehmerischen Ermessen des Vorstands erreicht ist.

Eindeutig überschritten wäre diese Grenze, wenn auch die organisatorische Ausgestaltung einzelner Planungsschritte als aktienrechtlich determiniert angesehen würde. So darf der Richter nicht – auch nicht gestützt auf ein betriebswirtschaftliches Gutachten –, überprüfen, ob eine bestimmte Formularform zur Organisation bestimmter Einzelplanungen optimale Effizienz verspricht oder nicht. Hier handelt es sich um reine Zweckmäßigkeitsüberlegungen, die einer rechtlichen Bewertung nicht zugänglich sind. Eine Kontrollüberlegung anhand der obigen Leitgedanken führt zum gleichen Ergebnis: Zweckmäßigkeitsüberlegungen im Detail können keine wirtschaftswissenschaftlich unumstrittenen Prinzipien sein. Dies zeigt, daß die vorgenannten Leitsätze zur Wahrung eines angemessenen Ermessensbereichs des Vorstands tauglich sind.

Nach alledem kann zur Bestimmung der Rechtspflichten des Vorstands im Rahmen der Unternehmensplanung folgender Grundsatz formuliert werden:

---

251 Vgl. oben aa).

Der Vorstand ist gemäß § 76 Abs. 1 AktG verpflichtet, die allgemein anerkannten betriebswirtschaftlichen Grundprinzipien und Instrumente sachgerechter Unternehmensplanung zu berücksichtigen und in der Weise anzuwenden, wie dies zur Erzielung des durch Unternehmensplanung allgemein bezweckten Erfolges in der konkreten Aktiengesellschaft geeignet und erforderlich ist.

cc) Bewertung der Konkretisierungsversuche

Anhand des vorstehenden Grundsatzes sind nun die Konkretisierungsversuche *Lutters*, *Feddersens* und *Semlers* zu überprüfen:

Lutter gibt eine kurz- und mittelfristige Produkt-, Absatz-, Finanz-, Liquiditäts-, Investitions- und Ertragsplanung als rechtlichen Mindeststandard vor, stellt im übrigen aber Aufbau und Organisation der Unternehmensplanung in das Ermessen des Vorstands. Dem kann in dieser Form nicht zugestimmt werden. Zwar hat *Lutter* hiermit einige wesentliche Aspekte sachgemäßer Planung erfaßt, jedoch handelt es sich dabei lediglich um einen Katalog von Einzelplanungen, der zudem nicht allgemein anwendbar, sondern einseitig auf Industrieunternehmen ausgerichtet ist, wie aus der Einordnung der Produkt- und Absatzplanung an erster Stelle deutlich wird. Die gegenüber einem – ohnehin weitgehend an die individuellen Unternehmensbedürfnisse anzupassenden – Katalog von Einzelplanungen weitaus wichtigeren Aspekte eines Planungsprozesses, wie etwa die strategische Unternehmenszielbestimmung oder die für die Qualität der Planung essentiell bedeutsame Umfeldanalyse, bleiben unerwähnt, obwohl hierin unumstrittene Grundanforderungen an sachgerechte Planung liegen. Die Eingrenzung *Lutters* kann daher nicht befriedigen.

Erst recht gilt dies allerdings für den Standpunkt *Kallmeyers*, dessen Minimalkatalog der Planung keine betriebswirtschaftliche Stütze findet und von *Feddersen* mit Recht als willkürlich verkürzt entlarvt wird. Der von *Kallmeyer* als sorgfaltsgemäß erachtete völlige Verzicht auf Planzahlen außerhalb der Budgetierung widerspricht unumstrittenen betriebswirtschaftlichen Prinzipien.[252] Keinesfalls kann es mit *Kallmeyer* als sorgfaltsgemäß angesehen werden, wenn in einer

252 Hiergegen wendet sich neben den genannten Autoren ferner *Mutter*, Unternehmerische Entscheidungen, S. 45, Fn. 223.

mittelständischen Aktiengesellschaft der Vorstand sich hinsichtlich der künftigen Umsatz- und Ergebnisentwicklung *„mit einer mehr unbestimmten Vorausschau“* [253] begnügt. Damit würde der Vorstand mißachten, daß auch in einem mitelständischen Unternehmen fundamentale Interessen der Aktionäre an einer rationalen Gestaltung des künftigen Unternehmenserfolgs zu berücksichtigen sind. Aus diesem Grund sind strategische Überlegungen in ihrer Auswirkung auf Umsatz- und Ergebnis der Gesellschaft im Rahmen der – stets gebotenen – Finanzplanung zwingend darzustellen.

Ferner kann man die Mittel- und Langfristplanung nicht in der von *Kallmeyer* postulierten Weise von der Kurzfristplanung trennen.[254] Zwar ist zuzugestehen, daß die Kurzfristplanung einen primär operativen Charakter hat und einer ständigen Fortführung und Kontrolle aus dem aktuellen Geschäftsverlauf bedarf. Nichtsdestotrotz ist aber die Erstellung der Kurzfristplanung eine Folge aus den Unternehmenszielen und den zur Erreichung dieser Unternehmensziele zu treffenden Maßnahmen, wie sie in der Mittel- und Langfristplanung manifestiert sind, und stellt damit einen Bestandteil der gesamten Unternehmensplanung dar, der mit den anderen Bausteinen korrelieren muß. Die Kurzfristplanung muß konsequenterweise den ersten konkreten Schritt zur Erreichung der in der Mittel- und Langfristplanung festgelegten Ziele darstellen. Der Vorstand darf somit die Kurzfristplanung zwar in größerem Umfang delegieren, muß aber auch insoweit die Konsistenzkontrolle behalten. Deshalb fällt entgegen *Kallmeyer* auch die kurzfristige Unternehmensplanung in den Bereich der Leitung gemäß § 76 Abs. 1 AktG.

Feddersen [255] legt – wie zuvor bereits *Lutter* – das Schwergewicht seiner Überlegungen auf einen Katalog von Einzelplanungen und deren zwingende Bezifferung, wobei er die entsprechenden Verpflichtungen des Vorstands zutreffend aus dessen Hauptpflicht zur nachhaltigen Gewinnerzielung herleitet. Auch *Feddersen* vernachlässigt aber die systematischen Aspekte der Planung und begnügt sich stattdessen mit allgemeinen Hinweisen auf die notwendige Flexibilität. Dabei ist ihm zwar insoweit zuzustimmen, als er *„Tiefe und Fristigkeit“* der Planung von der jeweiligen unternehmerischen Detailkonstellation abhängig macht.[256] Jedoch wird durch derartige Kriterien ebenso wie

---

253 *Kallmeyer*, a. a. O., S. 111.

254 Vgl. a. a. O., S. 110.

255 ZGR 1993, 114 ff., vgl. oben a) dd).

256 Vgl. a. a. O., S. 116.

durch die Auflistung einzelner Planungsbereiche nicht berücksichtigt, daß etwa die grundlegende Systematik sorgfältiger Unternehmensplanung eben nicht als disponibel angesehen werden kann. Außerdem wird nicht deutlich, inwieweit dem Vorstand eine Sorgfaltspflichtverletzung anzulasten ist, wenn er den von *Feddersen* zugestandenen Flexibilitätsrahmen nicht in unternehmensadäquater Weise ausfüllt.

Den am Maßstab des oben aufgestellten Grundsatzes vergleichsweise sachgerechtesten Ansatz liefert *Semler*[257], indem er das *„Grundgerüst einer Planung"* einfordert, die *„nach betriebswirtschaftlich vertretbaren Grundsätzen"* zu entwickeln sei, und deren Ausgestaltung sich nach den individuellen Bedürfnissen des Unternehmens richte. Zudem hat *Semler* wichtige Eckpunkte eines solchen *„Grundgerüsts"* erläutert. Dabei kommt ihm das Verdienst zu, weniger einen Katalog von Einzelplanungen, als vielmehr eine grundlegende Planungssystematik in den Vordergrund zu stellen.

Allerdings hat auch *Semler* versäumt, diese Planungssystematik in der Weise zu formulieren, daß die dort aufgestellten Grundsätze zweifelsfrei als rechtliche Mindestanforderungen erscheinen. So sieht *Lutter* sich dazu veranlaßt, das *Semler'*sche System lediglich als eine Ansammlung von *„Beispielen"* für die im Ermessen des Vorstands liegende Ausgestaltung der Unternehmensplanung zu betrachten.[258] Wenn auch unter Berücksichtigung des Gesamtzusammenhangs der Ausführungen *Semlers*, wie bereits dargelegt, einiges gegen diese Interpretation *Lutters* spricht, zeigt diese doch deutlich, daß es auch *Semler* letztlich nicht gelungen ist, die essentiellen betriebswirtschaftlichen Planungsgrundsätze als justitiable Rechtspflichten zur Geltung zu bringen.

Richtigerweise sollte eine ordnungsgemäße Unternehmensplanung auf diejenigen Planungsschritte Rücksicht nehmen, die in dem oben beschriebenen „Stand der Technik" bei der Unternehmensplanung behandelt worden sind.[259] Denn hierbei handelt es sich um eine Zusammenstellung anerkannter Planungsgrundsätze und -instrumente der Betriebswirtschaftslehre. Das bedeutet nicht, daß in jedem Falle ein Planungsablauf wie oben vorgegeben unter Beachtung sämtlicher dargestellter Einzelheiten zu erfolgen hat. Jedoch müssen Abweichungen oder Unterlassungen jeweils einer eingehenden Überprüfung

---

257 ZGR 1983, 1 ff., vgl. oben a) bb).

258 *Lutter*, AG 1991, 249 (251, Fn. 33).

259 Vgl. oben I. 4.

standhalten können, was bedeutet, daß diese besonderer Begründung bedürfen, was wiederum dazu führt, daß der Vorstand sich hiermit bewußt auseinanderzusetzen hat.

Im wesentlichen ist also auf die dargelegten Grundsätze sachgerechter Unternehmensplanung zu verweisen.

c) Zwischenergebnis: Die aktienrechtlich zwingenden Planungsgrundsätze

Ausgehend von den vorstehenden Überlegungen und dem zuvor ausführlich dargelegten betriebswirtschaftlichen Erkenntnisstand lassen sich folgende Rechtspflichten des Vorstands im Bereich der Unternehmensplanung konkretisieren:

- Formulierung einer dezidierten Unternehmenskonzeption unter Einschluß von Grundsätzen zur Unternehmenskultur

- Durchführung einer fortlaufenden externen Analyse von Umwelt, Markt und Wettbewerb unter besonderer Berücksichtigung von Stärken und Schwächen der wichtigsten Konkurrenten

- Durchführung einer regelmäßigen internen Analyse der Ergebnis- und Kostenstruktur sowie einer Leistungsanalyse hinsichtlich der personellen, finanziellen und technologischen Ressourcen

- Fortschreibung einer strategischen Planung, aufbauend auf den mittels externer und interner Analyse identifizierten Erfolgspotentialen; Konkretisierung dieser Planung in strategische Zielvorgaben für Produkte und Märkte, die entsprechenden Investitions-, organisations- und personalpolitischen Grundentscheidungen sowie die anzustrebenden wirtschaftlichen Ziele;

  Berücksichtigung eines Zeithorizontes von ca. 10 bis 15 Jahren, wenn nicht besondere Umstände eine kürzere Fristigkeit ausreichend erscheinen lassen;

  Flexibilität des Planungsgerüstes mit hinreichenden Reaktionsmöglichkeiten im Falle nicht vorhersehbarer Änderungen im Bereich der Planungsprämissen;

Formulierung einer strategischen Grundhaltung bei Existenz mehrerer strategischer Geschäftseinheiten unter Berücksichtigung der langfristigen Rentabilität des Portfolios

- Erstellung einer operativen Planung mit einem branchen- und unternehmensadäquaten Zeithorizont und entsprechender Aufgliederung in bezifferte und interdependente Einzelplanungen

- Erstellung einer kurz-, mittel- und langfristigen Finanzplanung zur Darstellung von Umsatz-, Kosten-, Liquiditäts- und Ergebnisentwicklung als monetäre Konsequenz der operativen und strategischen Planung

- Durchführung einer fortlaufenden strategischen Überwachung, dabei insbesondere Beobachtung „schwacher Signale" und ihrer weiteren Entwicklung mittels eines institutionalisierten Krisenfrüherkennungs- und Risikomanagements[260]; fortlaufende Prämissen- und Durchführungskontrolle mit stetiger Rückkopplung zur operativen Kontrolle; gegebenenfalls unverzügliche Anpassung oder Revision der Planungen

- Sicherstellung eines interaktiv vernetzten, hierarchieübergreifenden und transparenten Planungsprozesses.

5. Besonderheiten im Konzern

Das vorstehend beschriebene System rechtlicher Anforderungen an eine ordnungsgemäße Unternehmensplanung ist nicht nur auf Aktiengesellschaften anwendbar, die außerhalb eines Konzernverbunds stehen. Vielmehr kann dieses System auf Konzernunternehmen im Sinne des § 18 AktG weitestgehend übertragen werden und ist deshalb auch dort grundsätzlich verbindlich. Jedoch ergeben sich einige Besonderheiten sowohl bei einer herrschenden als auch bei einer abhängigen Konzerngesellschaft, die durch die Ausdehnung der Vorstandsverantwortung auf der einen und ihre Einschränkung auf der anderen Seite begründet sind.

260 Insoweit jetzt in § 91 Abs. 2 AktG i. d. F. des KonTraG normiert.

a) Unternehmensplanung in der herrschenden Gesellschaft

Der Vorstand einer herrschenden Konzerngesellschaft hat gemäß § 76 Abs. 1 AktG nicht nur seine eigene Gesellschaft zu leiten, sondern trägt darüberhinaus auch eine Leitungsverantwortung für den Konzern. Welche Folgerungen aus dieser Konzernleitungsverantwortung im einzelnen zu ziehen sind, insbesondere inwieweit der Vorstand nicht nur berechtigt, sondern auch verpflichtet ist, auf die Geschäftsführung abhängiger Gesellschaften mittels eigener Leitungsmaßnahmen Einfluß zu nehmen, ist umstritten und kann hier nicht weiter vertieft werden.[261] Entscheidend ist, daß auch im Konzern das unternehmerische Ermessen des Vorstands durch die Verpflichtung zur substantiellen Kapitalerhaltung sowie zur angemessenen Gewinnerzielung begrenzt ist.[262] Schon aus diesen vitalen Interessen der herrschenden Aktiengesellschaft ergibt sich zumindest die zwingende Anforderung, dafür Sorge zu tragen, daß die abhängigen Konzernunternehmen nicht konzeptionslos nebeneinander und ebenso konzeptionslos neben der herrschenden Gesellschaft existieren, sondern in koordinierter Weise zum Erfolg der herrschenden Gesellschaft beitragen.[263]

Diese gegenüber der eigenen Gesellschaft bestehende Verpflichtung kann der Vorstand einer herrschenden Konzerngesellschaft nur durch ein Mindestmaß an konzernweiter Führung erfüllen.[264] Hiervon ist insbesondere das Führungsinstrument Unternehmensplanung einschließlich der Unternehmenskontrolle betroffen. Insoweit hat der Vorstand unter dem Stichwort *Konzernplanung* die folgenden planerischen Grundanforderungen zu erfüllen:

---

261 Für eine Konzernleitung im Sinne umfassender Einflußnahme als Rechtspflicht gegenüber der abhängigen Gesellschaft *Hommelhoff*, Die Konzernleitungspflicht, S. 43 ff., 165 ff., 184 ff.; *Kropff*, ZGR 1984, 112 (116); dagegen für weitgehendes Ermessen des Vorstands hinsichtlich des Ob und Wie einer Einflußnahme *Hüffer*, AktG, § 76, Rn. 17; *Mertens* in: KK, AktG, § 76, Rn. 54 f. m. w. N.; vermittelnd *Semler*, Leitung und Überwachung, Rn. 271, 274 ff. u. insbes. Fn. 410, der nur hinsichtlich des Ob, nicht aber hinsichtlich der Intensität einer Einflußnahme Konzernleitungspflichten annimmt.

262 *Semler*, a. a. O., Rn. 354.

263 So auch *Mertens*, a. a. O., Rn. 54.

264 *Semler*, a. a. O., Rn. 273, versteht hierunter *„die Zielsetzung sowie die mittel- und langfristige Festlegung der Konzernpolitik (Konzernplanung), die Organisation und Koordinierung der konzernverbundenen Unternehmen (Konzernkoordinierung), die laufende und nachträgliche Kontrolle der Geschäftspolitik der konzernverbundenen Unternehmen (Konzernkontrolle), die Besetzung von Führungsstellen im Konzern (eingeschränkt durch § 32 MitbestG)"*; im Ergebnis kaum abweichend *Mertens*, a. a. O.

- Formulierung einer auf die Entwicklung des Gesamtkonzerns bezogenen Zielbestimmung[265]

- Festlegung einer auf der Konzernzielbestimmung sowie den Ergebnissen einer umfassenden externen und internen Analyse[266] basierenden strategischen Ausrichtung des Konzerns hinsichtlich Beteiligungspolitik und Organisation

- Sicherstellung einer konzernweiten strategischen Koordinierung der Bilanzpolitik

- Abgleich der Markt/Produkt-Strategien innerhalb des Konzerns, soweit im Einzelfall erforderlich.[267]

Weitergehende Eingriffe in die Unternehmensplanung der abhängigen Unternehmen sind – insbesondere bei Vorliegen eines Beherrschungsvertrages[268] und erst recht im Falle der Eingliederung[269] – möglich, stehen jedoch im Ermessen des Vorstands der herrschenden Gesellschaft. So kann es etwa im Einzelfall sinnvoll sein, aufgrund einer synergieorientierten Konzernstrategie in einzelne operative Planungsbereiche des abhängigen Unternehmens wie beispielweise Beschaffungs-, Investitions- oder Entwicklungsplanung einzugreifen, im übrigen jedoch Abstinenz zu üben. Mit Recht hebt *Mertens* in diesem Zusammenhang hervor, daß ein Belassen des abhängigen Unternehmens in weitgehender Selbständigkeit die Verantwortlichkeit und Kreativität seiner Führungsorgane fördert und damit letztlich dem Nutzen des Gesamtkonzerns in besonderer Weise dienen kann.[270] Darüberhinaus liefe eine bis ins Detail reichende Bestimmung der Planung des abhängigen Unternehmens durch entsprechende Einflußnahme – von praktischen Problemen ganz abgesehen – dem grundlegenden Interesse der Geschäftsleitung der herrschenden Ge-

265 Zu den Anforderungen an eine ordnungsgemäße Unternehmenskonzeption vgl. oben I. 4. a) aa).

266 Zu den diesbezüglichen Anforderungen vgl. oben I. 4. a) bb) u. cc).

267 *Semler*, a. a. O., Rn. 406, geht hier sehr weit und fordert in Fällen, in denen das Geschäft von herrschender und abhängigen Gesellschaften *„eng verzahnt"* ist, eine vollständig integrierte Konzernplanung unter Beachtung der *"von der Betriebswirtschaftslehre entwickelten und in der Praxis bewährten Methoden"* als ein Gebot der Sorgfaltspflicht. Bei lediglich faktischer Konzernierung ist allerdings zu beachten, daß die rechtlichen Grenzen verbindlicher Einflußnahme zugleich die Reichweite der Koordinierungspflichten des Vorstands der herrschenden AG markieren; vgl. auch hierzu *Semler*, a. a. O., Rn. 325 ff., mit prakt. Beispielen.

268 Vgl. § 308 AktG.

269 Vgl. §§ 319 u. 323 AktG.

270 *Mertens*, a. a. O., Rn. 54.

sellschaft an einer effizienten Delegation von Führungsaufgaben zuwider, die ebenso wie innerhalb der eigenen Gesellschaft auch im Rahmen des Konzerns erfolgen kann. Diese Erkenntnisse haben sich auch in der Unternehmenspraxis der meisten deutschen Konzerne durchgesetzt.

Unumgänglich ist bei der Konzernplanung ebenso wie bei der Einzelunternehmensplanung, daß ein interaktiver Planungsprozeß stattfindet. Das bedeutet, daß zumindest die Leitungsebene der abhängigen Gesellschaft, bei Aktiengesellschaften also deren Vorstand, in die Erstellung der Konzernplanung einbezogen wird. Eine reine „Top-down"-Planung ist auch im Konzernverhältnis wegen der damit verbundenen erheblichen Gefahren[271] als nicht kunstgerecht und damit unzulässig anzusehen.

Eine gesteigerte Verantwortung trifft den Vorstand einer herrschenden Konzerngesellschaft schließlich im Bereich der strategischen Kontrolle. Aufgrund der in Konzernen oftmals bestehenden Diversifikation ist das Feld der möglichen äußeren Einflüsse, welche die wirtschaftliche Lage der Konzernmutter beeinflussen können, stark erweitert. Dies zeigt anschaulich das bereits erwähnte Beispiel der Daimler-Benz AG, die nach der konzernmäßigen Erweiterung auf neue Branchen, in denen sich die Wettbewerbssituation der dort engagierten Konzerngesellschaften unkalkuliert verschlechterte, nicht nur erhebliche finanzielle Verluste, sondern auch Imageverluste zu verkraften hatte. Gerade im Konzern ist deshalb eine besonders sorgfältige, permanente und weit vorausschauende Umfeldanalyse erforderlich. Ergeben sich hier strategisch relevante Veränderungen, so ist eine Revision der Konzernstrategie und erforderlichenfalls auch der Konzernzielbestimmung vorzunehmen. Weil die Umsetzung einer derartigen Revision stets mehrere Jahre in Anspruch nimmt, hat der Vorstand bei Vorliegen entsprechender Analyseergebnisse die erforderlichen Planungsschritte *unverzüglich* einzuleiten, um seiner Sorgfaltspflicht gemäß § 93 Abs. 1 AktG nachzukommen. Dabei soll nicht verkannt werden, daß gerade im Bereich des Konzerns zahlreiche Unwägbarkeiten, aber auch unternehmerische Chancen bestehen, denen das Aktienrecht durch einen entsprechend weiten Ermessensspielraum des Vorstands Rechnung zu tragen hat. Dieser Ermessensspielraum kommt dem konzernleitenden Vorstand aber nur zugute, wenn er aufgrund strategisch relevanter Umfeldveränderungen *handelt*, nicht je-

---

271 Vgl. oben I. 4. c).

doch, wenn er untätig bleibt und so eine Strategie beibehält, die auf tatsächlich nicht mehr gegebenen Prämissen basiert.

b) Unternehmensplanung in der abhängigen Gesellschaft

In der abhängigen Konzerngesellschaft muß bei der Bestimmung der Planungspflichten des Vorstands nach der Art des Abhängigkeitstatbestandes unterschieden werden. Dabei kommen eine faktische Konzernierung, ein Beherrschungsvertrag sowie eine Eingliederung in Betracht.

aa) Faktischer Konzern

Handelt es sich um einen faktischen Konzern, so ist der Vorstand der abhängigen Aktiengesellschaft uneingeschränkt zur Leitung gemäß § 76 Abs. 1 AktG berechtigt und verpflichtet; eine Folgepflicht gegenüber Weisungen der herrschenden Gesellschaft besteht von Gesetzes wegen nicht.[272] Daher hat der Vorstand hier auch eine uneingeschränkte Verantwortung für die Unternehmensplanung, bei deren Wahrnehmung keine Besonderheiten gegenüber den allgemeinen Planungspflichten beachtet werden müssen.

Der Vorstand ist lediglich *berechtigt*, aufgrund einer „Veranlassung" seitens der herrschenden Gesellschaft im Sinne des § 311 AktG deren Vorstellungen in seiner Planung zu berücksichtigen. Ist durch eine solche Planungskonsolidierung im Konzerninteresse allerdings ein wirtschaftlicher Nachteil für die abhängige Gesellschaft zu befürchten, so darf der Vorstand sich dem Einfluß der herrschenden Gesellschaft nur beugen, wenn zuverlässig erwartet werden kann, daß der Nachteil gemäß § 311 AktG ausgeglichen wird. Andernfalls handelt der Vorstand der abhängigen Gesellschaft sorgfaltswidrig und kann sich schadensersatzpflichtig machen.[273]

bb) Beherrschungsvertrag

Liegt ein *Vertragskonzern* vor, in welchem aufgrund eines Beherrschungsvertrages gemäß § 308 AktG ein Weisungsrecht gegenüber

---

272 *Hüffer*, a. a. O., Rn. 19; *Mertens*, a. a. O., Rn. 56; *Wiesner* in: Münch. Hdb., Bd. 4, § 19, Rn. 17.

273 Vgl. OLG Hamm AG 1995, 512 (514); *Hüffer*, a. a. O.

dem Vorstand der abhängigen Aktiengesellschaft besteht, so ist die Leitungsmacht des Vorstands eingeschränkt. Allerdings hängt die Einschränkung der Leitungsverantwortung und die damit verbundene Einschränkung der Organhaftung gemäß § 310 Abs. 3 AktG davon ab, inwieweit die herrschende Gesellschaft die ihr vertraglich zustehenden Weisungsbefugnisse tatsächlich in Anspruch nimmt und verbindliche Weisungen erteilt. Soweit das nicht der Fall ist, hat der Vorstand der beherrschten Gesellschaft diese eigenverantwortlich zu leiten.[274] Denn ein Beherschungsvertrag bewirkt nicht, daß § 76 Abs. 1 AktG gänzlich außer Kraft tritt und der Vorstand zum reinen Befehlsempfänger wird, der seine Untätigkeit mit dem Ausbleiben von Befehlen rechtfertigen könnte.[275]

Diese fortbestehende Verantwortlichkeit trotz Weisungsgebundenheit zeigt sich zunächst darin, daß der Vorstand gemäß § 308 Abs. 2 Satz 2 a. E. AktG berechtigt ist, die Befolgung solcher Weisungen, die offensichtlich weder den Belangen des herrschenden Unternehmens noch den Belangen anderer Konzernunternehmen dienen, zu verweigern. Im übrigen hat er zumindest das Recht und die Pflicht zur Gegenvorstellung, wenn eine Weisung Nachteile für seine Gesellschaft mit sich bringt.[276] Ferner besteht gegenüber Weisungen, welche zur Vernichtung des abhängigen Unternehmens führen oder seine selbständige Fortexistenz unmöglich machen würden, nach verbreiteter und m. E. zutreffender Ansicht sogar eine Pflicht zur Nichtbefolgung.[277]

Für den Bereich der Unternehmensplanung hat dieser rechtliche Rahmen die Konsequenz, daß der Vorstand der abhängigen Gesellschaft im Vertragskonzern etwaige Planungsvorgaben der herrschenden Gesellschaft gemäß § 308 Abs. 2 Satz 1 AktG grundsätzlich in seine Planung einarbeiten *muß*. Aus seiner fortbestehenden Verantwortlichkeit ergeben sich insoweit jedoch zwei Einschränkungen:

- Planungsvorgaben, deren Umsetzung existenznotwendige Funktionen des abhängigen Unternehmens vollständig eliminieren würde, dürfen nicht befolgt werden.

---

[274] *Mertens*, a. a. O.

[275] Zutreffend *Semler*, a. a. O., Rn. 446, 452.

[276] *Hüffer*, a. a. O., § 308, Rn. 21; *Krieger* in: Münch. Hdb., Bd. 4, § 70, Rn. 105; *Semler*, a. a. O., Rn. 452.

[277] Näher *Semler*, a. a. O., Rn. 335 ff. m. w. N.; vgl. aber auch Einwendungen von Altmeppen in Münchener Kommentar zum Aktiengesetz, § 308, Rn. 125 ff.

- Planungsvorgaben, die den Grundsätzen ordnungsgemäßer Unternehmensplanung gemäß §§ 76 Abs. 1 i. V. m. § 93 Abs. 1 AktG widersprechen, sind gemäß § 308 Abs. 2 Satz 2 a. E. AktG unverbindlich. Denn eine sachlich oder zeitlich inkonsistente oder eine realitätsferne Planung dient offensichtlich weder den Belangen der Konzernmutter noch den Belangen anderer Konzerngesellschaften. Ein Beispiel: Die herrschende Gesellschaft macht operative Planungsvorgaben hinsichtlich einer Produktions- und Absatzerweiterung, die mit der aktuellen externen Analyse und der bestehenden Unternehmensstrategie unvereinbar sind, weil für einen erhöhten Absatz kein entsprechend aufnahmefähiger Markt zur Verfügung steht. Die Berücksichtigung dieser Weisung würde also mit an Sicherheit grenzender Wahrscheinlichkeit zu Verlusten führen, die weder den Belangen des herrschenden Unternehmens noch den Belangen anderer Konzernunternehmen dienlich sein können.

  Der in Fällen der Befolgungsverweigerung gemäß § 308 Abs. 2 Satz 2 AktG dem Vorstand der abhängigen Gesellschaft obliegende Beweis für die offensichtliche Untauglichkeit der Weisung[278] kann als erbracht gelten, wenn der Vorstand nachweist, daß

  1. bei Berücksichtigung der Weisung die Unternehmensplanung der abhängigen Gesellschaft nicht mehr mit den betriebswirtschaftlich anerkannten Grundsätzen ordnungsgemäßer Planung vereinbar wäre, und
  2. die herrschende Gesellschaft nicht gegenüber dem Vorstand unter Angabe nachvollziehbarer Gründe dargelegt hat, daß die an sich sachfremde Planungsvorgabe ausnahmsweise im Konzerninteresse gerechtfertigt sei.

Abgesehen von den vorstehenden Einschränkungen hat die herrschende Gesellschaft im Vertragskonzern durchaus die Möglichkeit, die gesamte Unternehmensplanung der abhängigen Gesellschaft an sich zu ziehen. Sie wird hiervon jedoch aus den bereits genannten praktischen Erwägungen[279] kaum Gebrauch machen. Insofern hat der Vorstand der beherrschten Gesellschaft, soweit Weisungen nicht entgegenstehen, die Planungsverantwortung für sein Unternehmen unter Beachtung sämtlicher planerischer Grundpflichten selbsttätig wahrzunehmen.

278 *Hüffer*, a. a. O., Rn. 22.
279 Vgl. oben a).

cc) Eingliederung

Im Falle der *Eingliederung* der abhängigen Gesellschaft gemäß §§ 319 ff. AktG ist die Verantwortlichkeit des Vorstands der eingegliederten Gesellschaft noch weiter reduziert. Da hier keine Minderheits- oder Gläubigerinteressen mehr zu berücksichtigen sind, kann der Vorstand der herrschenden Gesellschaft in bezug auf die eingegliederte Gesellschaft sämtliche Leitungsfunktionen ohne rechtliche Einschränkung ausüben.[280] Dementsprechend ist der Vorstand der eingegliederten Gesellschaft verpflichtet, jegliche unternehmerische Weisung von seiten der Hauptgesellschaft auszuführen, ohne daß ihm wie bei der vertraglich beherrschten Gesellschaft ein Prüfungsrecht entsprechend § 308 Abs. 2 Satz 2 AktG zusteht.[281] Sogar existenzgefährdende Weisungen sind zulässig.

Folglich müssen Vorgaben im Bereich der Unternehmensplanung bedingungslos umgesetzt werden, selbst wenn diese den nach §§ 76 Abs. 1, 93 Abs. 1 AktG verbindlichen Grundsätzen ordnungsgemäßer Planung widersprechen und ihnen auch kein erkennbares Konzerninteresse zugrundeliegt. Erteilt der Vorstand der Hauptgesellschaft derartige Weisungen, kann er sich jedoch gemäß § 323 Abs. 1 Satz 2 AktG i. V. m. § 309 AktG schadensersatzpflichtig machen.

Soweit Weisungen der Hauptgesellschaft ausbleiben, hat allerdings auch der Vorstand einer eingegliederten Gesellschaft seine gesetzliche Leitungsaufgabe gemäß § 76 Abs. 1 AktG wahrzunehmen[282], was den Betrieb einer ordnungsmäßigen Unternehmensplanung einschließt. In der Praxis wird allerdings bei Eingliederung das Weisungsrecht gegenüber dem eingegliederten Unternehmen regelmäßig in sehr weitem Umfang ausgeübt.

280 Vgl. *Semler*, a. a. O., Rn. 338.

281 § 323 Abs. 1 Satz 2 AktG verweist nur auf § 308 Abs. 2 Satz 1 AktG.

282 *Semler*, a. a. O., Rn. 453, mit dem zutreffenden Hinweis auf die eigene Rechtspersönlichkeit der eingegliederten Gesellschaft.

6. Haftung

a) Rechtslage

Die Erfüllung der in den vorstehenden Abschnitten beschriebenen aktienrechtlichen Grundanforderungen an ordnungsgemäße Unternehmensplanung liegt im alleinigen, nicht delegierbaren Verantwortungsbereich des Vorstands gemäß § 76 Abs. 1 AktG. Wird gegen eine oder mehrere dieser Forderungen verstoßen, so wird ein Verschulden des Vorstands nach dem Maßstab des § 93 Abs. 1 AktG indiziert. Erleidet die Gesellschaft einen wirtschaftlichen Schaden, der durch solches Planungsversagen adäquat verursacht wurde, so sind die Vorstandsmitglieder gegenüber der Gesellschaft gemäß § 93 Abs. 2 Satz 1 AktG gesamtschuldnerisch zum Schadensersatz verpflichtet.

Bei der Beurteilung des Verschuldens im Sinne des § 93 Abs. 1 Satz 1 AktG ist allerdings zu beachten, daß der Maßstab der Sorgfaltspflicht stets *ex ante* zu bestimmen ist und dem Vorstand bei seinen Entscheidungen ein breites unternehmerisches Ermessen zusteht. Dies hat der Bundesgerichtshof in seinem bereits erwähnten Urteil zum Fall *„ARAG/Garmenbeck"* [283] in Übereinstimmung mit der herrschenden Lehre[284] klargestellt. Unternehmerische Entscheidungen des Vorstands, die sich lediglich im nachhinein als unzweckmäßig und für die Gesellschaft nachteilig erweisen, vermögen den Vorwurf der Pflichtverletzung nicht zu begründen.[285] Vielmehr muß hierzu die Sorgfaltswidrigkeit der Entscheidung bereits im Entscheidungszeitpunkt für einen objektiven Beobachter klar erkennbar gewesen sein.[286] Bloße Fehlschläge und Irrtümer sind also streng von schlechthin unverantwortlichem Handeln zu unterscheiden.[287]

---

[283] BGH AG 1997, 377 (Urteil v. 21.04.1997 – II ZR 175/95); hierzu *Götz*, NJW 1997, 3275 ff.; *Horn*, ZIP 1997, 1129 ff.; *Kindler*, ZHR 162 (1998), 101 ff.

[284] Statt aller *Mertens*, a. a. O., Rn. 10 ff. m. w. N.

[285] *Götz*, AG 1995, 337 (352); *Hefermehl* in: *Geßler/Hefermehl/Eckardt/Kropff*, AktG, § 76, Rn. 14; vgl. ferner zum Begriff der unternehmerischen Entscheidung eingehend *Mutter*, Unternehmerische Entscheidungen, S. 4 ff.

[286] *Wiedemann*, Organverantwortung, S. 13, hierzu treffend: *„Ein Vorstands- oder Aufsichtsratsmitglied sans fortune braucht grundsätzlich keine Regreßansprüche zu befürchten – allerdings die Nichtverlängerung seiner Amtstätigkeit."*

[287] Vgl. BGH, a. a. O., S. 379; *Hüffer*, AktG, § 93, Rn. 13 a; *Horn*, a. a. O., S. 1133 (*„Eine haftungsbegründende Sorgfaltspflichtverletzung sollte im Ergebnis nur angenommen werden, wenn aus der Perspektive der damaligen Entscheidungssituation das hohe Risiko eines Schadens unabweisbar war und keine vernünftigen geschäftlichen Gründe dafür sprachen, es dennoch einzugehen."*).

Trotzdem wird durch den dargelegten Haftungsmechanismus bei fehlerhafter Planung nicht gegen diese Grundsätze der ex ante-Betrachtung und des unternehmerischen Ermessens verstoßen. Die genannten grundlegenden Planungspflichten können nämlich nicht dadurch verletzt werden, daß die Realität sich anders als geplant entwickelt, sondern vielmehr dadurch, daß die Planung von vornherein erkennbar mangelhaft ist und somit eine in jedem Fall vermeidbare Ursache für realitätsfernes unternehmerisches Handeln gesetzt wird. Es geht also bei der Verletzung grundlegender Planungspflichten nicht um ein vertretbares unternehmerisches Wagnis[288], sondern um ein Handeln, bei welchem im Sinne des BGH „*die Grenzen, in denen sich ein von Verantwortungsbewußtsein getragenes, ausschließlich am Unternehmenswohl orientiertes, auf sorgfältiger Ermittlung der Entscheidungsgrundlagen beruhendes unternehmerisches Handeln bewegen muß, deutlich überschritten*" werden.[289]

Der so verstandene Haftungsmaßstab bei der Unternehmensplanung findet eine rechtliche Parallele in der Beurteilung von Planungsverfahren im Verwaltungsrecht. Auch hier wendet die Rechtsprechung zur Beurteilung der Rechtmäßigkeit von Plänen einen ex-ante-Maßstab an, indem geprüft wird, ob die Planung unter Heranziehung aller verfügbaren Daten in einer sachlich angemessenen und methodisch einwandfreien Weise sowie unter sorgfältiger Abwägung verschiedener Belange zustandegekommen ist.[290]

Erscheint die Unternehmensplanung einer Aktiengesellschaft prima facie mangelhaft, so können sich die Mitglieder des Vorstands von dem Vorwurf der schuldhaften Pflichtverletzung nur entlasten, indem sie nachweisen, daß die Nichtbeachtung zwingender Planungsgrundsätze aufgrund besonderer Umstände ausnahmsweise vertretbar war. In dieser Hinsicht sind jedoch strenge Anforderungen zu stellen, so daß allgemeine Hinweise auf Zeitmangel, Personalmangel oder gar Unkenntnis der Grundanforderungen ordnungsgemäßer Planung keinesfalls ausreichen.

Dieser strenge Maßstab ist gerechtfertigt, weil die hier formulierten Planungspflichten[291] nur ein Grundgerüst darstellen, das jedem Vorstand – insbesondere auch in mittelständischen bis hin zu kleineren

---

288 *Kindler*, a. a. O., S. 104.
289 BGH, a. a. O., S. 379.
290 Vgl. *Wiedemann*, a. a. O., S. 13 f.
291 Vgl. oben II. 4. c).

Aktiengesellschaften – genügend Raum zur unternehmensadäquaten Ausfüllung und Handhabung nach seinem pflichtgemäßen Ermessen bietet.

b) Rechtspolitische Bewertung

Während das Erfordernis einer strikten Organhaftung in bezug auf Untreue und persönliche Bereicherung von Organmitgliedern keinem ernsthaften Zweifel unterliegt, gehört die Haftungsproblematik in bezug auf den – selbst bei grob fehlerhafter Unternehmensplanung meist einschlägigen – Tatbestand der lediglich fahrlässig sorgfaltswidrigen Pflichterfüllung seit langem zu den besonders umstrittenen Kapiteln des Aktienrechts. Einerseits wird kritisiert, daß die Organmitglieder durch das Haftungsrisiko mit wirtschaftlichen Risiken belastet würden, die für einen Einzelnen untragbar seien und daher den durchaus erwünschten unternehmerischen Mut zum Wagnis im Keime ersticken.[292] Andererseits wird auf die rechtlichen und praktischen Schwierigkeiten verwiesen, welche die Durchsetzung eines Schadensersatzanspruchs nur selten aussichtsreich erscheinen ließen.[293] Dabei existieren gute Argumente sowohl für eine weiterhin eher restriktive Handhabung der Organhaftung als auch für deren Verschärfung.

Unter den nachteiligen Folgen eines Organhaftungsprozesses ist vor allem seine oftmals negative Wirkung auf das Erscheinungsbild der Aktiengesellschaft gegenüber Öffentlichkeit und Anlegern zu nennen.[294] Die reinigende Wirkung, die ein solches Verfahren hat[295], kann angesichts der langen Dauer derartiger Verfahren in den Hintergrund treten, so daß der Haftungsprozeß – wie *Mertens* anmerkt – *„nur Schatten auf ein möglicherweise längst wieder in der Sonne florierendes Unternehmen"* wirft.[296] Außerdem kann ein real hohes Haftungsrisiko die Organmitglieder in der Tat zu einem grundsätzlich defensivem Verhalten veranlassen und so der individuellen, unternehmerisch sinnvollen Risikobereitschaft entgegenwirken.[297]

---

292 Vgl. *Hopt*, Mestmäcker-Festschrift, S. 909 (914).

293 Eingehend zu diesem Problemkreis *Mertens*, Organhaftung, in: *Feddersen/ Hommelhoff/Schneider*, Corporate Governance, S. 155 ff.

294 *Kallmeyer*, AG 1997, 107 (109); *Mertens*, a. a. O., S. 159; ferner *Horn*, a. a. O., S. 1130.

295 Diesen positiven Aspekt stellt *Götz*, AG 1997, 219 (220), in den Vordergrund.

296 *Mertens*, a. a. O.

297 *Hopt*, a. a. O.; *Horn*, a. a. O.

Andererseits muß im Auge behalten werden, daß gewisse Sorgfaltsstandards bei der Verwaltung einer Aktiengesellschaft unabdingbar sind, weil hier der Verwaltung fremdes Vermögen treuhänderisch überlassen wird[298] und somit von seiten der Treugeber, also der Aktionäre, ein entsprechend verantwortungsbewußtes Verhalten eingefordert werden kann.[299] Jede aktienrechtliche Verhaltensnormierung hat aber nur dann hinreichende Aussicht auf Beachtung, wenn sie mit Sanktionen verbunden ist, die eine gewisse Durchschlagskraft besitzen und damit eine Präventionswirkung zu entfalten vermögen. Erst die Entwicklung effektiver Klagemöglichkeiten schafft zudem die Voraussetzungen für eine Konkretisierung aktienrechtlicher Verantwortlichkeiten auch durch die Rechtsprechung.[300]

Die Organhaftung hat daher einen Mittelweg zwischen diesen an sich gegenläufigen Anforderungen einzuschlagen. Das hat der Gesetzgeber des Jahres 1965 mit dem Haftungssystem des AktG versucht: Einerseits hat er gemäß § 93 AktG auch fahrlässige Verletzungen der unternehmerischen Sorgfaltspflicht als Voraussetzung eines Schadensersatzanspruchs ausreichen lassen; andererseits hat er das Recht zur Verfolgung eines solchen Anspruchs nur dem Aufsichtsrat, der Hauptversammlung sowie einer Aktionärsminderheit, deren Anteile ursprünglich mindestens 10 % des Grundkapitals oder 2 Millionen DM erreichen, zugebilligt.[301] Eine Individualklage, die unter Umständen Mißbrauchsmöglichkeiten eröffnet, ist somit gesetzlich ausgeschlossen worden.

Mit Inkrafttreten des KonTraG wurde die einschlägige Vorschrift des § 147 AktG dahingehend ergänzt, daß nunmehr auch eine Aktionärsminderheit, deren Anteile am Grundkapital nur 5 % oder 1 Million DM erreichen, die Rechtsverfolgung betreiben kann, allerdings nur unter Zwischenschaltung eines vom Gericht zu bestellenden besonderen Vertreters.[302]

Diese mittelbare Verschärfung der Organhaftung durch das KonTraG ist in der Tendenz zu begrüßen, geht jedoch in dieser Form nicht weit genug.[303] Zwar gilt es – wie gesagt – zu verhindern, daß durch Min-

---

298 *Hefermehl*, a. a. O., Rn. 22.

299 *Götz*, a. a. O., S. 222.

300 *Wiedemann*, a. a. O., S. 55 (*„Solange Klagemöglichkeiten fehlen, bleiben die Verhaltensmaßstäbe unterentwickelt."*).

301 Vgl. § 147 Abs. 1 AktG.

302 Vgl. oben Teil 1, II. 4. e).

303 Anders der *DAV*, Stellungnahme zum Referentenentwurf des KonTraG, ZIP 1997,

derheitsaktionäre mißbräuchlich Schadensersatzprozesse angestrengt werden, die der Gesellschaft anstelle irgendeines Nutzens lediglich einen öffentlichen Skandal einbringen.[304] Hierzu sind jedoch die jetzt im Gesetz vorgesehenen besonderen Sicherungsvorkehrungen völlig ausreichend. Gemessen an dem gesetzgeberischen Ziel einer Effektivierung der Organhaftung ist das neue Quorum von 5 % oder 1 Millionen DM Kapitalanteil zumindest mit Blick auf große Publikumsgesellschaften noch immer viel zu hoch, um die rechtstatsächliche Bedeutung der Vorstandshaftung nennenswert zu steigern und damit das Haftungsrisiko für Vorstandsmitglieder wirklich spürbar werden zu lassen. Nach wie vor dürften damit Regreßbegehren, die nicht zumindest von einem oder mehreren Großaktionären unterstützt werden, kaum Aussicht auf Durchsetzbarkeit haben.[305] Vom stets klagebefugten Aufsichtsrat kann aufgrund der Tatsache, daß ein Vorstandsversagen, welches zur Schädigung des Unternehmens führt, in den meisten Fällen auch mit einem Aufsichtsversagen einhergeht, eine konsequente Rechtsverfolgung gegen den Vorstand nicht erwartet werden.[306] Dies haben insbesondere auch die jüngsten Unternehmenskrisen wieder gezeigt. Eine Herabsetzung des Quorums für die Rechtsverfolgung durch Aktionärsminderheiten auf einen Mindestnennbetrag von höchstens 500.000 DM entsprechend dem Vorschlag von *Götz* [307] wäre deshalb sachgerechter gewesen.

Die Respektierung der unternehmerischen Wagnisbereitschaft, die gerade auch im Bereich der Unternehmensplanung erforderlich ist, kann eher durch eine entsprechend ausgewogene Gestaltung der haftungsbegründenden Voraussetzungen, insbesondere bei der Konkretisierung der aktienrechtlichen Sorgfaltspflichten, erfolgen als durch übersteigerte prozessuale Hürden.

Konkretisierungen von Sorgfaltspflichten der Organe sollten nach der hier vertretenen Auffassung zum Erhalt der erforderlichen Praxisnähe nicht durch Maßnahmen des Gesetzgebers erfolgen, sondern den Erkenntnissen von Rechtsprechung und Lehre überlassen bleiben.[308]

---

163 (167), sowie *Kallmeyer*, AG 1997, 107 (109), der unter Hinweis auf die seines Erachtens grundsätzlich schädlichen Wirkungen eines Haftpflichtprozesses auf Unternehmensimage und Börsenkurs sogar noch weitere Einschränkungen der Klagemöglichkeit befürwortet.

304 Insoweit zutreffend *DAV*, a. a. O., S. 166.

305 *Thümmel*, DB 1997, 261 (263).

306 Ähnlich *Hüffer*, a. a. O., § 147, Rn. 1; *Götz*, AG 1997, 219 (221).

307 AG 1995, 337 (352); *ders.*, AG 1997, 219 (221); *ders.*, NJW 1997, 3275 (3278).

308 Hierzu bereits oben 2.

Auch von diesem Standpunkt aus diskutabel erscheint allerdings eine Anregung von *Thümmel*, wonach die aktienrechtlichen Generalklauseln zumindest dahingehend konkretisiert werden könnten, daß einerseits der unternehmerische Ermessensspielraum hinsichtlich der Geschäftsführung festgeschrieben würde und andererseits auf die *„allgemein anerkannten betriebswirtschaftlichen Regeln"* Bezug genommen würde, um diesem Ermessensspielraum Konturen zu verleihen.[309]

Dem nicht unberechtigten Einwand schließlich, daß die Organhaftung für fahrlässig sorgfaltswidriges Verhalten ein quantitativ unüberschaubares und damit potentiell existenzbedrohendes Haftungsrisiko begründet, könnte de lege ferenda dadurch Rechnung getragen werden, daß die Haftung der Vorstandsmitglieder für einfache Fahrlässigkeit auf einen *Höchstbetrag* begrenzt wird, wie es beim Wirtschaftsprüfer bereits nach geltendem Recht der Fall ist. Der Haftungshöchstbetrag sollte idealer Weise in eine bestimmte Relation zu der – von Fall zu Fall stark divergierenden – Jahresvergütung des Vorstandsmitglieds gesetzt werden, um das individuelle wirtschaftliche Risiko zumindest annäherungsweise zu linearisieren. Vorstellbar wäre etwa eine Begrenzung auf den Betrag von zwei Jahres-Brutto-Vergütungen. Eine solche Regelung trüge auch dem – von *Götz* mit Recht betonten[310] – Umstand Rechnung, daß ein vollständiger Schadensausgleich angesichts der häufig anzutreffenden Schadensdimensionen ohnehin wenig realistisch erscheint und somit bei der Organhaftung der Präventionsgedanke gegenüber dem Restitutionsgedanken im Vordergrund steht.

Bei alledem darf freilich nicht verkannt werden, daß eine sorgfältige Pflichterfüllung der Vorstände niemals allein über die Verschärfung der Organhaftung erzielt werden kann, wenn auch der entsprechende Druck, der bei jeder neuen Unternehmenskrise von der öffentlichen Diskussion ausgeht[311], dies suggerieren mag. Vielmehr kann die Organhaftung immer nur ein einzelnes Element eines sinnvoll abgestimmten Gesamtsystems der Unternehmenskontrolle bilden, in dessen Zentrum – wie im folgenden Teil 3 näher zu beleuchten sein wird – die Überwachung der Geschäftsleitung durch den Aufsichtsrat steht.

---

309 *Thümmel*, a. a. O.

310 *Götz*, AG 1995, 337 (352).

311 Vgl. *Hopt*, a. a. O., S. 910.

III. Zusammenfassung

Im zweiten Teil der Abhandlung ist die Bedeutung der Unternehmensplanung als Bestandteil ordnungsgemäßer Geschäftsführung in der Aktiengesellschaft ermittelt worden. Da es sich bei der Unternehmensplanung nicht um eine originär gesellschaftsrechtliche Materie handelt, war zunächst der wirtschaftswissenschaftliche Erkenntnisstand auf diesem Gebiet auszuleuchten. In der internationalen Betriebswirtschaftslehre wird der Unternehmensplanung als Instrument zur aktiven Zukunftsgestaltung eine herausragende Bedeutung für die Sicherung der langfristigen Überlebensfähigkeit eines Unternehmens beigemessen. Dementsprechend haben sich zahlreiche Autoren mit der Erarbeitung von Planungskonzepten befaßt und hierbei, wie die exemplarische Betrachtung einiger „prominenter" Modelle gezeigt hat, durchaus unterschiedliche Schwerpunkte gesetzt, teilweise auch nur Fragmente eines Planungsprozesses bearbeitet. Bei näherer Betrachtung zeigen sich allerdings unter den weitaus meisten der vertretenen Konzepte umfangreiche Gemeinsamkeiten in bezug auf Inhalt, Ablauf und Organisation sachgerechter Unternehmensplanung. Diese Gemeinsamkeiten, die sich in Gestalt erfolgreicher Planungssysteme auch in der Unternehmenspraxis widerspiegeln, lassen sich als gesicherte Komponenten eines Planungsgrundmusters begreifen, welches eingehend dargelegt wurde und, unabhängig von Größe, Branche und Organisation eines Unternehmens, die universellen betriebswirtschaftlichen Standards auf diesem Gebiet skizziert.

Der Vorstand einer Aktiengesellschaft hat gemäß § 76 Abs. 1 AktG die Pflicht zur eigenverantwortlichen Leitung des Unternehmens, woraus sich nach zutreffender Auslegung eine Pflicht zur Wahrnehmung der –betriebswirtschaftlich definierten – originären unternehmerischen Führungsfunktionen ergibt. Hierzu zählt nach allgemeiner Ansicht auch die Unternehmensplanung, so daß dem Vorstand eine Rechtspflicht zur Planung als zwingender Bestandteil seiner Leitungsaufgabe obliegt.

Diese Rechtspflicht erfüllt der Vorstand, obgleich ihm grundsätzlich ein breites unternehmerisches Ermessen zusteht, nicht bereits durch die Vornahme beliebiger Maßnahmen, die im weitesten Sinne dem Planungsbegriff unterfallen. Vielmehr obliegen ihm bei Beachtung der Sorgfalt eines ordentlichen und gewissenhaften Geschäftsleiters gemäß § 93 Abs. 1 Satz 1 AktG sowie der Verpflichtung zur nachhaltigen Rentabilitätssicherung als allgemeiner Ermessensschranke bestimmte Einzelpflichten, die sich aus den betriebswirtschaftlich gesicherten Grundanforderungen an eine sachgerechte Unternehmensplanung herleiten lassen. Für eine justitiable Konkretisierung der planerischen Rechtspflichten kommen allerdings nur die allgemein anerkannten Essentialia der Planungslehre in Betracht. Diese Essentialia sind oben zu II. 4. c) in der Weise formuliert worden, daß ihre Anwendbarkeit unabhängig von individuellen Besonderheiten einer Aktiengesellschaft gegeben ist. Darüberhinaus ist am Maßstab des § 93 Abs. 1 Satz 1 AktG auch die unternehmensadäquate Ausgestaltung der hiernach zwingenden Planungskomplexe überprüfbar, dies jedoch nur im Hinblick auf grobe Fehler oder Unterlassungen.

Mit der durch das KonTraG eingefügten Bestimmung des § 91 Abs. 2 AktG zur Krisenfrüherkennung sind einzelne Vorstandspflichten im Bereich der strategischen Überwachung als Teilkomplex der Unternehmensplanung explizit normiert worden. Diese selektive Vorgehensweise des Gesetzgebers ist abzulehnen, weil sie die Aufmerksamkeit der Normadressaten im Hinblick auf ihre zukunftsgerichtete Verantwortung unangemessen verengt und deshalb die allgemeine Normierung des unternehmerischen Sorgfaltsmaßstabs in § 93 Abs. 1 Satz 1 AktG konterkariert. Die Generalklauseln der §§ 76 Abs. 1 und 93 Abs. 1 AktG bilden hinreichende gesetzliche Grundlagen für eine praxisgerechte und zeitgemäße Konkretisierung von Organpflichten. Gesetzgeberischer Handlungsbedarf besteht daher in Ansehung der Unternehmensplanung nicht.

Auf Aktiengesellschaften, die in einem Konzernverbund stehen, sind die dargelegten Grundsätze zur Planungsverpflichtung des Vorstands prinzipiell zu übertragen, jedoch ergeben sich einige Besonderheiten. So ist der Katalog zwingender Planungsgrundsätze in der herrschenden Konzerngesellschaft um einige Mindeststandards der Konzernplanung zu erweitern, die sich aus dem Rentabilitätsinteresse der herrschenden Gesellschaft ergeben und oben zu II. 5. a) formuliert sind. In abhängigen Konzerngesellschaften sind hingegen Einschränkungen der eigenständigen Planungsverantwortung durch Weisung oder sonstige Veranlassung seitens der herrschenden Gesellschaft zu berücksichtigen. Aus Sicht der abhängigen Gesellschaft kommt aber selbst bei Vorliegen eines Beherrschungsvertrages eine Unverbindlichkeit von Weisungen in Betracht, wenn die mittels Weisung auferlegten Planungsvorgaben gegen die Grundsätze sachgemäßer Unternehmensplanung verstoßen. Derartige Weisungen können weder Unternehmens- noch Konzernbelangen dienen und müssen daher gemäß § 308 Abs. 2 Satz 2 a. E. AktG nicht befolgt werden.

Soweit Vorstandsmitglieder für Verstöße gegen die Grundanforderungen an ordnungsgemäße Unternehmensplanung verantwortlich sind, haften sie der Aktiengesellschaft gemäß § 93 Abs. 2 AktG, wenn hieraus ein wirtschaftlicher Schaden entsteht. Rechtspolitisch ist die materiell strenge Organhaftung des Aktiengesetzes geboten, weil nur auf diese Weise das System der Organverantwortlichkeiten, zu dessen praxisgerechter Ausgestaltung vorliegend ein Beitrag geleistet werden soll, hinreichende Aussicht auf Beachtung in der Praxis erlangt. Dennoch ist in verfahrensmäßiger Hinsicht die vielfach erörterte Möglichkeit einer Individualklage durch Aktionäre in Verbindung mit dieser Haftungsgrundlage abzulehnen, weil von der hiermit bewirkten faktischen Potenzierung der Haftungsdrohung nachteilige Auswirkungen auf das unternehmerische Verhalten von Organmitgliedern ausgehen können. Andererseits sind die derzeitigen prozessualen Hürden des Aktiengesetzes bei der Geltendmachung von Schadensersatzansprüchen durch Aktionäre selbst nach den Modifikationen des KonTraG noch immer zu hoch, um der Organhaftung eine angemessene praktische Bedeutung verleihen zu können.

Teil 3: Die ordnungsgemäße Überwachung der Unternehmensplanung durch den Aufsichtsrat

Nachdem nun die Geschäftsführungspflichten des Vorstands im Bereich der Unternehmensplanung definiert worden sind, hat die vorliegende Untersuchung sich den hiermit korrespondierenden Überwachungspflichten des Aufsichtsrats zuzuwenden. Zunächst soll aufgezeigt werden, daß es sich hierbei keineswegs um ein eher theoretisches Problem handelt, vielmehr ein dringendes praktisches Bedürfnis für eine effiziente Überwachung der Unternehmensplanung besteht (Kap. I). Hiernach wird auf gesetzliches Leitbild und praktische Probleme der Unternehmenskontrolle durch den Aufsichtsrat einzugehen sein (Kap. II), woran sich ein Exkurs über die Grundsatzfrage anschließt, ob gerade vor dem Hintergrund des gesteigerten Überwachungsbedürfnisses bei der Unternehmensplanung möglicherweise das im anglo-amerikanischen Rechtskreis übliche Board-System ein zur effizienten Überwachung grundsätzlich geeigneteres aktienrechtliches Verfassungsmodell darstellt (Kap. III).

Nach diesen grundsätzlichen Positionsbestimmungen ist eingehend auf die Problematik der Informationsversorgung des Aufsichtsrats (Kap. IV) sowie auf dessen Einflußmöglichkeiten und –pflichten im Bereich der Unternehmensplanung einzugehen (Kap. V). Abschließend erfolgt eine kurze Betrachtung der mit diesen Verantwortlichkeiten korrespondierenden Organhaftung des Aufsichtsrats (Kap. VI).

I. Praktisches Bedürfnis nach Überwachung der Unternehmensplanung

Angesichts der von der Betriebswirtschaftslehre angebotenen Vielzahl wirksamer Planungsinstrumente, die zum Großteil bereits über Jahrzehnte hinweg ausgereift und bewährt sind, könnte angenommen werden, daß das Planungsniveau sich in der Unternehmenspraxis durchwegs auf einem hohen Stand befinde und somit Pflichtverletzungen des Vorstands, die auf der Mißachtung der im vorhergehenden Kapitel erarbeiteten Rechtsgrundsätze ordnungsgemäßer Unternehmensplanung beruhen, nur selten feststellbar sein dürften. Mißt man jedoch die Planungsrealität deutscher Unternehmen an dem betriebswirtschaftlichen „Stand der Technik“, so wird diese Erwartung enttäuscht. Aus den Erkenntnissen einer aktuellen – insbesondere auf Fallstudien in acht großen Unternehmen gestützten – Untersuchung zur Gestaltung der strategischen und operativen Planung[1] ergibt sich, daß in vielen Aktiengesellschaften die Planungsinhalte und insbesondere auch der Planungsprozeß keineswegs einen hohen Entwicklungsstand erreicht haben. Vielmehr erweist sich, wie die Verfasser der Untersuchung feststellen, *„integrierte, abgestimmt umgesetzte Planung eher als Mythos denn als Realität“*.[2]

1. Defizite bei der strategischen Planung

Wie in den vorherigen Abschnitten gezeigt worden ist, liegt die Aufgabe der strategischen Planung in der Festlegung von strategischen Zielen und in der darauf aufbauenden, aktiven Hinführung der betrieblichen Ressourcen in Richtung dieser Ziele. Dazu sind Erfolgs- und Fähigkeitspotentiale zu identifizieren und mittels geeigneter Produkt/ Markt-Kombinationen mit der größtmöglichen Wirkung auszunutzen. Voraussetzungen hierfür sind einerseits Kreativität und Innovation, andererseits aber auch detaillierte und aktuelle Kenntnisse über Situation und Erfordernisse des operativen Geschäfts, wozu insbesondere die Aufnahme markt- und kundennaher Informationen sowie die Auswertung und Weiterverfolgung schwacher Signale zählt.[3] Eine Kombination dieser beiden Voraussetzungen kann nur erreicht werden, wenn die strategische Planung in einem vernetzten, alle Führungsebenen und Funktionsbereiche einbeziehenden Prozeß erstellt wird.[4] Auch nach Verabschiedung der Planung ist zudem im Rahmen der strategischen Kontrolle eine ständige Rückkopplung mit der operativen Ebene erforderlich.[5]

---

1 *Weber/Schäffer/Goeldel*, Zur Gestaltung der strategischen und operativen Planung (1996).

2 *Weber/Hamprecht/Goeldel*, Harvard business manager 3/1997, S. 9.

3 So mit Recht auch *Weber/Hamprecht/Goeldel*, a. a. O.

4 Vgl. oben Teil 2, I. 4. a) dd).

5 Vgl. oben Teil 2, I. 4. a) dd) u. hh).

Demgegenüber zeigt sich in der Planungsrealität ein anderes Bild, wobei sich in großen Aktiengesellschaften insbesondere zwei Fehlentwicklungen ausmachen lassen:

Verbreitet findet sich noch immer der reine Top-down-Ansatz, bei dem Vorstände oder zentrale Planungsabteilungen weitgehend losgelöst von den operativ verantwortlichen Managern, die über unmittelbare Markt-, Kunden- und Wettbewerbskenntnisse verfügen, allein die zukünftige Strategie entwerfen.[6] Ein solcher Planungsprozeß ist nicht durchlässig für Ideen der Basis oder intuitiv ermittelte Zielvorstellungen.[7] Markt- und kundennahe Informationen sowie die oftmals gerade an der Basis empfangbaren schwachen Signale fließen nicht in die Planung ein.[8]

Dies führt zum einen dazu, daß die Planung selbst mangelhaft ist, und bewirkt zum anderen, daß die nachgeordneten Führungsebenen auf die entstehenden Informations- und Beteiligungsdefizite reagieren, indem sie eigene „strategische Planungen" anstellen. Letzteres erfolgt jedoch erfahrungsgemäß in der Art, daß lediglich die Inhalte der operativen Planung längerfristig extrapoliert werden. Das strategische Element solcher Langfristplanungen besteht meist nur in einer kurzen verbalen Erläuterung der erwarteten Geschäftsentwicklung.[9] Auf diese Weise kommt es zu einem unkoordinierten Dualismus von langfristigen Planungen, der zulasten der eigentlichen, von der Unternehmensleitung formulierten Strategie geht, die vom nachgeordneten operativen Management als praxisferne Vision betrachtet und im Geschäftsalltag schlicht ignoriert wird. Die gemeinsame Ausrichtung aller Führungsebenen und -bereiche auf die strategischen Unternehmensziele findet folglich nicht statt, so daß eine Änderung des status quo nicht zu erreichen ist.

Die zweite, ebenfalls häufig anzutreffende Erscheinungsform unzureichender strategischer Planung besteht darin, daß zwar sämtliche Führungsebenen und Funktionsbereiche mit großem organisatorischen Aufwand in den Planungsprozeß einbezogen werden, diese Einbeziehung aber auf dem Wege eines überformalisierten und

---

6 *Weber/Hamprecht/Goeldel*, a. a. O., S. 9 f.

7 *Weber/Schäffer/Goeldel*, a. a. O., S. 1.

8 A. a. O., S. 14.

9 *Weber/Hamprecht/Goeldel*, a. a. O., S. 10.

unflexiblen Prozesses erfolgt.[10] So werden zwar dem äußeren Anschein nach sämtliche strategierelevanten Informationen wie Stärken/Schwächen-Analysen, Produktlebenszyklusberechnungen oder strategische Prämissen in der Planung berücksichtigt. Jedoch werden die dezentralen Entscheidungsträger zu reinen Datenlieferanten degradiert, die lediglich vom System vordefinierte Kennzahlen feststellen und weitermelden. Dadurch fehlt es auch hier am notwendigen Einfluß von Innovation und Kreativität, der nur durch einen wirklich offenen, interaktiven Meinungsbildungsprozeß sicherzustellen ist. Derartige strategische Planung ist der Gefahr ausgesetzt, daß eingefahrene Vorstellungen von Markt und Wettbewerb sich in den bürokratischen Strukturen verfestigen und zur Isolation der Planung von den dynamischen Verhältnissen des Umfeldes führen.[11]

Folgendes Negativbeispiel aus der Praxis mag dies verdeutlichen:

In einem großen deutschen Konzern wurde ein strategisches Planungssystem praktiziert, in dessen Aufbau über 100 Mio. DM investiert worden waren und dessen Wirkung sich im wesentlichen in einem hochstandardisierten Rechenwerk manifestierte, welches etwa 90.000 Zahlenwerte auf einem Papiervolumen von 12 Bänden jährlich fortschrieb. Die Stabsabteilung, welche die Pläne überprüfte, koordinierte, teilweise selbst entwickelte und wohl auch allein durchschaute, fristete ein Eigenleben und stieß innerhalb des Managements kaum auf Akzeptanz. Demgemäß bestand das strategische Entscheidungsritual der jährlichen Überprüfung dieses Zahlenwerks im wesentlichen in einer formalen Kontrolle. Hiernach erscheint kaum bemerkenswert, daß diese Planung hauptsächlich den Effekt hatte, daß sie als Instrument des Controllings und der internen Machtpolitik mißbraucht wurde. Eine strategische Ausrichtung des Unternehmens auf gemeinsame Zielvorstellungen konnte damit nicht erfolgen.

Während die vorgenannten Defizite in erster Linie große Aktiengesellschaften betreffen, stellt in *mittelständischen Gesellschaften* die Zentralisierung und zu starke Formalisierung der Planung das geringere Problem dar. Hingegen führt hier oft das gegenteilige Extrem bei der Ausgestaltung des Planungsverfahrens

---

10 A. a. O.

11 A. a. O.

dazu, daß eine inkonsistente Planung zum Handlungsmaßstab wird und Unternehmenskrisen aufgrund unvorhergesehener Entwicklungen an der Tagesordnung sind. So gewinnen zwar in kleineren Unternehmen in viel höherem Maße intuitive Einsichten in neue Erfolgspotentiale und Innovationen aus allen Führungsebenen Einfluß auf die Strategie. Andererseits wird hier aber oft in unsystematischer und unvollständiger Weise geplant, weil es an konzentriertem planerischen Sachverstand sowie einer hinreichenden Organisation der Planung fehlt. Bisweilen wird auch ganz bewußt auf strategische Planung verzichtet. Als Gründe werden oft Aufwand, Inflexibilität und mangelnde Umsetzbarkeit strategischer Pläne angeführt, wobei sich die Erfahrung niederschlägt, daß Planungen vor allem in der Gestalt von aufwendigen und wenig überschaubaren Zahlenwerken in Erscheinung treten. Der Perfektionismus und die Komplexität der strategischen Planungssysteme in Großunternehmen trägt so zur Abschreckung der kleineren Unternehmen von sachgerechter Planung bei.

Die Folge ist, daß insbesondere eine sorgfältige Beobachtung des Umfeldes sowie eine gründliche vergleichende Analyse der Wettbewerber und des eigenen Unternehmens, vor allem hinsichtlich der Kostenstrukturen, oft nicht stattfinden.[12] Dadurch werden äußere und interne Entwicklungen, die die gesamte strategische Planung des Unternehmens in Frage stellen, nicht rechtzeitig erkannt und auf ihre strategische Relevanz hin analysiert. Eine durchgreifende strategische Reaktion erfolgt erst, wenn es zu spät ist.

Ein sachgerecht organisiertes strategisches Planungssystem würde dagegen auch kleinere Unternehmen dazu zwingen, sich unabhängig von Tagesgeschäft und Jahresplanung kritisch mit der eigenen Situation, den eigenen Zielen, mit dem Umfeld, insbesondere mit Trends in Markt und Wettbewerb auseinanderzusetzen, um so eine selbstreflektierende, zukunftsgerichtete Unternehmenspolitik zu betreiben. Daher gilt es auch in mittelständischen Aktiengesellschaften sicherzustellen, daß der Vorstand die rechtsverbindlichen Grundanforderungen ordnungsgemäßer Unternehmensplanung beachtet. Dabei ist – entsprechend der hier vertretenen rechtlichen Vorgabe, daß diese Grundanforderungen *in*

---

12 Vgl. hierzu das oben in Teil 2 zu I. 4. a) cc) (2) angeführte Beispiel aus der Textilindustrie.

unternehmensadäquater Weise auszufüllen sind[13] – in kleineren Gesellschaften durchaus eine relativ schlichte strategische Planung mit weitaus geringerem quantitativen Detaillierungsgrad vertretbar.

2. Defizite bei der operativen Planung

Der operativen Planung fällt, wie oben dargelegt wurde, in einem kunstgerechten Planungssystem die Aufgabe zu, diejenigen operativen Ziele und Verfahrensweisen festzulegen, die zur erfolgreichen Umsetzung der strategischen Pläne des Unternehmens erforderlich sind. Daneben hat sie durch fortlaufende Rückkopplung mit der strategischen Planung Informationen über Realisierbarkeit, Fortschritte und Konsequenzen der Strategieumsetzung bereitzustellen.[14] Sie stellt damit eine Brücke zwischen strategischer Planung einerseits und dem unternehmerischen Tagesgeschäft andererseits dar. In der Realität der operativen Planung deutscher Unternehmen wird diese Aufgabe oftmals nicht oder nur unzureichend erfüllt.

Im Rahmen der bereits erwähnten empirischen Erhebung zur Planungspraxis wurde festgestellt, daß sich die operative Planung hauptsächlich auf die Festlegung monetärer Formalziele beschränkt. So konzentriert sich die Planung auf detaillierte Ergebnis-, Absatz- und Produktionsplanungen. Dagegen finden sich detaillierte Maßnahmenplanungen zum Erreichen dieser finanziellen Ziele oder sachzielorientierte Planungen, die sich etwa auf Qualitäts- und Servicestandards, Lieferpünktlichkeit oder Bearbeitungszeiten von Aufträgen beziehen, nur in Ausnahmefällen.[15]

Diese einseitig monetäre Ausrichtung der operativen Planung führt dazu, daß auch die operativen Geschäftsberichte, die turnusmäßig von seiten des nachgeordneten Managements an die Unternehmensleitung erstattet werden, in der Regel nur Renditekennzahlen ausweisen. Sachorientierte Informationen etwa über Lieferschwierigkeiten, Qualitätsprobleme, Altersstruktur der Anlagen oder Kundenverluste

---

13 Vgl. oben Teil 2, II. 4. b) u. c).
14 *Hungenberg*, ZP 1993, 233 (234).
15 *Weber/Hamprecht/Goeldel*, a. a. O., S. 11.

an bestimmte Konkurrenten sind dagegen selten.[16] Folglich schlägt die fehlende Sachzielorientierung der operativen Planung auf die Unternehmensleitung zurück. Diese erhält von langsamen, aber grundlegenden Verschlechterungen der operativen Marktleistung des Unternehmens nicht rechtzeitig Kenntnis, sondern wird durch Ergebniseinbrüche überrascht. Auf diesem Wege, so wiederum die Verfasser der erwähnten Studie, *„gerät die Leitung vieler Unternehmen in die Lage von Fußballtrainern, die den Spielstand an der Anzeigentafel ablesen, aber das Spielgeschehen nicht auf dem Platz verfolgen."* [17]

Weitere in der Praxis festzustellende Mängel betreffen die Qualität der operativen Planung:

So ist festzustellen, daß im Rahmen der operativen Planung nur in Ausnahmefällen eigenständige analytische Zielbestimmungen vorgenommen werden. Stattdessen werden auch in Situationen, in denen aufgrund der Vorgaben der strategischen Planung neue Ziele zu generieren wären, im wesentlichen nur die historischen Plandaten fortgeschrieben.[18] Damit erscheint die operative Planung nur noch äußerlich als Zukunftsgestaltung, während sie inhaltlich eine ex-post-Betrachtung darstellt. Aufgrund einer solchen vergangenheitsorientierten Ausrichtung kommt es zur völligen Trennung von operativer und strategischer Planung. Folge dieses Mißstandes kann zum einen die langsame Erosion der aufgebauten Wettbewerbsposition sein, die durch die faktische ex-post Ausrichtung der operativen Planung nicht bemerkt wird. Zum anderen kann die operative Effektivität und Effizienz der Produktions- und Absatzprozesse mit hoher Wahrscheinlichkeit weder gesteigert noch erhalten werden. Als Grund für die mangelnde Verbindung zur strategischen Planung wurde wiederum eine mangelnde Kommunikation der strategisch Planenden mit den operativ Verantwortlichen, die somit offenbar weder bei der Erstellung noch bei der Durchführung der strategischen Planung beachtet wird, ermittelt.[19]

---

16 A. a. O., S. 11 f.

17 A. a. O., S. 12.

18 A. a. O.

19 *Weber/Schäffer/Goeldel*, a. a. O., S. 1 f.

Hinzu kommt, daß auch bei der operativen Planung oftmals ein überformalisierter und damit zu zeitaufwendiger und schwerfälliger Planungsprozeß zu beklagen ist.[20] Insbesondere in großen Unternehmen sind Reaktionszeiten bei der operativen Planung von bis zu 10 Monaten anzutreffen. Dadurch ist die erforderliche Anpassungsfähigkeit der Planung bei veränderten Umfeldbedingungen nicht mehr gewährleistet. Die Folge sind zu große Lagerbestände, Fehlmengen, Lieferschwierigkeiten und ähnliche Probleme, die unweigerlich zu wirtschaftlichen Schäden für das Unternehmen führen.[21] Eine Hauptursache für diesen Mißstand liegt darin, daß die Planung oftmals völlig überdimensionierte Mengen an Daten beinhaltet, von denen viele entweder kaum relevant oder mit großen Unsicherheiten behaftet sind und insofern nur eine Scheingenauigkeit suggerieren.[22] Solche Datenflut wird häufig in nur wenig aggregierter Form an übergeordnete Entscheidungsträger weitergeleitet, die damit kaum aufbereitete Informationen erhalten, aus denen die unmittelbar entscheidungsrelevanten Kriterien erst herausgearbeitet werden müssen, bevor eine erforderliche Planungsanpassung vorgenommen werden kann.

Als weiterer Kritikpunkt ist anzuführen, daß die Budgetierung, welche betriebswirtschaftlich die zur Konsolidierung der operativen Einzelplanungen dienende monetäre Planung darstellt[23], in der Realität vor allem als politisches Instrument zur Durchsetzung unterschiedlicher Bereichsinteressen mißbraucht wird.[24] So kommt es nicht zu einer horizontalen Abstimmung der Funktionsbereiche, sondern vorrangig zu einer vertikalen Aushandlung von Mittelzuweisungen und Zielvorgaben zwischen Unternehmensleitung und Funktionsbereichen. Damit führt diese Form der Budgetierung dazu, daß nicht der optimale Inhalt, sondern das „politisch Opportune" im Vordergrund steht.[25] Dies führt wiederum zu einem Qualitätsverlust der Planungsinhalte, welcher – ebenso wie eine übermäßige Trägheit des Planungssystems – zu einer Schädigung des Unternehmens führen kann.

---

20 *Hungenberg*, ZP 1993, 233 (237).

21 A. a. O., S. 236 f.

22 A. a. O., S. 238 f.

23 Vgl. oben Teil 2, I. 4. a) ff).

24 Vgl. *Hungenberg*, a. a. O., S. 236.

25 *Weber/Hamprecht/Goeldel*, a. a. O., S. 13.

3. Defizite bei der strategischen Kontrolle

Bei der strategischen Kontrolle setzt zunächst die Teilfunktion der strategischen Durchführungskontrolle voraus, daß eine permanente Rückkopplung zwischen operativem und strategischem Planungsprozeß stattfindet. Dies ist aber in der Praxis aufgrund der bereits bemängelten ex-post-Ausrichtung der operativen Planung und der hieraus resultierenden völligen Trennung des operativen Planungs- und Kontrollprozesses vom strategischen Planungsprozeß oftmals nicht gegeben. Probleme bei der operativen Umsetzung der strategischen Vorgaben führen somit lediglich zur Anpassung der operativen Planung, die sich damit Jahr für Jahr weiter von den strategischen Zielen entfernt. So werden oftmals Strategien weiterverfolgt, deren mangelnde operative Realisierbarkeit sich schon seit Jahren abzeichnet. Ein gutes Beispiel hierfür ist der Fall Daimler-Benz AG, bei der viele Signale dafür sprachen, daß die in den 80er Jahren eingeschlagene strategische Neuausrichtung hin zum breit diversifizierten Technologiekonzern scheitern würde. Hier hat offensichtlich die strategische Kontrolle versagt, indem sie trotz zwingender Daten keine Korrektur des strategischen Kurses bewirkte. Die Folge waren Verluste in Milliardenhöhe, ohne daß die für die Planungsdefizite Verantwortlichen jemals zur Rechenschaft gezogen wurden.

Die weitere Teilfunktion der strategischen Prämissenkontrolle wird oftmals deswegen nicht ordnungsgemäß erfüllt, weil die strategischen Prämissen schon in der strategischen Planung nicht konsequent herausgearbeitet, sondern stillschweigend zugrundegelegt werden.[26] Darüberhinaus fehlt es im Rahmen der strategischen Überwachung an geeigneten Mechanismen, die eine sich abzeichnende Krise frühzeitig diagnostizieren und die entsprechenden Informationen für den Planungsprozeß zur Verfügung stellen. Auf diesen Mangel, bei dem es sich jedoch nur um einen von vielen Planungsmängeln handelt, hat der Gesetzgeber jetzt, wie bereits dargestellt, mit der im Rahmen des KonTraG neu eingefügten Bestimmung des § 91 Abs. 2 AktG reagiert.

---

26 Vgl. zu diesem Problem oben Teil 2, I. 4. a) dd) u. hh).

4. Defizite bei der Konzernplanung

Im Bereich der Unternehmensplanung auf Konzernebene besteht der häufigste und zugleich folgenschwerste Fehler in der Praxis darin, daß eine hinreichend präzise Konzernzielbestimmung und eine hierauf aufbauende strategische Ausrichtung der Beteiligungspolitik nicht vorhanden sind. Eine solche Konzernstrategie ist aber für die herrschende Konzerngesellschaft unabdingbar, weil ein Konzernvorstand nicht lediglich einen Beteiligungsfonds zu verwalten, sondern unternehmerisch zu handeln hat. Unternehmerisches Handeln setzt voraus, daß auf einem bestimmten Betätigungsfeld das Know how des Unternehmers mit den notwendigen sachlichen und personellen Ressourcen zusammengeführt wird. Entwickelt sich dagegen ein Konzern allmählich zum konzeptionslosen „Gemischtwarenladen“[27], so kann er vom Konzernvorstand nicht mehr verantwortlich unternehmerisch geführt und das zunehmend komplexer werdende System der sich gegenseitig beeinflussenden Risiken nicht mehr beherrscht werden. Die Konzerngesellschaften werden zu bloßen Spekulationsobjekten.

Derartige Defizite bei der Konzernplanung waren etwa für die Krise der Metallgesellschaft mitursächlich. Hier wurden Verluste, die durch den unkoordinierten, von reinem Expansionsstreben geleiteten Erwerb heterogener Beteiligungen provoziert worden waren, zunächst durch die allmähliche Auflösung von stillen Reserven ausgeglichen.[28] Als das Unternehmen hierdurch bereits substantiell geschwächt war, tätigte der Vorstand hochspekulative Warentermingeschäfte, deren Risiko sich realisierte und in dieser Lage die bilanzielle Konkursreife der Gesellschaft herbeiführte.[29] Die Tatsache, daß Geschäfte dieser Art im betriebenen Umfang möglich waren, belegt zudem weitere Versäumnisse bei der Unternehmensplanung, so bei der Festlegung bestimmter Quoten für risikoreiche Kapitalmarktoperationen sowie – insoweit parallel zum erwähnten Fall Daimler-Benz – bei der strategischen Kontrolle: Hier wie dort versagte das Planungssystem insbesondere bei der Analyse interner schwacher Signale und beim Risikomanagement. Spätes, aber zumindest entschlossenes Handeln des Aufsichtsrats hat den Konkurs der Metallgesellschaft abgewendet.

---

27 *Peltzer*, Börsen-Zeitung v. 28.01.1994, S. 8.
28 Vgl. *Peltzer*, a. a. O.
29 A. a. O.

5. Fazit

Zusammenfassend bleibt festzustellen, daß die aufgezeigten Mängel allesamt einer effizienten, flexiblen und reaktionsfähigen Unternehmensplanung entgegenstehen. Eine dynamische Entwicklung der Wettbewerbsverhältnisse kann somit zur existentiellen Bedrohung für ein Unternehmen werden. Vorstände, die ein derart mangelhaftes Planungssystem vorfinden oder betreiben, sind deshalb ihrer Gesellschaft gegenüber verpflichtet, dieses System hinsichtlich seines prozessualen Ablaufs und seiner Inhalte sachgemäß zu reorganisieren und somit eine der bedeutendsten Gefahrenquellen für den Fortbestand des Unternehmens zu beseitigen. Die Erfüllung dieser Verpflichtung muß durch zuverlässige Überwachungsmaßnahmen, die auf die besonderen Bedürfnisse der Unternehmensplanung zugeschnitten sind, sichergestellt werden.

II. Der Aufsichtsrat als Überwachungsorgan

1. Aktienrechtliches Leitbild

Die Überwachung der Geschäftsführung in deutschen Aktiengesellschaften basiert – wie in Teil 1 dargelegt – auf einem dualistischen System, welches dem Vorstand die Geschäftsleitungskompetenz (§ 76 Abs. 1 AktG) und dem Aufsichtsrat die Kompetenz zur Überwachung der Geschäftsführung (§ 111 Abs. 1 AktG) zuweist. Die Überwachungsaufgabe des Aufsichtsrats ist im Aktiengesetz nicht näher ausdifferenziert, jedoch haben Rechtsprechung, Rechtslehre sowie die historische Entwicklung des Aktienrechts ihr nähere Konturen verliehen.

a) Überwachungsobjekt

Ursprünglich hatte der Aufsichtsrat, wie ebenfalls in Teil 1 gezeigt wurde, die Geschäftsführung *„in allen Zweigen der Verwaltung"* zu überwachen.[30] Da er sich hiermit überfordert zeigte, wurde dieser

---

30 So der mit dem ADHGB 1861 eingeführte Gesetzeswortlaut, vgl. oben Teil 1. I. 2.

Zusatz im Aktiengesetz 1937 gestrichen.[31] Fortan sollte der Aufsichtsrat, entsprechend der vom Gesetz vorausgesetzten Nebenamtlichkeit seiner Mandate[32], sich nur noch mit den wesentlichen Fragen der Geschäftsführung befassen. Dazu zählen nach der heute gängigen Abgrenzung in erster Linie die „Leitungsmaßnahmen" bzw. „originären unternehmerischen Führungsfunktionen" [33], daneben aber auch Einzelmaßnahmen der Geschäftsführung, soweit diese für das Unternehmen wesentliche Bedeutung haben. Für die inhaltliche Konkretisierung der Überwachungsgegenstände liefert die gesetzliche Eingrenzung der Berichtspflichten gemäß § 90 Abs. 1 AktG wichtige Anhaltspunkte.[34]

Damit stellt das Handeln des Vorstands als des zur Leitung berufenen Organs das primäre Objekt der Überwachungspflicht dar.[35] Darüberhinaus kann nach herrschender – allerdings bestrittener – Ansicht auch die Tätigkeit nachgeordneter Führungsebenen Gegenstand der Überwachungspflicht sein, sofern für das Unternehmen wesentliche Einzelmaßnahmen vollständig dorthin delegiert werden.[36]

In herrschenden Konzernunternehmen hat der Aufsichtsrat ferner die Konzernleitung durch den Vorstand zu überwachen.[37] Nicht jedoch unterliegen die Vorstände konzernabhängiger Gesellschaften seiner Überwachung, weil der Aufsichtsrat trotz Konzernierung nicht zum Konzernaufsichtsrat wird, sondern ausschließlich Aufsichtsrat der Obergesellschaft bleibt.[38] Dem Aufsichtsrat einer abhängigen Konzerngesellschaft obliegt ein gegenüber dem Aufsichtsrat einer nicht konzernverbundenen Aktiengesellschaft grundsätzlich unveränderter Überwachungsumfang.[39] Jedoch hat der Aufsichtsrat

---

31 § 95 Abs. 1 AktG 1937, vgl. oben Teil 1, I. 7.

32 *Semler*, Leitung und Überwachung, Rn. 140.

33 Vgl. oben Teil 1, II. 3. a); *Lutter/Krieger*, Aufsichtsrat, Rn. 17 ff.; *Mutter*, Unternehmerische Entscheidungen, S. 31 f.; *Semler*, Leitung und Überwachung, Rn. 111.

34 *Hüffer*, AktG, § 111, Rn. 3; *Lutter/Krieger*, a. a. O., Rn. 18.

35 *Mertens* in: KK, AktG, § 111, Rn. 14; *Lutter/Krieger*, a. a. O., Rn. 20; *Semler*, a. a. O., Rn. 112 ff.

36 BGHZ 75, 120 (133); *Hüffer*, a. a. O.; *Mertens*, a. a. O., Rn. 21 m. w. N.; a. A. mit beachtlichen Gründen *Lutter/Krieger*, a. a. O., Rn. 20; *Semler*, a. a. O., Rn. 115 ff.

37 Eingehend *Semler*, a. a. O., Rn. 381 ff.; *Hüffer*, a. a. O., Rn. 10; *Mertens*, a. a. O., Rn. 23; *Semler*, a. a. O., Rn. .

38 *Mertens*, a. a. O., Rn. 23; *Semler*, a. a. O., Rn. 401; h. M.

39 *Mertens*, a. a. O., Rn. 24.

hier insbesondere darauf zu achten, daß der – abhängige – Vorstand die konzernrechtlichen Grenzen der Willfährigkeit gegenüber Weisungen der herrschenden Gesellschaft beachtet.[40]

b) Überwachungsmaßstäbe und -intensität

Als Maßstäbe für die Überwachung der Vorstandstätigkeit werden von der h. M. die Begriffe Rechtmäßigkeit, Ordnungsmäßigkeit, Zweckmäßigkeit und Wirtschaftlichkeit genannt.[41] Diese Kriterien weisen allerdings Überschneidungen auf und dürfen nicht als scharf gegeneinander abzugrenzende Überwachungsfelder mißverstanden werden.

Unter *Rechtmäßigkeit* ist die Einhaltung gesetzlicher Vorschriften, insbesondere derjenigen des Aktiengesetzes, die Beachtung der Satzung der Aktiengesellschaft, der Geschäftsordnung für den Vorstand sowie der Beschlüsse von Hauptversammlung und Aufsichtsrat zu verstehen.[42]

Die *Ordnungsmäßigkeit* der Geschäftsführung betrifft vor allem die innere Organisation des Unternehmens.[43] Der Aufsichtsrat muß darauf achten, daß der Vorstand diejenigen organisatorischen Maßnahmen trifft, die für eine korrekte Leitung und Steuerung des Unternehmens trotz weitgehender Delegation erforderlich sind. In diesem Zusammenhang gewinnt das Betreiben einer *angemessenen Unternehmensplanung* zentrale Bedeutung.[44] Daneben fordert eine ordnungsgemäße Unternehmensorganisation sinnvolle Führungsstrukturen, ein effizientes Rechnungswesen, ein leistungsfähiges Berichtswesen, eine angemessene Personalentwicklung sowie nicht zuletzt die Beachtung sozialer Belange.[45]

---

40 Insoweit ungenau *Mertens*, a. a. O., der die Zulässigkeit des Handelns der Konzernmutter als Überwachungsgegenstand betrachtet. Zu überwachen hat der Aufsichtsrat einer abhängigen Gesellschaft jedoch lediglich, ob der seiner Aufsicht unterliegende Vorstand sich gegenüber rechtswidrigen Weisungen der Konzernmutter hinreichend zur Wehr setzt.

41 BGHZ 75, 120 (133); 114, 127 (129 f.); *Hüffer*, a. a. O., Rn. 6; *Lutter/Krieger*, a. a. O., Rn. 22 ff.; *Mertens*, a. a. O., Rn. 11; *Semler*, a. a. O., Rn. 183 ff.

42 *Lutter/Krieger*, a. a. O., Rn. 23.

43 *Lutter/Krieger*, a. a. O., Rn. 24; *Hüffer*, a. a. O., Rn. 6.

44 *Lutter/Krieger*, a. a. O.; *Semler*, a. a. O., Rn. 184.

45 *Lutter/Krieger*, a. a. O., Rn. 24.

Bei der Überwachung der *Wirtschaftlichkeit* geht es um die Beurteilung des Vorstandshandelns in bezug auf die wirtschaftlichen Auswirkungen für das Unternehmen. Der Aufsichtsrat muß sich davon überzeugen, daß die Geschäftsführungsmaßnahmen des Vorstands und die von ihm verfolgte Unternehmenspolitik plausibel und folgerichtig sind und daß die Gesichtspunkte der Liquidität und Rentabilität der Gesellschaft angemessen beachtet werden.[46] Hierzu gehören auch Fragen wie der Erwerb und die Veräußerung von Beteiligungen, die Ausgliederung von Betrieben, die Aufnahme und Gewährung von Krediten sowie die Ausschüttung und Thesaurierung von Gewinnen.

Die *Zweckmäßigkeit* schließlich kann, wie *Lutter/Krieger* zutreffend anmerken[47], am wenigsten als eigenständige Überwachungskategorie angesehen werden, weil sie notwendiger Bestandteil einer Überprüfung der Ordnungsmäßigkeit und Wirtschaftlichkeit ist. Denn eine unzweckmäßige Organisation oder Finanzierung kann niemals ordnungsmäßig oder wirtschaftlich sinnvoll sein.[48]

Prinzipiell lassen sich die drei letztgenannten Überwachungsmaßstäbe sämtlich unter den Begriff der Rechtmäßigkeit subsumieren, weil nur eine Geschäftsführung, die sowohl ordnungsmäßig als auch an den Gesichtspunkten der Zweckmäßigkeit und des wirtschaftlichen Erfolges orientiert ist, als ordentlich und gewissenhaft im Sinne des § 93 Abs. 1 AktG angesehen werden kann. Die begrifflichen Differenzierungen sollten daher als erläuternde Aufschlüsselung zum zentralen Maßstab einer rechtskonformen Leitung der Aktiengesellschaft durch den Vorstand betrachtet werden. Durch diese Aufschlüsselung erhält der Aufsichtsrat einer konkretisierte Orientierungsgrundlage für die Ausrichtung seiner Überwachungsmaßnahmen.

Die erforderliche *Intensität* der Überwachung schließlich hat nach herrschender Ansicht mit der aktuellen wirtschaftlichen Lage sowie der Risikolage des Unternehmens zu korrespondieren.[49] Im

---

46 A. a. O., Rn. 25.

47 A. a. O., Rn. 26.

48 Anders *Semler*, a. a. O., Rn. 191, der eine strikte Trennung von Zweckmäßigkeit und Wirtschaftlichkeit betont.

49 *Hüffer*, a. a. O., Rn. 7; *Lutter/Krieger*, a. a. O., Rn. 27 f.; *Mertens*, a. a. O., Rn. 18 u. 20 a. E.

Normalfall bieten die periodischen Berichte des Vorstands, deren Ordnungsmäßigkeit und Lückenlosigkeit im Sinne des § 90 Abs. 1 u. 2 AktG allerdings fortlaufend zu kontrollieren ist, eine hinreichende Überwachungsgrundlage.[50] Verschlechtert sich die wirtschaftliche Lage des Unternehmens, zeichnet sich eine solche Verschlechterung ab oder werden dem Aufsichtsrat Anzeichen für Unregelmäßigkeiten bei der Geschäftsführung bekannt, so hat sich die Kontrolldichte sowohl im zeitlichen als auch im sachlichen Umfang zu erhöhen.[51] *Semler* hat hierzu eine Dreistufung entwickelt, wonach bei normalem Geschäftsverlauf eine „begleitende Überwachung" der Geschäftsführung ausreichend sei, während bei einer drohenden Verschlechterung der Lage die Überwachung „unterstützenden" Charakter annehmen müsse, um sich schließlich im akuten Krisenfall zur „gestaltenden Überwachung" zu steigern.[52]

c) Temporaler Bezug und Einflußinstrumente

aa) Ex-post-Überwachung

Die verschiedenen Überwachungsfunktionen sind zunächst auf dem Wege einer nachträglichen Kontrolle des Vorstandshandelns (ex-post-Kontrolle) zu erfüllen. Sie erfolgt im Normalfall durch die kritische Auseinandersetzung mit den periodischen Vorstandsberichten gemäß § 90 Abs. 1 u. 2 AktG sowie im Rahmen der Prüfung von Jahresabschluß und Lagebericht gemäß § 171 AktG. Werden dabei Mängel aufgedeckt, so erschöpft sich die Aufgabe des Aufsichtsrats nicht in deren Feststellung. Vielmehr hat der Aufsichtsrat auf die Beseitigung der Mängel hinzuwirken und hierzu von seinen aktienrechtlichen Befugnissen und Einflußinstrumenten Gebrauch zu machen.[53] Dabei hat er die nach pflichtgemäßem Ermessen zu treffende Auswahl unter folgenden Möglichkeiten:

- förmliche Beanstandung oder Bedenkenäußerung
- Einsichtnahme und Prüfung gemäß § 111 Abs. 2 AktG

---

50 *Mertens*, a. a. O., Rn. 14; *Semler*, a. a. O., Rn. 232.

51 *Hüffer*, a. a. O., Rn. 7; *Lutter/Krieger*, a. a. O., Rn. 28; *Mertens*, a. a. O., Rn. 18.

52 *Semler*, a. a. O., Rn. 231 ff.; zust. *Lutter/Krieger*, a. a. O.; krit. *Mertens*, a. a. O., Rn. 20.; vgl. auch Semler, Die Kompetenzen des Aufsichtsrats, in: Arbeitshandbuch für Aufsichtsratsmitglieder, S.36

53 *Semler*, a. a. O., Rn. 217.

- Statuierung von Zustimmungsvorbehalten gemäß § 111 Abs. 4 Satz 2 AktG
- Erlaß einer Geschäftsordnung für den Vorstand gemäß § 77 Abs. 2 Satz 1 AktG
- Einberufung einer außerordentlichen Hauptversammlung gemäß § 111 Abs. 3 AktG
- förmliche Mißbilligung des Jahresabschlusses gemäß § 171 Abs. 2 Satz 4 AktG
- Geltendmachung von Schadensersatzansprüchen gemäß §§ 93 Abs. 2, 112 AktG gegen den Vorstand
- Nichtwiederbestellung oder vorzeitige Abberufung von Vorstandsmitgliedern gemäß § 84 AktG.[54]

Dieses an Aktivitätspflichten orientierte und nicht nur passive Verständnis der Überwachungsfunktion entspricht dem historischen Hintergrund der Entstehung des Aufsichtsrats. Dieser wurde nämlich, wie in Teil 1 dargestellt wurde[55], im Jahre 1870 als Ersatz für die bis dahin zuständige Staatsaufsicht eingeführt, welche ihre Rechtfertigung aus der Möglichkeit herleitete, erforderlichenfalls zum Schutz der Aktionäre gegen die Unternehmensleitung einzuschreiten.[56]

bb) Ex-ante-Überwachung

Als weiterer Bestandteil der Überwachungsverpflichtung des Aufsichtsrats wird heute allgemein angesehen, daß nicht nur eine nachträgliche Kontrolle getroffener Entscheidungen, sondern auch eine in die Zukunft gerichtete Kontrolle des unternehmerischen Vorstandshandelns stattzufinden hat.[57] Diese *ex-ante-Kontrolle* bezweckt die Prophylaxe unzweckmäßiger und unwirtschaftlicher

---

54 Vgl. Überblick bei *Mertens*, a. a. O., Rn. 31 ff.

55 Oben Teil 1, I. 3.

56 Vgl. *Kindler*, ZHR 162 (1998), 101 (110).

57 BGHZ 114, 127 (129 f.); *Bea/Scheurer*, DB 1994, 2145 (2151); *Dörner/Oser*, DB 1995, 1085; *Geßler* in: *Geßler/Hefermehl/Eckardt/Kropff*, AktG, § 111, Rn. 25 f.; *Götz*, AG 1995, 337 (350); *Lutter/Krieger*, a. a. O., Rn. 30; *Mertens*, a. a. O., Rn. 11, 14; *Mutter*, Unternehmerische Entscheidungen, S. 40; *Semler*, a. a. O., Rn. 254 a. E., 257 a. E.; *Thümmel*, DB 1997, 261 (262).

Entscheidungen und hat sich der mittel- und langfristigen Erhaltung der Wettbewerbsfähigkeit des Unternehmens zu widmen.[58]

Als geeignete Einflußinstrumente des Aufsichtsrats im Rahmen der ex-ante-Überwachung kommen erst in zweiter Linie die oben aufgeführten förmlichen Machtbefugnisse in Betracht. Vorrangig bietet sich vielmehr die dem Aufsichtsrat stets gegebene Möglichkeit des formlosen persönlichen Meinungsaustausches mit dem Vorstand an. Dementsprechend hat der BGH im Hinblick auf die Überwachung der künftigen Geschäftsführung ausgeführt:

> *„Eine so verstandene Kontrolle kann wirksam nur durch ständige Diskussion mit dem Vorstand und insofern nur durch dessen laufende Beratung ausgeübt werden; die Beratung ist deshalb das vorrangige Mittel der in die Zukunft gerichteten Kontrolle des Vorstands."* [59]

Aus dieser Erkenntnis leitet der BGH eine erweiterte Definition der gesetzlichen Überwachungsaufgabe des Aufsichtsrats gemäß § 111 Abs. 1 AktG ab:

> *„Die Aufgabe des Aufsichtsrats, die Geschäftsführung zu überwachen, enthält die Pflicht, den Vorstand in übergeordneten Fragen der Unternehmensführung zu beraten."* [60]

Den gleichsam klassischen Fall einer zukunftsbezogenen Führungsmaßnahme bildet die Unternehmensplanung, die damit zu den zentralen Gegenständen der Aufsichtsratsüberwachung zählt.[61] Den hohen Stellenwert dieses Überwachungsbereichs bestätigt nicht zuletzt die Normierung der entsprechenden Berichterstattungspflicht des Vorstands in § 90 Abs. 1 Satz 1 Nr. 1 AktG, die sich in der Fassung des KonTraG nunmehr ausdrücklich auf die Unternehmensplanung erstreckt.[62] Das primäre Einflußinstrument der

---

58 *Götz*, a. a. O., S. 350; *Mertens*, a. a. O., Rn. 14.

59 BGH, a. a. O., S. 130.

60 Leitsatz a) zur Entscheidung BGHZ 114, 127; hierzu Anm. *Boujong*, AG 1995, 203 ff.; ebenso bereits *Geßler*, a. a. O., Rn. 36; kritisch *Steinmann/Klaus*, AG 1987, 29 (30 f.).

61 *Lutter/Krieger*, a. a. O., Rn. 18; *Mertens*, a. a. O., Rn. 11; *v. Rechenberg*, BB 1990, 1356 (1357); *Semler*, a. a. O., Rn. 111.

62 Vgl. oben Teil 1, II. 3. b) aa); hierzu eingehend unten IV. 3.

Planungsüberwachung durch den Aufsichtsrat bildet mithin die Beratung.[63] Auf die Einzelheiten der Beratungskompetenz des Aufsichtsrats mit Blick auf die Unternehmensplanung wird später noch ausführlich einzugehen sein.

Für den Fall, daß Beratungen mit dem Vorstand über Zukunftsfragen oder geplante Projekte nicht hinreichend effizient erscheinen oder der Vorstand sich mittels Beratung von einem aus Sicht des Aufsichtsrats pflichtwidrig erscheinenden Kurs nicht abbringen läßt, stehen dem Aufsichtsrat weiterhin sämtliche im Zusammenhang mit der ex-post-Überwachung genannten Einflußinstrumente – naturgemäß mit Ausnahme der Mißbilligung des Jahresabschlusses und der Geltendmachung von Schadensersatzansprüchen – zur Verfügung. Geeignet sind insbesondere das Recht zur Einsichtnahme und Prüfung gemäß § 111 Abs. 2 AktG, welches auch Planungsunterlagen erfaßt, sowie das Recht zur Statuierung von Zustimmungsvorbehalten gemäß § 111 Abs. 4 Satz 2 AktG. Bei letzterem handelt es sich konzeptionell um den Ausnahmefall des Aufsichtsratshandelns, bei dem die Grenze zum direkten und verbindlichen Eingriff in die Geschäftsleitung überschritten wird. Deshalb sind die gesetzlichen Voraussetzungen hierfür streng zu beachten. Insbesondere stellt der Zustimmungsvorbehalt lediglich ein Vetorecht dar; die Initiative verbleibt stets beim Vorstand.[64] Auch der Zustimmungsvorbehalt als Instrument der Planungsüberwachung wird noch eingehend zu würdigen sein.

2. Praktische Überwachungsdefizite bei der Unternehmensplanung

Wenn man die zahlreichen Unternehmenskrisen und -insolvenzen der letzten Jahre unter dem Blickwinkel des Aufsichtsrats analysiert, so findet sich immer wieder die Feststellung, der Aufsichtsrat habe das Problem nicht oder nicht in dem Maße gesehen und sei von der Entwicklung überrascht worden. Geht man davon aus, daß diese Krisen zumeist nicht von heute auf morgen aufgetreten sind, sondern das Ergebnis von längerfristigen Entwicklungen darstellen, stellt sich

---

63 Vgl. *Geßler*, a. a. O., Rn. 36, unter Verweis auf die Stellungnahmen des Aufsichtsrats zu Vorstandsberichten gemäß § 90 Abs. 1 Satz 1 Nr. 1 u. Nr. 4 AktG.

64 *Mutter*, a. a. O., S. 48.

die Frage, warum der Aufsichtsrat nicht rechtzeitig informiert war. Was ist die Ursache für das Nichterkennen krisenhafter Entwicklungen und das Fehlen eines rechtzeitigen Gegensteuerns?

Ein wesentlicher Erklärungsansatz liegt darin, daß viele Aufsichtsräte in der Praxis – entgegen dem soeben dargelegten Modell – die zukunftsgerichtete Komponente ihrer Überwachungstägigkeit vernachlässigen und sich stattdessen auf eine hauptsächlich retrospektive Kontrolle, die allenfalls im akuten Notfall noch durch Elemente eines ad-hoc-Krisenmanagements ergänzt wird, beschränken. Die Folge ist eine mangelhafte Einbindung in den Prozeß der Unternehmensplanung, was wiederum dazu führt, daß der Aufsichtsrat Planungsfehler und unzureichendes Risikomanagement des Vorstands nicht oder aber erst zu einem Zeitpunkt, der eine nachhaltige Korrektur weitgehend unmöglich macht, erkennt.

So erhält der Aufsichtsrat oftmals kein vollständiges Bild über die Inhalte der Unternehmensplanung; bisweilen unterbleibt ihre Vorlage sogar gänzlich.[65] In der Regel wird der Aufsichtsrat zwar über die operative, selten aber – von bloßen Absichtserklärungen sowie der Mitteilung längerfristiger Finanzziele abgesehen – über die strategische Planung informiert.[66] Dementsprechend begnügt er sich damit, den Jahresabschluß mit der kurzfristigen operativen Planung für das betreffende Jahr zu vergleichen und die Abweichungen mit dem Vorstand zu diskutieren. Bei dieser reinen Soll/Ist-Kontrolle orientiert er sich meist ausschließlich an monetär quantifizierbaren Größen.[67] Darüberhinaus prüft der Aufsichtsrat bei negativen Planabweichungen oft auch die Maßnahmen, die der Vorstand ergriffen hat, um die tatsächliche Entwicklung wieder in Übereinstimmung mit der Planung zu bringen.[68] Dabei beschränkt er den Blickwinkel hauptsächlich auf unternehmensinterne Probleme und die hierfür vom Vorstand angebotenen Lösungen. Auf der Grundlage dieser Erkenntnisse prüft und genehmigt der Aufsichtsrat die Budgetierung für das nächste Geschäftsjahr. Zumindest in größeren Unternehmen

---

65 *M. Dreher*, Die Organisation des Aufsichtsrats, in: *Feddersen/Hommelhoff/Schneider*, Corporate Governance, S. 33 ff. (49 f.).

66 *Becker*, Überwachungskonzepte, S. 203 ff., mit Beispielen für erfreuliche Ausnahmen vor allem im Bereich der Banken und Versicherungen.

67 *Bea/Scheurer*, DB 1994, 2145 (2146); *Bleicher*, Aufsichtsrat, S. 61 f.; *Steinmann/Gerum*, AG 1980, 1 (9).

68 Vgl. *Albach*, ZGR 1997, 32 (33).

hat sich für das Jahresbudget eine Zustimmungspflicht gemäß § 111 Abs. 4 Satz 2 AktG weitgehend durchgesetzt.[69]

All das sind aber – wie *Albach*[70] zutreffend festgestellt hat – Maßnahmen, die dem Aufsichtsrat keinen Aufschluß über die zukünftige strategische Positionierung geben. Die überwiegend operativ-monetäre Ausrichtung der Aufsichtsratskontrolle führt dazu, daß in Gestalt der Finanzplanung lediglich der Reflex des geplanten unternehmerischen Handelns, nicht aber das intendierte Handeln selbst überwacht wird.[71] Strategische Erfolgsfaktoren mit einer erheblichen Vorlaufzeit wie beispielsweise Produktinnovation und -qualität oder die Auswertung von Kundenproblemen finden sich weder im Jahresbudget noch in den Jahresabschlüssen.[72] Neue Produkt/Markt-Konzepte, Innovationen, Qualitätsverbesserungen und konsequente Kundenorientierung erfordern einen erheblichen, langfristig ausgerichteten Forschungs- und Entwicklungsaufwand[73], der sich zunächst in Humankapitalinvestitionen niederschlägt.[74] Investitionen in Humankapital unterliegen jedoch nicht wie Investitionen in Hardware der Genehmigung durch den Aufsichtsrat im Rahmen der üblichen Zustimmungspflicht für das Jahresbudget. Somit erkennt der Aufsichtsrat unter Umständen erst Jahre später, wenn sich die Vernachlässigung der strategischen Erfolgsfaktoren in den Jahresergebnissen niederschlägt, die ungenügende strategische Führung und kann nicht mehr rechtzeitig eingreifen.[75]

Außer den Investitionen in Humankapital bestimmen die genannten Erfolgsfaktoren aber auch die Investitionen in Sachkapital. Diese werden dem Aufsichtsrat im Rahmen der – meist zustimmungspflichtigen – jährlichen Budgetierung zur Genehmigung vorgelegt. Derartige Vorlagen ermöglichen jedoch selten eine strategische Beurteilung der Investition, weil in den meisten Fällen zwar die Höhe der Investitionssumme nebst einer Rentabilitäts- und Rücklaufrechnung sowie einer kurzen, auf operative Erfordernisse

---

69 Vgl. *Albach*, a. a. O.; *Becker*, a. a. O., S. 204; *Bleicher*, a. a. O., S. 62; *Lutter*, AG 1991, 249 (254).

70 *Albach*, a. a. O., S. 34; ähnlich *Steinmann/Gerum*, AG 1980, 1 (9).

71 Vgl. oben Teil 2, I. 4. a) ff).

72 *Steinmann/Gerum*, a. a. O., S. 2; ähnlich *Bea/Scheurer*, a. a. O., S. 2150.

73 Dies betont zutreffend *Götz*, AG 1995, 337 (350).

74 *Albach*, a. a. O.

75 A. a. O.

abstellenden Begründung mitgeteilt wird, nicht aber eine Darstellung der Ratio der Investition im strategischen Zusammenhang erfolgt und erst recht nicht Alternativpläne offengelegt werden, die im Laufe des Entscheidungsprozesses erwogen worden sind.[76] Weder die strategische Angemessenheit der Investition noch die hiermit verbundenen strategischen Risiken können somit vom Aufsichtsrat hinreichend beurteilt werden.

Infolge dieser Informationspolitik fehlt dem Aufsichtsrat auch hinsichtlich der Sachkapital-Investitionen der strategische Überblick. Ist beispielsweise die – regelmäßig mehrere Jahre beanspruchende – Entwicklung für ein neues Produkt abgeschlossen, dann liegen auch die Fertigungsprozesse fest, die zur Herstellung des neuen Produkts eingesetzt werden müssen. Das bedeutet aber, daß der weitaus größte Teil aller Kosten, die während des gesamten Lebenszyklus' des neuen Produkts entstehen werden, bereits festliegt, wenn der Beginn der Fertigung dem Aufsichtsrat im Zusammenhang mit der jährlichen Budgetierung zur Genehmigung vorgelegt wird. Eine Ablehnung würde folglich die gesamten bis dahin getätigten Investitionen in Human- und Sachkapital entwerten und somit für den Fall einer Fehlentscheidung ein unübersehbares Haftungsrisiko für den Aufsichtsrat begründen.[77] Auch dadurch bleibt der Aufsichtsrat im praktischen Ergebnis von der strategischen Gestaltung der Unternehmenszukunft ausgeschlossen.

Angesichts dieser Situation kaum überraschend erscheint der empirische Befund, daß Zustimmungsvorbehalte über den materiell-unternehmerischen Inhalt strategischer Konzepte bei den meisten Aktiengesellschaften nach wie vor nicht bestehen: Nach einer im Jahre 1994 von *Mutter* veröffentlichten Studie[78] existiert zwar bei 80 % der befragten Gesellschaften ein Katalog zustimmungspflichtiger Geschäfte im Sinne des § 111 Abs. 4 Satz 2 AktG, jedoch bestehen nur bei 20 % der Gesellschaften Zustimmungsvorbehalte für die strategische Unternehmensplanung.[79] Ein undeutliches Bild hat die genannte Studie bei der praktischen Handhabung der Beratungskompetenz des Aufsichtsrats gegenüber

---

76 *Becker*, a. a. O., S. 204.

77 Näher *Albach*, a. a. O, S. 35.

78 *Mutter*, Unternehmerische Entscheidungen, Anhang 1 u. 2, S. 313 ff.

79 A. a. O., S. 322; teilweise noch geringere Quoten in den älteren empirischen Befunden bei *Steinmann/Gerum*, a. a. O., S. 6 f.

dem Vorstand ergeben: Konsultationen des Aufsichtsrats *„in für das Unternehmen wesentlichen Entscheidungen der Geschäftsführung auch außerhalb der bestehenden Zustimmungsvorbehalte"* sollen danach bei 70 % der befragten Unternehmen üblich sein.[80] Jedoch handelt es sich bei diesen „wesentlichen Entscheidungen" im Sinne der Befragung offensichtlich in erster Linie um bedeutende Einzelmaßnahmen im Sinne des § 90 Abs. 1 Satz 1 Nr. 4 AktG[81], nicht aber um strategische Konzepte. Das Beratungsdefizit im letztgenannten Bereich bestätigen andere, ergänzend heranzuziehende Untersuchungen[82] wie auch die praktische Erfahrung des Verfassers.

Hinsichtlich des Ausschußwesens hat die *Mutter*-Studie ferner ermittelt, daß in 90 % der befragten Aufsichtsräte ständige Ausschüsse bestehen.[83] Andere Studien belegen jedoch, daß diese sich kaum mit stretegischen Fragen der Unternehmensführung befassen.[84] Eine Ausnahme bilden insoweit die in letzter Zeit offenbar in nennenswertem Umfang anzutreffenden Ausschüsse für Beteiligungspolitik.[85]

Insgesamt dominiert also in der Praxis eher die Überwachung finanztechnischer Entscheidungen entsprechend dem vorherrschenden Selbstverständnis deutscher Aufsichtsräte, die ihre Rolle in erster Linie in der ex-post-Überwachung, weniger aber in einer planerischen Auseinandersetzung mit der Zukunft des Unternehmens sehen.[86] Damit läßt sich der weitere empirische Befund in Einklang bringen, daß die überwältigende Mehrzahl deutscher Aufsichtsräte subjektiv sowohl mit seiner Informationsversorgung als auch mit dem Maß seiner überwachenden Einwirkung auf die Geschäftsleitung durchaus zufrieden ist.[87] Die mangelhafte Einbindung in strategische

---

80 *Mutter*, a. a. O.

81 Vgl. a. a. O., S. 115: *"Gemeint ist die Unterrichtung des Aufsichtsrates nach § 90 Abs. 1 S. 1 Ziff. 4 i. V. m. Abs. 2 Ziff. 4 AktG."*

82 Vgl. z. B. *Bleicher*, a. a. O., S. 62.

83 *Mutter*, a. a. O., S. 320.

84 Vgl. *Bleicher*, a. a. O., S. 25, wonach in der jeweils angegebenen Quote der befragten Unternehmen folgende Ausschüsse existierten: Personalausschuß (58 %), Präsidium (29 %), Finanzausschuß (24 %), Investitionsausschuß (18 %), Prüfungsausschuß (7 %), sonstige Ausschüsse (2 %).

85 Vgl. *Mutter*, a. a. O., S. 320 (ohne spezifizierte Quotenangabe).

86 Dies bestätigen die Untersuchungen von *Bleicher*, a. a. O., S. 15 f., 17, 61 f., sowie *Steinmann/Gerum*, a. a. O., S. 6 ff.

87 Vgl. *Bleicher*, a. a. O., S. 53, 57, wonach die Quoten jeweils um 90 % liegen; für die Informationsversorgung durch Vorstandsberichte gleiche Quote bei *Mutter*, a. a. O.,

Problemstellungen beruht demnach auf einer Kumulation von mangelnder Informationsversorgung durch den Vorstand und mangelnder Informationsnachfrage durch den Aufsichtsrat. *Bleicher* mutmaßt in diesem Zusammenhang, daß die Aufsichtsräte sich offensichtlich *„bei der Beurteilung einer mehr produkt-marktorientierten strategischen Unternehmensplanung überfordert"* sähen.[88]

Bei der Suche nach den Ursachen für die fehlende Einbindung der Aufsichtsräte in die strategische Planung kann allerdings ferner nicht an der Tatsache vorübergegangen werden, daß dies auch ein ungewolltes Ergebnis der Mitbestimmung ist: Vorstände versuchen aus Geheimhaltungsgründen in erheblichem Umfang, zumindest das Aufsichtsratsplenum nicht mit strategisch brisanten und daher vertraulichen Fragen zu beschäftigen. Derartige Angelegenheiten werden – wenn überhaupt – auf informellem Weg zwischen dem Vorstand und den Vertretern der Anteilseigner erörtert. Letztere unterstützen diese Praxis und schrecken insbesondere vor der Statuierung umfangreicher Zustimmungsvorbehalte hinsichtlich grundlegender Zukunftsentscheidungen zurück.[89] So hat die Mitbestimmung entgegen ihrem Anliegen die Macht der Vorstände im praktischen Ergebnis nicht beschränkt, sondern eher zulasten des Aufsichtsrats noch vergrößert.[90]

III. Exkurs: Effizientere Planungsüberwachung durch alternative Organisationsmodelle für die Verwaltung der Aktiengesellschaft?

Unabhängig von dem allgemeinen Unbehagen über das Zurückbleiben der Aufsichtsratskontrolle hinter den gesetzlichen Möglichkeiten finden sich – in jüngster Zeit wieder häufiger – auch systemkritische Äußerungen grundsätzlicher Natur. So wird etwa

---

S. 321 f.

88 *Bleicher*, a. a. O., S. 62.

89 *Götz*, AG 1995, 337 (350); *Graf Lambsdorff*, a. a. O., S. 223; *Hopt*, Mestmäcker-Festschrift, S. 909 (928).

90 Zutreffend *Graf Lambsdorff*, Die Überwachungstätigkeit des Aufsichtsrats, in: *Feddersen/Hommelhoff/Schneider*, Corporate Governance, S. 217 ff. (227).

gefragt: Ist für Unternehmenskrisen wie jüngst diejenige der Metallgesellschaft die rechtliche Struktur des deutschen Aufsichtsratssystems mitverantwortlich?[91] Bildet der Aufsichtsrat eine *„strategische Lücke"*[92] der Spitzenverfassung? Ist die Machtverteilung zwischen Aufsichtsrat und Vorstand unter dem Gesichtspunkt der Risikokontrolle zu ändern? Ist das System der Organhaftung wirksam genug? Was leisten für eine mögliche weitere Reform des Aktienrechts die Vorbilder in anderen Ländern?[93]

Diese Fragen führen immer wieder zu einem Vergleich der Vor- und Nachteile der international wesentlich stärker verbreiteten einstufigen Gesellschaftsverfassung in Form des sogenannten *Board-* oder *Verwaltungsratssystems* mit dem Trennungssystem deutscher Prägung.[94] Die vorliegende Untersuchung sieht sich damit vor die Frage gestellt, ob Bestrebungen zur Verbesserung der Planungsüberwachung durch den Aufsichtsrat sich überhaupt am gegebenen System orientieren könnten und sollten, oder ob nicht etwa alternative Grundkonzepte per se bessere Voraussetzungen hierfür bieten. Wäre die Frage im zweitgenannten Sinne zu beantworten, so müßten rechtspolitische Bestrebungen gegenüber systemimmanenten Ansätzen den Vorrang erhalten.

1. Board-System in den USA

Während in Deutschland die Geschäftsleitung und ihre Überwachung auf zwei getrennte Organe - Vorstand und Aufsichtsrat - verteilt ist,

---

91 Vgl. *Ronaldo H. Schmitz*, Praktische Ausgestaltung der Überwachungstätigkeit des Aufsichtsrats in Deutschland, in: *Feddersen/Hommelhoff/Schneider*, Corporate Governance, S. 234 ff.

92 *Bleicher*, Aufsichtsrat, S. 8.

93 Vgl. zur Übertragbarkeit internationaler Kodizes, v. Werder, Der German Code of Corporate Governance im Kontext der internationalen Governance-Debatte: Umfeld, Funktion und inhaltliche Ausrichtung des GCCG, in: German Code of Corporate Governance, S. 8 ff.; zur Vergleichbarkeit der internationalen Corporate Goverance Grundsätze siehe auch Hopt/Wymeersch (Hrsg.), Comperative Corporate Governance – Essays and Materials.

94 Vgl. *Assmann* in: Großkomm. AktG, Einl., Rn. 334 a. E.; *Bleicher/Leberl/Paul*, Unternehmensverfassung und Spitzenorganisation; *Bleicher/Paul*, Die Betriebswirtschaft 1986, 263 ff.; *Feddersen/Hommelhoff/Schneider* (Hrsg.), Corporate Governance; *Lieser/Schoenbaum*, DB 1973, 1981 ff.; *Theisen*, AG 1989, 161 ff.; *Zöllner* in: KK, AktG, Einl., Rn. 212; *Windbichler*, ZGR 1985, 50 ff.; vgl. ferner die Umfrageanalyse bei *Bleicher*, Aufsichtsrat, S. 50 f., wonach 25 % der deutschen Aufsichtsratsmitglieder das geltende Trennungssystem ablehnen.

existiert im anglo-amerikanischen System eine solche "dualistische" Aufteilung nicht.[95] Bei diesem handelt es sich vielmehr um ein „monistisches" System, das grundsätzlich nur ein oberstes Verwaltungsorgan, den sogenannten *Board of Directors*, vorsieht.[96] In ihm sind Geschäftsführungs- und Überwachungsfunktion institutionell vereinigt[97], doch kann er nicht ohne weiteres als eine Kombination von Aufsichtsrat und Vorstand im Sinne des deutschen Aktienrechts verstanden werden.[98]

Ein US-amerikanischer Board zählt durchschnittlich zwischen 10 und 15 Mitglieder[99] und setzt sich aus sogenannten *Inside-Directors* und *Outside-Directors* zusammen, die sämtlich von den Anteilseignern gewählt werden.[100] Arbeitnehmervertreter sind regelmäßig nicht vorgesehen.[101] Bei den *Inside-Directors* oder *Executive Directors* [102] handelt es sich um Spitzenmanager in satzungsmäßig zugeordneten Funktionen, die hauptberuflich und vollzeitlich in der Corporation angestellt und sowohl in das Tagesgeschäft der Unternehmung als auch in den Board eingebunden sind. Die Funktion der Inside-Directors ähnelt also derjenigen der Vorstandsmitglieder der deutschen Aktiengesellschaft. Die *Outside-Directors* hingegen stehen in keinem festen Anstellungsverhältnis zur Corporation, sondern sind lediglich nebenamtlich an die Gesellschaft gebunden. Sie rekrutieren sich beispielsweise aus dem Top-Management von Banken, Versicherungen, der Investmentbranche, dem Prüfungswesen, bei Konzernen aus dem Direktorium der Konzernmutter, ferner aus den Kreisen sonstiger, nicht zuletzt auch der Imagepflege förderlicher Persönlichkeiten des öffentlichen Lebens.[103] Sie dienen dem Unternehmen seit jeher einerseits als Berater, andererseits zur

---

95 Grundlegende rechtsvergleichende Darstellung bei *Wiethölter*, Interessen und Organisation, S. 206 ff.; vgl. ferner *Herkenrath*, Die Leitungsorgane der amerikanischen Corporation und der deutschen Aktiengesellschaft.

96 *Hess*, Corporate Governance – Zum Stand der Diskussion in den Vereinigten Staaten, in: *Feddersen/Hommelhoff/Schneider*, Corporate Governance, S. 9 ff. (10 f.).

97 *Langenbucher/Blaum*, DB 1994, 2197 (2198).

98 Vgl. *Agthe* in: *Seidel/Wagner*, Organisation, S. 165 (166).

99 *Kaplan*, Corporate Governance und Unternehmenserfolg: Ein Vergleich zwischen Deutschland, Japan und den USA, in: *Feddersen/Hommelhoff/Schneider*, Corporate Governance, S. 301 ff. (305).

100 *Lieser/Schoenbaum*, DB 1973, 1981 (1981 f.).

101 *Bleicher*, Aufsichtsrat, S. 10; *Henzler* in: Zeitgemäße Gestaltung, S. 15 (18).

102 *Kaplan*, a. a. O.

103 *Lieser/Schoenbaum*, a. a. O., S. 1982.

Repräsentation und Kontaktpflege nach außen[104], und in neuerer Zeit auch zunehmend als unabhängige und kritisch hinterfragende Begleiter der Geschäftsführung. Sie sind jedoch nicht im engeren Sinne „Überwacher“ der Inside-Directors entsprechend der Funktion deutscher Aufsichtsräte.

Der Board bestimmt die Führungskräfte der Corporation, die sogenannten *Officers*, die die Entscheidungen des Board umsetzen und die Geschäfte der Gesellschaft führen.[105] Unter ihnen nimmt der sogenannte *Chief Executive Officer* (CEO) eine dominierende Stellung ein; oftmals ist er zugleich *Chairman of the Board*.

Die amerikanische Boardpraxis ist – bedingt durch eine äußerst geringe bundesgesetzliche Regelungsdichte – in den verschiedenen Staaten und Unternehmen sehr unterschiedlich ausgestaltet.[106] Allerdings bietet das liberale Gesellschaftsrecht des Bundesstaates *Delaware* einen herausragenden Orientierungspunkt, denn aufgund der unternehmensfreundlichen Rechtslage besteht hier die höchste Konzentration von Publikumsgesellschaften in den USA, wodurch wiederum viele andere Bundesstaaten eine Angleichung ihres Gesellschaftsrechts an die dortigen Gesetze vorgenommen haben.[107] Gesetzlich wird nur die Leitungsfunktion des Boards festgelegt. Dagegen werden nähere Vorgaben über eine bestimmte Zahl unabhängiger Direktoren und über bestimmte Zustimmungs- oder Kontrollkompetenzen des Boards vom Gesetzgeber nicht getroffen, sondern vielmehr der geschäftspolitischen Richtlinien-Kompetenz des Boards anvertraut. Die Verantwortlichkeiten und Treuepflichten der *Directors* gegenüber der Gesellschaft sind praktisch ausschließlich durch die Rechtsprechung entwickelt worden, wobei in jüngster Zeit die Verpflichtung zur Steigerung des *shareholder value* in den Vordergrund gestellt wird.[108]

In der Praxis werden dem Board als Gesamtorgan durchwegs folgende Grundfunktionen zugeordnet: Zum einen soll er im Interesse der Anteilseigner den Geschäftsverlauf des Unternehmens

---

104 *Lieser/Schoenbaum*, a. a. O.; *Zapp*, Analyse, S. 104 f.

105 *Hess*, a. a. O.

106 Näher: *Bacon/Brown*, The Board of Directors: Perspectives an Practices in Nine Countries (1977); *Hess*, a. a. O.; *Wiethölter*, Interessen und Organisation, S. 144 ff.

107 *Hess*, a. a. O., S. 11.

108 *Hess*, a. a. O., S. 12, 19.

überwachen und die „Corporate Responsibilities" gegenüber den Anteilseignern und der Öffentlichkeit wahren[109], zum anderen hat er die Unternehmensziele und die Richtlinien der Geschäftspolitik festzulegen.[110] Dabei wird der Board auch in wesentliche Unternehmensentscheidungen sowie die strategische Planung miteinbezogen.[111] Ferner ist er für die Auswahl, Bestellung und Beurteilung des CEO und für die Sicherung der Nachfolgeplanung des Top-Managements zuständig.[112] Schließlich hat er daneben eine Überwachungsfunktion.

Um eine effiziente Integration von Geschäftsführung und Geschäftsüberwachung sicherzustellen, sind im anglo-amerikanischen Board-System sogenannte *Board-Committees* als „Integrative Links" sehr verbreitet.[113] Diese Ausschüsse können wesentliche Aufgaben des Boards übernehmen und tagen häufiger als dieser. Am weitesten verbreitet sind Executive Committees, Audit Committees, Compensation Committees und Nomination Committees.

Das *Executive Committee* erfüllt in der Zeit zwischen den Board-Sitzungen die Aufgaben des Board als Führungsorgan des Unternehmens.[114]

Das *Audit Committee*, dessen Funktionen sich mit dem Begriff „Prüfungsausschuß" zusammenfassen lassen[115], ist verantwortlich zuständig für die Auswahl des Abschlußprüfers, die gemeinsam mit diesem vorzunehmende Festlegung des Prüfungsprogramms, die anschließende Erörterung des Prüfungsberichts sowie für die Überwachung der Bilanzpolitik und der Funktionsfähigkeit des internen Kontrollsystems in Zusammenarbeit mit den Abschlußprüfern und der internen Revision.[116] Ein *Audit Committee*

---

109 *Langenbucher/Blaum*, a. a. O., S. 2198.
110 *Lieser/Schoenbaum*, a. a. O., S. 1982.
111 *Aghte*, a. a. O., S. 167.
112 *Henzler*, a. a. O., S. 21.
113 *Windbichler*, ZGR 1985, 50 (52).
114 *Windbichler*, a. a. O.
115 Eingehend *Bleicher/Leberl/Paul*, Unternehmensverfassung, S. 162 ff.; *Langenbucher/Blaum*, DB 1994, 2197 (2198 f.); ferner *Forster*, AG 1995, 1 (5 f.); *Rürup*, AG 1995, 219 (222); *Theisen*, Die Wirtschaftsprüfung 1994, 809 (817 f.).; Ranzinger/Blies, AG 2001, 455 (456 f.); Lück, DB 1999, 441 (442 f.)
116 Näher *Rürup*, a. a. O.; *Windbichler*, a. a. O., S. 59 f.

setzt sich in der Regel aus drei bis fünf *Outside-Directors* zusammen.[117]

Compensation Committees bestimmen Struktur und Höhe der Bezüge des Top-Managements (*Officers*) und der Board-Mitglieder.[118] Die Bezüge des Managements werden stärker als in Deutschland vom Geschäftsergebnis und vor allem von der Entwicklung des Aktienkurses abhängig gemacht, so daß auch hierin eine Form von Geschäftsführungsüberwachung realisiert wird. Die Vergütung eines Board-Mandats beträgt dagegen – unabhängig von der Vergütung einer möglicherweise gleichzeitig bestehenden *Officer*-Funktion – in der Regel zwischen 25.000 $ und 50.000 $ pro Jahr.[119]

Das *Nominating Committee* ist mit der Auswahl, Berufung und Anstellung neuer Board-Mitglieder betraut und hat darüberhinaus die generelle Aufgabe, Vorschläge für die Besetzung strategisch und operativ wichtiger Positionen in der Gesellschaft zu unterbreiten.[120] Dazu hat das *Nominating Committee* auch die Leistungen des aktuellen Managements fortlaufend zu bewerten.[121]

Neben diesen drei geläufigsten sind in der Unternehmenspraxis häufig noch eine Reihe weiterer Board-Committees zu finden, wie z. B. *Finance Committees*, *Executive Committees* oder *Public Affairs Committees*. Außer im *Audit Committee*, das meist ausschließlich aus *Outside Directors* gebildet wird, arbeiten in den Committees *Inside Directors* und *Outside Directors* sowohl bei Überwachungs- als auch bei Geschäftsführungsaufgaben zusammen.[122]

Zur externen Überwachung der Public Corporations wurde im Jahre 1934 die *Securities and Exchange Commission (SEC)* ins Leben gerufen. Sie ist für die Kontrolle der Einhaltung der äußerst strengen, bundeseinheitlichen Rechnungslegungs- und Publizitätsvorschriften zuständig. Im Gegensatz zu deutschen Aktiengesellschaften müssen Public Corporations vierteljährlich publizieren und ebenso vierteljährlich Dividenden ausschütten. Durch die von der SEC

---

117 *Pfohl/Stölzle*, Planung und Kontrolle, S. 195.

118 *Windbichler*, a. a. O., S. 61 f.

119 *Hess*, a. a. O., S. 18.

120 *Windbichler*, a. a. O., S. 60 f.; *Zapp*, a. a. O., S. 106.

121 *Ronaldo H. Schmitz* in: *Feddersen/Hommelhoff/Schneider*, Corporate Governance, S. 234 ff. (239 f.).

122 *Bleicher/Paul*, Die Betriebswirtschaft 1986, 263 (273).

vorgegebenen weitreichenden Offenlegungspflichten, die z. B. auch die Bezüge des gesamten Top-Managements betreffen, wird zwar ein durchaus disziplinierender Einfluß auf die Unternehmenspraxis ausgeübt.[123] Auf der anderen Seite ist die Kontrolle durch die SEC naturgemäß formal ausgerichtet und vermag daher im Hinblick auf die materielle Qualität unternehmerischen Handelns, vor allem in seiner strategischen Dimension, kaum Effizienz zu entfalten.

Die *Organhaftung* schließlich gestaltet sich im Vergleich zum deutschen System ambivalent: Einerseits erscheint sie strenger, weil jeder einzelne Aktionär auf dem Wege der sogenannten *derivative suit* auf Schadensersatzleistung an die Gesellschaft klagen kann und somit bestehende Schadensersatzansprüche leichter durchgesetzt werden können.[124] Andererseits sind die materiellen Voraussetzungen, die für die Entstehung eines Schadensersatzanspruchs erfüllt werden müssen, teilweise höher. Während im Bereich des ungetreuen und eigennützigen Verhaltens sowie bei Interessenkonflikten, also bei einem Verstoß gegen die sogenannten *duties of loyalty*[125], ohne weiteres die Schadensersatzpflicht eintritt, kommen den Organen im Bereich der unternehmerischen Sorgfaltspflichtverletzungen, also bei Verstößen gegen die *duties of care*[126], zu denen auch die Verpflichtung zur ordnungsgemäßen Unternehmensplanung zu zählen wäre, deutliche Erleichterungen zugute:[127]

Erstens schützt dic sogenannte *Business Judgement Rule* als eines der Grundprinzipien des amerikanischen Gesellschaftsrechts die *Directors* gegen haftungsrechtliche Folgen wirtschaftlicher Fehlentscheidungen, solange letztere auf angemessener Information beruhen, im nachvollziehbar guten Glauben an das Wohl der Gesellschaft getroffen wurden und ihnen keine verdeckten Interessenkonflikte zugrundelagen.[128] Zweitens werden in der

---

123 *Hess*, a. a. O., S. 12.

124 Hierzu eingehend *Coffee Jr.*, Organhaftung nach amerikanischem Recht, in: *Feddersen/Hommelhoff/Schneider*, Corporate Governance, S. 165 ff.; ferner *Mertens*, Organhaftung, ebenda, S. 155 ff. (157).

125 Näher *Hopt*, Mestmäcker-Festschrift, S. 909 (917, 921), der insoweit die strenge amerikanische Praxis als beispielhaft für das deutsche Aktienrecht ansieht.

126 *Hopt*, a. a. O.

127 Vgl. zu dieser Differenzierung auch *Coffee Jr.*, a. a. O., S. 199 ff.

128 *Hess*, a. a. O., S. 17; *Hopt*, a. a. O., S. 920; *Semler*, Leitung und Überwachung, Rn. 82.

Mehrzahl der Gesellschaftssatzungen die Board-Mitglieder von der persönlichen Haftung für fahrlässige Sorgfaltspflichtverletzungen zulässigerweise freigestellt.[129] Diese rechtlichen Schutzmaßnahmen sind entwickelt worden, um langfristig sicherzustellen, daß kompetente und erfahrene Persönlichkeiten als *Directors* gewonnen werden können.[130]

2. Verwaltungsräte in der Schweiz

Ebenso wie beim US-amerikanischen Board-System handelt es sich beim schweizerischen Verwaltungsratsystem um ein einstufiges Verfassungsmodell, in welchem die Funktionen der Geschäftsleitung und der Überwachung grundsätzlich in einem Organ, dem *Verwaltungsrat*, zusammengefaßt werden.[131] Nach dem weitgehend dispositiven Schweizer Obligationenrecht darf aber der Verwaltungsrat im Rahmen der Statuten seine Aufgaben- und Kompetenzverteilung selbst festlegen. Hiernach steht es ihm auch offen, die Geschäftsführung und Vertretung der Gesellschaft an einzelne Mitglieder des Verwaltungsrats oder auch an Dritte, die nicht Aktionäre sein müssen, zu delegieren.[132] Damit kann eine gewisse Trennung von Geschäftsführung und Überwachung erzielt werden. Die Verantwortlichkeit für die Unternehmensführung bleibt aber auch in diesem Fall zwingend beim Verwaltungsrat und ist nicht übertragbar[133], so daß keine vollständige institutionelle Funktionstrennung entsprechend dem deutschen Aktienrecht, sondern lediglich eine „unechte Trennung" von Führungs- und Überwachungsfunktion eintritt.[134]

Das schweizerische Aktienrecht ist gekennzeichnet durch relativ allgemein gehaltene Normen, woraus - ähnlich wie im US-

---

129 *Hess*, a. a. O., S. 17 f.

130 *Hess*, a. a. O., S. 18.; *Theisen*, AG 1989, 161 (166).

131 *Windbichler*, a. a. O., S. 69; vgl. zum Verwaltungsrat ferner *Buchmann*, Organisation der Verwaltungsräte in 20 der größten Aktiengesellschaften der Schweiz; empirische Betrachtung bei *Spencer Stuart Management-Consultants*, Verwaltungsräte in der Schweiz.

132 Vgl. Schweizer OR, Art. 717 Abs. 2; hierzu näher *Oesch*, Verwaltungsrat, S. 11 f.; *Theisen*, a. a. O.

133 Vgl. *Horber*, Kompetenzdelegation, S. 112.

134 *Theisen*, a. a. O., S. 166 f.; näher zum Ganzen *Kammerer*, Die unübertragbaren und unentziehbaren Kompetenzen des Verwaltungsrates.

amerikanischen Board-System - ein breiter Gestaltungsspielraum für die kompetenzielle Ausgestaltung des Verwaltungsrats resultiert. Aufgrunddessen gibt es in der Schweiz sowohl die „Einmann-Aktiengesellschaft“, in der Verwaltungsrat, Kapitalgeber und Geschäftsführer in einer Person vereinigt sind, als auch die große Publikumsaktiengesellschaft, in der die Geschäftsführung - in Anlehnung an das deutsche Trennungsmodell - einem oder mehreren Direktoren übertragen ist. Zwischen diesen beiden Extremformen sind alle möglichen Mischformen denkbar.[135]

Je nach Ausgestaltung der Aufgaben- und Kompetenzverteilung verändert sich auch der Aufgabenbereich des Verwaltungsrats. Wird die Geschäftsführung an „Dritte“ (Direktoren) delegiert, reduziert sich der Aufgabenbereich des Verwaltungsrats weitgehend auf eine Überwachungs- und Beratungsfunktion.[136] Entsprechend der zwingend beim Verwaltungsrat verbleibenden Kernverantwortung befassen sich die meisten Verwaltungsräte jedoch zumindest mit den grundlegenden Fragen der Geschäftsführung. Bereits im Jahre 1983 hat eine hierzu durchgeführte empirische Erhebung ergeben, daß mehr als 90 % der Verwaltungsräte Fragen der strategischen Geschäftsleitung zu ihren wichtigsten Aufgaben zählen. Genannt wurden vor allem die *„Auswahl neuer Führungskräfte der obersten Führungsebene“*, das *„Durchsetzen einer strategischen Planung“*, die *„Genehmigung und Kontrolle der Einhaltung der Unternehmensstrategie, Budgets und Investitionsobjekte“* sowie das *„Bewältigen von Krisensituationen“*.[137]

3. Überwachungsgremien in Japan, England und Frankreich

Auch in Japan und England gibt es - ähnlich wie in den USA - ein Board of Directors. Die Aufgaben der japanischen und englischen Boards unterscheiden sich wenig von denjenigen amerikanischer Boards: Auch hier stehen wesentliche unternehmerische Entscheidungen, darunter Personalmaßnahmen im obersten Führungskreis, Konzernierungsmaßnahmen und Fragen der künftigen Geschäftspolitik, im Mittelpunkt.

---

135 Vgl. *Windbichler*, a. a. O., S. 69.
136 *Bleicher/Leberl/Paul*, Unternehmensfverfassung, S. 30.
137 Vgl. *Spencer Stuart Management Consultants*, a. a. O., S. 41 ff.

In Japan ist die Zahl der Mitglieder in den Boards mit durchschnittlich mehr als zwanzig sehr hoch.[138] Ihnen gehören dort in der Regel sowohl Manager des Unternehmens, die sich in einer komplizierten Hierarchieabfolge für diese Aufgabe qualifiziert haben, als auch externe Mitglieder an. Letztere bilden allerdings durchgängig die Minderheit[139] und rekrutieren sich – anders als in den USA – meist aus den Kreisen ehemaliger Regierungsbeamter und insbesondere aus dem Management von Banken, die mit dem Unternehmen in Geschäftsbeziehung stehen.[140] Von den internen Board-Mitgliedern sind durchschnittlich drei bis vier Personen, die sogenannten *Representative Directors*, mit umfassender Vertretungsbefugnis für die Gesellschaft ausgestattet. Hierunter befindet sich an erster Stelle – wie in den USA – der *Chief Executive Officer (CEO)*.[141] Die Sitzungsfrequenz japanischer Boards ist sehr hoch und liegt durchschnittlich bei bis zu zwölf Sitzungen pro Jahr. Die Vergütung der Spitzenmanager in Form von Gesellschaftsanteilen hat ähnlich wie in Deutschland und abweichend von der amerikanischen Praxis noch keine besondere Verbreitung gefunden.[142]

In England, wo die Rechtsform der *public company* am ehesten mit der Aktiengesellschaft deutschen Rechts vergleichbar erscheint, ist die durchschnittliche Zahl der Boardmitglieder mit 6 bis 20 kleiner als in Japan; die Sitzungsfrequenz ist mit 8 bis 12 Sitzungen pro Jahr ähnlich hoch. Dem englischen Board gehören neben den operativen Spitzenmanagern des Unternehmens in der Regel drei bis fünf externe Mitglieder, sogenannte *non-executive Directors*, an. Diese haben die gleichen Rechte und Verantwortlichkeiten wie die executive Directors, nehmen jedoch traditionell eine beratende und auch kontrollierende Funktion ein. Insgesamt ist allerdings in der englischen Unternehmenspraxis eine noch stärkere Dominanz der

---

138 *Kaplan*, Corporate Governance und Unternehmenserfolg: Ein Vergleich zwischen Deutschland, Japan und den USA, in: *Feddersen/Hommelhoff/Schneider*, Corporate Governance, S. 301 ff. (305).

139 *Kaplan*, a. a. O., S. 303.

140 A. a. O., S. 310.

141 A. a. O.

142 *Kaplan*, a. a. O., S. 313.

operativen Geschäftsleitung innerhalb der Boards zu verzeichnen als dies in den USA der Fall ist.[143]

In Frankreich haben Aktiengesellschaften (*société anonyme*) eine Wahlmöglichkeit zwischen einem *Conseil d'Administration*, der mit dem Board of Directors vergleichbar ist und auch in der französischen Praxis bevorzugt wird, sowie einem Trennungssystem mit einem dem deutschen Aufsichtsrat ähnlichen *Conseil de Surveillance* als besonderem Überwachungsorgan.[144] Ein *Conseil de Surveillance* darf nur aus unternehmensexternen Mitgliedern bestehen und hat die Aufgabe, die Vorstandsmitglieder der Unternehmung zu ernennen und deren Entscheidungen zu kontrollieren. Außerdem legt er die Höhe der Gehälter für das Top-Management fest. Beide Gremien treffen durchschnittlich sechs bis zehn Mal jährlich zusammen.

4. Kritische Würdigung alternativer Organisationsformen

Einem Vergleich der Spitzenverfassung der deutschen Aktiengesellschaft mit den dargestellten Alternativmodellen muß der relativierende Hinweis vorangestellt werden, daß in den zur Zeit rund 3.500 Aktiengesellschaften in Deutschland[145] keinesfalls durchgehend eine der Verallgemeinerung zugängliche „Aufsichtsratsproblematik" diagnostiziert werden kann. Hiermit würde man völlig unterschiedlich besetzte Aufsichtsräte in völlig unterschiedlich strukturierten Unternehmen unzulässigerweise homogenisieren. Mit Recht verweist *Hopt* darauf, daß das rechtstatsächliche Spektrum von Großunternehmen mit absoluter Vorstandsdominanz, in denen Aufsichtsratsmitglieder praktisch nur auf Vorschlag des Vorstands ernannt werden, bis hin zu solchen Gesellschaften reicht, in denen Großaktionäre oder eine Familie den Aufsichtsrat als eigentliches Lenkungsorgan nutzen, welches über weitreichende Zustimmungsvorbehalte gemäß § 111 Abs. 4 AktG sowie über das Bestellungs- und Abberufungsrecht den Vorstand *„an der kurzen Leine hält"*.[146] Insbesondere aber ist nicht zuletzt der Faktor

---

143 *Henzler* in: Zeitgemäße Gestaltung, S. 15 (24 f.).
144 *Theisen*, Überwachung der Unternehmensführung, S. 89 f.
145 *Feddersen/Hommelhoff/Schneider*, Corporate Governance, S. 2.
146 *Hopt*, Mestmäcker-Festschrift, S. 909 (912).

Persönlichkeit, mit der das Aufsichtsrats- oder Vorstandsamt mit Leben erfüllt wird (oder eben nicht erfüllt wird!), in seiner rechtstatsächlichen Bedeutung kaum zu überschätzen[147]; er vermag sowohl unzureichende gesetzliche Regelungen zu kompensieren als auch die perfekteste Normierung praktisch ins Leere gehen zu lassen. Ähnliches gilt natürlich auch für die Unternehmensspitze in anderen Rechtsordnungen. Ein Systemvergleich muß sich daher in erster Linie auf Tendenzen, die zumindest in bedeutendem Unfang empirisch nachweisbar sind, sowie auf evident strukturbedingte Entwicklungen beschränken.

Dies vorangestellt, könnte man aus hiesiger Sicht zunächst geneigt sein, das einstufige Board- bzw. Verwaltungsratsmodell schlicht mit dem Hinweis zu verwerfen, daß schon die historische Entwicklung des deutschen Aktienrechts die Überlegenheit einer klaren Trennung von Geschäftsführungs- und Überwachungsorgan bestätigt habe, weil doch auf diese Weise - vergleichbar einer staatlichen Gewaltenteilung - mißbrauchsträchtige Machtkonzentrationen, kontrollfreie Räume sowie Loyalitäts- und Interessenkonflikte prinzipiell vermieden würden. Jedoch haben sich weder diese prinzipiellen Vorzüge des dualistischen Systems in der Praxis in vollem Umfang wiedergespiegelt, noch fehlt es dem weltweit verbreiteten einstufigen System seinerseits an Vorteilen, welche dessen Nachteile in mancher Hinsicht ausgleichen.

So hat die organschaftliche Trennung der Unternehmensspitze in Vorstand und Aufsichtsrat, verbunden mit der gesetzlich zwingenden Abstinenz des Aufsichtsrats von jeglicher Geschäftsführungstätigkeit (§ 111 Abs. 4 Satz 1 AktG), allmählich auch zu einer gewissen Isolation des Aufsichtsrats von vielen wichtigen Fragen der Geschäftsführung geführt. Auch die umfassenden Berichtspflichten des Vorstands gemäß § 90 AktG konnten nicht verhindern, daß zwar die meisten Vorstände ihr Führungsinstrumentarium in den letzten Jahren und Jahrzehnten an die steigende Komplexität und Dynamik der Unternehmen und Märkte anpassen konnten, jedoch die Aufsichtsräte in der Regel mit diesen Entwicklungen nicht Schritt zu halten vermochten und den Vorständen infolgedessen keine entsprechenden Überwachungsinstrumente und Kontrolltechniken mehr entgegenzusetzen haben. Hierdurch hat sich der

---

147 Darauf verweist zutreffend auch *Claussen*, AG 1996, 481 (484).

Informationsstand des Aufsichtsrats, welcher für die wirksame Erfüllung seiner Funktionen Voraussetzung ist, zurückentwickelt.[148] In der Folge hat in der dualen Führungsspitze eine faktische Machtverschiebung zu Gunsten des Vorstands stattgefunden.[149]

Besonders bedenklich ist der Umstand, daß die Überwachungsfunktion deutscher Aufsichtsräte - abgesehen von den wenigen Ausnahmefällen zustimmungsbedürftiger Geschäfte gemäß § 111 Abs. 4 Satz 2 AktG – meist ausschließlich *ex-post* orientiert ist.[150] Dagegen ist sie in der Board-Praxis durch die aktive Beteiligung des Boards an den grundlegenden Entscheidungen der Unternehmensführung – wozu insbesondere auch die strategische Planung gehört – sehr stark *ex-ante* orientiert.[151] Dies bedeutet, daß der Board seine Überwachungsfunktion eher als Planfortschritts- und Prämissenkontrolle ansieht, während der Aufsichtsrat sie eher als Realisationskontrolle betrachtet. Durch dieses Kontrollverständnis kann der Board auch seiner Beraterfunktion besser gerecht werden und dazu beitragen, daß Probleme schon im Ansatz erkannt und mit dem Management diskutiert werden. Dadurch wird der Board zum wertvollen Dialogpartner des Managements.

Ein bedeutsamer Vorteil des Board-Systems liegt weiterhin darin, daß der Board in die mittel- und langfristige Personalplanung für die Führungsebene des Unternehmens eingebunden ist. Der deutsche Aufsichtsrat befaßt sich dagegen in Ausübung seiner Personalhoheit gegenüber dem Vorstand in der Regel nur mit aktuellen Erfordernissen der Bestellung und Abberufung von Vorstandsmitgliedern. Eine längerfristige Planung auf diesem Gebiet, etwa in Form der Installierung von Systemen für eine Managemententwicklung und Nachfolgeplanung aus den darunter liegenden Führungsebenen für den Vorstand, findet praktisch nicht statt.[152]

---

148 *Bleicher*, Aufsichtsrat, S. 52 f.

149 *Bleicher*, a. a. O., S. 11 f.; *Potthoff/Theisen*, FS „40 Jahre Der Betrieb", S. 53 (74), bezeichnen das Verhältnis von Vorstandsmacht und Aufsichtsratsmacht treffend als ein *"System kommunizierender Röhren"*.

150 *Bleicher*, a. a. O., S. 61; näher oben II. 2.

151 A. a. O., S. 61 f.

152 *Bleicher*, a. a. O., S. 61; *Graf Lambsdorff*, Die Überwachungstätigkeit des Aufsichtsrats – Verbesserungsmöglichkeiten de lege lata und de lege ferenda, in: *Feddersen/Hommelhoff/Schneider*, Corporate Governance, S. 217 (221).

Weiter begünstigt werden die Einfluß- und Früherkennungsmöglichkeiten der Boards in allen oben beschriebenen Systemen dadurch, daß ihre Sitzungsfrequenz und der Zeitaufwand ihrer Mitglieder wesentlich höher sind als bei deutschen Aufsichtsräten. Im Gegensatz zu letzteren, die in der Praxis durchschnittlich vier mal jährlich zusammentreffen[153], tagen die Boards durchschnittlich acht mal pro Jahr.[154] Boardmitglieder, die zusätzlich einem oder mehreren Committees angehören, müssen mit einem noch wesentlich höheren Zeitaufwand rechnen. Committee-Mitglieder wenden für ihre Ausschußarbeit in etwa noch einmal so viel Zeit auf wie für die Teilnahme an den regulären Board-Sitzungen. Die zeitliche Inanspruchnahme eines Outside-Directors liegt erfahrungsgemäß bei etwa 20 bis 25 Arbeitstagen jährlich. Im Gegensatz dazu liegt der Zeitaufwand eines deutschen Aufsichtsratsmitglieds einschließlich Ausschußarbeit bei durchschnittlich 60 Stunden pro Jahr.[155]

Ferner fällt bei einem Vergleich der Systeme auf, daß die gesetzlichen Vorschriften hinsichtlich der inneren Organisation der Aktiengesellschaft in Deutschland eine vergleichsweise sehr hohe Regelungsdichte aufweisen und dadurch die Gestaltungsfreiheit des einzelnen Unternehmens deutlich beschränken. Durch das AktG und die Mitbestimmungsgesetze sind die notwendigen Organe der Gesellschaft, deren Zusammensetzung, Aufgabengebiete und Befugnisse relativ eng vorgegeben. Im internationalen Board- und im Schweizer Verwaltungsratsystem ist dagegen der Autonomiebereich der Unternehmungen größer, was im Einzelfall zu einer flexibleren und kreativeren Ausgestaltung der Spitzenorganisation führen kann. So kann der Board bzw. Verwaltungsrat problemlos durch die Satzung individuell an die konkreten Gegebenheiten, Ziele und Interessen der jeweiligen Gesellschaft angepaßt werden.[156] Dies schließt vor allem die Wahl einer praxisgerechten Größe des Gremiums ein.

Insoweit wirkt sich vor allem die deutsche Mitbestimmungsgesetzgebung autonomiebeschränkend aus. Während

---

153 In fast allen Satzungen der Aktiengesellschaften sind entsprechend § 110 AktG vier Sitzungen vorgeschrieben.

154 *Bleicher*, a. a. O., S. 64.

155 *Bleicher*, a. a. O., S. 64 f.

156 *Bleicher/Leberl/Paul*, Unternehmensverfassung, S. 24 f.

sich in den Schweizer Verwaltungsräten ein Interessenpluralismus bislang kaum durchgesetzt hat, gewannen sowohl in Deutschland als auch in den USA im Laufe des 20. Jahrhunderts pluralistische Ansätze in den Unternehmensverfassungen zu Lasten ausschließlich kapitalorientierter Modelle immer mehr an Bedeutung. In den USA wurden dabei eher Vertreter der Öffentlichkeit sowie von Konsumenten und Minoritäten in die Boards berufen, wogegen in Deutschland vor allem die Arbeitnehmer durch die Mitbestimmung im Aufsichtsrat an Einfluß gewannen. Dadurch hat sich der deutsche Aufsichtsrat zu einem politischen Organ entwickelt, in dem Interessengegensätze zwischen Arbeitgebern und Arbeitnehmern ausgetragen werden. Ob diese Entwicklung für den aktienrechtlichen Überwachungs- und Beratungsauftrag des Aufsichtsrats förderlich ist, wird oft in Frage gestellt. Eine Rückentwicklung der Mitbestimmung im Aufsichtsrat ist aber – auch unter Berücksichtigung des sich verstärkenden europarechtlichen Einflusses – sehr unwahrscheinlich. Deshalb müssen die vorhandenen Gestaltungsmöglichkeiten unter Zugrundelegung der Tatsache ausgelotet werden, daß der Aufsichtsrat ein Teil unseres Sozialausgleichssystems geworden ist.[157]

Trotz der vorstehend erörterten Vorteile des anglo-amerikanischen Systems gibt es keine empirische Erfahrung, wonach ein einstufiges Verwaltungssystem Unternehmen weniger krisenanfällig macht.[158] Die Integration der Kontrollinstanz im Board hat trotz der hieraus resultierenden stärkeren ex-ante-Orientierung im Ergebnis nicht bewirkt, daß es weniger spektakuläre Unternehmenskrisen oder -zusammenbrüche als in Deutschland gegeben hat, die auf Unzulänglichkeiten des Managements zurückzuführen waren. Ganz im Gegenteil ist die – prinzipiell nun einmal vorhandene – Kontrollschwäche des einstufigen Systems klar zutage getreten.[159] Sie besteht darin, daß die Unternehmensführung, repräsentiert durch den Board als einheitliches Organ, sich im Prinzip selbst überwachen soll.

Besonders deutlich wird diese Problematik in Gesellschaften, in denen der CEO, der naturgemäß einen kaum einholbaren

---

157 *Claussen*, AG 1996, 481 (484).

158 Zutreffend *Claussen*, a. a. O.

159 *Graf Lambsdorff*, a. a. O., S. 218, mit Hinweis auf die Sparkassenkrise in den USA, den Zusammenbruch des Maxwell-Konzerns und die Krise des Getränkekonzerns Guiness; ebenso *Schmitz*, ebenda, S. 234.

Informationsvorsprung bezüglich der Gesellschaftssituation besitzt[160], gleichzeitig Vorsitzender des Boards ist und dadurch ein solches Übergewicht der Geschäftsleitung im Board besteht, daß von einer effektiven Überwachung durch die *Outside Directors* bzw. *non-executive Directors* nicht die Rede sein kann. Letztere leiden ohnehin – ebenso wie die vielkritisierten deutschen Aufsichtsräte – meist unter einem permanenten Defizit an unternehmensinternen Informationen, was dadurch verschärft wird, daß die Tagesordnung der Board-Sitzungen in der Regel von seiten des Managements festgelegt wird.[161] Hinzu kommt, ähnlich wie in Deutschland, das grundsätzliche Problem der bloß nebenamtlichen Tätigkeit und häufig nicht adäquaten Qualifikation der nicht geschäftsführenden Direktoren[162]. Diese geraten zudem leicht in die Gefahr persönlicher Abhängigkeit, weil sie in der Regel von den leitenden Managern (*Officers*) vorgeschlagen werden.[163] Dies alles kann im Ergebnis zu einer Umkehrung der Rollenverteilung dahingehend führen, daß die *Officers* den *Board of Directors* lenken und nicht umgekehrt.[164]

In den USA haben zunächst die Börsen, allen voran die *New York Stock Exchange (NYSE)*, auf diese Probleme reagiert, indem sie durch strengere Zulassungsbestimmungen für die Börsennotierung mittelbaren Einfluß auf die Gesellschaftsverfassung genommen haben. So wird beispielsweise inzwischen vorgeschrieben, daß in jedem Board mindestens zwei unabhängige *Outside Directors* sitzen müssen. Auch die Einrichtung eines *Audit Committee*, das mehrheitlich aus unabhängigen Mitgliedern (Outside-Directors) zu bestehen hat, wird seit dem Jahre 1978 von der NYSE zwingend vorausgesetzt.[165] Außerdem wird derzeit bei der New Yorker Börse eine weitere Vorschrift erwogen, wonach die Unterbreitung von Vorschlägen für die Ernennung neuer Direktoren, die bislang überwiegend von seiten der *Officers* erfolgt, einem unabhängigen Komitee zu übertragen ist.[166]

---

160 *Bleicher*, Aufsichtsrat, S. 10 f.

161 *Hess* in: *Feddersen/Hommelhoff/Schneider*, Corporate Governance, S. 9 ff. (16).

162 Dieses grundsätzliche Problem der Überwachung im Board beklagen bereits *Lieser/Schoenbaum*, DB 1973, 1981 (1982).

163 *Hess*, a. a. O., S. 15; *Lieser/Schoenbaum*, a. a. O., S. 1983.

164 *Hess*, a. a. O., S. 15 f.

165 *Theisen*, Die Wirtschaftsprüfung 1994, 809 (817); Feddersen, AG 2000, 385 (391 f.)

166 *Hess*, a. a. O., A. 13.

Auch unabhängig von verschärften Börsenbestimmungen besteht in den USA – zumindest bei großen Unternehmen – ein allgemeiner Trend zu größerer Unabhängigkeit des Boards von der Geschäftsführung.[167] Dieser Trend geht einher mit einer Stärkung der Rolle der *Outside Directors*, der mit einer signifikanten Entwicklung hin zur Professionalisierung der Board-Tätigkeit einhergeht.[168] Eine von *Steven N. Kaplan* vorgenommene empirische Untersuchung aus dem Jahre 1994 hat ergeben, daß mittlerweile die *Outside Directors* in US-amerikanischen Boards zumindest zahlenmäßig im Durchschnitt dominieren.[169] Insoweit hat die rechtstatsächliche Entwicklung die Börsenbestimmungen sogar überholt.

Auch in England, der Schweiz und Japan hat die Auseinandersetzung über die Stärken und Schwächen der unterschiedlichen Systeme an Intensität zugenommen. Die Forderungen nach Veränderungen entweder durch Anpassungen de lege lata oder Reformen de lege ferenda, etwa in Form einer personellen Fixierung der Überwachungsaufgabe innerhalb des Boards oder einer Erhöhung des personellen Anteils und des sachlichen Einflusses der Outside Directors im Board, werden immer häufiger laut. Letztlich würde dies auf eine Annäherung an das dualistische Aufsichtsratssystem des deutschen Aktienrechts hinauslaufen.

Die Trends in den verschiedenen Ländern scheinen also eher widersprüchlich zu sein. Während in Deutschland gefordert wird, Vorteile aus dem angelsächsischen Board-System zu ziehen, blickt man in den USA und in England mit Interesse auf das deutsche Trennungsmodell.[170] Hinter diesem scheinbaren Widerspruch verbirgt sich aber ein internationaler Trend zur Konvergenz der verschiedenen Systeme.[171] Im Zuge dieses Trends rücken allgemein die institutionellen Fragen der Unternehmensüberwachung gegenüber den

---

167 *Windbichler*, a. a. O., S. 64, 71 f.

168 Näher *Kraakman*, Die Professionalisierung des Board, in: *Feddersen/Hommelhoff/ Schneider*, Corporate Governance, S. 129 ff.; ferner *Hopt*, Mestmäcker-Festschrift, S. 909 (912).

169 *Kaplan* in: *Feddersen/Hommelhoff/Schneider*, Corporate Governance, S. 301 (303).

170 Vgl. *Claussen*, AG 1996, 481 (484); *Hess*, a. a. O., S. 24; *Kaplan*, a. a. O., S. 302; *Lieser/Schoenbaum*, a. a. O.; *Zöllner* in: KK, AktG, Einl., Rn. 212.

171 *M. Dreher*, Die Organisation des Aufsichtsrats, in: *Feddersen/Hommelhoff/ Schneider*, Corporate Governance, S. 33 ff. (59 f.); *Zapp*, Analyse, S. 219; *Langenbucher/Blaum*, DB 1994, 2197; *Theisen*, AG 1989, 161 (166 f.); *Windbichler*, ZGR 1985, 50 (64, 71 f.).

qualitativen und prozeduralen Fragen allmählich in den Hintergrund.[172]

5. Konsequenzen unter Berücksichtigung des KonTraG

Nach alledem könnte eine Übernahme des einstufigen Board-Modells und die gleichzeitige Aufgabe des deutschen Systems nicht als Fortschritt angesehen werden.[173] Dies gilt umso mehr, als ein solcher Systemwechsel nur unter völliger Neugestaltung der Arbeitnehmer-Mitbestimmung denkbar sein würde, was die rechtspolitische, wissenschaftliche und nicht zuletzt öffentliche Diskussion über Jahre hinweg von den vorrangigen Problemfeldern wegbewegen dürfte. Deshalb erscheint als allein praktikable Konsequenz des Systemvergleichs die Prüfung, ob zur Steigerung der Überwachungseffizienz in der Aktiengesellschaft einzelne Elemente des Board-Systems, die sich in der Praxis bewährt haben, in das deutsche System übertragen werden können.

Ausgehend von dem Befund, daß zum wichtigsten Faktor der Macht innerhalb der Unternehmensorganisation die *Information* geworden ist und deshalb die individuellen Möglichkeiten zur Machtausübung unmittelbar mit der individuellen Informationsversorgung korrespondieren[174], müssen genau hier auch die Bemühungen zur Korrektur festgestellter Machtverschiebungen zwischen den Verwaltungsorganen der AG beginnen. Daraus folgt als wichtigster Ansatz eine *stärkere ex-ante-Orientierung der gesamten Aufsichtsratstätigkeit*, wie sie sich beim Board oder Verwaltungsrat aufgrund seiner Involvierung in die Geschäftsführung zwanglos ergibt. Sie kann nur erzielt werden, wenn der Aufsichtsrat bereits im Planungsstadium grundlegender Weichenstellungen stärker beteiligt wird. Dazu muß unter anderem die Aufsichtsratsinformation

---

172 *Theisen*, AG 1989, 161 (167).

173 I. Erg. ebenso *Assmann* in: Großkomm. AktG, Einl., Rn. 267; *Claussen*, AG 1996, 481 (484); *Dörner/Oser*, DB 1995, 1085 (1088); *M. Dreher* in: *Feddersen/Hommelhoff/Schneider*, Corporate Governance, S. 33 (59 f.); *Graf Lambsdorff*, ebenda, S. 217 (218); *Zöllner* in: KK, AktG, Einl., Rn. 212; ferner; anders *Wiethölter*, Interessen und Organisation, S. 314.

174 Zutreffend *Potthoff/Theisen* in: FS „40 Jahre Der Betrieb", S. 53 (65).

verbessert sowie das Instrument der Zustimmungspflicht gemäß § 111 Abs. 4 AktG in praxisgerechter Weise genutzt werden. Einzelheiten hierzu werden in den folgenden Kapiteln noch näher zu erörtern sein.

Unter den begleitenden organisatorischen Maßnahmen kommt zunächst in Anlehnung an die dargestellte internationale Praxis eine Erhöhung der Sitzungsfrequenz in Betracht. Dem hat der deutsche Gesetzgeber mit dem KonTraG bereits Rechnung getragen, indem der Aufsichtsrat börsennotierter Gesellschaften nunmehr gemäß § 110 Abs. 3 AktG mindestens zweimal im Kalenderhalbjahr zusammenzutreten hat.[175] Eine höhere Zahl von Sitzungen kann sich im Einzelfall als sachgerecht erweisen, bedarf jedoch wegen der sehr unterschiedlichen Verhältnisse in den einzelnen Aktiengesellschaften keiner gesetzlichen Festlegung.[176]

Weiterhin sollte eine unternehmensgerechte, entsprechend qualifizierte Zusammensetzung des Aufsichtsrats, letzteres freilich in den Grenzen der Mitbestimmung, angestrebt werden. Insbesondere ist es nicht hinnehmbar, daß in vielen Aufsichtsräten die Besetzung der Aufsichtsratsämter überwiegend auf Vorschlag des Managements erfolgt, so daß die Vorstände sich letztlich ihre Überwacher selbst aussuchen.[177] Vielmehr muß der Aufsichtsrat sich selbst aktiv und regelmäßig mit Fragen seiner künftigen Neubesetzung auseinandersetzen.[178] Wünschenswerte Zielvorstellung wäre dabei vor allem eine ausgewogene personelle Mischung aus „Outsidern“ und „Insidern“ – eine Terminologie aus dem Board-Wesen, die auch auf den deutschen Aufsichtsrat anwendbar ist:[179]

Bei der erstgenannten Gruppe handelt es sich um Persönlichkeiten, die über viele Aufsichtsratsmandate verfügen und somit weniger durch unternehmensinterne Kompetenz, dafür aber umso mehr durch ihre persönliche „Vernetzung“ innerhalb der Wirtschaft dem Unternehmen nützlich sind[180]. Hierzu zählen vor allem die

---

175 Vgl. oben Teil 1, II. 3. b) bb).

176 Anders *Graf Lambsdorff*, a. a. O., S. 224, der zusätzlich zu der Festlegung einer zwingenden Mindestgrenze von 4 Sitzungen pro Jahr eine Soll-Vorschrift fordert, die sechs bis acht Sitzungen pro Jahr vorgibt.

177 *Graf Lambsdorff*, a. a. O., S. 221.

178 Zutreffend *Graf Lambsdorff*, a. a. O., S. 222.

179 Begriffe nach *Bleicher*, Aufsichtsrat, S. 62.

180 *Claussen*, AG 1996, 481 (484) verweist in diesem Zusammenhang auf das beispielhafte Wirken von *Hermann-Josef Abs*, der zeitweise mehr als 30 Aufsichtsrats-

Bankenvertreter, die in dieser Rolle oft – nicht immer zu Recht – kritisiert werden[181], aber auch die sogenannten Berufsaufsichtsräte, bei denen sich Sachverstand und konzentriertes Erfahrungswissen hinsichtlich der Unternehmensüberwachung kumulieren.

Wegen der durchaus sinnvollen Wirkungsmöglichkeiten solcher professionellen „Outsider" ist es zu begrüßen, daß das KonTraG von einer weiteren pauschalen Reduzierung der zulässigen Gesamtzahl von Aufsichtsratsmandaten für eine Person Abstand genommen hat.[182] Hierdurch wäre nämlich der erwünschten Kumulierung von wirtschaftlicher Erfahrung sowie von möglichst breit gestreuten Kontakten der „Outsider" in kontraproduktiver Weise entgegengewirkt worden. Die mit dem KonTraG allerdings eingeführte Doppelanrechnung der Vorsitz-Mandate gemäß § 100 Abs. 2 Satz 3 AktG erscheint vertretbar, da die Arbeitsbelastung eines Aufsichtsratsvorsitzenden diejenige einfacher Aufsichtsratsmitglieder regelmäßig um deutlich mehr als das Doppelte übersteigt.[183]

Die zweitgenannte Gruppe der „Insider" im Aufsichtsrat kann sich im deutschen System natürlich nicht aus aktiven Mitgliedern der Geschäftsleitung rekrutieren. Vielmehr sind hier neben den Arbeitnehmervertretern vor allem ehemalige Vorstandsmitglieder gefragt, die ebenfalls über einen großen Fundus an internen Kenntnissen verfügen und somit nicht nur sehr kompetente Träger der Überwachungsaufgabe, sondern auch hochqualifizierte Dialogpartner für den Vorstand sind.[184]

---

mandate hatte.

181 Zutreffend weisen *Potthoff/Theisen*, FS „40 Jahre Der Betrieb", S. 53 (72), darauf hin, daß bei den Bankenvertretern aufgrund der Vielzahl der von ihnen wahrgenommenen Aufsichtsratsmandate eine erhebliche Konzentration von wirtschaftlichem Erfahrungswissen vorliegt. Dieses kann für eine effektive Überwachung des Unternehmens und vor allem für eine sachgerechte Würdigung der dem Aufsichtsrat erteilten Informationen von großem Nutzen sein. Vgl. zur Rolle der Banken ferner *Ronaldo H. Schmitz* in: *Feddersen/Hommelhoff/Schneider*, Corporate Governance, S. 234 ff.

182 Vgl. oben Teil 1, II. 3. b) bb).

183 Nach dem Referentenentwurf zum KonTraG (abgedr. in: ZIP 1996, 2129 [2132]) sollten die Mandate von stellvertretenden Vorsitzenden ebenfalls doppelt angerechnet werden. Dies stieß jedoch auf berechtigte Kritik, weil der stellvertretende Aufsichtsratsvorsitzende einer vergleichbaren Mehrbelastung regelmäßig nicht unterliegt; vgl. insoweit zutreffend die kritische Stellungnahme des *DAV*, ZIP 1997, 163 (164). Die Vorschrift wurde daraufhin entsprechend geändert, vgl. Regierungsentwurf v. 06.11.1997, abgedr. in: ZIP 1997, 2059 (2061).

184 Nicht unproblematisch ist allerdings – gerade bei großer informeller Autorität ehema-

Mit besonderer Sorgfalt ist die Position des Aufsichtsratsvorsitzenden zu besetzen, dessen faktische Machtposition in der Gesellschaft, wie die Praxis gezeigt hat, über die ihm gesetzlich zugewiesenen, allenfalls formal hervorgehobenen Kompetenzen weit hinausragt.[185] Auch sollte im Einzelfall geprüft werden, ob der Aufsichtsratsvorsitz hauptberuflich ausgeübt werden sollte, wie es in einigen großen deutschen Unternehmen bereits heute erfolgreich praktiziert wird.[186] Jedenfalls sollte der Aufsichtsratsvorsitzende in ständigem Kontakt mit dem Vorstand stehen, um eine hohe Sensibilität für aufkommende Probleme des Unternehmens zu entwickeln.[187]

Einen guten Ansatz für eine qualitative Verbesserung der Aufsichtsratsbesetzung bietet die mit dem KonTraG neu eingeführte Bestimmung des § 125 Abs. 1 Satz 3 AktG, wonach sämtliche Mandate in anderen gesetzlich zu bildenden Aufsichtsräten mit den Wahlvorschlägen offenzulegen sind.[188] Eine solche Transparenz ist zudem geeignet, das Vertrauen in den jeweiligen Kandidaten zu stärken und der Entstehung von Diskussionen über mögliche Interessenkollisionen, die oftmals erst nach der Mandatserteilung aufflammen, entgegenzuwirken.

Ferner könnte eine Verstärkung des Ausschußwesens entsprechend dem amerikanischen Vorbild dazu beitragen, Informationsdefizite auf seiten des Aufsichtsrats abzubauen, weil durch die intensive Arbeitsform des Ausschusses komplexe unternehmerische Problemstellungen eher durchdrungen und analysiert werden können.[189] Zudem ist in kleineren Gruppen eine höherer Grad an Diskretion zu realisieren, und sie können leichter und häufiger einberufen werden als das Aufsichtsratsplenum.[190] Die be-

---

liger Vorstandsmitglieder – die damit verbundene Gefahr einer Aushöhlung des auf Gewaltenteilung beruhenden dualistischen Kontrollsystems, vgl. hierzu *Dörner/Oser*, DB 1995, 1085 (1087); kein Problem hierin sieht *Mohn* in: Zeitgemäße Gestaltung, S. 27 (34).

185 Vgl. *Potthoff/Theisen*, a. a. O., S. 73 f.; zur rechtlichen Position eingehend *Peus*, Der Aufsichtsratsvorsitzende (1983).

186 Ebenso *Hopt*, Mestmäcker-Festschrift, S. 909 (928); kritisch dagegen *Ronaldo H. Schmitz*, a. a. O., S. 236 f. u. 240 f., der befürchtet, daß ein professioneller Aufsichtsratsvorsitzender tendenziell den Vorstandsvorsitzenden ersetzen könnte.

187 Vgl. *Ronaldo H. Schmitz*, a. a. O., S. 240; vgl. zu der damit zusammenhängenden aufsichtsratsinternen Informationsproblematik *Peus*, a. a. O., S. 138 ff.

188 Vgl. oben Teil 1, II. 3. b) cc).

189 Vgl. *Bleicher*, Aufsichtsrat, S. 63; Feddersen, AG 2000, 385 (393 f.)

190 *Graf Lambsdorff*, a. a. O., S. 228.

dauernswerte Tatsache, daß die ursprünglich mit dem KonTraG intendierte Verkleinerung der deutschen Aufsichtsräte letztlich an der Mitbestimmungsproblematik gescheitert ist, verleiht diesem Thema neue Aktualität. Vor allem Prüfungsausschüsse nach dem Vorbild der amerikanischen *Audit Comittees* sind zumindest in großen Aufsichtsräten unverzichtbar.[191] Aber auch ein Aufsichtsratsausschuß für Unternehmensplanung erscheint vielfach geboten, worauf später noch zurückzukommen sein wird.

Trotz der oft sinnvollen Wirkungsmöglichkeiten von Aufsichtsratsausschüssen ist es zu begrüßen, daß der deutsche Gesetzgeber im Rahmen des KonTraG – entgegen vielfachen, im Schrifttum erhobenen Forderungen[192] – von einer zwingenden Festlegung bestimmter Ausschüsse ;AktG Abstand genommen hat, denn schon nach geltendem Recht (§ 107 Abs. 3 AktG) kann der Aufsichtsrat prinzipiell jede Art von Ausschuß durch Beschluß konstituieren.[193] Damit kann die Einrichtung von Ausschüssen sinnvoll den individuellen Bedürfnissen des einzelnen Unternehmens sowie insbesondere auch der individuellen Größe des Aufsichtsrats angepaßt werden. So wird in einem drei- oder auch sechsköpfigen Aufsichtsrat ein intensives Ausschußwesen zum einen kaum sinnvoll erscheinen, zum anderen schlicht am Personalmangel scheitern. Die Zurückhaltung des Gesetzgebers an diesem Punkt entspricht somit dem Grundsatz der Flexibilisierung und Deregulierung.

Wünschenswert wäre schließlich für die Praxis, daß der Aufsichtsrat in stärkerem Maße in die mittel- und langfristige Personalplanung auf Führungsebene eingebunden wird, um bei anstehenden Berufungen neuer Vorstandsmitglieder nicht lediglich eine ad-hoc-Entscheidung, die meist dem Personalvorschlag des Vorstands folgt, treffen zu können. Dazu ist es erforderlich, daß der Aufsichtsrat sich einen Überblick über die Qualitäten des Führungsnachwuchses im Unternehmen verschafft, indem er etwa den Vorstand zur Organisation von informellen Gelegenheiten auffordert, die einen persönlichen Kontakt ermöglichen.[194] In dieser Hinsicht hat sich

---

[191] *Dörner/Oser*, DB 1995, 1085 (1088); *Hopt*, Mestmäcker-Festschrift, S. 909 (928); *Mohn* in: Zeitgemäße Gestaltung, S. 27 (35).

[192] Vgl. *Claussen*, AG 1996, 481 (486) m. w. N.

[193] *Hüffer*, AktG, § 107, Rn. 16; gesetzlich vorgeschrieben ist jedoch nach § 27 Abs. 3 MitbestG der sogenannte Vermittlungsausschuß.

[194] Gute Beispiele hierfür gibt *Graf Lambsdorff*, a. a. O., S. 221.

jedoch, wie neuere empirische Erhebungen beweisen, bereits einiges bewegt.[195]

All diese Maßnahmen bedingen naturgemäß einen höheren individuellen Zeitaufwand der Aufsichtsratsmitglieder, welchem durch entsprechend erhöhte Großzügigkeit bei der Vergütung Rechnung zu tragen ist.[196] Die durchschnittlichen Bezüge eines Aufsichtsratsmitglieds betrugen im Jahre 1996 lediglich 16.800 DM und lagen damit deutlich unter den Bezügen amerikanischer Board-Mitglieder.[197] Insbesondere sollte die Vergütung auch um erfolgsabhängige Komponenten angereichert werden, wie etwa durch die Gewährung von Optionen auf Aktien des Unternehmens.[198] Hiermit würden sowohl die Interessenidentität zwischen Aktionären und Aufsichtsräten als auch die Leistungsbereitschaft der Aufsichtsratsmitglieder – vor allem in Krisenzeiten – gefördert.[199] Leider hat der Gesetzgeber des KonTraG ein entsprechendes Bedürfnis verneint[200] und die Erleichterungen für die Gewährung von Aktienoptionen nur zugunsten von Mitgliedern der Geschäftsführung, nicht aber von Aufsichtsratsmitgliedern, eingeführt.[201] Insoweit besteht also in Deutschland noch erheblicher Diskussionsbedarf.

Neben einer verbesserten Vergütung kann aber auch, wie bereits im Zusammenhang mit der Vorstandshaftung dargelegt wurde[202], eine in

---

195 Vgl. *Mutter*, Unternehmerische Entscheidungen, S. 113 f. u. Anhang 2, Fragen 4. b) aa) u. gg): Danach ist in 60% der befragten Unternehmen der Aufsichtsrat in die Vorauswahl für künftige Vorstandsmitglieder eingebunden, und in 20 % der Unternehmen unterliegen Personalentscheidungen auf der zweiten Führungsebene der Zustimmung des Aufsichtsrats gemäß § 111 Abs. 4 AktG.

196 Ebenso *Graf Lambsdorff*, a. a. O., S. 232 f., der in diesem Zusammenhang mit Recht kritisiert, daß nach geltendem Recht die Aufsichtsratsvergütungen für die Gesellschaft nur zur Hälfte steuerlich abzugsfähig sind.

197 Vgl. *Claussen*, AG 1996, 481 (487).

198 Praktikable Vorschläge bei *Claussen*, a. a. O.

199 *Claussen*, a. a. O, S. 487; *ders.*, DB 1998, 177 (185); grundsätzlich positiv auch *Hüffer*, ZHR 161 (1997), 214 (244).

200 Ebenso bereits die Stellungnahme des DAV zum Referentenentwurf zum KonTraG, ZIP 1997, 163 (173).

201 Vgl. oben Teil 1, II. 3.; zu den erfolgsorientierten Vorschlägen in Zusammenhang mit der Corporate Governance Diskussion vgl. v. Werder, Der German Code of Corporate Governance im Kontext der internationalen Governance-Debatte: Umfeld, Funktion und inhaltliche Ausrichtung des GCCG, S.19; dazu auch Peltzer, Inwieweit geht der German Code of Corporate Covernance über den Gesetzestext hinaus?, S.55 ff; sowie v. Werder, DB 2002, 801 (807), zu der Regelung im Deutschen Corporate Governance Kodex

202 Oben Teil 2, II. 6. b).

ihrer praktischen Handhabbarkeit verbesserte Organhaftung dazu beitragen, die Professionalität der Aufsichtsratsarbeit zu stärken. Insbesondere wird angesichts eines real spürbaren Haftungsrisikos die Neigung von Aufsichtsratsbewerbern zu einer kritischen Selbstprüfung ihrer Qualifikation zunehmen.[203] Allerdings sollte dabei aus den ebenfalls schon erörterten Gründen[204] nicht so weit gegangen werden, eine Aktionärsklage nach amerikanischem Vorbild einzuführen, es sei denn, daß zum Schutz der Organe vor willkürlichen Klagen zugleich auch die materiell-rechtlichen Voraussetzungen eines Schadensersatzanspruchs ebenfalls entprechend dem amerikanischem Vorbild erhöht würden.[205] Letzteres liefe insbesondere auf die vollständige Übernahme der *Business Judgement Rule* hinaus.[206] Dies bedeutete aber im Ergebnis keinen Fortschritt, sondern würde im Gegenteil die Bemühungen um eine sachgerechte Konkretisierung des Begriffs der ordentlichen und gewissenhaften Geschäftsleitung konterkarieren.

Mit dem KonTraG wurde im Hinblick auf die Organhaftung der grundsätzlich richtige Weg eingeschlagen, jedoch ist der deutsche Gesetzgeber mit einem immer noch deutlich zu hohen Quorum für Haftungsklagen durch Aktionärsminderheiten gleichsam auf halbem Wege stehengeblieben.[207]

6. Fazit

Schon die aufgezeigten Möglichkeiten machen deutlich, daß die festgestellte Isolation des Aufsichtsrats von grundlegenden Problemen der Unternehmensleitung durch das deutsche System im Vergleich zum monistischen Board-System zwar begünstigt, nicht aber irreversibel festgeschrieben wird. Vielmehr reichen die aktienrechtlichen Voraussetzungen bereits jetzt aus, um den

---

203 Zutreffend *Claussen*, a. a. O., S. 485.

204 Vgl. oben Teil 2, II. 6. b).

205 Auf diesen untrennbaren Zusammenhang verweist mit Recht *Hopt*, Mestmäcker-Festschrift, S. 909 (925).

206 Dies fordert u. a. *Horn*, ZIP 1997, 1129 (1134 ff.), nach dessen – hier nicht geteilter – Auffassung der BGH mit der „ARAG/Garmenbeck"-Entscheidung bereits alle Voraussetzungen hierfür geschaffen habe; ähnlich auch *Kindler*, ZHR 162 (1998), 101 (107).

207 Näher oben Teil 1, II. 3. e); Teil 2, II. 6.

Aufsichtsrat in die Lage zu versetzen, seine Überwachungs- und Beratungsfunktion in der Aktiengesellschaft auch in bezug auf die Planung der Unternehmenszukunft wirksam auszuschöpfen. Sind die hierzu notwendigen Schritte getan, so wird das dualistische System des deutschen Aktienrechts, welches das in der Staatslehre entwickelte Konzept von „checks and balances" auf die Spitzenverfassung der Aktiengesellschaft übertragen hat, sich gegenüber dem Board-System vermutlich sogar als die überlegene Organisationsform erweisen.[208]

Letzteres wird jedoch kaum gelingen, wenn versucht würde, vorhandene Probleme durch immer neue und immer dichtere gesetzliche Normierungen für die Arbeit von Vorstand und Aufsichtsrat zu lösen. Weitere Perfektionierungen liefen nämlich erstens der Erkenntnis zuwider, daß die praktische Attraktivität der Rechtsform Aktiengesellschaft gerade des Gegenteils, nämlich der gesetzgeberischen *Deregulierung*, dringend bedarf.[209] Zweitens mißachtete eine neue Normflut den wichtigsten Faktor auf dem Weg zur effizienten Aufsichtsratsüberwachung: Flexibilität.[210] So können etwa sämtliche oben genannten organisatorischen Vorkehrungen zur Verbesserung der Überwachung nicht etwa pauschal und im Paket empfohlen werden – wäre dies der Fall, so könnte man sie in der Tat auch gesetzlich verankern –, sondern sind nach den individuellen Verhältnissen des jeweiligen Unternehmens (Unternehmensstruktur, -größe, -branche etc.) auf ihre Geeignetheit zu überprüfen.

Es kommt daher weniger auf die Gesetzgebung an, als auf ein verantwortliches Handeln der Gremien und eine Konsolidierung ihrer gesetzlichen Funktion.[211] Gerade im Bereich der Planung wird dies jedoch nicht ohne die gleichzeitige Entwicklung greifbarer und letztlich justitiabler Kriterien für das Zusammenwirken von Vorstand und Aufsichtsrat und vor allem für einen adäquaten

---

208 Grundsätzlich anders *Wiethölter*, a. a. O., der den Aufsichtsrat im Gegensatz zum Board für *„strukturell ungeeignet"* zur Erfüllung der ihm zugedachten Aufgaben hält.

209 Zutreffend *Claussen*, AG 1996, 481 (487); *Spindler*, AG 1998, 53 (73 f.); vgl. auch Anmerkungen Claussen/Bröcker zu den Corporate Governance Grundsätzen in Deutschland, AG 2000, 481 (486 ff.)

210 Ebenso *Hopt*, Mestmäcker-Festschrift, S. 909 (928).

211 Im Ergebnis ebenso *Bleicher*, Aufsichtsrat, S. 66; *Bea/Scheurer*, DB 1994, 2145 (2152); *Claussen*, AG 1996, 481 (487); *Dörner/Oser*, DB 1995, 1085 (1088); *Hopt*, Mestmäcker-Festschrift, S. 909 (928); *Potthoff/Theisen*, FS „40 Jahre Der Betrieb", S. 53 (77 f.); *Ronaldo H. Schmitz*, a. a. O., S. 241 f.; *Theisen*, AG 1989, 161 (167 f.).

Informationsaustausch zwischen beiden Organen gelingen. Hierbei sind Wirtschafts- und Rechtswissenschaft gleichermaßen gefordert.[212]

IV. Ordnungsgemäße Aufsichtsratsinformation über Unternehmensplanung

Die Untersuchung hat bislang ergeben, daß die von den Vorständen deutscher Aktiengesellschaften betriebene Unternehmensplanung nicht selten erhebliche und zum Teil potentiell existenzgefährdende Mängel aufweist, daß sich hieraus die Notwendigkeit einer Überwachung des Planungsgeschehens ergibt, daß jedoch der für die Überwachung zuständige Aufsichtsrat sich dieser Aufgabe trotz eines grundsätzlich ausreichenden gesetzlichen Instrumentariums oftmals nicht gewachsen zeigt. Als Hauptursache für die ineffiziente Planungsüberwachung wurde die mangelnde ex-ante-Orientierung der Kontrolltätigkeit des Aufsichtsrats festgestellt, die mit einem unbefriedigenden Informationsstand über die Planung – insbesondere in ihrer strategischen Dimension – einhergeht.

Erster Ansatzpunkt für eine Effektivierung der Planungsüberwachung ist daher die ausreichende Gewährleistung von *Information* als einer elementaren Voraussetzung jeder Kontrolle. Um seiner Überwachungsfunktion im Hinblick auf die Unternehmensplanung nachzukommen, braucht der Aufsichtsrat einen möglichst regelmäßigen und aussagekräftigen Überblick über die gegenwärtige Situation des Unternehmens einerseits und über die hierauf aufbauende Planung des Vorstands andererseits. Hierzu kann der Aufsichtsrat auf ein inhaltlich nahezu uneingeschränktes Informationsrecht gegenüber der Unternehmensführung zurückgreifen, welches ihm der Gesetzgeber gleichsam als Rückgrat seiner Überwachungstätigkeit einräumt.[213] Diese nach dem Aktiengesetz bestehende Rechtsposition muß allerdings in der Rechtswirklichkeit mit Leben erfüllt werden. Dabei sind

– die Qualität und die Quantität der Informationen sowie

---

212 So zutreffend *Theisen*, a. a. O., S. 168; zu den Initiativen der Verbesserung der Zusammenarbeit von Vorstand und Aufsichtsrat im Zusammenhang mit der Corporate Governance Diskussion vgl. v. Werder, DB 2002, 801 (804 ff.) m.w.N.; Peltzer/v. Werder, AG 2001, 1 (5 ff.) m.w.N.; Schneider/Strenger, AG 2000, 106 (110 ff.)

213 *Lutter*, Information und Vertraulichkeit, S. 2 f.

– die qualitative und die quantitative Kapazität des Aufsichtsrats zur Verarbeitung dieser Informationen

die entscheidenden Ausgangsgrößen für den Überwachungsprozeß.

Unter den soeben genannten Einflußfaktoren stößt vor allem die quantitative Kapazität des Aufsichtsrats zur Informationsverarbeitung an Grenzen, die zwar durch diverse, im Zusammenhang mit dem KonTraG sowie dem im vorhergehenden Kapitel angestellten Systemvergleich erörterte organisatorische Maßnahmen erweitert werden können, die aber bei Berücksichtigung der – hier grundsätzlich befürworteten – Nebenamtlichkeit der Aufsichtsratsmitglieder nicht beliebig weit zu verschieben sind. Deshalb müssen die Bemühungen um eine Verbesserung der Aufsichtsratsinformation bei den übrigen Einflußgrößen ansetzen.

Mit Blick auf Qualität und Quantität der Planungsinformationen wird im folgenden zunächst eingehend der Frage der Informationsgewinnung des Aufsichtsrats nachzugehen sein. Hierzu sollen, im Anschluß an eine Vorbemerkung zur Geheimhaltungsproblematik im mitbestimmten Aufsichtsrat sowie einen Überblick zum gesetzlichen Informationssystem, die einzelnen im Aktiengesetz normierten Informationsrechte des Aufsichtsrats dahingehend untersucht werden, inwieweit sie zur Vermittlung von Informationen geeignet sind, die für die Überwachung der Unternehmensplanung relevant sind. Dabei werden ergänzend auch besondere Anforderungen an die ordnungsgemäße Ausgestaltung und Nutzung der einzelnen Informationswege zu formulieren sein, die sich aus der Pflicht des Aufsichtsrats zur gewissenhaften Überwachung der Unternehmensplanung ergeben.

In der Theorie vergleichsweise leicht, wenn auch umso schwerer in die Praxis umzusetzen, ist schließlich eine positive Beeinflussung der qualitativen Informationsverarbeitungskapazität des Aufsichtsrats: Diese kann vor allem durch eine entsprechend qualifizierte personelle Zusammensetzung des Gremiums erzielt werden. Das erfordert freilich, daß die Aufsichtsräte sich mehr als bisher mit der Personalpolitik für das eigene Gremium befassen und darauf achten, daß in erster Linie branchenkundige Fachleute mit praktischer Erfahrung in der operativen und strategischen Geschäftsführung für die Arbeit im Aufsichtsrat gewonnen werden. Letztere können durch prominente Persönlichkeiten aus Wirtschaft und Politik allenfalls sinnvoll ergänzt, keinesfalls aber ersetzt werden.

Außer durch eine personelle Verbesserung kann die Qualität der Informationsverarbeitung des Aufsichtsrats aber auch – wie bereits gezeigt wurde – durch die Einrichtung von Ausschüssen optimiert werden. Für den Bereich der Unternehmensplanung bietet sich daher die Konstituierung eines Planungs- oder Strategieausschusses an. Auf diese Möglichkeit wird zum Abschluß des vorliegenden Kapitels näher einzugehen sein.

Abgesehen von der Option eines intensivierten Ausschußwesens werden im rechtswissenschaftlichen und betriebswirtschaftlichen Schrifttum zahlreiche weitere Möglichkeiten erörtert, die Informationsverarbeitung des Aufsichtsrats sowie die Effektivität der Aufsichtsratsarbeit an sich zu verbessern. Beispielhaft genannt seien hier etwa die Bestrebungen zur Verkleinerung des Aufsichtsrats, zur Erhöhung der Sitzungsfrequenz, zu einer stärkeren Interaktion zwischen Aufsichtsratsvorsitzendem und Vorstand, zur Begrenzung der Aufsichtsratsmandate für eine Person oder zur Professionalisierung der Aufsichtsratstätigkeit. All diese Optionen wurden im Rahmen des obenstehenden grundsätzlichen Systemvergleichs bereits angesprochen, und von ihrer Implementierung in die Unternehmenspraxis wird in den meisten Fällen auch die Planungsüberwachung profitieren. Da diese Verbesserungsmöglichkeiten jedoch nicht den aus der Unternehmensplanung resultierenden originären Problemstellungen zuzurechnen sind, sondern generell die Effizienzsteigerung der Aufsichtsratsüberwachung betreffen, sind sie im Rahmen dieser Abhandlung nicht weiter zu vertiefen. Vielmehr kann insoweit auf den umfangreichen Bestand an einschlägiger Literatur verwiesen werden, auf den teilweise im Zusammenhang mit dem obigen Systemvergleich und den Neuerungen des KonTraG Bezug genommen wurde.

1. Vorbemerkung zur Geheimhaltungsproblematik im mitbestimmten Aufsichtsrat

Wie anläßlich der Erörterung praktischer Defizite bei der Planungsüberwachung festgestellt wurde[214], hat die Mitbestimmung

---

214 Vgl. oben II. 2. a. E.

der Arbeitnehmer im Aufsichtsrat[215] eine Tendenz zur Vorenthaltung strategisch relevanter Informationen gegenüber dem Aufsichtsratsplenum ausgelöst. Hintergrund dieser Tendenz ist die seit jeher bestehende Befürchtung, daß im mitbestimmten Aufsichtsrat bei einem Drittel bzw. der Hälfte der Aufsichtsratsmitglieder eine einseitig interessenorientierte Mandatsausübung erfolgt.[216] Im Zusammenhang mit der strategischen Unternehmensplanung könnten daraus Bedenken einerseits bezüglich der umfassenden Orientierung des Aufsichtsrats an den Gesamtbelangen des Unternehmens und andererseits hinsichtlich der Wahrung der – auf diesem Feld besonders vorrangigen – Vertraulichkeit erwachsen.

Beide Bedenken greifen jedoch zugunsten einer generellen Beschränkung der Planungsinformation gegenüber dem Aufsichtsrat letztlich nicht durch. Der erstgenannte Aspekt – Orientierung der Arbeitnehmervertreter am Unternehmenswohl – hat bereits dadurch an Überzeugungskraft verloren, daß die Arbeitnehmerbänke in deutschen Aufsichtsräten insbesondere im Verlauf des letzten, von zunehmender Globalisierung und steigendem internationalen Kostendruck geprägten Jahrzehnts oftmals unpopuläre und für die eigene Klientel schmerzliche Entscheidungen über Rationalisierungen, Produktionsverlagerungen und Stellenabbau bis hin zu betriebsbedingten Kündigungen mitgetragen haben. Damit ist auch auf Arbeitnehmerseite ein verbreitetes Verständnis für betriebs- und volkswirtschaftliche Erfordernisse und somit für den langfristigen Fortbestand einer Aktiengesellschaft unter Beweis gestellt worden. Im übrigen darf nicht verkannt werden, daß Interessenkonflikte, die dem objektiv verstandenen Unternehmenswohl zuwiderlaufen, auch auf seiten der Anteilseignervertreter im Aufsichtsrat aufgrund von Mehrfachmandaten ein keineswegs unbeachtliches Problem darstellen, welches – wie bereits gezeigt wurde – mit dem KonTraG eine Reaktion des Gesetzgebers gefunden hat.[217]

Zum zweitgenannten Aspekt – Wahrung der Vertraulichkeit durch Arbeitnehmervertreter – hat der Bundesgerichtshof schon im Jahre

---

215 Vgl. oben Teil 1, II. 2.

216 Vgl. zu den daraus resultierenden Problemen und Streitfragen z. B. *Martens*, BB 1973, 1118 (1121); *Säcker/Zander* (Hrsg.), Mitbestimmung und Effizienz (1981).

217 Vgl. die neuen Transparenzbestimmungen der §§ 124 Abs. 3 Satz 3, 125 Abs. 1 und 127 AktG i. d. F. des KonTraG; hierzu oben Teil 1, II. 3. b) cc).

1975 festgestellt, daß die Arbeitnehmervertreter in gleichem Maße wie alle anderen Aufsichtsratsmitglieder zwingend der Verschwiegenheitspflicht gemäß §§ 116, 93 Abs. 1 Satz 2 AktG unterliegen, für deren Umfang allein das Interesse des Unternehmens maßgebend ist.[218] Letzteres müsse sich, wie der BGH ausdrücklich betont, nicht zwangsläufig mit den Interessen der im Aufsichtsrat repräsentierten Gruppen decken.[219] So dürfen Arbeitnehmervertreter ebensowenig Informationen, die der Schweigepflicht unterfallen, an ihre Gewerkschaft weitergeben wie Bankenvertreter solche an die Kreditabteilung ihrer Bank weitergeben dürfen. Diese Haltung entspricht auch der ganz überwiegenden Ansicht im Schrifttum.[220] Daher droht den Arbeitnehmervertretern ebenso wie allen anderen Aufsichtsratsmitgliedern die Schadensersatzpflicht gemäß §§ 116, 93 Abs. 2 Satz 1 AktG, eine Strafbarkeit gemäß § 404 Abs. 1 Nr. 1 AktG sowie ein gerichtliches Amtsenthebungsverfahren gemäß § 103 Abs. 3 AktG, wenn sie berechtigte Geheimhaltungsinteressen der Gesellschaft verletzen.[221] Geschützt sind vor allem Betriebs- und Geschäftsgeheimnisse[222], deren Umfang sich nach dem objektiven Interesse der Gesellschaft an der Geheimhaltung bestimmt.[223] Daß die strategische Planung eines Unternehmens in weiten Teilen schon aus Wettbewerbsgründen zu den Betriebs- bzw. Geschäftsgeheimnissen zu zählen ist und somit diesem Schutz unterfällt, liegt auf der Hand.[224]

Schließlich läßt sich nach mehreren Jahrzehnten der Mitbestimmungspraxis die Feststellung treffen, daß diese Probleme durch eine Professionalisierung und auch eine gewisse Entpolitisierung der auf Arbeitnehmerseite betriebenen Aufsichtsratstätigkeit weitgehend entschärft worden sind. Die hiernach verbleibenden „Restrisiken“ der Mitbestimmung müssen als

---

218 BGHZ 64, 325 (330 f.) - „Bayer“; vgl. auch BVerfGE 34, 103 (112): „. . . *können die Arbeitnehmervertreter im Aufsichtsrat nicht lediglich als Interessenvertreter der Arbeitnehmer angesehen werden. Sie haben ebenso wie die von den Anteilseignern entsandten Mitglieder des Aufsichtsrats die Interessen des Unternehmens wahrzunehmen.*"

219 BGHZ 64, 325 (331).

220 Vgl. *Lutter*, Information und Vertraulichkeit, S. 186 ff.; Mertens, AG 1975, S.235; Wessing-Hölters, DB 1976, S.1671

221 Vgl. *Lutter*, Information und Vertraulichkeit, S. 193 ff.

222 *Säcker*, NJW 1986, 803 (804).

223 *Lutter*, Information und Vertraulichkeit, S. 129 f., 209. Konsequenzen hieraus für die praktische Aufsichtsratstätigkeit zieht *Säcker*, Fischer-Festschrift, S. 635 ff.; *ders.*, NJW 1986, 803 (804 f.).

224 Ebenso *Lutter*, a. a. O., S. 136, 162 f.

gesetzlich akzeptiert und damit systemimmanent hingenommen werden, so daß sich hieraus eine Rechtfertigung für eine wie auch immer geartete Restriktion der Aufsichtsratsinformation oder -beteiligung nicht ableiten läßt. Auch der mitbestimmte Aufsichtsrat ist grundsätzlich imstande, seine Überwachungsaufgabe uneingeschränkt zu erfüllen.[225] Abwegig ist in diesem Zusammenhang etwa der Vorschlag *Claussens* [226], den mitbestimmten Aufsichtsrat im Zuge einer angeblich gebotenen restriktiven Auslegung des § 90 Abs. 1 und 2 AktG generell nur noch kursorisch über die künftige Geschäftspolitik, darüberhinaus jedoch weder über die operative noch die strategische Planung zu informieren. Ganz im Gegenteil liegen, wie gezeigt wurde, gerade auf diesem Feld erhebliche Überwachungsdefizite, die nur durch eine noch bessere und frühzeitigere Information des Aufsichtsrats behoben werden können. Das hierzu unabdingbare verantwortungsgerechte Verhalten aller Aufsichtsratsmitglieder kann nach über 40 Jahren Mitbestimmung nicht mehr als entscheidendes Problem angesehen werden.

2. Überblick zum gesetzlichen Informationssystem

Die Informationsbeziehungen zwischen der Geschäftsführung der Aktiengesellschaft und dem Aufsichtsrat lassen sich differenzieren in die Pflichten des Vorstands zur unaufgeforderten periodischen Berichterstattung gemäß § 90 Abs. 1 AktG sowie den diese Pflichten ergänzenden zusätzlichen Informationsrechten und -möglichkeiten des Aufsichtsrats. Hinzu kommen Informationen aus sogenannten Vorlageberichten, die der Vorstand dem Aufsichtsrat unterbreitet, wenn er einen bestimmten Beschluß des Aufsichtsrats, etwa zur Billigung des Jahresabschlusses nach § 172 Abs. 1 AktG oder zur Erteilung einer Zustimmung nach § 111 Abs. 4 Satz 2 AktG erstrebt.[227]

Die periodischen Berichtspflichten des Vorstands bilden den Kern des gesetzlichen Informationssystems. § 90 Abs. 1 Satz 1 AktG in der am 1. Mai 1998 in Kraft getretenen Fassung des KonTraG beschreibt diese Pflichten wie folgt:

---

225 Zutreffend *Schilling*, AG 1981, 341.
226 AG 1981, 57 ff. (69).
227 *Lutter*, a. a. O., S. 18 ff.

„Der Vorstand hat dem Aufsichtsrat zu berichten über

1. die beabsichtigte Geschäftspolitik und andere grundsätzliche Fragen der Unternehmensplanung (insbesondere die Finanz-, Investitions- und Personalplanung);

2. die Rentabilität der Gesellschaft, insbesondere die Rentabilität des Eigenkapitals;

3. den Gang der Geschäfte, insbesondere den Umsatz, und die Lage der Gesellschaft;

4. Geschäfte, die für die Rentabilität oder Liquidität der Gesellschaft von erheblicher Bedeutung sein können.

Außerdem ist dem Vorsitzenden des Aufsichtsrats aus sonstigen wichtigen Anlässen zu berichten; als wichtiger Anlaß ist auch ein dem Vorstand bekanntgewordener geschäftlicher Vorgang bei einem verbundenen Unternehmen anzusehen, der auf die Lage der Gesellschaft von erheblichem Einfluß sein kann."

Hinsichtlich der verschiedenen, in dieser Vorschrift genannten Berichtsgegenstände[228] werden unterschiedliche Berichtsfrequenzen angeordnet. Die Routineberichte nach Satz 1 Nr. 3 *„über den Gang der Geschäfte"* haben mindestens vierteljährlich zu erfolgen.[229] Die Rentabilitätsberichte gemäß Satz 1 Nr. 2 sind in der jährlichen Bilanzsitzung des Aufsichtsrats zu erstatten.[230] Berichte über bedeutende Geschäfte gemäß Satz 1 Nr. 4 müssen *„möglichst so rechtzeitig, daß der Aufsichtsrat vor Vornahme der Geschäfte Gelegenheit hat, zu ihnen Stellung zu nehmen"*, unterbreitet werden.[231] Die Berichte über *„grundsätzliche Fragen der Unternehmensplanung"* gemäß Satz 1 Nr. 1, die im Zuge dieser Untersuchung zentrale Bedeutung einnehmen werden, hat der Vorstand zu erstatten *„mindestens einmal jährlich, wenn nicht Änderungen der Lage oder neue Fragen eine unverzügliche*

---

228 Hierzu im einzelnen näher *Mertens* in: KK, AktG, § 90, Rn. 33 ff.

229 § 90 Abs. 2 Nr. 3 AktG; vgl. § 81 AktG 1937.

230 § 90 Abs. 2 Nr. 2 AktG.

231 § 90 Abs. 2 Nr. 4 AktG; zur Bedeutung der Formulierung *„möglichst"* vgl. *Hefermehl* in: *Geßler/Hefermehl/Eckardt/Kropff*, AktG, § 90, Rn. 14; *v. Godin/Wilhelmi*, AktG, § 90, Anm. 7.

Berichterstattung gebieten".[232] Ob ein Anlaß zu unverzüglicher Berichterstattung besteht, entscheidet der Vorstand nach pflichtgemäßem Ermessen.[233]

Die periodischen Berichtspflichten des Vorstands werden durch das Recht des Aufsichtsrats ergänzt, gemäß § 90 Abs. 3 AktG weitere Berichte einzufordern zu können.

Die Verpflichtung des Vorstands auf die *„Grundsätze einer gewissenhaften und getreuen Rechenschaft"* gemäß § 90 Abs. 4 AktG bedeutet zum einen, daß die Berichte den Geboten der Vollständigkeit, der Übersichtlichkeit, der Informationskontinuität sowie der Trennung von Fakten und Wertungen unterliegen.[234] Zum anderen wird hierdurch eine Rechtspflicht der Vorstandsmitglieder zu rückhaltloser Offenheit gegenüber dem Aufsichtsrat begründet, deren Verletzung den Aufsichtsrat berechtigt, Vorstandsmitglieder gemäß § 84 Abs. 3 AktG aus wichtigem Grunde abzuberufen.[235] Problematisch ist jedoch, inwieweit sich aus § 90 Abs. 4 AktG auch bestimmte Regeln über die *Art und Weise* der Berichterstattung herleiten lassen.[236] Hierauf wird noch zurückzukommen sein.

Zu beachten ist schließlich, daß § 90 AktG den Informationsfluß zwischen Vorstand und Aufsichtsrat nicht abschließend regelt, da zu den hier behandelten Berichtspflichten noch solche hinzutreten, die sich aus besonderen gesetzlichen Vorschriften ergeben.[237] Auch durch die Satzung können zusätzliche Berichtspflichten geschaffen, außerdem die gesetzlichen Pflichten nach § 90 Abs. 1 AktG präzisiert oder die dort vorgeschriebenen Berichtsfrequenzen verkürzt werden.[238] Hingegen sind Erleichterungen gegenüber der gesetzlichen Regelung zugunsten des Vorstands nicht zulässig, weil der Gesetzgeber mit § 90 AktG einen zwingenden Mindeststandard setzen wollte.[239]

---

232 § 90 Abs. 2 Nr. 1 AktG.

233 *Hefermehl*, a. a. O., Rn. 9.

234 *Mertens*, a. a. O., Rn. 22.

235 BGHZ 20, 239 (246).

236 Verneinend *Mertens*, a. a. O., Rn. 23.

237 Vgl. z. B. §§ 88, 89, 111 Abs. 4 Satz 1, §§ 170 f., 314 AktG, § 32 MitbestG, § 15 MitBestErgG; näher *Mertens*, a. a. O., Rn. 3.

238 *Mertens*, a. a. O., Rn. 31.

239 *Hefermehl*, a. a. O., Rn. 4; *Mertens*, a. a. O., Rn. 29; *Meyer-Landrut* in: Großkomm.

Um dem Anspruch des Aufsichtsrats auf Berichterstattung durch den Vorstand zur praktischen Durchsetzbarkeit zu verhelfen, sieht das Gesetz eine Reihe von Sanktionen für den Fall der Nichtbefolgung vor:

Gemäß § 407 Abs. 1 AktG sind säumige Vorstandsmitglieder durch ein vom Registergericht festzusetzendes Zwangsgeld in einer Höhe von bis zu 10.000,-- DM zur gesetzlich vorgeschriebenen Berichterstattung anzuhalten. Außerdem führt die in jeder unzureichenden Berichterstattung liegende Pflichtverletzung zu einer gesamtschuldnerischen Schadensersatzpflicht der betroffenen Vorstandsmitglieder gemäß § 93 Abs. 2 AktG.[240] Bei einer besonders groben Pflichtverletzung, welche im vorliegenden Zusammenhang insbesondere anzunehmen ist, wenn der Vorstand dem Aufsichtsrat Krisenanzeichen oder sonstige für die weitere Entwicklung des Unternehmens essentielle Vorgänge verschweigt, kommt eine Abberufung von Vorstandsmitgliedern durch den Aufsichtsrat aus wichtigem Grund nach § 84 Abs. 3 AktG in Betracht.[241]

Umgekehrt sieht sich auch der Aufsichtsrat mit Sanktionen konfrontiert, falls er seine Überwachungspflicht nicht ordentlich und gewissenhaft erfüllt, indem er eine erkennbar unzureichende Berichterstattung seitens des Vorstands nicht beanstandet oder seine Möglichkeiten zur Anforderung zusätzlicher Berichte trotz erkennbarer Unregelmäßigkeiten nicht nutzt. In derartigen Fällen machen sich die Aufsichtsratsmitglieder gemäß § 116 i. V. m. § 93 AktG schadensersatzpflichtig.[242]

Das vorstehend skizzierte Aufsichtsratsinformationssystem des Aktiengesetzes soll nachfolgend unter dem Fokus der Planungsinformation näher untersucht werden.

AktG, § 90, Anm. 15.

240 Zur Haftung des Vorstands eingehend oben Teil 2, II. 6.

241 Vgl. in diesem Zusammenhang ferner § 400 Abs. 1 Nr. 1 AktG, wonach einem Vorstandsmitglied bei unrichtiger Darstellung der Verhältnisse der Gesellschaft bis zu 3 Jahren Freiheitsstrafe angedroht werden.

242 Näher *Peltzer*, WM 1981, 346 ff.

3. Periodische Berichte des Vorstands gemäß § 90 Abs. 1 Satz 1 Nr. 1 AktG

Unter den periodischen Berichtspflichten des Vorstands gemäß § 90 Abs. 1 und 2 AktG, welche den Kern der Aufsichtsratsinformation bilden, steht für die vorliegende Betrachtung die durch das KonTraG modifizierte Bestimmung des § 90 Abs. 1 Satz 1 Nr. 1 AktG im Mittelpunkt, wonach der Vorstand dem Aufsichtsrat über *„die beabsichtigte Geschäftspolitik und andere grundsätzliche Fragen der Unternehmensplanung (insbesondere die Finanz-, Investitions- und Personalplanung)"* zu berichten hat. Die Frage, welchen Umfang der Berichtsgegenstand damit erhält, insbesondere inwieweit der Gesetzgeber hiermit eine Implementierung betriebswirtschaftlicher Erkenntnisse zur Unternehmensplanung in das Aktienrecht vorgenommen oder intendiert hat, bedarf näherer Untersuchung. Hierzu sind sowohl die durch das KonTraG bewirkte Neufassung des § 90 Abs. 1 Nr. 1 AktG als auch die bis zum 30. April 1998 geltende Altfassung der Vorschrift, welche das Objekt der Reformbemühungen bildete, heranzuziehen und unter Einbeziehung des jeweils einschlägigen rechtswissenschaftlichen Diskussionsstands einander gegenüberzustellen.

a) AktG in bisheriger Fassung

Im AktG 1965 in der bisher geltenden Fassung fand sich der Begriff „Unternehmensplanung" in § 90 wie auch im gesamten übrigen Text des Gesetzes noch nicht. Jedoch erstreckte sich die in § 90 Abs. 1 Satz 1 Nr. 1 a. F. normierte Berichtspflicht auf einen Gegenstand, der jedenfalls Überschneidungen mit dem wirtschaftswissenschaftlich definierten Planungsbegriff aufzuweisen schien:

> *„die beabsichtigte Geschäftspolitik und andere grundsätzliche Fragen der künftigen Geschäftsführung".*

Diese vom Gesetzgeber des Jahres 1965 gewählte Formulierung hat im juristischen Schrifttum sehr unterschiedliche Auslegungen erfahren, wobei der Streit sich um die Frage gedreht hat, wie weit der hiernach vom Vorstand unaufgefordert zu gewährende Einblick in die Unternehmensplanung in concreto reichen muß.

aa) Weite Auslegung

Insbesondere in der neueren Literatur ist vielfach versucht worden, die Bestimmung sehr weit aufzufassen. Teilweise hat man sie sogar als vollständig deckungsgleich mit dem betriebswirtschaftlichen Begriff der Unternehmensplanung behandelt.[243] Vor allem *Lutter* hat die Ansicht vertreten, daß die Auslegung des Begriffs der „beabsichtigten Geschäftspolitik" dem jeweils aktuellen Entwicklungsstand des Instruments Planung in der Betriebswirtschaftslehre zu folgen habe, *„was immer sich der Gesetzgeber des Jahres 1965 auch dabei gedacht haben mag"*.[244] Folgerichtig hat *Lutter* hiervon unter anderem sämtliche Einzelpläne für das laufende und folgende Geschäftsjahr einschließlich detaillierter Planrechnungen ebenso erfaßt gesehen wie die mittelfristige und bei größeren Unternehmen auch die langfristige Planung des Umsatzes, der Finanzen und der Investitionen.[245] Zur Begründung hat er angeführt, daß eine „beabsichtigte Geschäftspolitik" sich allein in der Form von Einzelplänen und Planrechnungen rational darlegen lasse.[246] *Semler* hatte demgegenüber zunächst die Auffassung vertreten, daß künftige Geschäftspolitik und Planung nicht gleichgesetzt werden dürften, der Gesetzestext sich vielmehr auf *„die grundsätzliche Unternehmenspolitik der Zukunft"* beziehe[247], später jedoch diese Ansicht revidiert:

> *„Die beabsichtigte Geschäftspolitik und andere grundsätzliche Fragen der künftigen Geschäftsführung sind – juristisch zutreffend umschrieben – die Vorgänge, die betriebswirtschaftlich als Unternehmensplanung bezeichnet werden."*[248]

Die weite Auslegung des § 90 Abs. 1 Nr. 1 AktG a. F. hatte letztlich einen ergebnisorientierten Hintergrund: Ihr hat zum einen das

---

243 *Lutter*, Information und Vertraulichkeit, S. 11; *Lutter/Krieger*, Aufsichtsrat, Rn. 18 u. 62; *Semler*, ZGR 1983, 1 (18); *Thümmel*, DB 1997, 261 (262).

244 *Lutter*, a. a. O.

245 *Lutter/Krieger*, a. a. O. (*„Produkt-, Absatz-, Investitions-, Entwicklungs-, und Finanzplanung sind damit angesprochen, regelmäßig auch die Personalplanung."*) u. Rn. 62; *Lutter*, a. a. O., S. 13; *ders.*, AG 1991, 249 (253 f.).

246 *Lutter/Krieger*, a. a. O., Rn. 62.

247 *Semler*, Die Überwachungsaufgabe des Aufsichtsrats, S. 34 u. Fn. 70.

248 *Semler*, ZGR 1983, 1 (18).

Bestreben zugrunde gelegen, möglichst weite Teile einer – betriebswirtschaftlich verstandenen – Unternehmensplanung kontinuierlich berichtspflichtig zu machen, um sie damit zugleich dem Kernbereich der Aufsichtsratsüberwachung zuzuweisen.[249] Zum anderen hat man aus der Existenz einer so verstandenen Berichtspflicht mittelbar eine Bestätigung der aktienrechtlichen Verpflichtung des Vorstands herleiten können, das Führungsinstrument Unternehmensplanung entsprechend dem Erkenntnisstand der Betriebswirtschaftslehre einzusetzen.[250]

Im Zusammenhang mit diesem Auslegungsansatz wird bisweilen auch auf das von *Theisen* entwickelte Modell ordnungsgemäßer Aufsichtsratsinformation verwiesen.[251] Hierzu ist klarstellend anzumerken, daß *Theisen* eine umfassende Unterrichtung des Aufsichtsrats über die Unternehmensplanung zwar im Rahmen des von ihm formulierten Aufsichtsratsinformationssystems nachdrücklich befürwortet[252], dieses Informationssystem jedoch ausdrücklich als nicht abhängig von der Art der Informationsversorgung in Form einer periodischen Berichtspflicht gemäß § 90 Abs. 1 AktG oder eines zusätzlichen Informationsanspruchs gemäß § 90 Abs. 3 AktG betrachtet.[253] Vielmehr leitet *Theisen* sein betriebswirtschaftlich orientiertes System der Aufsichtsratsinformation nicht aus einzelnen Vorschriften, sondern aus einer Gesamtbetrachtung der aktienrechtlichen Überwachungsverpflichtung des Aufsichtsrats ab.[254] Seine Thesen können deshalb nicht für eine bestimmte Auslegung des § 90 Abs. 1 Nr. 1 AktG a. F. in Anspruch genommen werden.

---

249 Vgl. *Lutter/Krieger*, a. a. O., Rn. 18 („*Die Schwerpunkte der so umrissenen Überwachungsaufgaben konkretisiert ... vor allem § 90 Abs. 1 AktG mit seinen Berichtspflichten des Vorstands an den Aufsichtsrat. Was dem Aufsichtsrat zu berichten ist, ist zugleich Gegenstand seiner Prüfung.*"); *Lutter*, AG 1991, 249 (251 ff.); *Semler*, ZGR 1983, 1 (18).

250 Vgl. *Lutter*, Information und Vertraulichkeit, S. 13; *Lutter/Krieger*, Aufsichtsrat, Rn. 24, 62; *Semler*, a. a. O., S. 17; hierzu grds. kritisch *Kallmeyer*, ZGR 1993, 104 (106 f.).

251 Vgl. etwa *Hüffer*, AktG, § 90, Rn. 4 a. E., unter Verweis auf *Theisen*, Grundsätze einer ordnungsmäßigen Informationsversorgung des Aufsichtsrates (1991).

252 *Theisen*, a. a. O., S. 74 ff.

253 A. a. O., S. 58.

254 A. a. O., S. 113.

bb) Enge Auslegung

Die zur vorgenannten weiten Auslegung entgegengesetzte Extremposition findet sich bei *Claussen*[255], der mit dem schon in anderem Zusammenhang behandelten[256], jedoch als untauglich verworfenen Argument der Geheimhaltung der Unternehmensplanung gegenüber den Arbeitnehmervertretern im mitbestimmten Aufsichtsrat dafür eingetreten ist, den Berichtsgegenstand des § 90 Abs. 1 Satz 1 Nr. 1 a. F. lediglich als kursorische Darlegung der künftigen Geschäftspolitik aufzufassen und im übrigen jegliche Planung auszuklammern.[257]

Eine gemäßigt enge Auffassung[258] hat die umstrittene Formulierung im Sinne einer Beschränkung auf Grundsatzfragen der künftigen Geschäftsführung interpretiert, wobei unter der „beabsichtigten Geschäftspolitik" nicht lediglich allgemeine Absichtserklärungen über geplante Veränderungen, sondern konkret formulierte und alle wesentlichen Aspekte der Unternehmenstätigkeit einbeziehende Zukunftsvorstellungen zu verstehen seien. Die genaue Abgrenzung ist jedoch von den betreffenden Autoren nicht einheitlich vorgenommen worden. So zählt *Mertens* zu den Grundsatzfragen *„alle wesentlichen Probleme der gegenwärtigen und künftigen Organisation, Finanzierung und Strukturierung des Unternehmens, bei einem herrschenden Unternehmen auch des Konzerns, nicht zuletzt auch Organisation und Besetzung des Vorstands selbst"*.[259] Darüberhinaus bezieht er auch die operative Umsetzung strategischer Entscheidungen zumindest in ihren Grundzügen sowie eine konkret bezifferte Jahresplanung für das nächste Geschäftsjahr mit ein.[260] *Hüffer* hat demgegenüber die operative Planung insgesamt sowie Planrechnungen mit Ausnahme ihrer Kerndaten als nicht erfaßt angesehen.[261] Auch *Wiesner* hat die Berichtspflicht gemäß § 90

---

255 AG 1981, 57 (69).

256 Vgl. oben IV. 1.

257 Hiergegen mit Recht *Lutter*, Information und Vertraulichkeit, S. 3; *Schilling*, AG 1981, 341 (343).

258 *Mertens* in: KK, AktG, § 90, Rn. 33; *ders.*, AG 1980, 67 (68 ff.); *Hüffer*, AktG, § 90, Rn. 4; *Kallmeyer*, ZGR 1993, 104 (112); *Potthoff/Trescher*, Aufsichtsratsmitglied, S. 102 f.; *Schilling*, AG 1981, 341 (342); *Steinmann/Gerum*, AG 1980, 1 (2); *Wiesner* in: Münch. Hdb., Bd. 4, § 25, Rn. 4.

259 *Mertens* in: KK, AktG, a. a. O.

260 A. a. O.

261 *Hüffer*, a. a. O.; ähnlich *Steinmann/Gerum*, a. a. O.; ferner *Kallmeyer*, a. a. O., der

Abs. 1 Satz 1 Nr. 1 AktG a. F. auf *„eine Mitteilung der grundsätzlichen Ergebnisse der strategischen Planung"* beschränken wollen und die operative Planung zwar als durchaus mitteilungspflichtig erachtet, diese aber in den Bereich der Berichtspflicht „über den Gang der Geschäfte" gemäß § 90 Abs. 1 Satz 1 Nr. 3 AktG verwiesen.[262]

Der vorstehende Interpretationsansatz hat sich vor allem auf den Wortlaut des § 90 Abs. 1 Nr. 1 AktG a. F. gestützt. Die „Geschäftspolitik" sei ein ins Grundsätzliche weisender Begriff, dem der Gesetzgeber andere grundsätzliche Fragen der künftigen Geschäftsführung zur Seite gestellt habe.[263] Außerdem erfasse der auf § 90 Abs. 1 Satz 1 Nr. 1 AktG bezogene Zeithorizont des § 90 Abs. 2 Nr. 1 AktG nicht die einer ständigen Fortschreibung unterliegende Unternehmensplanung als Ganzes.[264] Weiterhin hat man die Gesetzesbegründung angeführt, die als Beispiele für berichtspflichtige Gegenstände strategische Grundsatzfragen wie die Umstellung der Arbeitsmethoden, des Produktprogramms oder der Vertriebsformen aufführte.[265] Daneben finden sich auch systematische Argumente wie der Verweis auf die weitere Berichtspflicht nach § 90 Abs. 1 Satz 1 Nr. 3 AktG sowie auf die Möglichkeit des Aufsichtsrats, jederzeit zusätzliche Berichte gemäß § 90 Abs. 3 AktG anzufordern.[266]

cc) Bewertung und Zwischenergebnis

Der zuletzt skizzierten Auslegung des § 90 Abs. 1 Nr. 1 a. F. ist auch postum beizutreten. Der eingangs genannten, vor allem von *Lutter* und *Semler* vertretenen weiten Auffassung kommt zwar unbestreitbar das Verdienst zu, betriebswirtschaftliche Erkenntnisse zu einem zentralen Aspekt der Unternehmensführung stärker in das Blickfeld der aktienrechtlichen Diskussion gerückt zu haben. Diese Auffassung

---

jedoch überdies einen rein mündlichen Vortrag der Unternehmenspolitik gegenüber dem Aufsichtsrat im Rahmen des § 90 Abs. 1 Nr. 1 AktG als ausreichend ansieht.

262 *Wiesner*, a. a. O., Rn. 4 f.

263 *Mertens*, AG 1980, 67 (68 f.); *Hüffer*, a. a. O.; *Schilling*, a. a. O.; ähnlich auch *Wiesner*, a. a. O., Rn. 4.

264 *Mertens*, a. a. O., S. 68.

265 Vgl. *Hüffer*, a. a. O., sowie *Mertens* in: KK, AktG, § 90, Rn. 33, jeweils unter Verweis auf die Regierungsbegründung bei *Kropff*, AktG, S. 116.

266 *Hüffer*, a. a. O.

hat aber bislang nicht im Einklang mit dem zugrundeliegenden Gesetzeswortlaut gestanden und konnte deshalb de lege lata als nur bedingt geeignet angesehen werden, das von ihren Vertretern verfolgte Anliegen zur Entfaltung zu bringen.

Mit Recht haben insbesondere *Hüffer* und *Wiesner* darauf hingewiesen, daß die Formulierung des § 90 Abs. 1 Satz 1 Nr. 1 AktG a. F. sich nur auf strategische Planung im Gegensatz zu operativer Planung beziehen könne.[267] Dies ergab sich aus dem Wortsinn, der allein auf das Grundsätzliche der künftigen Unternehmensführung abstellte. Hiernach haben die Begriffe „beabsichtigte Geschäftspolitik" und „grundsätzliche Fragen der künftigen Geschäftsführung" nach dem heute allgemein anerkannten betriebswirtschaftlichen Grundmuster der Unternehmensplanung[268] lediglich die Unternehmenskonzeption, die Unternehmensstrategie sowie die Geschäftsfeldstrategien erfaßt. Dieses Ergebnis deckt sich zudem mit der Gesetzesbegründung.[269] Damit sind aber wesentliche Teile des Planungsprozesses ausgeklammert geblieben, wie etwa die gesamte operative Planung, die detaillierte Ergebnis- und Finanzplanung, aber auch die interne und externe Analyse sowie die strategische Kontrolle. Schon aufgrund der haftungsrechtlichen Folgen einer Verletzung der Berichtspflicht des § 90 Abs. 1 AktG und dem hieraus erwachsenden gesteigerten Bedürfnis nach Rechtssicherheit verbietet es sich, begrifflich nicht erfaßte Planungsaspekte durch eine Begriffsgleichsetzung im Sinne *Lutters* und *Semlers* gleichsam ins Gesetz hineinzudefinieren. Auch *Mertens* – obgleich argumentativ der engeren Auslegung zuzurechnen – ist insoweit nicht ganz konsequent verfahren, indem er die Budgetierung für das jeweils nächste Geschäftsjahr in die Berichtspflicht gemäß § 90 Abs. 1 Satz 1 Nr. 1 AktG a. F. einbezogen hat.[270]

An dieser Stelle kann somit als Zwischenergebnis festgestellt werden, daß bis zur Aktienrechtsreform 1998 die Unternehmensplanung de lege lata weder explizit noch in vollständig umschriebener Form Gegenstand der Berichtspflicht des Vorstands war. Dabei gibt das vorstehend skizzierte Bild des bisherigen Meinungsstands Anlaß, an den wichtigen Grundsatz zu erinnern, daß jede Implementierung

---

267 *Hüffer*, a. a. O.; Wiesner, a. a. O.
268 Vgl. oben Teil 2, I. 4.
269 Zutreffend *Hüffer*, a. a. O.
270 *Mertens*, a. a. O.

wirtschaftswissenschaftlicher Standards in das Gesellschaftsrecht mit Konsequenz und vor allem mit hoher terminologischer Präzision erfolgen muß, sofern das für eine praktische Justitiabilität unabdingbare Maß an Rechtssicherheit und Rechtsklarheit erzielt werden soll.

b) AktG nach Inkrafttreten des KonTraG

aa) Gesetzlicher Befund

Mit Inkrafttreten des KonTraG am 1. Mai 1998 ist – wie bereits dargestellt[271] – die Vorschrift des § 90 Abs. 1 Satz 1 Nr. 1 AktG dahingehend geändert worden, daß die Formulierung *„die beabsichtigte Geschäftspolitik und andere grundsätzliche Fragen der künftigen Geschäftsführung"* ersetzt wurde durch die Wendung

> *„die beabsichtigte Geschäftspolitik und andere grundsätzliche Fragen der Unternehmensplanung (insbesondere die Finanz-, Investitions- und Personalplanung)"*.[272]

Damit erhebt sich die Frage, welche Bedeutung dem hier erstmals explizit im Aktienrecht verwendeten Begriff „Unternehmensplanung" im gegebenen Zusammenhang beizumessen ist. Zum einen könnte der Begriff als Rechtsbegriff nunmehr deckungsgleich mit seinem wirtschaftswissenschaftlichen Pendant und den entsprechenden Vorstandspflichten sein, so daß zur Inhaltsbestimmung der schlichte Verweis auf die oben dargelegten Zusammenhänge ausreichend wäre. Zum anderen könnte dem Gebrauch des Terminus hier auch ein von der Betriebswirtschaftslehre abweichendes Verständnis zugrundeliegen. Letzteres wäre allerdings nur anzunehmen, wenn sich hierfür besondere Anhaltspunkte nachweisen ließen. Für die erstgenannte Alternative spricht hingegen eine Vermutung, denn der Begriff „Unternehmensplanung" ist – ebenso wie die weiteren in § 90 Abs. 1 AktG verwendeten Begriffe „Rentabilität", „Umsatz" und „Liquidität" – ein originär betriebswirtschaftlicher Begriff.

Die in Klammern gesetzte besondere Hervorhebung der Einzelplanungen für Finanzen, Investitionen und Personal im neuen

---

271 Vgl. oben Teil 1, II. 3. b) aa).

272 BGBl 1998, Teil I, 786.

Gesetzestext beantwortet die gestellte Frage jedenfalls nicht, sondern wirft weitere Fragen auf. Denn aus betriebswirtschaftlicher Sicht handelt es sich hierbei zwar um wichtige, nicht aber um diejenigen Aspekte der Unternehmensplanung, die allgemein und unabhängig von den individuellen Verhältnissen einer Aktiengesellschaft stets die für das Unternehmen bedeutsamsten Planungsfelder mit Priorität gegenüber anderen Einzelplanungen darstellen.[273] Umso mehr erscheint es verfehlt, diese Planungen ohne Einschränkung als „grundsätzliche Fragen der Unternehmensplanung" zu definieren und hierdurch *insgesamt* berichtspflichtig zu machen. Genau dies geschieht aber dadurch, daß der Gesetzgeber innerhalb des Klammerzusatzes den Nominativ-Artikel anstelle eines Genitiv-Artikels gewählt hat. Der Vorstand könnte sich somit aufgrund der Gesetzesfassung genötigt sehen, diese drei Einzelplanungen in vollständiger Detaillierung dem Aufsichtsrat zu berichten bzw. in vollständiger schriftlicher Form unkommentiert zu übergeben. Da ohne weiteres einsichtig ist, daß hiermit allein bereits die gesamte Kontrollkapazität des Aufsichtsrats erschöpft sein würde, kann es sich vorliegend nur um eine redaktionelle Nachlässigkeit handeln: Auch die in der Klammer genannten Planungsteile sind – wie noch darzulegen sein wird – lediglich hinsichtlich grundsätzlicher Fragen berichtspflichtig.

bb) Problematik der Regierungsbegründung

Hilft also der Gesetzeswortlaut allein nicht weiter, so darf eine zuverlässige Klärung der Ausgangsfrage in erster Linie von der Gesetzesbegründung[274] erwartet werden. Hierin wird zunächst zutreffend betont, daß die Aufsichtsratskontrolle nicht nur retrospektiv sein dürfe, sondern sich insbesondere auch im Sinne einer ex-ante-Kontrolle in die Zukunft richten müsse. Daher sei die entsprechende Berichtspflicht des Vorstands klarer formuliert worden, *„um die besondere Bedeutung der Aufsichtsratstätigkeit hinsichtlich der Unternehmensplanung zu unterstreichen."*[275] Hieran anknüpfend heißt es dann:

---

[273] *Thümmel*, DB 1997, 261 (262), bezeichnet die neue Formulierung als *„eher zufällig"*.

[274] Regierungsentwurf v. 06.11.1997 mit Begründungen abgedruckt in: ZIP 1997, 2059 (2061).

[275] A. a. O.

„Der Begriff ‚Unternehmensplanung' bringt das Gewollte besser zum Ausdruck. Beispielhaft zu nennen sind die kurzfristige, die mittelfristige (Mehrjahresplan) und die langfristige Planung (Unternehmensplan). In der Regel wird ein Unternehmen eine kurzfristige Planung haben." [276]

Diese erläuternde Formulierung der Regierungsbegründung ist nicht nur äußerst knapp ausgefallen, sondern überdies kaum geeignet, zu der erhofften Begriffsklärung beizutragen. Zwar ist aus dem Gesamtzusammenhang der Ausführungen erkennbar, daß man offenbar den Willen hatte, betriebswirtschaftliche Erkenntnisse hinsichtlich Bedeutung und Umfang der Planungsaufgabe stärker als bisher zur Geltung zu bringen. Dieser Wille wurde aber in einer Form zum Ausdruck gebracht, die durch weitgehende Abstinenz gegenüber betriebswirtschaftlichen Kriterien gekennzeichnet ist. Unter Heranziehung des – oben in Teil 2 näher dargelegten – aktuellen Erkenntnisstandes über die Anwendung des Führungsinstruments Unternehmensplanung ist hierzu anzumerken:

– Kurzfristige, mittelfristige und langfristige Planung sind nicht etwa *„beispielhaft zu nennen"*, denn diese drei Teilplanungen bilden – sofern man eine solche Einteilung überhaupt verwendet – die Gesamtheit einer Unternehmensplanung. Im übrigen ist die Einteilung in kurz-, mittel- und langfristige Planung lediglich technisch-organisatorischer Natur und tritt in ihrer Bedeutung zunehmend hinter die qualitative Grundeinteilung in strategische und operative Planung, wie sie in der neueren Betriebswirtschaftslehre überzeugend herausgearbeitet wurde, zurück. Das entscheidende Begriffspaar „strategisch" und „operativ" sucht man jedoch in der Regierungsbegründung vergeblich.

– Weiterhin kann der Begriff „Unternehmensplan" keinesfalls allein mit der „langfristigen Planung" gleichgesetzt werden, wie es durch die in der Regierungsbegründung enthaltene Klammerdefinition ausgedrückt wird. Als „Unternehmensplan" läßt sich vielmehr jeder beliebige Einzelplan in einem Gesamtsystem der Unternehmensplanung bezeichnen, und zwar unabhängig von einem bestimmten Zeithorizont.

---

[276] A. a. O.

– Zu einer gewissen Perfektion gelangt die eingetretene Verwirrung sodann durch die im nächsten Satz folgende Aussage, wonach ein Unternehmen – womit vorliegend nur eine Aktiengesellschaft (!) gemeint sein kann – *„in der Regel eine kurzfristige Planung (Jahresplan)"* habe. Diese Aussage ist zwar isoliert betrachtet noch nicht falsch, hat jedoch im gegebenen Zusammenhang nur dann einen Sinngehalt, wenn aus ihr im Umkehrschluß entnommen wird, daß nach Ansicht der Bundesregierung eine mittel- und langfristige Planung in Aktiengesellschaften regelmäßig nicht erstellt wird. Dies wiederum ist schlicht abwegig. Eine jedenfalls mehrere Jahre umfassende strategische Planung zählt – ungeachtet ihrer konkreten, nicht immer kunstgerechten Ausgestaltung – seit Jahrzehnten zum Standard-Repertoire moderner Unternehmensführung. Dies ist empirisch belegt.[277]

Weiterhin führt die Regierungsbegründung zu dem Klammerzusatz der Neufassung, mit dem einzelne Planungsbereiche hervorgehoben werden, folgendes aus:

> *„Ferner wird die Vorschrift um Beispielsfälle ergänzt, nämlich hinsichtlich der Finanz-, Investitions- und Personalplanung. Die Aufzählung ist nicht abschließend, hinzukommen können je nach Bedarf, Größe oder Branche noch der Produktions-, Absatz-, Beschaffungs-, Entwicklungs-, Kosten- oder der Ergebnisplan etc. Dies ist gesetzlich nicht festzulegen."*[278]

Damit wird zwar deutlich, daß der Gesetzgeber sich der tatsächlichen Bandbreite möglicher Planungsbereiche bewußt war, jedoch bestätigt dies zugleich die Überflüssigkeit und Kontraproduktivität des gesamten, mit der Wendung *„insbesondere"* eingeleiteten Klammerzusatzes.

Die Regierungsbegründung zur Novellierung der Berichtspflicht muß somit insgesamt als wenig geglückt angesehen werden. Sie liefert keinen brauchbaren Aufschluß über die Tragweite des Begriffs „Unternehmensplanung" im Rahmen der Berichtspflicht. Dies ist vor

---

277 Vgl. die bereits erwähnte Studie von *Weber/Hamprecht/Goeldel*, Zur Gestaltung der strategischen und operativen Planung (1996); näher oben I.

278 Regierungsentwurf, a. a. O.

allem insoweit besonders bedenklich, als der Gesetzgeber ausdrücklich davon ausgeht, daß durch § 90 Abs. 1 Satz 1 Nr. 1 AktG auch eine allgemeine Definition der Planungsverpflichtung in der Aktiengesellschaft festgelegt wird:

> *„Die Vorschrift hat klarstellenden Charakter. Sie umreißt zugleich die Aufgabe des Vorstandes, die auch die Unternehmensplanung umfaßt."* [279]

cc) Gesetzgebungsverfahren / Hintergründe

Auf der Suche nach den Ursachen dieser angesichts der jahrelangen Reformdiskussion als bemerkenswert zu bezeichnenden Ungenauigkeiten in Gesetzestext und Begründung ist das Gesetzgebungsverfahren näher zu betrachten.

(1) Revision des Gesetzeswortlauts

Zunächst fällt auf, daß der im November 1996 vorgelegte Referentenentwurf zum KonTraG[280] beim vorgeschlagenen Wortlaut des § 90 Abs. 1 Nr. 1 AktG im Vergleich zum später verabschiedeten Gesetzestext einen noch umfangreicheren Klammerzusatz (*„insbesondere . . ."*) enthielt, durch den einzelne Planungsbereiche hervorgehoben wurden. Hier wurden zusätzlich zur Finanz-, Investitions- und Personalplanung noch die Produktions-, Absatz- und Beschaffungsplanung explizit aufgeführt.[281] Eine gesetzliche Verankerung dieser drei Planungsfelder mußte sich jedoch in besonderem Maße der oben bereits gegenüber dem verabschiedeten Gesetzestext geäußerten Kritik in bezug auf deren fehlende Allgemeinverbindlichkeit ausgesetzt sehen:

Der Deutsche Anwaltverein (DAV), der im übrigen eine Änderung des § 90 Abs. 1 Nr. 1 AktG insgesamt ablehnte, machte in seiner Stellungnahme zum Referentenentwurf[282] deutlich, daß die in dem

---

279 Regierungsentwurf, a. a. O.

280 Referentenentwurf des BMJ zum KonTraG (Stand: 22.11.1996), abgedr. in: ZIP 1996, 2129 ff. u. 2193 ff.

281 A. a. O., S. 2131.

282 Stellungnahme des DAV zum Referentenentwurf KonTraG, abgedr. in: ZIP 1997, 163 ff.

Klammerzusatz genannten Planungsfelder zu einseitig auf Industrieunternehmen zugeschnitten seien.[283] In einer weiteren, von einem gemeinsamen Ausschuß mehrerer Wirtschaftsverbände verfaßten Stellungnahme[284] wurde zutreffend angemerkt, daß beispielsweise Versicherungsgesellschaften oder Banken eine Beschaffungs- oder Produktionsplanung im engeren Sinne überhaupt nicht kennen.[285] Tatsächlich besteht bei derartigen Aktiengesellschaften der wichtigste Komplex der Unternehmensplanung in der Marktbeobachtung und der hieran anknüpfenden strategischen Analyse. Wegen solcher Ungereimtheiten wurde sowohl von seiten der Wirtschaft als auch seitens des DAV gefordert, auf den Klammerzusatz insgesamt zu verzichten.[286]

Die nachdrücklichen Einwände aus der Praxis führten zu einem nunmehr im neuen Gesetzeswortlaut verkörperten Kompromiß, wonach der Klammerzusatz gekürzt, aber nicht vollständig aufgegeben wurde. Dadurch wurden zwar einerseits drei besonders industriespezifische Planungsbereiche eliminiert und damit die praktische Anwendbarkeit der Vorschrift verbessert, andererseits ist damit die bereits kritisierte, mit dem Klammerzusatz provozierte Fehlgewichtung erst recht evident geworden, indem jetzt die Einleitung „insbesondere" nurmehr drei verbliebene Teilplanungsbereiche betrifft.

(2) Revision der Gesetzesbegründung

Bedeutend einschneidender als das Schicksal des Klammerzusatzes ist allerdings der Umstand, daß der genannte Referentenentwurf zum KonTraG im Vergleich zum späteren Regierungsentwurf noch mit einer anderslautenden Begründung für die Änderung des § 90 Abs. 1 Satz 1 Nr. 1 AktG versehen war. Anstelle der oben zu b) bb)

---

283 A. a. O., S. 164.

284 Stellungnahme des gemeinsamen Arbeitsausschusses des Bundesverbandes der Deutschen Industrie, des Bundesverbandes Deutscher Banken, der Bundesvereinigung der Deutschen Arbeitgeberverbände, des Deutschen Industrie- und Handelstages und des Gesamtverbandes der Deutschen Versicherungswirtschaft für Fragen des Unternehmensrechts zum Referentenentwurf des KonTraG, abgedr. in: WM 1997, 490 ff.

285 A. a. O., S. 492.

286 Vgl. die beiden genannten Stellungnahmen, WM 1997, 490 (492), und ZIP 1997, 163 (164).

wiedergegebenen Passage des Regierungsentwurfs war dort nämlich formuliert worden:

> *„Der Begriff „Unternehmensplanung" bringt das Gewollte besser zum Ausdruck. Es geht um die kurzfristige, um die mittelfristige (Mehrjahresplan) und um die langfristige Planung (Unternehmensplan)."* [287]

Hier waren also die kurz-, mittel- und langfristigen Teilplanungen nicht wie in der Regierungsbegründung nur *„beispielhaft"* aufgeführt, sondern wurden mit der Wendung *„es geht um ..."* zutreffend als Gesamtheit der betriebswirtschaftlich verstandenen Unternehmensplanung beschrieben. Außerdem findet sich in der Begründung des Referentenentwurfs die in der Regierungsbegründung enthaltene problematische Feststellung, daß Aktiengesellschaften regelmäßig nur kurzfristig planten, noch nicht. Lediglich die Verwirrung stiftende Klammerdefinition, mit welcher die Begriffe „langfristige Planung" und „Unternehmensplan" gleichgesetzt werden, ist auch bei der Begründung des Referentenentwurfs bereits zu beanstanden.

Insgesamt jedoch macht die dortige Fassung der Begründung hinreichend deutlich, daß ihre Verfasser beabsichtigten, mit dem KonTraG-Entwurf die Unternehmensplanung in einem umfassenden Sinne, der entsprechend dem betriebswirtschaftlichen Entwicklungsstand gerade auch die längerfristigen Komponenten einschließt, zum Gegenstand der Berichtspflicht nach § 90 Abs. 1 Satz 1 Nr. 1 AktG zu machen. Dies verdeutlicht nicht zuletzt der in dieser Begründungsfassung noch enthaltene Verweis auf einen – hier bereits erwähnten – Aufsatz *Semlers* [288], in welchem dieser nachdrücklich gefordert hatte, die Unternehmensplanung mit ihren kurz-, mittel- und langfristigen (also 10 bis 15 Jahre erfassenden!) Teilplanungen sowie ihren auf einzelne Funktionsbereiche spezifizierten Einzelplanungen als Gegenstand der Berichtspflicht gemäß § 90 Abs. 1 Satz 1 Nr. 1 AktG sowie als Bestandteil der zwingenden Vorstandsaufgaben zu betrachten.

---

287 Referentenentwurf, a. a. O., S. 2131.

288 A. a. O. Verweis auf *Semler*, ZGR 1983, 1 ff.; hierzu oben Teil 2, II. 4. a) bb).

Die rechtliche Tragweite der fraglichen Berichtspflichtbestimmung wurde zudem im Referentenentwurf noch schärfer umrissen als in der Regierungsbegründung:

> *„Die Vorschrift hat klarstellenden Charakter. Sie definiert zugleich die Aufgabe des Vorstandes, die auch die Unternehmensplanung umfaßt.“* [289]

In der Regierungsbegründung wurde das Wort *„definiert“* gegen die unbestimmtere Vokabel *„umreißt“* ausgetauscht.[290]

Somit stellt sich die Frage, warum diese Begründung, welche die Befriedung einer langjährigen aktienrechtlichen Streitfrage hätte bewirken können, im weiteren Verlauf des Gesetzgebungsverfahrens einer Revision – besser: Verwässerung – unterzogen wurde. Einigen Aufschluß gibt hier die Stellungnahme des DAV zum Referentenentwurf des KonTraG.[291] Der DAV hatte nicht nur den Klammerzusatz kritisiert, sondern – wie bereits erwähnt – die Neufassung insgesamt abgelehnt und empfohlen, die bisherige Fassung des § 90 Abs. 1 Satz 1 Nr. 1 AktG unverändert beizubehalten. Zumindest müsse aber, so der DAV, die Gesetzesbegründung zum Begriff „Unternehmensplanung“ geändert werden. Die Begründung des Referentenentwurfs, wonach der Begriff Unternehmensplanung die kurz-, mittel- und langfristige Planung umfasse, laufe nämlich auf einen gesetzgeberischen Eingriff hinaus, der *„nicht angezeigt“* sei. Die Verhältnisse der einzelnen Gesellschaften seien *„zu vielfältig, um ein pauschales gesetzliches Gebot der strategischen Unternehmensplanung und der Vorlage dieser Planung an den Aufsichtsrat zu rechtfertigen.“* Zur Begründung wird wiederum *Semler* herangezogen, indem der DAV ausführt:

> *„Auch Semler, auf den sich die Begründung des Referentenentwurfs bezieht, geht nicht so weit, sondern nach seiner Auffassung besteht eine Verpflichtung zur Erstellung einer Planungsrechnung 'jedenfalls für das jeweils folgende*

---

289 Referentenentwurf, a. a. O.; Hervorhebung vom Verfasser.

290 Vgl. Regierungsentwurf, ZIP 1997, 2059 (2061); einschlägige Passage im Wortlaut oben bb).

291 ZIP 1997, 163 (164).

Geschäftsjahr' (Semler, Leitung und Überwachung in der AG, 2. Aufl., 1996, Rz. 16).“ [292]

Diese Ausführungen des DAV trugen offenkundig entscheidend zu der entsprechenden Verwässerung der Gesetzesbegründung bei. Sie greifen jedoch in der sachlichen Substanz nicht durch. Ihnen ist entgegenzuhalten, daß eine lediglich 1-jährige Budgetierung mit sachgerechter Unternehmensplanung nur wenig gemein hat und regelmäßig als Pflichtverletzung des Vorstands einer Aktiengesellschaft anzusehen wäre.[293] Wenn der DAV zum Beleg seiner These, daß keine Pflicht zur Erstellung einer strategischen Planung und zu deren Vorlage an den Aufsichtsrat bestehe und bestehen solle, auf den von ihm zitierten Satz *Semlers* verweist, so führt dies in die Irre. Hierbei wird nämlich verschwiegen, daß *Semler* – ebenso wie andere Autoren – eine Beschränkung auf das jeweils folgende Geschäftsjahr lediglich bei der Pflicht zur Erstellung einer detaillierten *Planungsrechnung* zugesteht.[294] Eine Planungsrechnung ist jedoch – wie bereits eingehend dargestellt wurde[295] – lediglich der Reflex der eigentlichen unternehmerischen Planungstätigkeit und darf nicht mit dem zukunftsgestaltenden Inhalt der Planung verwechselt werden. Dies betont nachdrücklich auch *Semler* im Einklang mit der herrschenden betriebswirtschaftlichen Lehre und sieht demgemäß die materiell-strategische, also regelmäßig mehrjährige Planung zutreffend als wesentlichen Bestandteil der Unternehmensplanung sowie der damit verbundenen Rechte und Pflichten von Vorstand und Aufsichtsrat an.[296]

Durch die Änderung der zum Referentenentwurf entwickelten Gesetzesbegründung wurden somit Einflüsse aufgegriffen, die als inkonsistent und teilweise sachwidrig bezeichnet werden müssen. Ihre Einbeziehung in den Gedankengang der Gesetzesbegründung mußte

---

292 A. a. O.

293 So mit Recht *Lutter/Krieger*, Aufsichtsrat, Rn. 24; vgl. im übrigen oben Teil 2, II. 4. b) u. c).

294 Vgl. *Semler*, Leitung und Überwachung, Rn. 16; ebenso *Mertens* in: KK, AktG, § 90, Rn. 33; *Wiesner* in: Münch. Hdb., Bd. 4, § 25, Rn. 4 f.

295 Vgl. oben Teil 2, I. 4. a) ff).

296 Vgl. *Semler*, ZGR 1983, 1 (2); *ders.*, Leitung und Überwachung, Rn. 16; ebenso *Mertens* in: KK, AktG, § 76, Rn. 5; ähnlich auch *Lutter/Krieger*, Aufsichtsrat, Rn. 24, die schon nach bisherigem Aktienrecht eine zumindest 4- bis 5-jährige Unternehmensplanung als gesetzliche Verpflichtung des Vorstands ansehen.

zwangsläufig zu Widersprüchen und Ungereimtheiten führen, welche die Auslegung des neuen Gesetzestextes vor Probleme stellen.

Dennoch läßt sich aus der Gesetzesbegründung nach wie vor eine Leitlinie entnehmen: Die Wahl des betriebswirtschaftlichen Begriffs „Unternehmensplanung" sollte die Bedeutung des zukunftsgestaltenden Handelns der Unternehmensleitung und seiner ex-ante-Überwachung herausstellen. Dies steht auch im Einklang mit dem grundsätzlichen gesetzgeberischen Anliegen – Abbau praktischer Defizite bei der Selbstkontrolle in der AG zur Vermeidung von Unternehmenskrisen –, welches diesem Teil des KonTraG zugrundeliegt.[297] Daher verbietet sich eine Auslegung des § 90 Abs. 1 Satz 1 Nr. 1 AktG, die den Anwendungsbereich hinter die bisherige Gesetzesfassung zurückfallen ließe. Genau dies wäre aber unter Zugrundelegung der Ausführungen des DAV der Fall, denn hiernach wäre gerade die künftige Geschäftspolitik, ein Bereich mit evident strategischem und damit regelmäßig langfristigem Charakter, nicht mehr einbezogen. Dies widerspräche offenkundig dem Sinn der Neuerung. Außerdem geben für ein von der Betriebswirtschaftslehre abweichendes Verständnis des dort inzwischen erschöpfend definierten Begriffs „Unternehmensplanung" in § 90 Abs. 1 Satz 1 Nr. 1 AktG weder der Gesetzeswortlaut noch die Gesetzesbegründung hinreichend schlüssige und tragfähige Anhaltspunkte. Folglich muß zur Ausfüllung bestehender Lücken und Ungereimtheiten in der Gesetzesbegründung auf den betriebswirtschaftlichen Erkenntnisstand zurückgegriffen werden.

dd) Zwischenergebnis

Nach alledem muß der in der novellierten Berichtspflichtbestimmung verwendete Begriff „Unternehmensplanung" auch aus juristischer Sicht auf das Planungsgeschehen als Ganzes in seiner gesamten betriebswirtschaftlichen Tragweite bezogen werden. Insofern hat die Neufassung der Vorschrift keineswegs nur klarstellende Funktion[298], sondern hat gegenüber der Altfassung eine inhaltliche Ausweitung erfahren. So verstanden bestätigt die neue Vorschrift auch mittelbar die planerischen Pflichten des Vorstands, wie sie bereits in Teil 2 dieser Abhandlung dargestellt wurden.

---

297 Vgl. *Claussen*, DB 1998, 177; *Seibert*, WM 1997, 1 ff.

298 So aber *Hommelhoff/Mattheus*, AG 1998, 249 (253).

c) Inhaltliche Anforderungen an die Berichte

Wie im vorausgegangenen Abschnitt ermittelt wurde, deckt die periodische Berichtspflicht gemäß § 90 Abs. 1 Satz 1 Nr. 1 AktG in der Fassung des KonTraG im Prinzip sämtliche Komplexe des Planungsprozesses ab.[299] Dies bedeutet allerdings nicht zugleich, daß der Vorstand dem Aufsichtsrat mit jedem Planungsbericht die gesamte Unternehmensplanung einschließlich sämtlicher Planungsunterlagen aus jedem einzelnen Planungsbereich zu unterbreiten hat. Einer derartigen, letztlich kontraproduktiven Handhabung der Berichterstattung steht nämlich entgegen, daß das Gesetz die Berichtspflicht über die Unternehmensplanung nach wie vor auf *„grundsätzliche Fragen"* beschränkt.

Damit stellt sich allerdings das weitere und für eine effiziente Planungsüberwachung entscheidende Problem, wie der Kreis dieser grundsätzlichen Fragen eingegrenzt werden kann. Die Verpflichtung des Vorstands auf die *„Grundsätze einer gewissenhaften und getreuen Rechenschaft"* gemäß § 90 Abs. 4 AktG hilft insoweit nicht weiter, denn hiermit ist lediglich die inhaltliche Richtigkeit und Vollständigkeit bei der Mitteilung berichtspflichtiger Umstände, nicht aber die Auswahl dieser Umstände angesprochen. Die Lösung muß sich also am Inhalt der Überwachungsaufgabe orientieren, der aufgrund der begrenzten Kapazität des Aufsichtsrats zur quantitativen Informationsverarbeitung[300] auf die wesentlichen unternehmerischen Entscheidungen des Vorstands konzentriert werden muß. Nur so ist sicherzustellen, daß der Aufsichtsrat die Übersicht behält und die Rolle eines kritischen Begleiters der Unternehmensentwicklung auszufüllen vermag. Diese Erfordernisse müssen die Aufmerksamkeit des Aufsichtsrats bei der Planungsüberwachung und damit auch die Planungsberichterstattung zwangsläufig eher auf die strategischen als auf die operativen Elemente der Unternehmensplanung lenken, weil erstere die grundlegenden Weichenstellungen für die Zukunft der Aktiengesellschaft verkörpern. Der Aufsichtsrat hat sicherzustellen, daß sich das Unternehmen „auf dem richtigen Weg" befindet, also langfristig zur Sicherung von Erfolgspotentialen in der Lage ist.[301]

---

299 Zur Altfassung anders *Hüffer*, AktG, § 90, Rn. 4, der zu den *„grundsätzlichen Fragen der künftigen Geschäftsführung"* allein die strategische Planung zählte.

300 Darauf verweist mit Recht *Mertens*, AG 1980, 67 (69).

301 *Bea/Scheurer*, DB 1994, 2145 (2149).

Bedenklich ist deshalb die Tendenz in der bereits erörterten Stellungnahme des DAV im KonTraG-Gesetzgebungsverfahren, die auf eine hauptsächlich operativ ausgerichtete Planungsberichterstattung abzielt.[302] Dies liefe auf eine Festschreibung der bislang leider häufig anzutreffenden Praxis hinaus, den Aufsichtsrat in strategischen Fragen lediglich mit allgemein gehaltenen Absichtserklärungen zu versehen und ihn stattdessen durch eine Flut von operativen Plandaten zu überfordern.[303]

Vielmehr muß vor allem die strategische Planung – ebenso wie die sie determinierende Unternehmenskonzeption – in jeder Aktiengesellschaft zu den grundsätzlichen Fragen der Unternehmensplanung im Sinne des § 90 Abs. 1 Satz 1 Nr. 1 AktG gerechnet werden.[304] Ihre substantiierte Darlegung im Rahmen der jährlichen Planungsberichterstattung stellt eine entscheidende Voraussetzung für eine effektive ex-ante-Überwachung durch den Aufsichtsrat dar. Zentrale Bedeutung hat dabei auch die – in der Praxis ebenfalls meist unterlassene – Offenlegung der wesentlichen Erkenntnisse der zugrundeliegenden externen und internen Analyse, namentlich der hieraus ermittelten Erfolgspotentiale. Dadurch wird dem Aufsichtsrat zum einen die Beurteilung ermöglicht, ob die strategische Planung konsistent und realistisch ist, und zum anderen eine Einschätzung, ob strategische Alternativen zu der vom Vorstand erarbeiteten Planung bestehen, die möglicherweise vorzugswürdig gewesen wären. Außerdem sind im Planungsbericht die der Planung zugrundeliegenden strategischen Prämissen zu erläutern sowie Angaben über deren Sicherheit und Genauigkeit zu unterbreiten, um dem Aufsichtsrat eine eigenständige Risikobeurteilung zu ermöglichen und ihm die Grundlage für eine eigenständige strategische Überwachung zu schaffen. Die zur Quantifizierung der strategischen Planung erarbeiteten Planzahlen – insbesondere die monetären Zielgrößen – sind ebenfalls zu unterbreiten, können sich jedoch aufgrund des im langfristigen Bereich gegebenen hohen Unsicherheitsfaktors auf wesentliche Eckdaten beschränken.[305]

---

302 Vgl. oben b).

303 Vgl. zur oft mangelhaften Planungsinformation des Aufsichtsrats bereits oben II. 2.

304 Vgl. allgemein zum Inhalt von Planungsberichten *Gälweiler*, Unternehmensplanung, S. 405 ff.

305 Zu weit *Lutter*, AG 1991, 249 (254), der im strategischen Planungsbereich einen gänzlichen Verzicht auf Quantifizierung anheimstellt.

Außerdem ist im Rahmen der Planungsberichterstattung gemäß § 90 Abs. 1 Satz 1 Nr. 1 AktG auf die Konzernplanung einzugehen, deren zwingende Komponenten dargelegt wurden.[306] Die Erwähnung des Konzernaspekts innerhalb der Regelung der Sonderberichte gemäß § 90 Abs. 1 Satz 2 Hs. 2 AktG hat lediglich klarstellende Funktion, weshalb hieraus nicht im Wege eines Umkehrschlusses gefolgert werden kann, daß bei Erstattung der periodischen Berichte gemäß § 90 Abs. 1 Satz 1 AktG auf jegliche Mitteilung von Konzerndaten verzichtet werden kann. Vielmehr ist heute allgemein anerkannt, daß in die Regelberichterstattung die wesentlichen Daten über die Lage verbundener Unternehmen einzubeziehen sind, soweit diese für die Lagebeurteilung bei der herrschenden Gesellschaft erheblich sind.[307] Somit bezieht sich dies auch auf die Unternehmensplanung.

Obwohl die Berichterstattung gemäß § 90 Abs. 1 Satz 1 Nr. 1 AktG entsprechend den vorstehenden Darlegungen ihren Schwerpunkt bei den strategischen Planungskomponenten zu setzen hat, darf der Aufsichtsrat auch die operativen Aspekte der Planung nicht außer acht lassen. Hierbei besteht jedoch die besondere Gefahr der ineffizienten „Verzettelung" der Aufsichtsratskontrolle, weil die Planung mit zunehmender Verkürzung des Zeithorizontes eine stark zunehmende Detaillierung gewinnt. Die Berichterstattung an den Aufsichtsrat hinsichtlich der operativen Planung muß deshalb auf die wesentlichen Maßnahmen der operativen Strategieumsetzung und entsprechend wenige und aussagekräftige Daten konzentriert werden. Insbesondere ist die geplante operative Umsetzung im strategischen Zusammenhang darzustellen. Eine Unterbreitung der vollständigen operativen Einzelplanungen, wie dies vor allem *Lutter* verlangt[308], ist – abgesehen von einer übersichtsmäßigen Darstellung des Jahresbudgets – nicht zwingend erforderlich, denn die Kapazität des Aufsichtsrats zur Informationsverarbeitung wird so durch hochdetaillierte Informationen belastet, die für den erfolgreichen Fortbestand des Unternehmens nur sehr mittelbare Relevanz entfalten und somit im Rahmen einer strategisch orientierten Aufsichtsratskontrolle entbehrlich sind. Dabei muß die Erkenntnis

---

306 Vgl. oben Teil 2, II. 5.

307 *Lutter*, Information und Vertraulichkeit, S. 40 ff.; *Mertens* in: KK, AktG, § 90, Rn. 18; *Schilling*, AG 1981, 341 (343).

308 Vgl. *Lutter*, a. a. O., S. 13.

leitend sein, daß ein Zuviel an Information letztlich Desinformation bedeutet.

Insgesamt muß dem Aufsichtsrat vor allem eine übersichtliche und auf das wesentliche beschränkte Aufbereitung der Planungsunterlagen präsentiert werden. Dabei sind auch die monetären Planungen einzubeziehen, allerdings in der aggregierten Form einer Gesamtübersicht über die wesentlichen Größen und Eckdaten der Planungsrechnung für das Unternehmen – insbesondere Umsätze, Ergebnisse und Investitionen, aufgeschlüsselt nach Zeithorizonten, Produktgruppen, Entwicklungsprojekten etc.[309] Wo immer dies zum Verständnis erforderlich ist, muß die Darstellung der Zahlen durch verbale Erläuterungen ergänzt werden.

Ferner sind auch Informationen über die Organisation der Planung im Unternehmen in den Planungsbericht aufzunehmen. Der Aufsichtsrat muß in die Lage versetzt werden, auch insoweit grundsätzliche Aspekte der Ordnungsmäßigkeit der Planungsorganisation und des Planungsablaufs zu beurteilen, um gegebenenfalls Verbesserungen durchsetzen zu können.

Nach alledem wird deutlich, daß der vom Gesetzgeber des KonTraG in § 90 Abs. 1 Satz 1 AktG eingefügte Klammerzusatz kaum geeignet ist, die Planungsberichterstattung gegenüber dem Aufsichtsrat auf die zur effizienten Überwachung erforderlichen Schwerpunkte zu führen. Sofern man überhaupt einen solchen erläuternden Zusatz im Gesetz für sinnvoll erachtet, hätte dieser etwa lauten müssen:

> *„(insbesondere die strategische Planung einschließlich der zugrundeliegenden Analysen und Prämissen, die Grundzüge der operativen Umsetzung und der Finanzplanung sowie die wesentlichen Fragen der Planungsorganisation)“.*

---

309 Vgl. *Gälweiler*, a. a. O., S. 409 f.

4. Weitere Berichtspflichten des Vorstands gemäß § 90 Abs. 1 AktG

a) Periodische Berichte gemäß § 90 Abs. 1 Satz 1 Nr. 2 und 3 AktG

Im Gegensatz zu der erörterten Berichtspflicht gemäß § 90 Abs. 1 Satz 1 Nr. 1, die sich auf die Zukunft des Unternehmens bezieht, betreffen die weiteren periodischen Berichtspflichten des Vorstands gemäß Nr. 2 und Nr. 3 die vergangenheits- und gegenwartsbezogenen Aspekte des Überwachungsfeldes des Aufsichtsrats. Anhand dieser Berichte ist dem Aufsichtsrat ein umfassendes Bild über die tatsächliche wirtschaftliche Lage der Aktiengesellschaft zu vermitteln. Die Verpflichtung zum regelmäßigen Rentabilitätsbericht gemäß Nr. 2 korrespondiert aus der ex-post-Perspektive mit der Kardinalpflicht des Vorstands zur nachhaltigen Gewinnerzielung, welche vom ex-ante-Standpunkt aus vor allem durch entsprechende Unternehmensplanung sicherzustellen ist. Im unmittelbaren Zusammenhang mit dem Rentabilitätsaspekt steht auch der Bericht über den Gang der Geschäfte nach Nr. 3, mit dem die wesentlichen zur Renditeerzielung durchgeführten Maßnahmen darzustellen sind.

Wenn auch diese Berichte keine Informationen über das beabsichtigte Handeln des Vorstands vermitteln, eignen sie sich jedoch zur Feststellung von Planungserfolg und Planabweichungen. Sie bilden die Grundlage für eine zusätzliche strategische Durchführungskontrolle durch den Aufsichtsrat, welche neben der obligatorischen Kontrollfunktion des Vorstands, die innerhalb des von diesem zu betreibenden Unternehmensplanungsprozesses wahrzunehmen ist[310], bestehen kann und sollte.

Fördern die periodischen Vorstandsberichte nach § 90 Abs. 1 Satz 1 Nr. 2 und 3 Abweichungen von der Unternehmensplanung zutage, so hat der Aufsichtsrat verstärktes Augenmerk auf die Planabweichungsanalyse zu legen und sich gegebenenfalls einen vertieften Einblick in die Ergebnisse der vom Vorstand durchgeführten strategischen Kontrolle zu verschaffen. Hierdurch wird es dem Aufsichtsrat möglich, die vom Vorstand aus der Planzielverfehlung gezogenen oder noch zu ziehenden strategischen Konsequenzen selbständig zu bewerten und kritisch zu hinterfragen.

---

310 Vgl. oben Teil 2, I. 4. a) hh).

Um diese für die Aufsichtsratsüberwachung wichtigen Funktionen erfüllen zu können, sind an die Berichte des Vorstands gemäß § 90 Abs. 1 Satz 1 Nr. 2 und 3 AktG bestimmte inhaltliche Anforderungen zu stellen:

aa) Jährliche Rentabilitätsberichte

Der Bericht über die Rentabilität[311] der Gesellschaft, der gemäß § 90 Abs. 2 Satz 2 AktG in der jährlichen Bilanzsitzung des Aufsichtsrats zu erstatten ist, hat neben der gesetzlich hervorgehobenen Eigenkapitalrendite[312] auch alle weiteren wesentlichen Rentabilitätskennziffern zu beinhalten, um dem Aufsichtsrat ein vollständiges Bild über die gesamte Ertragslage des Unternehmens in seinen verschiedenen Geschäftsbereichen zu vermitteln. Der Rentabilitätsbericht muß deshalb auch entsprechend aufgegliederte Angaben über Cash-flow, Umsatzrentabilität, Gesamtkapitalrendite sowie die Rentabilität wesentlicher Investitionen enthalten.[313] Damit wird verhindert, daß dem Aufsichtsrat anhand nur einer – wenn auch der wohl wichtigsten – Kennzahl als komprimiertes Ergebnis bilanzieller und erfolgswirksamer Unternehmensgrößen die Lage des Unternehmens verzerrt dargestellt wird. So kann etwa, wie *Lutter* mit Recht anmerkt, die Ertragskraft des Unternehmens hoch, die Verzinsung des Eigenkapitals jedoch im Hinblick auf hohe Abschreibungen gering sein.[314] Umgekehrt kann aber auch die ausgewiesene Verzinsung des Eigenkapitals hoch sein, der Hintergrund hierfür jedoch in mangelnden Investitionen und Abschreibungen liegen, so daß die momentan hohe Rentabilität zu Lasten der Substanz geht und deshalb in der Zukunft Rentabilitätseinbrüche wahrscheinlich sind.[315]

Darüberhinaus fordert *Mertens* mit Recht, daß der Rentabilitätsbericht auch eine Wertschöpfungsberechnung sowie eine detaillierte Analyse

---

311 „Rentabilität" = Verzinsung.

312 Unter „Eigenkapital" ist die Summe der gemäß § 266 Abs. 3 HGB auf der Passivseite der Bilanz unter lit. A auszuweisenden Beträge, insbesondere also des Grundkapitals und der offenen Rücklagen, zu verstehen.

313 So zutreffend die h. M., vgl. *Hüffer*, a. a. O., Rn. 5; *Lutter*, a. a. O., S. 14; *Mertens*, a. a. O., Rn. 35; ders., AG 1980, 67 (70); *Wiesner* in: Münch. Hdb., Bd. 4, § 25, Rn. 7.

314 *Lutter*, a. a. O.

315 *Lutter*, a. a. O.

derjenigen Faktoren, die das Gesamtergebnis des Unternehmens wesentlich beeinflußt haben, beinhalten sollte.[316]

In einem herrschenden Konzernunternehmen hat der Vorstand ferner die Rentabilität der abhängigen Konzerngesellschaften aufzuschlüsseln, um dem Aufsichtsrat eine Beurteilung des Erfolges seiner von der Konzernplanung geleiteten Konzernpolitik zu ermöglichen. Dabei müssen Gewinne, die von ausländischen Konzerngesellschaften erzielt worden und nicht zum Transfer zugelassen sind, gesondert ausgewiesen werden, weil sie für den Gesamtkonzern nicht verfügbar sind.[317]

bb) Quartalsberichte

Der Bericht *„über den Gang der Geschäfte, insbesondere den Umsatz, und die Lage der Gesellschaft"* gemäß § 90 Abs. 1 Satz 1 Nr. 3 AktG ist gemäß § 90 Abs. 2 Nr. 3 AktG mindestens vierteljährlich vom Vorstand zu erstatten. Aufgabe dieser sogenannten Quartalsberichte ist es, dem Aufsichtsrat ein detailliertes Bild über die Entwicklung der Gesellschaft seit dem letzten Bericht und über ihre gegenwärtige Lage zu vermitteln. Entscheidend ist dabei, daß die vorgelegten Daten ein aussagefähiges und transparentes Bild ermöglichen – eine Maßgabe, die am ehesten durch Vergleichszahlen erreicht werden kann.

So ist der Gesamtumsatz der Aktiengesellschaft als solcher für die Beurteilung der Geschäftsentwicklung wenig aussagekräftig, weshalb die Umsatzdarstellung nach Geschäftsbereichen, Märkten und erforderlichenfalls Produktgruppen unterteilt werden und zudem im Periodenvergleich erfolgen muß.[318]

Vor allem aber ist der Umsatz mit den jeweiligen Daten der Unternehmensplanung, hier also der Jahresplanung, gegenüberzustellen.[319] Der Quartalsbericht setzt somit den Schwerpunkt der Berichterstattung hinsichtlich der operativen Planung, die im Rahmen der

316 *Mertens* in: KK, AktG, a. a. O.; *ders.*, AG 1980, a. a. O.
317 So mit Recht *Semler*, Leitung und Überwachung, Rn. 409.
318 *Lutter*, a. a. O., S. 9; *Mertens* in: KK, AktG, § 90, Rn. 36.
319 Vgl. *Hüffer*, a. a. O., Rn. 6; *Lutter*, a. a. O., S. 10; *Wiesner* in: Münch. Hdb., Bd. 4, § 25, Rn. 5.

Berichterstattung über grundsätzliche Fragen der Unternehmensplanung gemäß § 90 Abs. 1 Satz 1 Nr. 1 AktG nach zutreffender Auslegung des Gesetzes nur nachrangige Bedeutung hat.[320] Auch im Rahmen des Quartalsberichts hat jedoch keine vollständige Darlegung der zugrundeliegenden operativen Planung zu erfolgen, sondern es ist eine Konzentration auf die überwachungsrelevanten Eckdaten des Jahresbudgets vorzunehmen.

Ähnlich wie bei der Umsatzinformation ist es auch bei der Information über *„die Lage der Gesellschaft"* Aufgabe des Vorstands, anhand von Vergleichszahlen die Situation des Unternehmens am Markt und innerhalb der Branche möglichst dezidiert darzustellen. Explizit ist die Ertrags- und Liquiditätslage der Gesellschaft hervorzuheben, die als wichtigster Indikator zukünftiger geschäftlicher Entwicklung und frühzeitiger Erkennung bevorstehender Engpässe eine essentielle Information für den Aufsichtsrat darstellt.[321] Zu beachten ist ferner, daß im Interesse einer effektiven Überwachung in einem zusätzlichen Verbalteil Besonderheiten, wie etwa die Erlangung oder der Verlust großer Aufträge, bedeutende Rechtsstreitigkeiten, Importbeschränkungen auf wichtigen Auslandsmärkten oder der Verlust wichtiger Mitarbeiter erläutert werden sollten.[322] Dadurch wird der Aufsichtsrat über die anhand der aus den Zahlen zu erkennenden Fakten hinaus für bestehende Risiken sensibilisiert und erhält so die Chance, frühzeitig zu reagieren.

Im Quartalsbericht einer herrschenden Konzerngesellschaft sind darüberhinaus Geschäftsgang und finanzielle Situation des Konzerns zu erläutern, soweit diese Faktoren für die Lagebeurteilung hinsichtlich der eigenen Gesellschaft bedeutsam sind. In diesem Rahmen ist gegebenenfalls auch auf die Situation einzelner Konzernunternehmen einzugehen.[323]

Im Hinblick auf die Berichtsfrequenz wird im Schrifttum gefordert, die Berichte über den Gang der Geschäfte nicht nur vierteljährlich, sondern monatlich in schriftlicher Form an den Aufsichtsrat zu

---

320 Vgl. oben 3. c).

321 Vgl. *Mertens*, a. a. O.

322 *Lutter*, a. a. O., S. 10 f.

323 *Mertens*, a. a. O., Rn. 36 u. 18; *Semler*, a. a. O., Rn. 410; zust. *Hüffer*, a. a. O.

erstatten.[324] Dem kann in dieser Allgemeinheit nicht gefolgt werden. Gewiss mag es Unternehmen und Situationen geben, in denen eine derartige Verkürzung des Berichtsintervalls angezeigt ist. In den meisten Fällen hingegen würde dies aber keinen zusätzlichen Nutzen bringen und damit gegen das Gebot verstoßen, mit den begrenzten Kapazitäten des Aufsichtsrats zur Informationsverarbeitung möglichst ökonomisch umzugehen, diese also nur mit unverzichtbaren Informationen zu belasten. Unverzichtbar sind vor allem strategisch relevante Erkenntnisse. Diese können in einem informativ aufbereiteten Quartalsbericht eher herausgearbeitet und zur Kenntnis genommen werden als im Rahmen einer monatlich über die Aufsichtsratsmitglieder hereinbrechenden Informationsflut, die das Informationsinteresse regelmäßig eher lähmen als fördern wird.

b) Berichte über wesentliche Einzelmaßnahmen gemäß § 90 Abs. 1 Satz 1 Nr. 4 AktG

Die Berichtspflicht des Vorstands gemäß § 90 Abs. 1 Satz 1 Nr. 4 AktG über *„Geschäfte, die für die Rentabilität oder Liquidität der Gesellschaft von erheblicher Bedeutung sein können"*, nimmt eine Mittellstellung zwischen der gegenwarts- und der zukunftsorientierten Aufsichtsratsinformation ein.[325] Der Sinn dieser Vorschrift erschließt sich aus der zugehörigen Zeitbestimmung des § 90 Abs. 2 Nr. 4 AktG, wonach der Bericht *„so rechtzeitig, daß der Aufsichtsrat vor Vornahme der Geschäfte Gelegenheit hat, zu ihnen Stellung zu nehmen"*, erstattet werden muß. Die Beratungsfunktion des Aufsichtsrats gegenüber dem Vorstand[326] soll also bei bedeutenden Einzelentscheidungen sichergestellt werden.[327]

Eigenständige Bedeutung erlangt die Berichtspflicht gemäß Nr. 4 aber nur bei solchen wesentlichen Geschäftsführungsmaßnahmen, in welche der Aufsichtsrat nicht schon anderweitig involviert ist. Dies ist zum einen der Fall bei Geschäften, die der Zustimmung des Aufsichtsrats nach § 111 Abs. 4 Satz 2 AktG oder nach anderen Vorschriften des Aktiengesetzes unterworfen sind, denn derartige

---

324 *Graf Lambsdorff* in: *Feddersen/Hommelhoff/Schneider*, Corporate Governance, S. 217 (219).

325 *Mutter*, Unternehmerische Entscheidungen, S. 49.

326 Vgl. hierzu oben II. 1 c) bb).

327 Näher *Lutter*, a. a. O., S. 16.

Maßnahmen muß der Vorstand dem Aufsichtsrat ohnehin zur Beschlußfassung unterbreiten. Zum anderen ist dies der Fall bei wesentlichen Maßnahmen, die bereits Bestandteil der Unternehmensplanung waren, denn insoweit wäre der Aufsichtsrat schon im Rahmen der Planungsberichterstattung gemäß Nr. 1 zu informieren. Geplante Geschäfte, die potentiell erhebliche Bedeutung für Rentabilität und Liquidität der Gesellschaft haben, sind nämlich zugleich grundsätzliche Fragen der Unternehmensplanung.

Eine kunstgerechte Unternehmensplanung wird daher den Anwendungsbereich der Berichterstattung nach Nr. 4 tendentiell verengen. Es verbleiben als Anwendungsfälle zum einen überraschende Probleme, die eine schnelle und einschneidende Reaktion des Vorstands erfordern, zum anderen unerwartete Gelegenheiten, etwa zum Erwerb oder zur Veräußerung eines Betriebs oder Unternehmens, zur Annahme eines Großauftrags oder zu umfangreichen Dispositionen auf dem Finanzmarkt.[328] Die Beurteilung im Einzelfall, ob ein bestimmtes Geschäft die erforderliche Bedeutung besitzt, ist einerseits von den individuellen Verhältnissen des Unternehmens, seinem Gegenstand, seiner Größe und seinen finanziellen Verhältnissen, andererseits von Art, Ausmaß und Risiko des Geschäfts abhängig.[329]

Inhaltlich ist die beabsichtigte Maßnahme in dem Bericht so darzustellen, daß der Geschäftsumfang sowie die hiermit verbundenen Risiken und Chancen für den Aufsichtsrat zuverlässig erkennbar werden.[330] Sollte wegen der besonderen Eilbedürftigkeit der Maßnahme für eine Information des Gesamtaufsichtsrats nicht mehr genügend Zeit bleiben, so besteht jedenfalls ein wichtiger Anlaß zur Vorabinformation des Aufsichtsratsvorsitzenden gemäß § 90 Abs. 1 Satz 2 AktG.[331]

---

328 Vgl. Reg.-Begründung bei *Kropff*, AktG, S. 117; zutreffend weist *Lutter*, a. a. O., S. 15 f., darauf hin, daß von der Berichtspflicht gemäß Nr. 4 sowohl negativ wie auch positiv rentabilitätswirksame Geschäfte erfaßt sind.

329 *Hefermehl* in: *Geßler/Hefermehl/Eckardt/Kropff*, AktG, § 90, Rn. 13; *Mertens*, a. a. O.

330 *Semler*, a. a. O., Rn. 238.

331 *Lutter*, Information und Vertraulichkeit, S. 16; *Mertens*, a. a. O., Rn. 37 a. E.

c) Sonderberichte gemäß § 90 Abs. 1 Satz 2 AktG

Die in § 90 Abs. 1 Nrn. 1 bis 4 AktG enumerativ aufgeführten Berichtspflichten werden ergänzt durch die generalklauselartig formulierte Pflicht zur Berichterstattung *„aus sonstigen wichtigen Anlässen"* gemäß § 90 Abs. 1 Satz 2 AktG, die gegenüber dem Vorsitzenden des Aufsichtsrats zu erfolgen hat. Zur Abgrenzung von der Berichtspflicht über bedeutende Geschäfte gemäß § 90 Abs. 1 Satz 1 Nr. 4 AktG wird teilweise auf die aktive Beteiligung der Gesellschaft abgestellt. Unter wichtigen Anlässen gemäß § 90 Abs. 1 Satz 2 AktG werden hiernach insbesondere Ereignisse verstanden, die *von außen* an die Gesellschaft herangetragen werden und *nachteilige* Auswirkungen auf diese haben können.[332] Dies steht im Einklang mit der amtlichen Begründung, die als Beispiele erhebliche Betriebsstörungen, wesentliche Verluste und die Gefährdung größerer Außenstände nennt.[333] Das Gesetz erwähnt zudem ausdrücklich auch Vorgänge bei konzernverbundenen Unternehmen, die auf die eigene Lage erheblichen Einfluß gewinnen können.

Ein Abstellen auf äußere Einflüsse greift jedoch zu kurz. Das Potential von *„sonstigen wichtigen Anlässen"* muß nämlich aus der Überwachungsaufgabe des Aufsichtsrats heraus, zu deren effizienter Wahrnehmung sämtliche Bestimmungen des § 90 AktG dienen, erschlossen werden. Dabei wird sofort deutlich, daß nicht nur externe, sondern auch interne Ereignisse einen wichtigen Anlaß zur Aufsichtsratsinformation bilden können.

Bei besonderen Ereignissen, die den Bereich der Unternehmensplanung betreffen, ist zu beachten, daß bereits § 90 Abs. 2 Nr. 1 AktG eine *„unverzügliche Berichterstattung"* anordnet, wenn dies durch *„Änderungen der Lage oder neue Fragen"* geboten ist. Der Sonderbericht gemäß § 90 Abs. 1 Satz 2 AktG gewinnt hier jedoch – ebenso wie in Fällen des § 90 Abs. 1 Satz 1 Nr. 4 AktG – besondere Bedeutung, wenn eine Unterrichtung des Gesamtaufsichtsrats organisatorisch nicht mehr rechtzeitig möglich erscheint. Hiervon sind in erster Linie Handlungen des Krisenma-

---

332 *Hüffer*, AktG, § 90, Rn. 8; *Lutter*, a. a. O., S. 17; *Lutter/Krieger*, Aufsichtsrat, Rn. 67; *Meyer-Landrut* in: Großkomm. AktG, § 90, Anm. 5.

333 Reg.-Begründung bei *Kropff*, a. a. O.; ähnlich *Hüffer*, a. a. O.; *Mertens*, a. a. O., Rn. 39; *Meyer-Landrut*, a. a. O.

nagements[334] erfaßt, die erforderlich werden, weil unerwartete äußere Einflüsse oder plötzliche interne Schwierigkeiten die strategische Unternehmensplanung in Frage stellen. Vorstellbar ist dies etwa bei sich rasch zuspitzenden Finanzkrisen wie im Falle der Metallgesellschaft oder bei KHD, bei drohendem Stillstand der Produktion wegen Streits mit einem Zulieferer wie jüngst bei Ford, aber auch bei einem Verlust leitender Mitarbeiter und strategischer Geheimnisträger an die direkte Konkurrenz wie im spektakulären Fall Opel/VW.

5. Möglichkeiten des Aufsichtsrats zur aktiven Informationsbeschaffung

In der Regel kann der Aufsichtsrat den zeitlichen und gegenständlichen Umfang seiner Überwachungstätigkeit an den im Rahmen der periodischen Berichterstattung gemäß § 90 Abs. 1 und 2 AktG vom Vorstand erhaltenen Informationen ausrichten.[335] Gelangt der Aufsichtsrat aber zu der Auffassung, daß die unaufgeforderte Berichterstattung des Vorstands unvollständig ist oder Zweifelsfragen offen läßt, oder werden ihm von Dritter Seite Unregelmäßigkeiten im Unternehmen bekannt, so bestehen ergänzend, wie bereits im Überblick zum gesetzlichen Informationssystem angesprochen wurde[336], Möglichkeiten der aktiven Informationsbeschaffung.

---

[334] Hierzu oben Teil 2, I. 4. a) hh).

[335] *Lutter/Krieger*, a. a. O., Rn. 21.; durch die Corporate Governance Diskussion ist die Stellung des Aufsichtsrats noch weiter gestärkt. „Zur Konkretisierung der Informationsaufgaben sieht der Deutsche Corporate Governance Kodex in Anlehnung an § 90 AktG und dessen Änderung durch das TransPuG (Art.1 Nr.5) vor, daß der Vorstand den Aufsichtsrat regelmäßig, zeitnah und umfassend über alle für das Unternehmen relevanten Fragen der Planung, der Geschäftsentwicklung, der Risikolage und des Risikomanagments informiert. Die Informationspflicht schließt auch ein, daß Abweichungen des Geschäftsverlaufs von den aufgestellten Plänen und Zielen dargelegt und begründet werden (Rdn. 3.4 Abs.3 Satz 2 u.3)". v. Werder, DB 2002, 801 (805)

[336] Vgl. oben 2.

a) Anforderungsberichte gemäß § 90 Abs. 3 AktG und Einsichtsrecht gemäß § 111 Abs. 2 AktG

Zunächst kann der Aufsichtsrat jederzeit gemäß § 90 Abs. 3 AktG zusätzliche Berichte verlangen. Im Hinblick auf die Unternehmensplanung kommt dies zunächst immer dann in Betracht, wenn die jährliche Regelberichterstattung des Vorstands gemäß § 90 Abs. 1 Satz 1 Nr. 1 AktG hinter den oben beschriebenen inhaltlichen Anforderungen[337] zurückbleibt. In diesem Fall wird der Aufsichtsrat jedoch gleichzeitig mit dem Berichtsverlangen gemäß § 90 Abs. 3 AktG den Vorstand dazu anhalten, seine periodische Planungsberichterstattung in Zukunft entsprechend zu vervollständigen. Davon abgesehen bietet sich ein Berichtsverlangen insbesondere bei befürchteten Mängeln in solchen Bereichen der Unternehmensplanung an, die im Rahmen der Regelberichterstattung nicht in voller Detaillierung zu unterbreiten sind, so etwa bei der operativen Planung und Budgetierung. Entsprechendes gilt im Falle von Planabweichungen, wenn die vom Vorstand hierzu angebotenen Erläuterungen den Aufsichtsrat nicht zu überzeugen vermögen.

Neben der Möglichkeit eines jederzeitigen Berichtsverlangens hat der Aufsichtsrat gemäß § 111 Abs. 2 AktG das Recht, neben den Büchern auch die *"Schriften der Gesellschaft"* jederzeit einzusehen. Hierzu gehört auch die Dokumentation der Unternehmensplanung. Wenn auch aufgrund der begrenzten zeitlichen Ressourcen der Aufsichtsratsmitglieder die unmittelbare praktische Bedeutung dieser Vorschrift gering ist, steht dem Aufsichtsrat mit der Androhung eigener Nachprüfungen ein wichtiges Disziplinierungsinstrument in bezug auf die Berichterstattung des Vorstands zur Verfügung.[338]

b) Informelle Informationsgewinnung

Die Bedeutung der informellen Informationserlangung durch Aufsichtsratsmitglieder, insbesondere durch den Aufsichtsratsvorsitzenden, wird vielfach unterschätzt. Eine neuere empirische Erhebung hat ergeben, daß in ca. 70 % der befragten Unternehmen unabhängig von den gesetzlichen Berichtspflichten des Vorstands ein umfänglicher informeller Informationsfluß an den

---

337 Vgl. oben 3. c).

338 *Mutter*, Unternehmerische Entscheidungen, S. 52 f.

Aufsichtsrat oder seine Ausschüsse stattfindet.[339] Insbesondere über Fragen der strategischen Planung bietet sich auch aus der Sicht des Vorstands ein informeller Meinungsaustausch mit kompetenten Mitgliedern des Aufsichtsrats an, wenngleich in der Praxis gerade in diesem Bereich kommunikative Defizite bestehen.[340]

6. Jahresabschluß, Lagebericht und Abschlußprüfer als Informationsquellen

Als weitere wichtige Informationsquellen für den Aufsichtsrat sind Jahresabschluß, Lagebericht und Abschlußprüfung zu nennen. Strukturell handelt es sich dabei um Instrumente der ex-post-Kontrolle, die sich jedoch aufgrund der aktienrechtlichen und handelsrechtlichen Modifikationen durch das KonTraG[341] zunehmend auch zu tauglichen Informationsquellen zukunftsgerichteter Aufsichtsratsüberwachung entwickeln werden.

Die Anforderungen an den Lagebericht gemäß § 289 HGB und den Konzernlagebericht gemäß § 315 HGB sind insofern erhöht worden, als hierin nunmehr *„auch auf die Risiken der künftigen Entwicklung einzugehen"* ist.[342] Die notwendige inhaltliche Eingrenzung der hiernach berichtspflichtigen Risiken hat sich an den Gegenständen der Lageberichterstattung zu orientieren:

- die Rahmenbedingungen des Unternehmens, der Branche sowie der Gesamtwirtschaft
- die Bereiche Beschaffung, Produktion, Absatz, Investitionen und Finanzierung
- die Ergebnisentwicklung.[343]

---

339 *Mutter*, a. a. O., S. 116 u. Anhang 2, 4. a) dd).

340 Positive Beispiele für eine permanente und effiziente informelle Kommunikation zwischen Vorstand und Aufsichtsrat bilden die Siemens AG sowie die Bertelsmann AG; vgl. dazu auch Rdn. 3.5 Abs.1 Satz 1 des Deutschen Corporate Governance Kodex der auf eine Verbesserung der Diskussionskultur zwischen den Organen abzielt v. Werder, a.a.O.

341 Vgl. oben Teil 1, II. 4. d).

342 Vgl. oben, a. a. O.

343 *Küting/Hütten*, AG 1997, 250 (254).

Sofern ein internes oder externes Risiko auf einen der genannten Bereiche wesentliche nachteilige Auswirkungen zeitigen könnte und sein Eintritt nicht völlig unwahrscheinlich ist, ist dieses Risiko mitsamt einer Bewertung der möglichen Folgen sowie der Wahrscheinlichkeit seiner Realisierung in den Lagebericht aufzunehmen.[344] Dies bedeutet, daß nicht nur planerische Zielvorstellungen aufgezeigt und mit der eigenen Zukunftsprognose des Vorstands gleichgesetzt werden dürfen, sondern vor allem die bestehenden Unwägbarkeiten bei wesentlichen planerischen Prämissen dargelegt werden müssen.

Die eingehende Prüfung von Jahresabschluß und Lagebericht obliegt in erster Linie dem Wirtschaftsprüfer. Daneben hat aber auch der Aufsichtsrat nach wie vor die – derzeit in § 171 Abs. 1 Satz 1 AktG geregelte – originäre Pflicht zur eigenständigen Prüfung. Dabei muß berücksichtigt werden, daß die beiden Überwachungsträger grundsätzlich verschiedene Überwachungsaufgaben haben: Der Aufsichtsrat hat gemäß § 111 Abs. 1 AktG die Geschäftsführung umfassend mit Blick sowohl auf Rechtmäßigkeit als auch auf Wirtschaftlichkeit und Zweckmäßigkeit zu überwachen.[345] Nach §§ 171 und 172 AktG trägt er zudem die volle Mitverantwortung auch hinsichtlich der bilanzpolitischen Entscheidungen.[346] Der Wirtschaftsprüfer hat dagegen auch nach den jüngsten Gesetzesänderungen durch das KonTraG[347] in erster Linie die formelle Rechtmäßigkeit der Rechnungslegung zu prüfen[348] und nur im – finanztechnischen – Zusammenhang hiermit auch die Erfüllung materiell-unternehmerischer Vorstandspflichten wie etwa die Risikodarlegung im Lagebericht oder die Funktionsfähigkeit des jetzt durch § 91 Abs. 2 AktG vorgeschriebenen Krisenfrüherkennungssystems zu beurteilen. Eine darüber hinausgehende Überprüfung der unternehmerischen Tätigkeit des Vorstands ist auch nach der neuen Rechtslage nicht gefordert. Sie wäre auch nicht erstrebenswert, weil damit eine kompetentielle Rechtsunsicherheit einhergehen würde, die dazu führen würde, daß sich etwa der Aufsichtsrat dazu veranlaßt sehen könnte, erforderliche

---

344 A. a. O., S. 252 ff.

345 *Hüffer*, AktG, § 171, Rn. 6.

346 Vgl. a. a. O., § 171, Rn. 7 sowie § 172, Rn. 5.

347 Vgl. oben Teil 1, II. 4. d).

348 Zutreffend *Dörner/Oser*, DB 1995, 1085.

Überwachungsmaßnahmen unter Hinweis auf gleichgerichtete Pflichten des Abschlußprüfers zu unterlassen.

Daraus folgt eine nach wie vor starke Fokussierung der Abschlußprüfung auf die bilanzielle Lage der Gesellschaft, aus der eine entsprechend gesteigerte Kontrolldichte resultiert, die in dieser qualifizierten Form vom Aufsichtsrat nicht geleistet werden kann. Das KonTraG hat deshalb die Zusammenarbeit zwischen Aufsichtsrat und Wirtschaftsprüfer durch verschiedene Maßnahmen zu fördern versucht.

Der Prüfungsbericht hebt sich von allen bisher genannten Informationsquellen des Aufsichtsrats dadurch ab, daß er eine vom Vorstand nicht beeinflußbare Darstellung der Situation des Unternehmens und damit eine erhöhte Objektivität bietet. Insbesondere haben die Prüfungsberichte eine wichtige Dokumentationsfunktion im Periodenvergleich und damit für die Beurteilung der Unternehmensentwicklung.[349] Durch die nunmehr erweiterten Prüfungspflichten gemäß § 317 HGB in der Fassung des KonTraG ist die Aussagefähigkeit der Abschlußprüfung und damit auch deren Informationswert für den Aufsichtsrat erhöht worden.

Aufgrund der genannten Neuerungen sieht sich der Wirtschaftsprüfer freilich erhöhten Anforderungen ausgesetzt, da derartige ex-ante-orientierten Bewertungen sehr viel schwieriger und risikoreicher sind als die retrospektiv ausgerichtete Prüfung der Rechnungslegung.[350] Hier muß eine Bewertung unternehmerischer Entscheidungen vorgenommen werden, wobei kodifizierte Normen als Maßstab nicht zur Verfügung stehen. Diesen Anforderungen kann der Abschlußprüfer nur gerecht werden, wenn er neben einem fundierten betriebswirtschaftlichen Fachwissen auch einen beachtlichen Fundus an betrieblicher Erfahrung besitzt.[351] Ein Prüfungsbericht, der die durch das KonTraG intendierten Beurteilungen in klar verständlicher Formulierung enthält, erfordert überdies, wie *Forster* zutreffend angemerkt hat, *„vom Abschlußprüfer Mut, Mut vor Königsthronen. ... jedenfalls sollte im Prüfungsbericht nicht mehr Wichtiges und*

---

349 *Theisen*, Die Wirtschaftsprüfung 1994, 809 (813).

350 Vgl. hierzu aus Sicht des Berufsstandes *Dörner/Schwegler*, DB 1997, 285 (287 u. 289).

351 *Dörner/Oser*, a. a. O., S. 1090; Forster, AG 1999, 193 (194 ff.); Escher-Weingart, NZG 19/1999, 909 (914); Dörner, DB 2000, 101 (103 f.)

Unangenehmes zwischen vielem anderen versteckt werden." [352] Mit Recht empfiehlt *Forster* in dieser Hinsicht methodische Anleihen vom Berufsstand der Unternehmensberater, deren regelmäßig mit offener Kritik abgefaßte Berichte insoweit mit den Prüfungsberichten vergleichbar seien, als *„sie hochbeschäftigten Leuten in knapper, klarer und lesbarer Form Informationen zu geben haben, die diese für ihre Tätigkeit brauchen".*[353]

In bezug auf die Unternehmensplanung ist bei alledem einschränkend zu beachten, daß der Wirtschaftsprüfer zwar durchaus das monetäre Planungsinstrumentarium des Unternehmens bezüglich seiner Qualität und seiner voraussichtlichen Auswirkungen auf die laufende Periode zu beurteilen vermag[354], jedoch zur Beantwortung weitergehender operativer und vor allem strategischer Fragen, etwa betreffend langfristige Produkt/Markt-Konzepte oder Standorte, keinen Beitrag leisten kann.[355]

Auf seiten des Aufsichtsrats als Auftraggeber[356] und Informationsempfänger empfiehlt sich – jedenfalls bei vielköpfigen Gremien – für die intensive Analyse bilanzieller Fragen sowie zur steuernden Einwirkung auf die Abschlußprüfung die Einrichtung eines *Prüfungsausschusses* in Anlehnung an das Vorbild der US-amerikanischen Audit Committees.[357] Ein solches Gremium arbeitet effektiver als ein bis zu 20-köpfiger Aufsichtsrat, zumal in ihm besondere Sachkunde auf dem Gebiet des Rechnungswesens, die nicht bei jedem Aufsichtsratsmitglied in gleichem Maße vorauszusetzen ist[358], konzentriert werden kann. Der Prüfungsausschuß kann damit zum wesentlichen Instrument der Kooperation zwischen Aufsichtsrat und Abschlußprüfer werden.

---

352 *Forster*, AG 1995, 1 (4).

353 A. a. O.

354 *Rürup*, AG 1995, 219 (222); vgl. auch *Theisen*, a. a. O., S. 817.

355 Vgl. auch Albach, ZGR 1997, 1 (33).

356 Vgl. § 111 Abs. 2 AktG und § 318 Abs. 1 Satz 4 HGB i. d. F. des KonTraG; näher oben Teil 1, II. 4 c).

357 Ebenso *Dörner/Oser*, a. a. O., S. 1088; *Forster*, a. a. O., S. 5 f.; *Ronaldo H. Schmitz* in: *Feddersen/Hommelhoff/Schneider*, Corporate Governance, S. 234 (239); *Rürup*, a. a. O., S. 222; *Theisen*, a. a. O.; zum Audit Committee näher oben III. 1.

358 *Rürup*, a. a. O., bemerkt hierzu treffend: *„Es ist weltfremd, darauf zu hoffen, daß alle Mitglieder des Aufsichtsrats Kenner des Bilanzrechts werden."*

Die Einrichtung von Prüfungsausschüssen ist nach deutschem Aktienrecht ohne weiteres möglich und wird in Form von „Bilanzausschüssen" bereits in eingeschränkter Form praktiziert.[359] Eine Ausdehnung der Aufgaben dieser Bilanzausschüsse entsprechend der amerikanischen Praxis ist mit dem Aktiengesetz weitestgehend vereinbar. Allerdings schreibt § 107 Abs. 3 Satz 2 AktG zwingend vor, daß die Verantwortung für die Beschlußfassung gemäß § 171 Abs. 2 AktG über das Ergebnis der Abschlußprüfung beim Aufsichtsratsplenum zu verbleiben hat.

7. Planungsausschuß des Aufsichtsrats

Eine Verbesserung der planungsrelevanten Informationsverarbeitung innerhalb des Aufsichtsrats könnte – abgesehen von dem bereits erwähnten Bilanzausschuß – durch die Bildung weiterer Ausschüsse ermöglicht werden.[360] Mit Recht wird allgemein bemängelt, daß diese Möglichkeit in Deutschland im Vergleich zu anderen Staaten, insbesondere zur amerikanischen Board-Praxis, zu wenig genutzt wird.[361] Im Rahmen der Diskussion um den Entwurf des KonTraG wurde, wie bereits erwähnt, vielfach die Forderung nach einer zwingenden gesetzlichen Verankerung bestimmter Ausschüsse erhoben.[362] Dem ist der Gesetzgeber nicht gefolgt. Diese Abstandnahme von weiterer Perfektionierung der aktienrechtlichen Organisationsvorschriften ist im Grundsatz zu begrüßen, denn eine zwingende Normierung bestimmter Ausschüsse könnte die unterschiedlichen Unternehmensbedürfnisse und vor allem die unterschiedlichen Unternehmens- und Aufsichtsratsgrößen nicht hinreichend berücksichtigen. So stellt beispielsweise *Claussen* mit Recht die Frage: *„Wo sollen bei einem 6er-AR die Mitglieder für Ausschüsse herkommen?"*[363]

Die Ausschußbildung bleibt daher – abgesehen von dem gemäß § 27 Abs. 3 MitbestG zwingenden Vermittlungsausschuß – weiterhin

---

[359] *Forster*, a. a. O., S. 6.

[360] Eingehend *Rellermeyer*, Aufsichtsratsausschüsse.

[361] *Hopt*, Mestmäcker-Festschrift, S. 909 (928).

[362] Vgl. etwa *Graf Lambsdorff* in: *Feddersen/Hommelhoff/Schneider*, Corporate Governance, S. 217 (228); dagegen kritisch *Claussen*, AG 1996, 481 (482) m. w. N.

[363] *Claussen*, a. a. O., S.486

allein der Organisationsautonomie des Aufsichtsrats überlassen.[364] Diese Autonomie kann auch weder durch Satzung noch durch Hauptversammlungsbeschluß dahingehend eingeschränkt werden, daß die Bildung bestimmter Ausschüsse vorgegeben würde.[365] Dies schließt aber nicht aus, daß der Aufsichtsrat selbst aufgrund seiner allgemeinen Sorgfaltspflicht gemäß §§ 116, 93 Abs. 1 Satz 1 AktG verpflichtet sein kann, von den Möglichkeiten des § 107 Abs. 3 AktG in unternehmsadäquater Weise Gebrauch zu machen.

Zur Verbesserung der Planungsüberwachung liegt die Bildung eines Ausschusses für Planung und Strategie zumindest in großen Aufsichtsräten nahe. Dieser wäre mit besonders fach- und branchenkundigen Aufsichtsratsmitgliedern zu besetzen und könnte in einer intensiveren und diskreteren Form in die Behandlung strategischer Probleme eintreten, als dies im Rahmen des Aufsichtsratsplenums möglich ist. Zudem könnte ein Planungsausschuß unabhängig von der Terminierung der Aufsichtsratssitzungen in den Prozeß der Unternehmensplanung eingebunden werden, indem er bei grundsätzlichen Fragen konsultiert wird oder auch an Planungskonferenzen im Unternehmen teilnimmt.

8. Fazit

Die Untersuchung des aktienrechtlichen Systems der Informationsrechte des Aufsichtsrats hat vielfältige Bezugspunkte zur Unternehmensplanung ergeben. Durch die einmal jährlich vom Vorstand zu erstattenden Berichte gemäß § 90 Abs. 1 Satz 1 Nr. 1 AktG in der Neufassung des KonTraG ist nunmehr zu allen für die Beurteilung des Planungsgeschehens wesentlichen Fragen Stellung zu nehmen, wodurch die passive Informationsversorgung des Aufsichtsrats deutlich gestärkt worden ist. Hinsichtlich der inhaltlichen Anforderungen an diese Berichte sind allerdings noch erhebliche Defizite in Rechtswissenschaft und Praxis festzustellen,

---

364 Vgl. dazu auch v. Werder, DB 2002, 801 (804) m.w.N. Der Deutsche Corporate Governance Kodex formuliert in 5.3.1: „Der Aufsichtsrat soll abhängig von den spezifischen Gegenheiten des Unternehmens und der Anzahl seiner Mitglieder fachlich qualifizierte Ausschüsse bilden". Insoweit empfiehlt der Kodex von der entsprechenden „Anregungsnorm" (Hommelhoff/Mattheus, AG 1998, 249 (250)) auch tatsächlich Gebrauch zu machen.

365 BGHZ 83, 106 (115); 122, 342 (355); *Hüffer*, AktG, § 107, Rn. 16 u. 21; *Säcker*, Aufsichtsratsausschüsse, S. 31 ff.

welche insbesondere die Gewichtung der operativen Aspekte im Verhältnis zu den strategischen Aspekten betreffen. Bei einer überwachungsorientierten Auslegung des gesetzlichen Kriteriums *„grundsätzliche Fragen der Unternehmensplanung"* hat die strategische Planung einschließlich der ihr zugrundeliegenden Analysen und Prämissen im Vordergrund zu stehen. Über die operative Planung ist dagegen nur in konzentrierter Form zu berichten, soweit diese lediglich strategische Vorgaben umsetzt und keine besonderen Umstände vorliegen, die zu Unregelmäßigkeiten bei dieser Umsetzung führen.

Die weiteren periodischen Berichte des Vorstands über Rentabilität und Geschäftsgang gemäß § 90 Abs. 1 Satz 1 Nr. 2 und 3 AktG ermöglichen eine Bewertung des Planungserfolgs und liefern die Grundlage für eine eigenständige strategische Durchführungskontrolle des Aufsichtsrats. Bei unvorhergesehenen Ereignissen mit strategischer Relevanz ist zudem gemäß § 90 Abs. 2 Nr. 1 AktG ein unverzüglicher Planungsbericht geboten, der notfalls auch in der Form eines Sonderberichts an den Aufsichtsratsvorsitzenden gemäß § 90 Abs. 1 Satz 2 AktG zu erstatten ist.

Die Schließung verbleibender Informationslücken wird durch die Möglichkeit eines ergänzenden Berichtsverlangens nach § 90 Abs. 3 AktG sowie durch das Recht des Aufsichtsrats, die Planungsunterlagen nach § 111 Abs. 2 AktG selbst einzusehen, sichergestellt. Diese zusätzlichen Informationsmöglichkeiten sollten jedoch als subsidiär betrachtet werden, weil sie bei einer hohen Qualität der Regelberichterstattung nach § 90 Abs. 1 Satz 1 Nr. 1 AktG an Bedeutung für die Planungsinformation verlieren. Hohen Stellenwert haben dagegen die in der Unternehmenspraxis vielfältigen Möglichkeiten der informellen Informationserlangung, die stärker als bislang üblich für einen fortwährenden Gedankenaustausch über Fragen der strategischen Unternehmensplanung genutzt werden sollten.

Daneben kann auch die Abschlußprüfung, die durch das KonTraG hinsichtlich ihres zukunftsbezogenen Informationswerts gestärkt worden ist, planungsrelevante Aufschlüsse vermitteln. Zwar ist diese hauptsächlich auf monetäre Fragen ausgerichtet, hat jedoch den Vorzug relativ hoher Objektivität. In diesem Zusammenhang ist zu begrüßen, daß das KonTraG die Kooperation zwischen Aufsichtsrat und Abschlußprüfer gestärkt hat. In konsequenter Fortführung dieses

Ansatzes sollte auf seiten des Aufsichtsrats der Prüfungsausschuß nach dem Vorbild des US-amerikanischen Audit Committees allgemein etabliert werden.

Zur Verbesserung der Informationsverarbeitung schließlich ist dargelegt worden, daß jedenfalls in vielköpfigen Aufsichtsräten zusätzlich zum Prüfungsausschuß ein Ausschuß für Unternehmensplanung gebildet werden kann und sollte, der sich vor allem mit strategischen Aspekten befaßt und das Planungsgeschehen im Unternehmen permanent begleitet.

Insgesamt betrachtet bietet das Gesetz, insbesondere nach den Neuerungen des KonTraG, dem Aufsichtsrat alle Voraussetzungen für eine ordnungsgemäße Informationsversorgung über die Unternehmensplanung. Es liegt jedoch am Aufsichtsrat selbst, diesen rechtlichen Rahmen mit Leben zu erfüllen, indem er einerseits auf eine Ausgestaltung der Berichterstattung hinwirkt, die sich an den Eckpfeilern ordnungsgemäßer Unternehmensplanung orientiert, und andererseits seine Möglichkeiten zur aktiven Informationsbeschaffung im gleichen Sinne konsequent nutzt.

V. Einflußmöglichkeiten und -verpflichtungen des Aufsichtsrats im Planungsprozeß

Ebenso wie in anderen Bereichen der Überwachung erschöpfen sich die Aufgaben des Aufsichtsrats auch im Bereich der Unternehmensplanung nicht in der Erlangung und Verarbeitung von Informationen, sondern beinhalten außerdem den aktiven Eingriff zur Beseitigung festgestellter Defizite bei der Geschäftsführung. Darüberhinaus kommt in gewissen Grenzen auch eine unternehmerische Mitgestaltung durch den Aufsichtsrat in Betracht. Vor dem Hintergrund dieser weiteren Erfordernisse sollen nachstehend einige wichtige aktienrechtliche Instrumente, die dem Aufsichtsrat zur Einwirkung auf die Unternehmensleitung zur Verfügung stehen, hinsichtlich ihrer Bedeutung für die Planungsüberwachung näher untersucht werden.

1. Beratung des Vorstands

Das primäre Einflußinstrument bei der Überwachung der Unternehmensplanung bildet – wie bereits angesprochen – die organschaftliche Beratungsfunktion des Aufsichtsrats, die mittlerweile auch vom Bundesgerichtshof als integraler Bestandteil der Überwachungsaufgabe gemäß § 111 Abs. 1 AktG anerkannt wird.[366] Die allgemein geforderte stärkere Orientierung der Aufsichtsratsüberwachung an einer ex-ante-Mitwirkung anstelle der bloßen ex-post-Kontrolle[367] bedingt nämlich vor allem, daß der beratende Dialog zwischen Vorstand und Aufsichtsrat viel stärker genutzt wird, als dies bislang in der Praxis der Fall ist.[368]

a) Hintergrund und Reichweite der Beratungskompetenz

Um eine sachlich angemessene und rechtlich einwandfreie Ausgestaltung der Beratungsfunktion im Rahmen der Planungsüberwachung erschließen zu können, müssen zunächst die mit der Beratung des Vorstands durch den Aufsichtsrat allgemein verbundenen Intentionen sowie die aktienrechtlichen Grenzen zulässiger Beratung bestimmt werden.

Ziel einer effizienten Wahrnehmung der organschaftlichen Beratungskompetenz durch den Aufsichtsrat ist die Sicherstellung eines kontinuierlichen Kommunikationsprozesses, der einerseits dem Aufsichtsrat die Überwachung beabsichtigter Geschäftsführungsmaßnahmen erleichtert, andererseits dem Vorstand ermöglicht, die Erfahrungen, Fähigkeiten und nicht zuletzt Intuitionen jedes Aufsichtsratsmitglieds für die Vorbereitung unternehmerischer Entscheidungen fruchtbar zu machen. Dies erhält insbesondere in mittelständischen Aktiengesellschaften Gewicht, in denen – wie *Lutter/Krieger*[369] mit Recht zu bedenken geben – die Führungsebenen unterhalb des Vorstands in der Regel weniger professionell als in Großunternehmen besetzt sind, so daß erfahrene Dialogpartner innerhalb des eigenen Managements nicht immer in

366 BGHZ 114, 127 ff.; vgl. hierzu oben II. 1. c) bb).

367 So mit Recht *Bleicher*, Aufsichtsrat, S. 66; *Bea/Scheurer*, DB 1994, 2145 (2151).

368 Ebenso *Ronaldo H. Schmitz*, a. a. O., S. 241; aufgegriffen auch im Deutschen Corporate Governance Kodex, der in Rdn. 3.5 Abs.1 Satz 1 die offene Diskussion von Vorstand und Aufsichtsrat verlangt, vgl. auch v. Werder, DB 2002, 801 (805)

369 *Lutter/Krieger*, Aufsichtsrat, Rn. 30 a. E.

hinreichendem Maße zur Verfügung stehen. Aber auch in großen Aktiengesellschaften, deren Aufsichtsräte sich unter anderem aus erfahrenen Spitzenmanagern unterschiedlichster Branchen, Politikern sowie Vertretern von Kreditinstituten und Gewerkschaften zusammensetzen[370], ist dieses zusätzliche Potential an Kreativität und Umsicht zu nutzen. Außerdem fördert eine regelmäßige persönliche Beratung das Vertrauen zwischen Vorstand und Aufsichtsrat, dessen Förderung durchaus im Interesse des Unternehmens liegt, solange hiermit nicht ein übermäßiger und somit der Überwachung abträglicher Verlust an Distanz verbunden ist.

Die Frage, inwieweit der Vorstand verpflichtet ist, sich auch gegen seinen Willen beraten zu lassen, wird nicht einheitlich beurteilt. Nach einem extensiven Verständnis der Beratungskompetenz entscheidet allein der Aufsichtsrat über Art, Zeit und Ausmaß der Beratung mit dem Vorstand. Letzterer sei stets verpflichtet, sich der Erörterung mit dem Aufsichtsrat zu stellen und dessen Anregungen sorgfältig zu erwägen.[371] Nach anderer Ansicht ist eine passive Beratungspflicht des Vorstands nur gegeben, soweit der Aufsichtsrat konkrete Anhaltspunkte für das Vorliegen pflichtwidriger Geschäftsführungsmaßnahmen zu erkennen glaubt. Im übrigen dürfe der Aufsichtsrat dem Vorstand seine Beratung nicht aufdrängen und sich damit gegen dessen Willen in die Geschäftsführung einmischen.[372]

Diese Streitfrage ist jedoch eher akademischer Natur, denn in der Praxis wird kaum ein Vorstand sich einem ausdrücklichen Begehren des Aufsichtsrats nach gemeinsamer Beratung verweigern. Problematisch bleibt hingegen, daß der Aufsichtsrat mit der Beratungskompetenz in einen kritischen Grenzbereich zwischen der ihm zugewiesenen Überwachungsaufgabe und der ihm gemäß § 111 Abs. 4 Satz 1 AktG grundsätzlich verwehrten Geschäftsführungsfunktion vordringt. Dies hat teilweise zu einer Ablehnung der Beratungskompetenz geführt unter Hinweis auf einen inneren Widerspruch zwischen der Beraterrolle, die unterstützenden Charakter habe, und der Kontrollfunktion, die demgegenüber interessenwahrenden Charakter besitze.[373] Wenn man auch im

---

370 Vgl. *Bea/Scheurer*, a. a. O., S. 2152; *Lutter/Krieger*, a. a. O.

371 *Lutter/Krieger*, a. a. O.

372 *Mertens* in: KK, AktG, § 111, Rn. 34.

373 So etwa *Steinmann/Klaus*, AG 1987, 29 (30 f.).

Einklang mit der herrschenden Meinung und unter berechtigtem Verweis auf eine erfolgreiche einschlägige Praxis so weit nicht gehen mag, ist jedoch zumindest im Rahmen der Beratung stets darauf Rücksicht zu nehmen, daß die unternehmerische Leitungsverantwortung gemäß § 76 Abs. 1 AktG allein beim Vorstand zu verbleiben hat.[374] Der Aufsichtsrat hat kein Weisungsrecht gegenüber dem Vorstand und darf deshalb auch keine faktische „Oberleitung" der Gesellschaft ausüben, indem er durch entsprechend nachdrückliche Beratung seine eigenen Vorstellungen gegenüber anderslautenden, jedoch innerhalb vertretbarer Ermessensausübung liegenden Absichten des Vorstands durchzusetzen versucht.[375] Im Extremfall kann der Vorstand sich sogar schadensersatzpflichtig machen, wenn er eine „Weisung" des Aufsichtsrats befolgt, deren Ausführung mit der Sorgfalt eines ordentlichen und gewissenhaften Geschäftsleiters nicht vereinbar ist.[376]

Eine zweifelsfreie und jederzeit praktikable Eingrenzung der Beratungskompetenz erscheint allerdings nahezu unmöglich, zumal auch ausdrücklich unverbindliche Vorschläge des Aufsichtsrats aufgrund seiner Personalkompetenz und des hiervon faktisch ausgehenden Drucks[377] auf seiten des Vorstands regelmäßig Beachtung finden werden. Als Faustregel kann jedoch gelten, daß der Aufsichtsrat die Geschäftsführungskompetenz des Vorstands solange nicht verletzt, wie er seine Beratung in der Tendenz als *überwachende Beratung*, nicht aber als lenkend-initiierende Beratung gestaltet. Das bedeutet, daß regelmäßig die Vorstellungen des Vorstands und nicht diejenigen des Aufsichtsrats den Gegenstand der Interaktion zu bestimmen haben. Die unternehmerische Prärogative des Vorstands bleibt damit gewahrt.

Nach Auffassung des BGH ist die Beratungskompetenz des Aufsichtsrats zudem in gegenständlicher Hinsicht auf *„übergeordnete*

---

374 *Boujong*, AG 1995, 203 (205), stellt hierzu mit Recht klar, daß der BGH mit der Anerkennung der Beratungskompetenz des Aufsichtsrats keine Annäherung an das angloamerikanische Board-System postuliere. Insofern bedenklich weit *Chini*, Aufsichtsratsinformationssystem, S. 71, der dem Aufsichtsrat *„die gesetzliche Aufgabe, die Geschäftspolitik mit dem Vorstand gemeinsam festzulegen"* zuspricht.

375 *Mertens*, a. a. O., Rn. 25; *Deckert*, AG 1997, 109 (112).

376 *Mertens*, a. a. O., Rn. 32.

377 Darauf verweist mit Recht *Mutter*, a. a. O., S. 46.

Fragen der Unternehmensführung" beschränkt.[378] Damit wird der Charakter der Beratung als Maßnahme der präventiven Überwachung berücksichtigt, deren Umfang sich an der allgemeinen Überwachungsaufgabe des Aufsichtsrats zu orientieren hat. Letztere bezieht sich in erster Linie auf die für den künftigen Bestand des Unternehmens wesentlichen Leitungsentscheidungen des Vorstands, nicht aber auf Einzelheiten der operativen Geschäftsführung.[379]

b) Anforderungen an effiziente Planungsberatung

Aus dem Grundsatz der unternehmerischen Prärogative des Vorstands ergibt sich für Beratungen zwischen Vorstand und Aufsichtsrat über Fragen der Unternehmensplanung die Konsequenz, daß diese Veranstaltungen in erster Linie der kritischen Hinterfragung der vom Vorstand entwickelten Planung zu dienen haben. In der persönlichen Unterredung kann der Aufsichtsrat besser als durch das bloße Studium der Planungsberichte nach § 90 Abs. 1 Satz 1 Nr. 1 AktG überprüfen, ob die Grundanforderungen an eine ordnungsgemäße Unternehmensplanung gemäß § 76 Abs. 1 i. V. m. § 93 Abs. 1 AktG beachtet werden, und darüberhinaus, ob die Planung in ihrer konkreten Ausgestaltung zweckmäßig und wirtschaftlich erscheint. Hinsichtlich der dabei vom Aufsichtsrat anzulegenden Maßstäbe ist auf die in Teil 2 dieser Abhandlung dargelegten Grundsätze ordnungsgemäßer Unternehmensplanung zu verweisen.

Aus dem Erfordernis mündlicher Darlegung, verbunden mit kritischen Rückfragen von seiten der Aufsichtsratsmitglieder, entsteht zugleich

---

378 BGHZ 114, 127 (130, 132); *Boujong*, a. a. O., S. 204 f.; *Deckert*, a. a. O.

379 Vgl. *Boujong*, a. a. O.; *Deckert*, a. a. O., S. 112, 114; *Geßler* in: *Geßler/Hefermehl/Eckardt/Kropff*, AktG, § 111, Rn. 13 f.; *Hoffmann-Becking* in: Münch. Hdb., Bd. 4, § 29, Rn. 23; *Hüffer*, AktG, § 111, Rn. 3;
zu dem gleichen Ergebnis kommen die Überlegungen im Zusammenhang mit der Corporate Governance Diskussion. Der GCCG formuliert für die Entscheidungsfindung bei wesentlichen Weichenstellungen: „Wohlverstandene checks and balances in der Umternehmensführung kommen darin zum Ausdruck, daß der Vorstand wichtige Weichenstellungen für das Unternehmen nicht alleine vornimmt. Er stimmt sich vielmehr vorher mit dem Aufsichtsrat ab und legt sie unter bestimmten Voraussetzungen auch der Hauptversammlung zur Letztentscheidung vor. Der Vorstand fungiert als Initiator der Maßnahmen, während der Aufsichtsrat die Rolle des verständigen Diskussionspartners (sounding board) einnimmt". Vgl. auch Kommentierung v. Werder, a.a.O., S.17 und Peltzer, a.a.O., S.43 f. In die gleiche Richtung geht der Wortlaut des Deutschen Corporate Governance Kodex vgl. hier unter 3. Zusammenwirken von Vorstand und Aufsichtsrat insbesondere 3.2, 3.3, 3.4 (AG 2002, 236 (237)).

ein Begründungszwang für den Vorstand, der neben der Aufdeckung von Planungsdefiziten auch einen Beitrag zur planerischen Selbstkontrolle und Selbstkritik der Vorstandsmitglieder leisten kann.

Der Aufsichtsrat seinerseits hat grundsätzlich nicht das Recht, eigene, von allen Planungen des Vorstands völlig losgelöste unternehmerische Konzeptionen auf dem Beratungswege durchzusetzen.[380] Das bedeutet allerdings nicht, daß es ihm verwehrt ist, eigene Ideen und Vorstellungen in den Planungsprozeß mit einzubringen; dies ist sogar wünschenswert. Doch muß in dieser aktienrechtlich kritischen Handlungszone darauf geachtet werden, daß bei der Vermittlung abweichender Planungsvorstellungen kein besonderer Druck gegenüber dem Vorstand aufgebaut wird, was natürlich nicht anhand formaler Kriterien zu erfassen ist, sondern im wesentlichen durch die athmosphärische Dimension des Beratungsprozesses bestimmt wird. Verstärkter Druck im Sinne einer intendierten Verbindlichkeit der Äußerungen darf erst aufgebaut werden, wenn der Aufsichtsrat im Verlauf der Beratung zu der Erkenntnis gelangt, daß die Vorstellungen des Vorstands auf eine inhaltlich oder prozessual sorgfaltswidrige Unternehmensplanung hinauslaufen.

Für den Inhalt der Beratungsgespräche muß aus der dargelegten Beschränkung der organschaftlichen Beratungskompetenz auf übergeordnete Fragen der Unternehmensführung[381] sowie aus den begrenzten zeitlichen Ressourcen des Aufsichtsrats die Konsequenz gezogen werden, daß die Beratungen auf die Unternehmenskonzeption sowie die strategischen Aspekte der Planung zu konzentrieren sind. Die operative Planung, die – jedenfalls im normalen Geschäftsverlauf – kontinuierlich im Sinne einer schrittweisen Umsetzung der strategischen Pläne fortzuschreiben ist, hat regelmäßig nicht die geforderte übergeordnete Bedeutung, so daß ihre Erörterung im Rahmen der Planungsberatung auf wesentliche Maßnahmen beschränkt werden kann. Die Beratungsdichte hat also mit dem planerischen Zeithorizont ab- bzw. zuzunehmen. Eine solche Differenzierung stimmt auch mit den praktischen Erfordernissen einer effizienten Planungsüberwachung überein, denn nur durch die Kontrolle der strategischen Planung kann

---

380 Ähnlich *Mutter*, a. a. O., S. 46; *Steinmann/Gerum*, AG 1980, 1 (9).

381 Vgl. oben a).

festgestellt werden, ob vorhandene Erfolgspotentiale durch rechtzeitige Einleitung langjähriger Investitionsvorhaben gesichert werden.[382] Der Gesichtspunkt der praktischen Effizienz der Aufsichtsratskontrolle führt schließlich zur strategischen Kontrolle als weiterem Beratungsgegenstand. Damit ergeben sich die folgenden thematischen Eckpunkte für die Planungsberatung zwischen Vorstand und Aufsichtsrat:

- Unternehmenskonzeption und Unternehmensgrundsätze (hierzu nachfolgend aa)
- Strategische Analyse und strategische Planung (hierzu nachfolgend bb)
- Wesentliche Maßnahmen der operativen Umsetzung (hierzu nachfolgend cc)
- Strategische Kontrolle und Krisenfrüherkennung (hierzu nachfolgend dd).

aa) Unternehmenskonzeption und Unternehmensgrundsätze

Der Dialog zwischen Vorstand und Aufsichtsrat hat seinen Ausgangspunkt bei der Unternehmenskonzeption und den hieraus folgenden Grundsätzen der Geschäftspolitik zu nehmen. Dabei hat der Aufsichtsrat im Gespräch mit dem Vorstand zu ermitteln, ob dessen Vorstellungen die Anforderungen an eine strategisch brauchbare Unternehmenskonzeption erfüllen. Als Leitfaden für den Aufsichtsrat eignet sich hierzu besonders der von *Hinterhuber* entwickelte, oben bereits dargelegte Katalog von Kontrollfragen zur Beurteilung der Qualität eines Unternehmensleitbildes.[383] Gelangt der Aufsichtsrat nach einer intensiven Erörterung des vom Vorstand erarbeiteten Konzeptes zu der Auffassung, daß die hieran zu stellenden qualitativen Grundanforderungen umfassend berücksichtigt worden sind, so ist bereits eine Vertrauensbasis im Hinblick auf die Planungskompetenz des Vorstands aufgebaut.

Bei abweichenden Vorstellungen des Aufsichtsrats über die grundlegenden Planungsvorgaben Unternehmenskonzeption und

---

382 Vgl. eingehend oben II. 2.

383 Vgl. oben Teil 2, I. 3. b).

Unternehmensgrundsätze muß – wie *Semler* zutreffend fordert[384] – ein Konsens zwischen beiden Organen auch dann angestrebt werden, wenn dem Vorstand eine Verletzung zwingender Planungsgrundsätze nicht vorgeworfen werden kann, er also an sich innerhalb seines unternehmerischen Ermessens handelt. Eine kontroverse Grundhaltung zwischen Vorstand und Aufsichtsrat über die elementaren Unternehmensziele ist vergleichbar – um eine Parallele zum Staatsrecht zu ziehen – etwa mit dem fehlenden Grundkonsens unter politischen Parteien über die Bewahrungs- und Verteidigungswürdigkeit der Verfassung. Ebenso wie dieser fehlende politische Grundkonsens jede Kooperation unter den betreffenden Parteien von vornherein unmöglich macht, ist es auch in der Aktiengesellschaft im Falle eines konzeptionellen Grunddissenses zwischen Vorstand und Aufsichtsrat letzterem nicht mehr möglich, den Ermessensbereich des Vorstands bei der strategischen und operativen Geschäftsführung überwachungsorientiert einzugrenzen und so die Ordnungsmäßigkeit seines Handelns im Aktionärsinteresse zu beurteilen. Ein solcher Zustand ist deshalb im übergeordneten Interesse der Aktiengesellschaft zwingend zu vermeiden.[385]

Mißlingt eine Einigung über die Unternehmenskonzeption trotz intensiver Beratung, so muß der Grundkonsens notfalls durch personelle Veränderungen hergestellt werden.[386] Hierauf wird im Zusammenhang mit der Aufsichtsratskompetenz zur Bestellung und Abberufung von Vorstandsmitgliedern zurückzukommen sein.[387]

bb) Strategische Analyse und strategische Planung

Den Schwerpunkt der Planungsberatungen mit dem Vorstand sollte die Erörterung der strategischen Planung einschließlich der ihr zugrundeliegenden strategischen Analyse bilden. Diese hat der Aufsichtsrat kritisch zu hinterfragen und gegebenenfalls eigene Anregungen einzubringen. So kann er darauf hinwirken, daß die vorhandenen Erfolgspotentiale des Unternehmens umfassend sondiert werden und die Planung der Produkt/Markt-Konzepte folgerichtig auf den Analyseergebnissen aufbaut.

---

384 *Semler*, ZGR 1983, 1 (23 ff.).

385 A. a. O., S. 24.

386 A. a. O., S. 25.

387 Unten 3.

Für den analytischen Teil der Strategiediskussion lassen sich einige Gruppen von Fragen als praktischer Leitfaden formulieren, die dem Aufsichtsrat eine erste – naturgemäß grobe und nicht unternehmensspezifische – Orientierung bieten können:

- *Rendite und Erfolgsquellen:* Mit welcher Tendenz hat sich der Erfolg des Unternehmens in den letzten Jahren entwickelt? Aus welchen Unternehmensbereichen stammt der Erfolg (z. B. Kerngeschäft, außerordentliche Geschäftsbereiche oder Finanzanlagen)? Auf welche Ursachen ist die Ergebnistendenz zurückzuführen?

- *Umsatzstruktur:* Mit welchen Produkten ist das Unternehmen in welchen Märkten und wie entwickeln sich diese Märkte? In welchen Regionen wird der Umsatz erzielt und welche spezifischen Risiken resultieren hieraus? Mit welchen Produkten und in welchen Regionen ist das Unternehmen profitabel?

- *Kunden und Vertrieb*: Welches sind die Kunden des Unternehmens? Welches sind besonders profitable Kunden? Wie werden diese Kunden betreut? Welche der bestehenden Vertriebskanäle sind besonders effizient?

- *Investitionspolitik*: In welchen Bereichen des Unternehmens liegen die Investitionsschwerpunkte? Sind diese Investitionen zukunftsgerichtet oder handelt es sich um Erhaltungsinvestitionen? Inwieweit stehen Erhaltungsinvestitionen an?

- *Finanzierung*: Wie sind die statische und dynamische Verschuldung einzuschätzen und welche Finanzierungsrisiken resultieren daraus? Ist langfristig gebundenes Vermögen durch langfristiges Kapital gedeckt?

- *Personal*: Wie sieht die Personalstruktur hinsichtlich Alter und Qualifikation aus? Ist genügend Führungsnachwuchs vorhanden? Wie ist die Motivation der Mitarbeiter einzuschätzen, mit welcher Tendenz entwickelt sich diese und welche Ursachen liegen dieser Tendenz zugrunde?

Die Beantwortung dieser und weiterer, aus der individuellen Unternehmenssituation abzuleitender analytischer Fragen sollte jeweils mit vergleichendem Blick auf die wichtigsten Wettbewerber erfolgen, denn nur so kann der Aufsichtsrat eine eigene Beurteilung der wettbewerbsrelevanten Stärken und Schwächen des Unternehmens vornehmen und daraus eine Bewertung der Erfolgspotentiale ableiten.

Aufbauend auf diesen Ergebnissen ist sodann die strategische Planung zu erörtern. Hierbei sind unter Beachtung eines weiten Ermessensspielraums des Vorstands und unter Berücksichtigung der Erkenntnis, daß kein verbindlicher Katalog von Normstrategien existiert[388], insbesondere die folgenden Fragen zu klären:

- Besteht eine Konsistenz zwischen den Unternehmensgrundsätzen, der Unternehmensstrategie und den Geschäftsfeldstrategien?
- Ist die Planung stringent auf eine Realisierung der mit der Analyse identifizierten Erfolgspotentiale des Unternehmens ausgerichtet?[389]
- Welche strategischen Alternativen bestehen?
- Welche Prämissen in bezug auf externe und interne Bedingungen liegen der Planung zugrunde? Wie hoch ist die Wahrscheinlichkeit von Änderungen im Bereich der Prämissen und welche Auswirkungen hätten solche Änderungen; wie hoch also ist das Planungsrisiko? Worauf beruht diese Risikoanalyse? Wurden möglicherweise risikobegründende Faktoren, insbesondere aus dem Umfeld, übersehen oder nicht durch entsprechend flexible Gestaltung der Planung hinreichend berücksichtigt?[390]
- Sind die mit der strategischen Planung verbundenen monetären Ziele angemessen und realistisch?
- Ist die strategische Planung in einer für alle betroffenen Mitarbeiter verständlichen Form niedergelegt? Ist sie darüberhinaus geeignet, eine Identifizierung der Mitarbeiter mit

---

388 Vgl. oben Teil 2, I. 4. a) dd).

389 Dabei sind die verschiedenen Erfolgspotentiale zu systematisieren, näher *Becker*, Überwachungskonzepte, S. 216.

390 Ebenso wie die Erfolgspotentiale sind auch die strategischen Risiken systematisch abzuhandeln, wodurch „weiße Flecken" in der Planung sichtbar werden können, vgl. *Becker*, a. a. O., S. 217.

dieser Planung zu bewirken und somit eine Motivationswirkung zu entfalten?[391]

- Beinhaltet die Strategie eine klare Abgrenzung von den wichtigsten Wettbewerbern?[392] Welche Reaktionen der Wettbewerber sind möglich? Wie wäre hierauf zu reagieren?

cc) Wesentliche Maßnahmen der operativen Umsetzung

Der Aufsichtsrat hat nicht nur auf eine erfolgversprechende strategische Planung hinzuwirken, sondern muß sich auch davon überzeugen, daß die von ihm mitgetragene Strategie in der Folge auch umgesetzt wird.[393] Er hat deshalb auch die operative Planung zu überwachen, insbesondere diese auf ihre Strategiekonsistenz zu überprüfen. Im Gegensatz zur strategischen Planung fehlt es bei der operativen Planung jedoch an einem kreativen Element, welches in der persönlichen Erörterung zu besonderer Wirksamkeit gelangen könnte. Deshalb kann der Aufsichtsrat seine Überwachungstätigkeit hier im wesentlichen auf ein Studium der schriftlichen Vorstandsberichte, insbesondere der zur operativen Soll/Ist-Kontrolle dienenden Rentabilitäts- und Quartalsberichte nach § 90 Abs. 1 Satz 1 Nr. 2 und 3 AktG orientieren.[394] Dies erscheint vor allem dann ausreichend, wenn der Vorstand in der Vergangenheit seine operativen Planziele regelmäßig erreicht hat.

In der Praxis wird diese prinzipielle Nachrangigkeit der operativen Planung bei Existenz einer tragfähigen Strategie oft verkannt, was darin zum Ausdruck kommt, daß regelmäßig der größte Teil der verfügbaren Beratungszeit auf die Erörterung des Jahresbudgets verwendet wird.[395] Richtigerweise ist lediglich bei besonders bedeutsamen, das heißt vor allem investitionsintensiven Maßnahmen der operativen Umsetzung eine mündliche Erörterung im Rahmen eines Planungsgesprächs zwischen Vorstand und Aufsichtsrat angezeigt. Weitergehender Diskussionsbedarf entsteht erst, wenn entweder die schriftliche Berichterstattung Anhaltspunkte für eine

---

391 Vgl. *Albach*, ZGR 1997, 32 (38).
392 Vgl. a. a. O.
393 A. a. O., S. 40.
394 Vgl. oben IV. 4. a).
395 Vgl. oben II. 2.

unschlüssige oder unrealistische operative Planung ergibt oder wenn durch nachhaltige Verfehlungen der operativen Planziele zugleich der strategische Kurs des Unternehmens in Frage gestellt ist.

dd) Strategische Kontrolle und Krisenfrüherkennung

Im Hinblick auf die strategische Kontrolle als wesentliches Element des strategischen Planungsprozesses hat der Aufsichtsrat mit dem Vorstand sowohl die von diesem getroffenen Maßnahmen, insbesondere im Hinblick auf das Risikomanagement[396], als auch etwa bereits vorliegende, strategisch relevante Erkenntnisse zu erörtern. Außerdem kann der Aufsichtsrat selbst eine ergänzende strategische Überwachung vornehmen, indem er die verabschiedete Strategie in der Folgezeit in den Beratungen mit dem Vorstand immer wieder kritisch hinterfragt. In diesem Zusammenhang kann der Aufsichtsrat die Funktion einer ungerichteten strategischen Überwachung erfüllen, indem er aufgrund seiner heterogenen Zusammensetzung[397] den Blickwinkel nicht nur auf das Unternehmen beschränkt, vielmehr seine einzelnen Mitglieder als „Sensoren" für strategisch bedeutsame Veränderungen im wirtschaftlichen, politischen und gesellschaftlichen Umfeld nutzt. Dadurch kann der Aufsichtsrat einen wesentlichen Beitrag zur Krisenfrüherkennung leisten.

ee) Organisatorische Fragen

Der beratende Dialog zwischen Vorstand und Aufsichtsrat führt nur dann zu der erstrebten strategisch begleitenden Einbindung des Aufsichtsrats in das Planungsgeschehen, wenn eine *Kontinuität* der Beratungen gewährleistet wird.[398] Weil operative Fragen im Rahmen der Planungsberatung regelmäßig nachgeordnete Bedeutung haben, andererseits Fragen der strategischen Planung schon wegen des Erfordernisses der begleitenden strategischen Kontrolle nicht nur anläßlich einer Neuausrichtung oder Abänderung des strategischen Kurses bedeutsam werden, sollte mindestens eine umfassend angelegte gemeinsame Planungssitzung pro Jahr stattfinden. Dies

---

396 Vgl. *Albach*, a. a. O., S. 38; *Becker*, a. a. O., S. 236 ff.

397 Vgl. oben a).

398 Vgl. *Bea/Scheurer*, DB 1994, 2145 (2151); *Boujong*, a. a. O., S. 205.

fordert auch *Albach* und verbindet dies mit dem zutreffenden Hinweis, daß eine derartige Sitzung *„freilich nicht in vier Stunden abzuwickeln"* sei.[399]

Abgesehen von dieser Mindestanforderung richtet sich die Beratungsintensität in Planungsfragen nach den individuellen Gegebenheiten des jeweiligen Unternehmens. Allgemein steigt der Beratungsbedarf bei krisenhaften Entwicklungen parallel zur allgemeinen Überwachungsintensität situativ an.[400] Insbesondere kann im Falle ungünstiger Entwicklungen auch eine Diskussion der – in normalen Zeiten weitgehend dem Vorstand überlassenen – operativen Planung geboten sein.

Unabhängig von ihrer Frequenz sind Beratungen des Aufsichtsrats mit dem Vorstand zur Unternehmensplanung nur dann effektiv, wenn sämtliche Aufsichtsratsmitglieder zum einen Kenntnisse über die Grundzüge ordnungsgemäßer Unternehmensplanung besitzen und sich zum anderen durch ein eingehendes Studium der Vorstandsberichte gemäß § 90 Abs. 1 Satz 1 Nr. 1 AktG auf die Diskussion vorbereitet haben. Ansonsten würde die Beratung zu einem einseitigen Informationsgespräch über die Unternehmenszukunft degenerieren, in welchem der Vorstand seinen überlegenen Wissensstand ausspielen und eine kritische Hinterfragung der Planung von vornherein verhindern könnte. Beratungen können das Berichtswesen also keineswegs ersetzen, sondern sie bauen auf den hierdurch vermittelten Erkenntnissen auf. Eine Erleichterung kann allerdings insoweit die effiziente Vorbereitung der Beratung durch einen – im Zusammenhang mit der ordnungsgemäßen Informationsversorgung bereits empfohlenen[401] – Planungsausschuß des Aufsichtsrats bringen, an den sich die vorbereitende Auswertung der Vorstandsberichte gemäß § 90 Abs. 1 Satz 1 Nr. 1 AktG delegieren läßt.[402]

Sollten schließlich im Verlauf der Beratung mit dem Vorstand einzelne Fragen oder Bedenken des Aufsichtsrats zur

---

399 *Albach*, a. a. O., S. 40.

400 *Deckert*, a. a. O., S. 113; vgl. zur allgemeinen Ausweitung der Aufsichtsratsüberwachung in der Krise oben II. 1. b).

401 Vgl. oben IV. 7.

402 In diesem Sinne auch *Semler*, ZGR 1983, 1 (19); vgl. aber auch Sünner, AG 2000, 492 (496).

Unternehmensplanung nicht erschöpfend geklärt werden können, so bietet sich die Anforderung eines ergänzenden schriftlichen Berichts gemäß § 90 Abs. 3 AktG an.[403]

2. Zustimmungsvorbehalte gemäß § 111 Abs. 4 Satz 2 AktG

Das formal stärkste Instrument des Aufsichtsrats zur Einwirkung auf die Unternehmensleitung im Rahmen der ex-ante-Überwachung stellen Zustimmungsvorbehalte für bestimmte Arten von Geschäften gemäß § 111 Abs. 4 Satz 2 AktG dar, die durch Satzung oder Aufsichtsratsbeschluß statuiert werden können. Soweit die Satzung keine Vorgaben trifft, liegt die Anordnung von Zustimmungsvorbehalten im pflichtgemäßen Ermessen des Aufsichtsrats, welches sich allerdings im Einzelfall auf Null reduzieren kann.[404] Dies ist jetzt vom Bundesgerichtshof anerkannt für den Fall, daß eine eindeutig gesetzwidrige Geschäftsführungsmaßnahme des Vorstands nur noch durch die Anordnung eines Zustimmungsvorbehalts verhindert werden kann.[405] Selbst ein Zustimmungsvorbehalt verleiht allerdings dem Aufsichtsrat keine eigenständige Geschäftsführungsbefugnis, sondern nur ein Vetorecht, bei dessen Ausübung dem Aufsichtsrat ein eigenes unternehmerisches Ermessen zusteht.[406] Gegen eine Verweigerung der Zustimmung kann der Vorstand sich gemäß § 111 Abs. 4 Satz 3 AktG durch die Anrufung der Hauptversammlung zur Wehr setzen. Diese kann die Zustimmung des Aufsichtsrats nur durch einen mit Dreiviertelmehrheit zu fassenden Beschluß ersetzen, was kaum

---

403 *Semler*, a. a. O.

404 *Hopt*, Mestmäcker-Festschrift, S. 909 (929); zukünftig erstarrt die Einbindung des Aufsichtsrats für Geschäfte von grundlegender Bedeutung zu einem Vetorecht, da die Satzung oder der Aufsichtsrat selbst hierfür Zustimmungsvorbehalte festlegen müssen, Rdn. 3.3 Satz 1 des Deutschen Corporate Governance Kodex. Die Verbindlichkeit dieser Vorschrift ergibt sich aus dem TransPuG, das die bisherige entsprechende Option in § 111 Abs.4 Satz 2 AktG in eine Verpflichtung transformieren wird gemäß Art.1 Nr.9 TransPuG; vgl. auch v. Werder, DB 2002, 801 (805); zu der Corporate Governance Diskussion in Zusammenhang mit zustimmungspflichtigen Geschäften nach § 111 Abs.4 AktG Berrar, DB 2001, 2181 ff.

405 BGHZ 124, 111 (127); *Mertens*, a. a. O., Rn. 79.

406 *Mertens*, a. a. O., Rn. 85.

praktikabel ist und somit letztlich auf eine faktische Unüberwindlichkeit der Zustimmungsversagung hinausläuft.[407]

Es erhebt sich die Frage, ob und in welchem Umfang im Bereich der Unternehmensplanung die Festsetzung von Zustimmungsvorbehalten zulässig und sinnvoll ist.

Zunächst besteht Einigkeit dahingehend, daß von dem in § 111 Abs. 4 Satz 2 AktG verwendeten Begriff *„Geschäfte"* nicht nur Rechtsgeschäfte, sondern jegliche, auch unternehmensinterne Maßnahmen des Vorstands erfaßt sind, so daß auch Planungsmaßnahmen grundsätzlich einem Zustimmungsvorbehalt unterworfen werden können.[408] Andererseits beschränkt das Gesetz die möglichen Gegenstände einer Zustimmungspflicht durch das Erfordernis, daß entsprechende Vorbehalte sich auf *„bestimmte Arten von Geschäften"* beziehen müssen. Damit sollen generalklauselartige Zustimmungsvorbehalte mit Rücksicht auf die Wahrung der Leitungskompetenz des Vorstands gemäß § 76 Abs. 1 AktG ausgeschlossen werden.[409]

Hieraus wird überwiegend gefolgert, daß eine global formulierte Zustimmungspflicht für die Unternehmensplanung unzulässig sei, jedoch konkret bezeichnete Planungsteile unter den Zustimmungsvorbehalt gestellt werden könnten.[410] *Mertens* nennt hierzu beispielhaft das Jahresbudget, betont aber, daß auch hiermit schon *„eine unter dem Gesichtspunkt des Geschäftsführungsverbots nach Abs. 4 Satz 1 bedenkliche Breitflächigkeit"* erreicht werde.[411] *Lutter* führt Jahresbudget, Mittelfristplanung und Konzernplanung als ohne weiteres zulässige Gegenstände auf.[412]

Restriktiver postulieren *Steinmann/Gerum*, daß nur ein Katalog von planerischen Einzelmaßnahmen dem Bestimmtheitsgebot des § 111

---

407 Vgl. *Bea/Scheurer*, a. a. O., S. 2147; *Mertens*, a. a. O., Rn. 85.

408 *M. Dreher* in: *Feddersen/Hommelhoff/Schneider*, Corporate Governance, S. 33 (50 f.); *Hüffer*, AktG, § 111, Rn. 18; *Lutter/Krieger*, a. a. O.; *Mertens*, a. a. O., Rn. 61; *v. Rechenberg*, BB 1990, 1356 (1358); *Semler*, a. a. O., S. 20 f.

409 *Hüffer*, a. a. O.; *Lutter/Krieger*, a. a. O., Rn. 37.

410 *Mertens*, a. a. O., Rn. 68; *Steinmann/Gerum*, a. a. O., S. 9; *Lutter*, AG 1991, 249 (254); *Lutter/Krieger*, a. a. O.

411 *Mertens*, a. a. O.

412 *Lutter*, AG 1991, a. a. O.; Zustimmungspflicht für das Jahresbudget fordert auch *Ronaldo H. Schmitz* in: *Feddersen/Hommelhoff/Schneider*, Corporate Governance, S. 234 ff. (241)

Abs. 4 Satz 2 AktG gerecht werde.[413] Eine Extremposition markiert *v. Rechenberg*, nach dessen Auslegung der Bestimmtheitsklausel zwar Jahresplanungen, generell aber keine langfristigen Unternehmensplanungen einem Zustimmungsvorbehalt unterworfen werden können.[414] Im letztgenannten Fall werde nämlich, so *v. Rechenberg*, der Vorstand vom Aufsichtsrat aus seiner originären Führungsaufgabe der kreativen unternehmerischen Zukunftsgestaltung verdrängt.[415] Außerdem zeitigten langfristige planerische Maßnahmen keine unmittelbaren wirtschaftlichen Folgen, weil diese Folgen erst durch die spätere tatsächliche Umsetzung der Planung in Form weiterer Geschäftsführungsmaßnahmen eintreten würden. Daher komme allein die Umsetzungsmaßnahme für einen Zustimmungsvorbehalt in Betracht.[416]

Nach der entgegengesetzten Position von *Semler* sind wegen des gesteigerten Überwachungsbedürfnisses im Planungsbereich Zustimmungsvorbehalte sowohl für die Unternehmensplanung insgesamt als auch für einzelne Planungsteile unter Hinweis auf das gesteigerte Überwachungsbedürfnis im Planungsbereich zulässig.[417] *Semler* argumentiert dazu, daß auch bei einem solchen generellen Vorbehalt noch genügend Raum für eine eigenverantwortliche Geschäftsleitung durch den Vorstand verbleibe, da es sich bei der Unternehmensplanung lediglich um eine von vier originären Führungsfunktionen des Vorstands handele.[418] Ausgeschlossen seien lediglich isolierte Zustimmungsvorbehalte für die vom Vorstand zu erstellende Situationsanalyse sowie für die Festlegung der Planungsprämissen.[419] Letzteres erscheint jedoch ohnehin wenig praktikabel, weil es sich bei diesen Planungskomplexen – wie auch

---

413 Der von *Steinmann/Gerum*, a. a. O., S. 10, empfohlene Katalog beinhaltet z. B. Tatbestände wie *„Maßnahmen der Forschung und Entwicklung neuer Produkte und Produktionsverfahren", "Maßnahmen der Neugründung, des Auf- und Verkaufs, der Stillegung und Verlegung von Unternehmen oder größeren Betriebsteilen „oder" Errichtung und Auflösung von Produktions- und Verkaufsstätten im Ausland"*.

414 *v. Rechenberg*, a. a. O., S. 1359 ff.

415 A. a. O., S. 1361.

416 A. a. O., S. 1359 f.

417 *Semler*, a. a. O., S. 21 ff.

418 *Semler*, a. a. O., S. 21 f.

419 *Semler*, a. a. O., S. 22.

Semler zutreffend feststellt[420] – lediglich um gedankliche Grundlagen der Planung, nicht aber um planerische Entscheidungen handelt.

Die erstgenannte, insbesondere von *Mertens* vertretene Auffassung erscheint vorzugswürdig. Wenn auch in Anbetracht der überragenden Bedeutung der Unternehmensplanung als Gegenstand der Aufsichtsratsüberwachung die großzügige Haltung *Semlers* keineswegs abwegig ist, trägt sie doch ohne Not dazu bei, daß die Konturen des Bestimmtheitsgebots des § 111 Abs. 4 Satz 2 AktG zunehmend verwischt werden. Bei der Unternehmensplanung handelt es sich, wie in Teil 2 dieser Abhandlung eingehend dargestellt wurde, um eine in viele Einzelkomplexe zerlegbare Führungstätigkeit, deren globale Erfassung in der Tat in bedenkliche Nähe zu einem generalklauselartigen Zustimmungsvorbehalt geriete. Schon unter Zugrundelegung des reinen Wortsinns fällt es schwer, das gesamte Planungsgeschehen, welches zudem ganz verschiedene Zeithorizonte abdeckt und somit zu unterschiedlichen Terminen entscheidungsrelevant wird, als „bestimmte Art von Geschäften" zu bezeichnen.[421]

Zulässig erscheint jedoch eine enumerative Auflistung von bestimmten Planungskomplexen im Rahmen eines Katalogs von Zustimmungsvorbehalten. Denn mit Begriffen wie „strategische Planung", „Konzernzielbestimmung" oder „Jahresbudget" wird bereits ein konkret bestimmbarer Kreis von Maßnahmen abgegrenzt, der jeweils das Bestimmtheitserfordernis des § 111 Abs. 4 Satz 2 AktG erfüllt. Eine noch weitergehende Aufschlüsselung einzelner planerischer Inhalte in einem Katalog zustimmungspflichtiger Geschäfte, wie sie etwa *Steinmann/Gerum* für notwendig befinden, erscheint demgegenüber nicht praktikabel, weil die möglichen Inhalte strategischer Planungen auf diese Weise unmöglich erschöpft werden können. Damit entstünde die Gefahr, daß andere, bei Abfassung des Kataloges nicht vorausgesehene, aber für die Zukunft des Unternehmens nicht minder bedeutsame Planungsvorhaben des Vorstands aus der Zustimmungspflicht herausfallen.

Erst recht verkennt *v. Rechenberg* mit seiner Forderung nach Beschränkung möglicher Zustimmungsvorbehalte auf den

---

420 A. a. O.

421 Ebenso *v. Rechenberg*, a. a. O., S. 1359.

kurzfristigen Planungsbereich die betriebswirtschaftliche Bedeutung strategischer Planungsentscheidungen, die – wie bereits eingehend dargelegt – eine intensivierte Kontrolle durch den Aufsichtsrat gerade in diesem Bereich erforderlich macht. Unter Zugrundelegung der Auffassung *v. Rechenbergs* wäre die Zustimmung des Aufsichtsrats zu Maßnahmen der strategischen Planung auf einen Zeitpunkt zu verschieben, indem nur noch Ausführungsplanungen verabschiedet werden können, die aus der Strategie zwingend folgen und insoweit nicht mehr disponibel sind.[422] Sein Argument, wonach der Vorstand mit Zustimmungsvorbehalten für strategische Maßnahmen aus einer originären Führungsfunktion verdrängt würde, verkennt, daß der Aufsichtsrat durch einen solchen Vorbehalt kein Initiativrecht gewinnt; dieses und damit auch die Geschäftsführungsverantwortung verbleibt vielmehr beim Vorstand.[423] Die weitere, auf den Zeitpunkt der wirtschaftlichen Auswirkungen der Planung abstellende Argumentation *v. Rechenbergs* bedarf an dieser Stelle keiner näheren Behandlung, denn sie negiert die betriebswirtschaftliche Bedeutung strategischer Pläne generell.

Ist also ein Zustimmungsvorbehalt für bestimmte Planungskomplexe nach dem Maßstab des § 111 Abs. 4 Satz 2 AktG als hinreichend bestimmt anzusehen, so ergeben sich durch die weitere, von der herrschenden Meinung postulierte Anforderung, wonach die unter Zustimmungsvorbehalt zu stellenden Geschäfte nach Umfang und Risiko eine übergeordnete, aus dem routinemäßigen Geschäftsbetrieb herausragende Bedeutung besitzen müssen[424], ebenfalls keine Einschränkungen. Denn es liegt in der Natur der Unternehmensplanung in ihren sämtlichen Ausprägungen, daß sie das unternehmerische Tagesgeschäft überragt.

An dieser Stelle kommt jedoch neben der rechtlichen Zulässigkeit auch die Zweckmäßigkeit von Zustimmungsvorbehalten hinsichtlich der Unternehmensplanung ins Spiel.

Grundsätzlich wäre es wegen der Leitungskompetenz des Vorstands verfehlt, das Problem unzureichender Planungsaufsicht durch eine Vielzahl von Zustimmungsvorbehalten lösen zu wollen. Viele der für

---

422 Vgl. oben II. 2.

423 Zutreffend *Semler*, Leitung und Überwachung, Rn. 228.

424 *Boujong*, AG 1995, 203 (206); *Mertens*, a. a. O., Rn. 66; *v. Rechenberg*, a. a. O., S. 1359.

einen Zustimmungsvorbehalt in Frage kommenden Probleme lassen sich ebenso durch eine verstärkte beratende Einbeziehung des Aufsichtsrats, die allerdings eine entsprechend qualifizierte Information durch den Vorstand voraussetzt, bewältigen. Maßnahmen, von der der Aufsichtsrat dringend abrät, wird der Vorstand auch ohne Zustimmungsvorbehalt regelmäßig nicht verantworten wollen. Die oben dargelegten umfangreichen Möglichkeiten, die der beratende Dialog zwischen den Organen bietet[425], stehen daher im Vordergrund und können durch das formale Instrument des Zustimmungsvorbehalts lediglich ergänzt werden.

Aus diesen Gründen sollte von der Möglichkeit, Zustimmungsvorbehalte anzuordnen, grundsätzlich nur zurückhaltend Gebrauch gemacht werden. Allerdings könnte bei im wesentlichen unveränderter Gesamtdichte von Zustimmungsvorbehalten dem Bereich der Planungsentscheidungen als Kerngebiet der ex-ante-Überwachung verhältnismäßig größere Bedeutung zukommen. Wie gezeigt, hat der Schwerpunkt der zukunftsgerichteten Aufsichtsratsüberwachung auf dem strategischen Bereich zu liegen, so daß vor allem hier auch etwaige Zustimmungsvorbehalte statuiert werden sollten. Für einen Zustimmungsvorbehalt bieten sich demnach insbesondere die folgenden Planungsentscheidungen an:

- die Unternehmenszielbestimmung
- die strategische Planung auf Unternehmensebene / auf Geschäftsfeldebene
- die Strategieänderungen aufgrund von Analyseergebnissen der strategischen Kontrolle
- die Reorganisation des strategischen oder des operativen Planungsprozesses
- das Jahresgesamtbudget.

Angesichts der erheblichen Informationsdefizite deutscher Aufsichtsräte im Bereich der Unternehmensplanung[426] sollten insbesondere auf dem Feld der strategischen Planung Zustimmungsvorbehalte statuiert werden, wie es in der Literatur

425 Vgl. oben 1.
426 Vgl. oben II. 2.

vielfach gefordert[427] und von einer Minderheit von Aktiengesellschaften[428] bereits jetzt praktiziert wird. Ob dies durch zwingende gesetzliche Festlegung geschehen muß, mag dahinstehen.[429] Jedenfalls kann der Aufsichtsrat seiner zwingenden Pflicht zur Planungsüberwachung auf diese Weise sehr effektiv nachkommen. Weil – wie *Mertens* zutreffend bemerkt[430] – in bezug auf die Unternehmensplanung sich die üblicherweise bestehende Alternative der Vornahme oder der Nichtvornahme des Geschäfts nicht stellt, erzwingt ein Zustimmungsvorbehalt die Beratung zwischen Vorstand und Aufsichtsrat, und zwar mit Ergebniszwang. Deshalb sollte bei der strategischen Planung auch nach der derzeitigen Rechtslage von der Möglichkeit des § 111 Abs. 4 Satz 2 AktG Gebrauch gemacht werden. Bei der operativen Planung erscheint dies dagegen nicht zwingend[431], auch wenn die Zustimmungspflicht für das Jahresbudget sich inzwischen eingebürgert hat.[432]

Das Ermessen des Aufsichtsrats zum Erlaß einer Anordnung gemäß § 111 Abs. 4 Satz 2 AktG kann sich sogar zur Rechtspflicht verdichten, wenn etwa permanente Informationsdefizite hinsichtlich der zwingend zu überwachenden Unternehmensplanung festgestellt werden oder Planungsmängel auch nach wiederholter Beanstandung nicht abgestellt werden. Denn neben dem jetzt ausdrücklich vom BGH anerkannten Fall einer konkret drohenden Gesetzesverletzung des Vorstands[433] kommt eine Ermessensreduzierung auf Null bei der Statuierung von Zustimmungsvorbehalten auch dann in Betracht, wenn evident unzweckmäßige oder unwirtschaftliche Geschäftsführungsmaßnahmen des Vorstands zu befürchten sind, welche die dauerhafte Renatabilität der Aktiengesellschaft zu gefährden geeignet sind.[434]

---

427 *Albach*, ZGR 1997, 32 (40); *M. Dreher*, a. a. O., S. 49 f.; *Steinmann/Gerum*, a. a. O., S. 10; *Steinmann/Klaus*, AG 1987, 29 (33).

428 *Mutter*, a. a. O., S. 322 nennt einen Wert von 20 %; vgl. bereits oben II. 2.

429 Dies fordern u. a. *M. Dreher*, a. a. O.; *Steinmann/Gerum*, a. a. O.

430 *Mertens*, a. a. O., Rn. 68.

431 So auch *Steinmann/Klaus*, a. a. O.

432 Vgl. oben II. 2.

433 BGHZ 124, 111 (127).

434 Vgl. *Boujong*, a. a. O.; *Mertens*, a. a. O., Rn. 79.

Die Entscheidung des Aufsichtsrats über die Zustimmung zu einer vom Vorstand vorgelegten Planung darf gemäß § 107 Abs. 3 AktG einem beschließenden Ausschuß übertragen werden. Das Delegationsverbot des § 107 Abs. 3 Satz 2 AktG betrifft nämlich nur Beschlüsse über die Statuierung von Zustimmungsvorbehalten, nicht aber Beschlüsse über die Erteilung oder Versagung der Zustimmung im Einzelfall aufgrund eines bereits bestehenden Vorbehalts.[435] Dennoch sollte hiervon abgesehen werden, weil die Unternehmensplanung zu den zentralen Bestandteilen der unternehmerischen Führung zählt, mit denen jedes verantwortungsbewußt handelnde Aufsichtsratsmitglied sich selbst befassen sollte und nicht nur die Mitglieder eines Ausschusses.[436] Andererseits kann jedoch die eingehende Analyse der vorgelegten Unternehmensplanung zur Vorbereitung der Beschlußfassung an den – hier ausdrücklich befürworteten[437] – Planungsausschuß übertragen werden.

3. Bestellung und Abberufung von Vorstandsmitgliedern

Als weiteres Einflußinstrument des Aufsichtsrats im Planungsprozeß kommt die Personalkompetenz des Aufsichtsrats gegenüber dem Vorstand gemäß § 84 AktG in Betracht. Indem der Aufsichtsrat über die Zusammensetzung des Vorstands und über die nähere Ausgestaltung der Anstellungsverträge der Vorstandsmitglieder entscheidet, hat er die Möglichkeit, über Personalentscheidungen Einfluß auf die Geschäftsführung zu nehmen und gegebenenfalls Konsequenzen aus den Ergebnissen seiner Überwachungstätigkeit zu ziehen.[438] Werden Gesetzesverstöße oder unternehmerische Fehlentscheidungen erkannt, so kommt die Nichtwiederbestellung und in schweren Fällen gar die vorzeitige Abberufung einzelner Vorstandsmitglieder oder des gesamten Vorstands in Betracht. Diese Einflußinstrumente stellen in der Regel schon aufgrund ihrer bloßen Existenz sicher, daß sowohl wesentliche Beanstandungen als auch Empfehlungen, die der

---

[435] *Lutter/Krieger*, a. a. O., Rn. 38; *Mertens*, a. a. O., Rn. 84; *Rellermeyer*, Aufsichtsratsausschüsse, S. 26, 35.

[436] So mit Recht *M. Dreher*, a. a. O., S. 51; kritisch gegenüber einer Delegation der Beschlußfassung über die Planung auch *Mertens*, a. a. O., Rn. 84.

[437] Vgl. oben IV. 7.

[438] *Lutter/Krieger*, a. a. O., Rn. 120.

Aufsichtsrat dem Vorstand gegenüber äußert, von diesem nicht mißachtet werden.[439]

In bezug auf die Unternehmensplanung, zu deren Überwachung die Beratung zwischen Vorstand und Aufsichtsrat im Vordergrund stehen sollte, hat die Personalhoheit des Aufsichtsrats daher nur nachgeordnete Bedeutung im Sinne einer ultima ratio. Sie gelangt vor allem dann zur Anwendung, wenn der Vorstand eine in wesentlichen Punkten objektiv sorgfaltswidrige Unternehmensplanung trotz Intervention des Aufsichtsrats weiterverfolgt. In der Praxis dürfte letzteres ungeachtet der Abschreckungswirkung des § 84 Abs. 3 AktG auch deswegen selten der Fall sein, weil eine ordnungsgemäße Unternehmensplanung der langfristigen Stabilisierung der Ergebnisse und somit unmittelbar dem Interesse der Vorstandsmitglieder an ihrer eigenen Reputation dient, so daß es an einem entsprechend guten Willen des Vorstands kaum fehlen dürfte. Das eigentliche praktische Problem besteht vielmehr darin, daß vorhandene Planungsmängel weder dem Vorstand bewußt noch vom Aufsichtsrat entdeckt werden.

Als weiterer Anwendungsfall ist jedoch das bereits in anderem Zusammenhang angesprochene Problem denkbar, daß Vorstand und Aufsichtsrat in grundsätzlichen Fragen der *Unternehmenskonzeption* nicht übereinstimmen, *ohne* daß der Vorstand dabei objektiv außerhalb seines rechtlich determinierten Planungsermessens handelt, und dieser Dissens auf dem Wege gemeinsamer Beratung nicht auszuräumen ist.[440] Hier kann die im übergeordneten Gesellschaftsinteresse zwingend erforderliche Bereinigung zum einen durch den freiwilligen Rücktritt des Vorstands, des Aufsichtsrats oder einzelner Mitglieder dieser Organe erzielt werden. Zum anderen kann der Aufsichtsrat aufgrund seiner Personalkompetenz gemäß § 84 AktG eine personelle Veränderung beim Vorstand erzwingen. Ohne weiteres kann dies durch die Nichtwiederbestellung einzelner Vorstandsmitglieder oder des Gesamtvorstands nach Ablauf der Vertragszeit erfolgen. Problematisch ist jedoch, ob auch eine vorzeitige Abberufung aus wichtigem Grund gemäß § 84 Abs. 2 AktG zulässig ist. Nach Auffassung *Semlers* ist dies zu bejahen, wobei der wichtige Grund in dem fehlenden Konsens über die Unternehmenszukunft zu sehen sei, dessen Wiederherstellung mit

---

439 *Horn*, ZIP 1997, 1129 (1130); *Mertens*, a. a. O., Rn. 36.

440 Vgl. oben 1. b).

Hilfe der aktienrechtlichen Einwirkungsrechte die dem Aufsichtsrat obliegende Sorgfaltspflicht gebiete.[441] Dem ist in Anbetracht der existentiellen Bedeutung einer funktionsfähigen Organkooperation zuzustimmen, allerdings mit der Maßgabe, daß die Mißbilligung der vom Vorstand verfolgten Unternehmensziele durch den Aufsichtsrat auf sachlichen Gründen beruht, die auf das elementare Gesellschaftsinteresse der nachhaltigen Rentabilität abstellen. Nur wenn der Aufsichtsrat also dezidiert darlegen kann, daß er die vom Vorstand vertretene Unternehmenskonzeption für weniger geeignet hält, die langfristige Erzielung angemessener Gewinne und damit den Fortbestand der Aktiengesellschaft zu sichern, bildet der Dissens einen wichtigen Grund im Sinne des § 84 Abs. 2 AktG.

4. Besonderheiten im Konzern

Eine Erörterung der Einflußinstrumente des Aufsichtsrats führt auch zur Frage nach möglichen Besonderheiten in konzernverbundenen Unternehmen. Prinzipiell unterscheiden sich weder Überwachungsaufgabe noch Einflußinstrumente des Aufsichtsrats im Konzern von den entsprechenden Kompetenzen in der nicht konzernverbundenen Aktiengesellschaft.[442]

In der herrschenden Konzerngesellschaft erweitert sich allerdings – analog zur Erweiterung der Vorstandspflichten – das Überwachungsfeld des Aufsichtsrats auf die vom Vorstand zu verantwortende Konzernplanung.[443] Der Aufsichtsrat hat zu kontrollieren, daß der Vorstand die Mindestanforderungen an ordnungsgemäße Konzernplanung[444] erfüllt, insbesondere einen konzernweiten Ziel- und Strategieabgleich vornimmt und Synergieeffekte berücksichtigt. Übt der Vorstand im Rahmen seines pflichtgemäßen Konzernleitungsermessens[445] einen über die aktienrechtlichen Mindesterfordernisse hinausgehenden Einfluß auf die Unternehmensplanung abhängiger Gesellschaften aus, so unterliegen

441 *Semler*, ZGR 1983, 1 (28); ebenso *Mutter*, a. a. O., S. 79 f.
442 Vgl. oben II. 1. a).
443 Vgl. oben Teil 2, II. 5. a).
444 Vgl. oben Teil 2, II. 5. a).
445 *Mertens*, a. a. O., Rn. 23.

auch diese Maßnahmen der Überwachung durch den Aufsichtsrat der herrschenden Gesellschaft.

In abhängigen Konzerngesellschaften ist dagegen – wie oben gezeigt[446] – die Planungskompetenz eingeschränkt, soweit an deren Vorstand verbindliche Weisungen seitens der Muttergesellschaft erteilt werden. Für die Überwachungsaufgabe des Aufsichtsrats, insbesondere im faktischen Konzern, hat dies zur Konsequenz, daß er darüber zu wachen hat, daß die konzernrechtlichen Grenzen der Einflußnahme eingehalten werden.

Inwieweit ferner der Aufsichtsrat einer herrschenden Konzerngesellschaft verpflichtet ist, neben der Geschäftsführung der eigenen Gesellschaft auch die Geschäftsleitungen abhängiger Gesellschaften – und damit auch deren Unternehmensplanung – zu überwachen, ist noch nicht abschließend geklärt.[447] Derartige Problemstellungen sind jedoch im Rahmen der Unternehmensplanung nicht anders zu beurteilen als im allgemeinen Konzernrecht, weshalb sie im Rahmen der vorliegenden Untersuchung nicht näher erörtert werden können und sollen.

VI. Aufsichtsrat und Organhaftung bei Pflichtverletzungen im Planungsbereich

Erleidet die Aktiengesellschaft infolge mangelhafter Unternehmensplanung einen wirtschaftlichen Schaden, so wird der Aufsichtsrat hiervon in zweierlei Hinsicht tangiert: Zum einen ist er für die Verfolgung etwaiger Schadensersatzansprüche gegenüber Mitgliedern des Vorstands zuständig, zum anderen kann er sich selbst wegen mangelhafter Überwachung des Planungsgeschehens schadensersatzpflichtig machen.

---

[446] Vgl. oben Teil 2, II. 5. b).

[447] Zu diesem Problem *Hommelhoff*, AG 1995, 225 (226); *Mertens*, a. a. O., Rn. 23 m. w. N.; *Semler*, Leitung und Überwachung, Rn. 381 ff.

1. Verfolgung von Schadensersatzansprüchen gegenüber dem Vorstand

Die Verfolgung von Schadensersatzansprüchen der Gesellschaft gegenüber dem Vorstand gemäß § 93 Abs. 2 AktG steht primär dem Aufsichtsrat zu, der die Aktiengesellschaft gemäß § 112 AktG gegenüber den Vorstandsmitgliedern vertritt. Der Bundesgerichtshof hat hierzu in seiner bereits im Zusammenhang mit der Vorstandshaftung erwähnten „*ARAG/Garmenbeck*"-Entscheidung[448] klargestellt, daß die Geltendmachung von Schadensersatzansprüchen integraler Bestandteil der vergangenheitsbezogenen Kontrolltätigkeit des Aufsichtsrats im Rahmen des § 111 Abs. 1 AktG ist.[449] Der Aufsichtsrat hat Bestehen und Durchsetzbarkeit eines etwaigen Anspruchs selbständig und eigenverantwortlich zu prüfen und sodann nach pflichtgemäßem Ermessen über die Geltendmachung zu entscheiden.[450] Diese Ermessensentscheidung sieht der BGH als *gerichtlich voll nachprüfbar* an, da es hier nicht um die Ausübung unternehmerischer Handlungsfreiheit gehe, wie sie dem Vorstand – und in bestimmten Fällen auch dem Aufsichtsrat – zuzubilligen sei, sondern um eine ausschließlich an der Wiederherstellung eines rechtmäßigen Zustandes orientierte ex-post-Entscheidung.[451] Verläuft die Prüfung von Bestehen und Durchsetzbarkeit eines Schadensersatzanspruchs positiv, so ist der Aufsichtsrat regelmäßig verpflichtet, den Anspruch geltend zu machen. Eine abweichende Entscheidung ist nur anzuerkennen, wenn ausnahmsweise gewichtige Gründe des Gesellschaftswohls oder ganz besondere, die Person des ersatzpflichtigen Vorstandsmitglieds betreffende Gesichtspunkte gegen eine Rechtsverfolgung sprechen.[452]

Die daneben bestehende Möglichkeit der Hauptversammlung und der in § 147 Abs. 1 und 3 festgelegten Aktionärsminderheiten, eine gerichtliche Geltendmachung von Schadensersatzforderungen zu erzwingen, schränkt nach Auffassung des BGH diese

---

448 BGHZ 135, 244 ff.; vgl. hierzu oben Teil 2, II. 6.; *Götz*, NJW 1997, 3275 ff.; *Horn*, a. a. O., S. 1129 ff.; *Hüffer*, a. a. O., Rn. 4 a u. 4 b; Kindler, ZHR 162 (1998), 101 ff.

449 BGH, a. a. O., 249, 252; ebenso die h. L., vgl. *Kindler*, a. a. O., S. 108 m. w. N.

450 BGH, a. a. O., 252.

451 BGH, a. a. O., 254; zust. *Götz*, a. a. O., S. 3277; *Horn*, a. a. O., S. 1137; *Kindler*, a. a. O., S. 109 f.; a. A. *M. Dreher*, ZHR 158 (1994), 614 (621 f., 637 ff.).

452 Der BGH, a. a. O., 255 f., nennt als Beispiel eine nicht allzu schwer wiegende Pflichtwidrigkeit, deren Verfolgung einschneidende persönliche Folgen für das betreffende Vorstandsmitglied haben würde; hierzu kritisch *Kindler*, a. a. O., S. 113 f.

Grundverpflichtungen des Aufsichtsrats nicht ein, sondern begründet lediglich darüberhinausgehend einen Zwang für den Aufsichtsrat, die Rechtsverfolgung zu betreiben.[453]

Diese Leitgedanken der genannten Entscheidung des BGH, nach denen die verbreitete Praxis, Vorstandsmitglieder auch bei gravierenden Verstößen nicht auf Schadensersatz in Anspruch zu nehmen, künftig als rechtswidrig angesehen werden muß, erlangen gerade im Bereich der Unternehmensplanung besondere Bedeutung. Denn bei einem Planungsversagen des Vorstands ist besonders selten damit zu rechnen, daß der Aufsichtsrat aus eigenem Antrieb Schadensersatzforderungen geltend macht. Der Grund hierfür ist darin zu suchen, daß Unternehmensplanung, wie gezeigt, nur durch eine ex-ante-Kontrolle wirksam überwacht werden kann. Stellen sich hierbei Mängel heraus, so sorgt ein pflichtgemäß handelnder Aufsichtsrat für Abhilfe, bevor es zu einer Schädigung der Gesellschaft kommen kann. Wirtschaftliche Schäden können Planungsfehler also nur dann verursachen, wenn eine mangelhafte Planung des Vorstands unbeanstandet durch den Aufsichtsrat fortgeführt wird. Die Geltendmachung von Schadensersatzforderungen wegen sorgfaltswidriger Unternehmensplanung gegen den Vorstand beinhaltet daher regelmäßig zugleich das Eingeständnis des Aufsichtsrats, daß seine ex-ante-Überwachung im Planungsprozeß unzureichend war.

In Anbetracht dieser rechtstatsächlichen Zusammenhänge ist die Entscheidung des BGH zum Fall *„ARAG/Garmenbeck"* zu begrüßen, weil sie dem Aufsichtsrat strengere Maßstäbe vorgibt. Verzichtet der Aufsichtsrat auf die Haftbarmachung von Vorstandsmitgliedern unter Verletzung der vom BGH aufgestellten Grundsätze, so macht er sich selbst schadensersatzpflichtig gemäß § 116 i. V. m. § 93 Abs. 2 AktG.[454] Da die Durchsetzung eines solchen Schadensersatzanspruchs gegen den Aufsichtsrat keinesfalls vom Vorstand erwartet werden kann[455], erlangen in diesem Zusammenhang die durch das KonTraG eingeführten Minderheitenrechte gemäß § 147 Abs. 3 AktG besondere Bedeutung,

453 BGH, a. a. O., 252 f.
454 *Götz*, a. a. O., S. 3277; vgl. auch Wiese, DB 2000, 1901 ff.
455 So zutreffend *Götz*, a. a. O., S. 3278.

deren Quoren allerdings, wie bereits ausgeführt wurde[456], noch immer zu hoch liegen.

2. Haftung des Aufsichtsrats für mangelhafte Planungsüberwachung

a) Haftungsmaßstab im Bereich der ex-post-Überwachung

Bei der Problematik der Eigenhaftung des Aufsichtsrats muß zunächst berücksichtigt werden, daß der Aufsichtsrat gemäß § 111 Abs. 4 Satz 1 AktG grundsätzlich keine unternehmerische Leitungsfunktion besitzt. Daher ist er für die vom Vorstand getroffenen Entscheidungen, die er grundsätzlich von Rechts wegen nicht verhindern kann, auch nicht direkt verantwortlich. Seine Pflichten beziehen sich vielmehr nur auf die ordnungsgemäße Überwachung.

Erfolgt diese Überwachung durch eine ex post-Kontrolle, was überwiegend der Fall ist, so kann der Aufsichtsrat sich, wie der BGH in dem oben zitierten Urteil verdeutlicht hat, im Rahmen dieser Tätigkeit auf einen unternehmerischen Ermessensspielraum, wie er dem Vorstand bei der Beurteilung der Pflichtgemäßheit seiner Geschäftsführung zugute kommt, nicht berufen.[457] Da es hier gerade um die Überprüfung von Ermessensentscheidungen geht, kann im Rahmen dieses Prüfungsvorganges nicht zusätzlich noch ein *„Überwachungsermessen"*[458] bestehen; andernfalls würde der Bereich sanktionslosen Geschäftsführungsverhaltens gänzlich konturenlos.

Die Überwachung hat sich daher streng an dem Erfordernis einer auf das jeweilige Überwachungsfeld effektiv zugeschnittenen, ordentlichen und gewissenhaften Überwachung gemäß §§ 111 Abs. 1, 116, 93 Abs. 1 AktG zu orientieren. Werden Mängel festgestellt, so hat der Aufsichtsrat grundsätzlich einzuschreiten, andernfalls droht eine Schadensersatzpflicht.

---

456 Vgl. oben Teil 2, II. 6. b).
457 BGH, a. a. O., 254 f.; zust. *Götz*, a. a. O., S. 3277 f.; *Kindler*, a. a. O., S. 109 ff.
458 *Kindler*, a. a. O., S. 110 f.

b) Haftungsmaßstab im Bereich der ex-ante-Überwachung

Wenngleich die rein überwachende Funktion das gesetzliche Leitbild darstellt, ist der Aufsichtsrat in nicht wenigen Fällen auch unmittelbar an der Leitung der Aktiengesellschaft beteiligt. Diese Gegenstände sind überwiegend enumerativ im Gesetz geregelt, so zum Beispiel die Feststellung des Jahresabschlusses (§ 172 Satz 1 AktG), die Gewinnverwendung (§ 58 Abs. 2 AktG), die Zahlung von Abschlägen auf den Bilanzgewinn an die Aktionäre (§ 59 Abs. 3 AktG), die bereits erwähnte Personalkompetenz (§ 84 AktG), vor allem aber die Ausübung von Zustimmungsrechten gemäß § 111 Abs. 4 Satz 2 AktG. In all diesen Fällen wirken Vorstand und Aufsichtsrat bei der Unternehmensleitung in ähnlicher Weise zusammen, wie es im parlamentarischen Zwei-Kammer-System von Bundestag und Bundesrat bei der Verabschiedung von Zustimmungsgesetzen gemäß Art. 77 Abs. 2 a GG praktiziert wird.[459] Deswegen steht dem Aufsichtsrat beim Einsatz dieser Mitwirkungsrechte nach absolut herrschender – im *„ARAG-Garmenbeck"*-Urteil auch vom BGH bestätigter[460] – Auffassung ebenso wie dem Vorstand ein unternehmerisches Leitungsermessen zu.[461]

Der BGH betont, daß der unternehmerische Handlungsspielraum Gegenstück der dem Vorstand obliegenden Führungsaufgabe sei, an welcher der Aufsichtsrat Anteil habe *„überall dort, wo er die unternehmerische Tätigkeit des Vorstands im Sinne einer präventiven Kontrolle begleitend mitgestaltet."* Der zutreffenden Differenzierung des BGH zwischen ex-post- und ex-ante-Überwachung folgend liegt es nahe, einen Ermessensspielraum des Aufsichtsrats, abgesehen von den ausdrücklich im Gesetz geregelten Fällen der Teilhabe an der Leitungsfunktion, auch bei der *Beratung* des Vorstands anzunehmen, welche ebenfalls Bestandteil der präventiven Überwachung gemäß § 111 Abs. 1 AktG ist.

---

459 *Kindler*, a. a. O., S. 108.

460 BGH, a. a. O., 254 f.: *„Die unternehmerische Handlungsfreiheit ist Teil und notwendiges Gegenstück der dem Vorstand und nicht dem Aufsichtsrat obliegenden Führungsaufgabe. An ihr hat der Aufsichtsrat nur insoweit Anteil, wie das Gesetz auch ihm unternehmerische Aufgaben überträgt, wie z. B. bei der Bestellung und Abberufung von Vorstandsmitgliedern oder im Rahmen des § 111 Abs. 4 S. 2 AktG, d. h. überall dort, wo er die unternehmerische Tätigkeit des Vorstands im Sinne einer präventiven Kontrolle begleitend mitgestaltet."*

461 BGH, a. a. O.; *Kindler*, a. a. O., S. 108 f.

Zwar besteht nach einer Beratung durch den Aufsichtsrat die Verantwortlichkeit des Vorstands für die zu treffenden Entscheidungen uneingeschränkt fort, weshalb dieser auch nicht verpflichtet ist, den Anregungen des Aufsichtsrats zu entsprechen. Da der Aufsichtsrat aber in der Praxis davon ausgehen darf, daß seine Empfehlungen vom Vorstand im Zweifel berücksichtigt werden, somit naturgemäß auch seine Fehleinschätzungen und Irrtümer sich auf die Geschäftsführung auswirken können, wächst ihm zumindest eine Mitverantwortung für die dementsprechend getroffenen unternehmerischen Entscheidungen zu. Somit begibt sich der Aufsichtsrat mit der Wahrnehmung seiner Beratungskompetenz auf erheblich risikoträchtigeres Terrain als mit der bloßen ex-post-Kontrolle. Da aber gerade die zukunftsgerichtete Kontrolle, welche mit der Beratung des Vorstands untrennbar verbunden ist, als selbstverständlicher Bestandteil sachgemäßer Aufsichtsratskontrolle erstrebenswert ist, erscheint es hier sachgerecht, wenn das Aktienrecht dem Aufsichtsrat bei der Wahrnehmung der Beratungsfunktion gegenüber dem Vorstand in gleicher Weise wie bei den oben genannten speziellen gesetzlichen Mitwirkungsfunktionen ein unternehmerisches Ermessen zubilligt.

Damit läßt sich gerade im Bereich der Unternehmensplanung, deren Überwachung überwiegend auf eine ex-ante-Kontrolle angewiesen ist, eine stärkere Beteiligung des Aufsichtsrats schon im Planungsstadium fördern. Dabei muß allerdings betont werden, daß das Aufsichtsratsermessen auch nicht weiter gehen kann als das Vorstandsermessen. Das bedeutet, daß der Aufsichtsrat nicht schon durch die beratende Mitwirkung an der Unternehmensplanung seine Pflicht erfüllt, grobe Planungsmängel aufzuspüren und hiergegen notfalls mit allem Nachdruck einzuschreiten. Dieses Einschreiten wird ihm aber bei beratender Beteiligung am Planungsprozeß leichter fallen.

Hinsichtlich der grundsätzlichen Vor- und Nachteile einer scharfen bzw. milden Organhaftung kann auf die Ausführungen verwiesen werden, die im Zusammenhang mit der Vorstandshaftung gemacht wurden.[462] Gleiches gilt hinsichtlich der mit der Organhaftung vernünftigerweise zu verfolgenden Zwecke, unter denen der Gedanke der Prävention eine dominierende Rolle einnimmt.

---

462 Vgl. oben Teil 2, II. 6.

Fest steht jedoch, daß die Aufsichtsratshaftung bislang wenig praktische Effizienz entfaltet hat. Auch hier wäre daher – über die durch das KonTraG eingeführten Modifikationen des § 147 AktG hinausgehend – eine erleichterte Geltendmachung von Ersatzansprüchen durch Aktionärsminderheiten wünschenswert, weil von dem daneben zur Rechtsverfolgung legitimierten Vorstand ein konsequentes Vorgehen gegenüber dem Aufsichtsrat noch weniger erwartet werden kann, als dies im umgekehrten Verhältnis der Fall ist. Dies hat zwei Gründe: Zum einen wird der Vorstand kaum Bedarf verspüren, die ihm naturgemäß nicht wenig bequeme Überwachung durch den Aufsichtsrat als unzureichend zu rügen und damit letztlich zu intensivieren. Zum anderen ist der Vorstand aufgrund der Personalkompetenz des Aufsichtsrats gemäß § 84 AktG von diesem abhängig.

Hinsichtlich des Sorgfaltsmaßstabes ist beim Aufsichtsrat allgemein zu beachten, daß er nur nebenamtlich tätig wird und daher die Sorgfaltsanforderungen nicht überspannt werden dürfen. So dürfen sich Aufsichtsräte grundsätzlich auf Vorarbeiten eigener Ausschüsse und auf die Prüfungsergebnisse des Abschlußprüfers verlassen; entscheidend ist, daß die jeweilige Arbeitsteilung zweckmäßig, transparent und interaktiv organisiert wird.[463]

VII. Zusammenfassung

Ungeachtet des hohen und gefestigten Entwicklungsstands der Unternehmensplanung in der internationalen Betriebswirtschaftslehre haben auch neueste empirische Untersuchungen wieder ergeben, daß in der Praxis immer noch erhebliche Defizite in vielen Bereichen der Planung bestehen. Die strategische Planung erfolgt oftmals in einem stark überformalisierten „Top-down"-Verfahren, welches die Verarbeitung markt- und kundennaher Erkenntnisse ebenso wie den Einfluß unternehmensinterner Kreativität unterdrückt. Die operative Planung ist nicht strategiekonsistent und erhält eine inhaltliche ex-post-Ausrichtung durch Fortschreibung der historischen Plandaten, die sich zudem meist ausschließlich auf monetäre Formalziele, nicht aber auf wettbewerbsrelevante Sachziele beziehen. Die notwendige Rückkopplungfunktion mit der strategischen Planung im Rahmen

---

[463] Zutreffend *Hopt*, Mestmäcker-Festschrift, S. 909 (931).

einer strategischen Kontrolle wird so nicht erfüllt. Ferner werden strategische Prämissen nicht hinreichend beachtet und permanent der realen Entwicklung gegenübergestellt. In prozeduraler Hinsicht besteht insbesondere in größeren Unternehmen das Problem eines schwerfälligen, mit übergroßen Datenmengen überfrachteten Planungsprozesses, der den Entscheidungsträgern die Möglichkeit zur schnellen und flexiblen Reaktion nimmt. In mittelständischen Gesellschaften hingegen kommt die unternehmensinterne Kreativität besser zur Geltung, jedoch fehlt es hier bei der strategischen Planung oft an einer analytisch-systematischen Vorgehensweise. Wegen dieser praktischen Defizite, die eine Bedrohung der langfristigen Wettbewerbsfähigkeit und damit der Überlebensfähigkeit eines Unternehmens bedeuten, besteht ein aktienrechtliches Bedürfnis nach wirksamer Überwachung der vom Vorstand zu verantwortenden Unternehmensplanung.

Diese Überwachungsaufgabe weist das deutsche Aktienrecht dem Aufsichtsrat zu, der die Geschäftsleitung der Aktiengesellschaft nicht nur retrospektiv, sondern auch zukunftsgerichtet zu überwachen hat. Dabei hat der Aufsichtsrat neben der formalen Rechtmäßigkeit auch die Ordnungsmäßigkeit und Wirtschaftlichkeit der vom Vorstand getroffenen oder beabsichtigten Leitungsmaßnahmen zu beurteilen.

Ebenso wie bei der Unternehmensplanung selbst bestehen auch bei ihrer Überwachung durch den Aufsichtsrat erhebliche Defizite in der Praxis. Diese hängen damit zusammen, daß viele Aufsichtsräte die zukunftsorientierte Komponente ihrer Überwachungspflicht vernachlässigen und somit Planungsfehler und unzureichendes Risikomanagement erst zu einem Zeitpunkt erkennen, zu welchem eine nachhaltige Korrektur unmöglich geworden ist. Die Realisierung strategischer Erfolgsfaktoren rückt daher erst ins Blickfeld des Aufsichtsrats, wenn beispielsweise neue Produkt/Markt-Konzepte unmittelbar vor der Realisierung stehen. Damit steht im Einklang, daß die ex-ante-orientierten Einflußinstrumente Beratung und Zustimmungsvorbehalt bei strategischen Entscheidungen nach wie vor nur bei einer Minderheit von Unternehmen zur Anwendung kommen.

Im Rahmen eines Exkurses ist der in letzter Zeit wieder stärker in die Diskussion gerückten Frage nachgegangen worden, ob die Übernahme eines einstufigen Verfassungsmodells für die Verwaltung der Aktiengesellschaft, wie es insbesondere in Form des im angloamerikanischen Rechtskreis üblichen Board-Systems praktiziert wird, eine grundlegende Verbesserung der zukunftsgerichteten Überwachung bewirken könnte. Die Einbindung der Überwachungsträger in strategische Entscheidungsprozesse ist zwar im Board of Directors naturgemäß größer, es besteht aber gleichzeitig eine prinzipbedingte Kontrollschwäche aufgrund der mangelnden Trennung von Geschäftsführungs- und Überwachungsorgan, welche derzeit, insbesondere auf dem Wege verschärfter Zulassungsbestimmungen für die Börsennotierung, zu einer Annäherung an das deutsche Trennungssystem führt. Letzteres kann seinerseits viele positive Aspekte der Board-Praxis durch entsprechende Adaption, für welche die derzeitige Rechtslage – insbesondere nach Inkrafttreten des KonTraG – ausreichende Möglichkeiten bietet, übernehmen. Ein Systemwechsel de lege ferenda ist deshalb ebensowenig wie die weitere Perfektionierung des aktienrechtlichen Regelwerks angezeigt.

Die erforderlichen Verbesserungen im Rahmen der Planungsüberwachung durch den Aufsichtsrat haben bei der Informationsversorgung über Fragen der Unternehmensplanung, insbesondere in ihrer strategischen Dimension, anzusetzen. Wie eine eingehende Untersuchung zur Neufassung der hier im Mittelpunkt stehenden jährlichen Berichtspflicht des Vorstands gemäß § 90 Abs. 1 Satz 1 Nr. 1 AktG, die mit dem KonTraG in Kraft getreten ist, gezeigt hat, sind nunmehr – im Gegensatz zur Altfassung der Vorschrift – sämtliche Komplexe einer nach gefestigtem betriebswirtschaftlichen Verständnis zu definierenden Unternehmensplanung von dieser Berichtspflicht erfaßt. Die vom Gesetzgeber des KonTraG als Klammerzusatz ergänzte Hervorhebung der Einzelplanungen für Finanzen, Investitionen und Personal, die das Ergebnis eines Kompromisses im Gesetzgebungsverfahren repräsentiert, ist vor dem Hintergrund des betriebswirtschaftlichen Planungsverständnisses, dessen Implementierung erklärtes Anliegen des Gesetzgebers war, widersprüchlich und deshalb zur sachgerechten Schwerpunktsetzung nicht geeignet. Stattdessen läßt sich aus der vom Gesetzgeber beibehaltenen Beschränkung der Information auf „grundsätzliche Fragen“ eine überwachungsorientierte inhaltliche Konzentration der Planungsberichterstattung herleiten, die im Gegensatz zur überwiegenden Praxis die strategischen Aspekte der Planung in den Mittelpunkt zu stellen und eine Überfrachtung der Berichterstattung mit operativen Planzahlen, die letztlich auf eine Desinformation des Aufsichtsrats hinausläuft, zu verhindern hat. Die Nebenamtlichkeit des Aufsichtsrats einerseits und die Erfordernisse ordnungsgemäßer strategischer Überwachung andererseits determinieren die Inhalte der Planungsberichte.

Ergänzende Informationen erhält der Aufsichtsrat aus den periodischen Berichten über Rentabilität und Gang der Geschäfte gemäß § 90 Abs. 1 Satz 1 Nr. 2 und 3 AktG, die im Gegensatz zum eher strategisch orientierten Planungsbericht gemäß Nr. 1 primär der Soll/Ist-Kontrolle im operativen Bereich dienen und damit zugleich die Grundlage einer eigenständigen strategischen Durchführungskontrolle des Aufsichtsrats bilden. Bei wesentlichen Ereignissen oder Maßnahmen, die in der Unternehmensplanung nicht vorhergesehen wurden, tritt ergänzend die Pflicht des Vorstands zur Berichterstattung über bedeutende Geschäfte gemäß § 90 Abs. 1 Satz 1 Nr. 4 sowie zur Erstattung von Sonderberichten an den Aufsichtsratsvorsitzenden gemäß § 90 Abs. 1 Satz 2 AktG hinzu. Ferner hat der Aufsichtsrat das Recht zur aktiven Informationsversorgung durch die Anforderung zusätzlicher Planungsberichte gemäß § 90 Abs. 3 AktG sowie die Einsichtnahme in Planungsunterlagen gemäß § 111 Abs. 2 AktG. Zur Verbesserung der qualitativen Informationsverarbeitung bei der Unternehmensplanung empfiehlt sich zumindest in vielköpfigen Aufsichtsräten die Einrichtung eines Planungsausschusses. Eine wertvolle Hilfe für die Aufsichtsratsüberwachung stellt ferner die Abschlußprüfung dar, deren durch das KonTraG erweiterter Umfang nun auch Aufgaben der zukunftsgerichteten Kontrolle umfaßt, wenn auch mit Beschränkung vornehmlich auf den operativ-monetären Bereich.

Neben der Informationsversorgung besteht der zweite grundlegende Ansatzpunkt zur Verbesserung der Aufsichtsratsüberwachung bei der Unternehmensplanung in einem effizienteren Gebrauch der aktienrechtlichen Einflußinstrumente des Aufsichtsrats. Im Rahmen der zukunftsorientierten Überwachung steht hier der kontinuierliche kritische Dialog mit dem Vorstand im Rahmen der vom BGH und der herrschenden Lehre als integraler Bestandteil der Überwachungsaufgabe postulierten organschaftlichen Beratungspflicht des Aufsichtsrats im Zentrum. Durch die Strategiediskussion und die damit verbundene Möglichkeit kritischer Hinterfragung kann einerseits dem Aufsichtsrat die Beurteilung der Ordnungsmäßigkeit der Planung erleichtert werden, andererseits kann der Vorstand auf den regelmäßig branchenübergreifenden Erfahrungsschatz sowie das analytische und kreative Potential der

Aufsichtsratsmitglieder zurückgreifen. Der Aufsichtsrat hat dabei auch die Gelegenheit, eigene planerische Vorstellungen und Ideen einzubringen, muß dabei jedoch die aus § 76 Abs. 1 AktG folgende planerische Prärogative des Vorstands beachten. Daneben kann der Aufsichtsrat die Funktion einer ungerichteten strategischen Überwachung durch permanenten kritischen Strategiedialog mit dem Vorstand erfüllen und damit einen wichtigen Beitrag zur Krisenfrüherkennung leisten.

Flankierend kommen Zustimmungsvorbehalte zugunsten des Aufsichtsrats gemäß § 111 Abs. 4 Satz 2 AktG in Betracht. Soweit dabei bestimmte Komplexe der Unternehmensplanung, wie etwa die Konzernzielbestimmung oder die strategische Planung der Zustimmung des Aufsichtsrats unterworfen werden, ist sowohl den allgemeinen Bestimmtheitsanforderungen an Zustimmungsvorbehalte als auch der angemessenen Wahrung eigenverantwortlicher Vorstandskompetenzen genüge getan. Eine noch weiter aufgeschlüsselte Katalogisierung planerischer Einzelmaßnahmen zur Statuierung von Zustimmungspflichten ist demgegenüber vor dem Hintergrund des strategischen Überwachungszwecks nicht praktikabel.

Als stärkstes Einflußinstrument kann sowohl bei einer fortgesetzt mangelhaften Unternehmensplanung als auch im Falle einer durch gemeinsame Beratung nicht auszuräumenden Divergenz zwischen Vorstand und Aufsichtsrat über die Unternehmenskonzeption die Abberufung von Vorstandsmitgliedern gemäß § 84 Abs. 3 AktG eingesetzt werden.

Im Rahmen der Organhaftung im Planungsbereich hat der Aufsichtsrat die Verpflichtung, im Falle festgestellter Planungspflichtverletzungen, die bereits zu einem wirtschaftlichen Schaden der Aktiengesellschaft geführt haben, Schadensersatzansprüche gemäß § 93 Abs. 2 AktG gegenüber dem Vorstand geltend zu machen, ohne daß dem Aufsichtsrat hierbei ein Ermessen zusteht. Die jetzt auch vom Bundesgerichtshof bestätigte Rechtspflicht des Aufsichtsrats zur Verfolgung bestehender Schadensersatzansprüche gegen Vorstandsmitglieder gewinnt gerade im Bereich der Unternehmensplanung besondere Relevanz, weil ein Planungsversagen des Vorstands regelmäßig erst dann zu einem wirtschaftlichen Schaden führt, wenn der Aufsichtsrat es unterlassen hat, rechtzeitig gegenzusteuern. Entschließt sich der Aufsichtsrat jedoch zu vorbeugenden Maßnahmen, also insbesondere zur Statuierung von Zustimmungsvorbehalten, aber auch zur Einflußnahme auf dem Beratungswege, so wird er selbst unternehmerisch tätig, so daß er im Falle einer Fehlentscheidung bei Ausübung dieser ex-ante-orientierten Einflußinstrumente, die ihrerseits zu einem Schaden führt, sich ebenso wie der Vorstand auf ein unternehmerisches Ermessen berufen kann.

Schlußbetrachtung

Die Untersuchung hat gezeigt, daß drohende Unternehmenskrisen nur dann rechtzeitig erkannt und abgewendet werden können, wenn der Aufsichtsrat in den gesamten Planungs-, Implementierungs- und Realisierungsprozeß eingebunden wird und dieser Prozeß kompetent und konstruktiv mit dem Vorstand diskutiert werden kann. Aus den umfangreichen betriebswirtschaftlichen Erkenntnissen zur Unternehmensplanung lassen sich hierzu gewisse Mindeststandards herauskristallisieren, an denen das Aktienrecht bei der Konkretisierung der Sorgfaltsanforderungen, die an eine „ordentliche und gewissenhafte Geschäftsleitung" zu stellen sind, nicht vorübergehen kann. Die Beachtung dieses – für jeden Vorstand und jeden Aufsichtsrat durchaus überschaubaren – Systems von rechtsverbindlichen Planungsgrundsätzen liegt im existentiellen Interesse einer jeden Aktiengesellschaft und damit letztlich auch im ureigensten Interesse der Organmitglieder, so daß zu wünschen bleibt, daß die Praxis dieses System nicht als bloße „Gängelung" durch das Recht betrachtet. Aufgrund des Umstandes, daß es an einer persönlichen Vertrauensbeziehung der Anteilseigner zur Unternehmensleitung fehlt, ist es Aufgabe des Aktienrechts, durch die Entwicklung geeigneter Handlungsmaßstäbe dafür Sorge zu tragen, daß das Vertrauen der Aktionäre in die sorgfältige Verwaltung ihres Vermögens geschützt wird.[464] In diesem Zusammenhang leistet die Durchsetzung sachgemäßer Unternehmensplanung mit Hilfe des Aktienrechts einen Beitrag zum Anlegerschutz, zur Wettbewerbsfähigkeit des Standorts Deutschland und zugleich zur Attraktivität der Aktie als Kapitalanlage.

Allerdings soll mit den hier herausgearbeiteten Grundsätzen keinesfalls der Weg zu einer weiteren Vermehrung des zwingenden Unternehmensrechts geebnet, sondern eine Hilfe zur praxisgerechten Anwendung des unverändert beizubehaltenden Generalklauselsystems der aktienrechtlichen Verantwortlichkeiten gegeben werden. Hierdurch wird den Gedanken der Deregulierung wie auch der Anpassungsfähigkeit des Aktienrechts Rechnung getragen. Zu übermäßiger staatlicher Regulierung besteht nämlich gerade in einer Zeit, in der Unternehmen beweglicher werden und schneller reagieren sollen, kein Anlaß. Verantwortungsvolles Handeln von Vorständen

---

464 Vgl. *Wiedemann*, Organverantwortung, S. 22.

und Aufsichtsräten läßt sich nicht allein durch Gesetz verordnen, sondern muß auf Einsichten beruhen, die vor allem im fortlaufenden Dialog gefördert werden können.

Daß es schon jetzt Möglichkeiten für eine effizientere Zusammenarbeit von Vorstand und Aufsichtsrat gibt, zeigt das Beispiel der Bertelsmann AG. Dort wird der Aufsichtsrat entsprechend der Idee des Bertelsmann-Gründers Reinhard Mohn aktiv integriert. Die „Kooperation" von Vorstand und Aufsichtsrat garantiert den Überwachungsträgern beratende Mitgestaltung gerade auch bei der Strategiefindung, überläßt aber andererseits dem Vorstand den unabdingbaren Freiraum zur Führung des Konzerns.

Peter Lang · Europäischer Verlag der Wissenschaften

Peter Ruhwedel

Aufsichtsratsplanungssysteme

Theoretische Grundlagen und praktische Ausgestaltung in Publikumsaktiengesellschaften

Frankfurt/M., Berlin, Bern, Bruxelles, New York, Oxford, Wien, 2002.
XXI, 272 S., 28 Abb.
Bochumer Beiträge zur Unternehmungsführung und Unternehmensforschung.
Herausgegeben vom Direktorium des Instituts für Unternehmungsführung und Unternehmensforschung der Ruhr-Universität Bochum. Bd. 64
ISBN 3-631-39023-8 · br. € 45.50* / US-$ 39.95 / £ 28.–

Ausgelöst durch zahlreiche Unternehmenskrisen wird seit Beginn der 90er Jahre in der Corporate Governance-Diskussion die Funktionsfähigkeit des deutschen Aufsichtsratssystems in Frage gestellt. Der Gesetzgeber reagierte hierauf zunächst mit dem KonTraG und zuletzt mit dem TransPuG. Der Autor entwickelt aus betriebswirtschaftlicher Perspektive Gestaltungsvorschläge, die zu einer Funktionsverbesserung des Aufsichtsrats beitragen. Ausgehend von einer Analyse der juristischen Rahmenbedingungen zeigt der Autor, daß ein wesentlicher Teil der Aufsichtsratsaufgaben zukunftsbezogen ist. Zur Erfüllung dieser Aufgaben sollten Aktiengesellschaften daher über ein Aufsichtsratsplanungssystem verfügen, das die Aufsichtsratsmitglieder umfassend unterstützt. Es wird ein theoretisch fundiertes Gesamtsystem entwickelt, das sich durch hohe praktische Umsetzbarkeit auszeichnet. Zur Förderung der notwendigen Professionalisierung des Aufsichtsrats wird außerdem ein wertorientiertes Anreizsystem gestaltet, das das Planungssystem ergänzen muß.

Aus dem Inhalt: Analyse der Spitzenverfassung von Aktiengesellschaften (Corporate Governance) · Gestaltung eines Planungssystems für Aufsichtsräte (personelle Voraussetzungen, Organisation, informationstechnologische Umsetzung) · Gestaltung eines wertorientierten Anreizsystems

FSC
www.fsc.org
MIX
Papier | Fördert
gute Waldnutzung
FSC® C083411

Kolibri 360 GmbH
Ferdinand-Jühlke-Straße 7
99095 Erfurt, Deutschland
produktsicherheit@kolibri360.de

Druck:
CPI Druckdienstleistungen GmbH
im Auftrag der
Kolibri 360 GmbH
Ferdinand-Jühlke-Str. 7
99095 Erfurt